화엄경소론찬요
華嚴經疏論纂要

15

화엄경소론찬요 ⑮
華嚴經疏論纂要

● **일러두기** ●

1. 이 책의 원서는 명말청초 때의 승려인 도패 스님※이 약술 편저한 《화엄경소론찬요》이다. 《대방광불화엄경》 80권본을 기초로 하여, 경문에 청량 스님의 소초(疏鈔)와 이통현 장자의 논(論)을 붙여 상세하게 풀이하였다.

2. 경(經), 소(疏), 논(論)은 원문에 토를 붙여서 그 뜻을 이해하기 편하도록 했으며, 원문 바로 아래 번역문을 넣었다.

3. 원문을 살려 그대로 옮겨 놓음을 원칙으로 하다 보니 본문의 제목 번호에 있어서 다소 혼동이 올 수 있다. 그럴 경우 목차를 참고하기 바란다.

4. 산스크리트어 표기는 〈표준국어대사전〉과 〈불광 사전〉 등에 등재된 음역어를 사용하였으며, 불교 용어에 대한 설명은 주로 〈불광 사전〉을 참고하였다.

5. 내용을 좀 더 쉽게 풀기 위하여 중간에 체계가 약간 바뀌었음을 밝힌다.

※ 위림도패(爲霖道霈, 1615-1702) 스님은 명말청초 때의 조동종 승려이다. 14세 때 백운사(白雲寺)에서 출가하여 경교(經敎)를 공부했다. 영각원현을 모시며 법을 이었고, 천동산(天童山) 밀운원오(密雲圓悟)에게 배워 크게 깨달았다. 그 후 백장산(百丈山)에 암자를 짓고 5년 동안 정업(淨業)을 닦았다. 나중에 고산(鼓山)으로 옮겨 20여 년 동안 살았는데 귀의하는 사람이 매우 많았다.
저술로는 《인왕반야경합소(仁王般若經合疏)》 3권을 비롯하여 《화엄경소론찬요(華嚴經疏論纂要)》 120권, 《법화경문구찬요(法華經文句纂要)》 7권, 《불조삼경지남(佛祖三經指南)》 3권, 《위림도패선사병불어록(爲霖道霈禪師秉拂語錄)》 2권, 《여박암고(旅泊庵稿)》 4권, 《선해십진(禪海十珍)》 1권, 《사십이장경지남(四十二章經指南)》, 《불유교경지남(佛遺教經指南)》, 《고산록(鼓山錄)》 6권, 《반야심경청익설(般若心經請益說)》, 《팔십팔불참(八十八佛懺)》, 《준제참(準提懺)》, 《발원문주(發願文註)》 등이 있다.

● 간 행 사 ●

《화엄경소론찬요》 번역서를 간행하면서

《화엄경》은 비로자나 세존께서 보리도량에서 처음 정각을 성취하신 후, 일곱 도량 아홉 차례의 법문에서 일진(一眞)의 법계(法界)와 제불의 과원(果願)을 보여주시어 미묘한 현지(玄旨)와 그지없는 종취(宗趣)를 밝혀주신 최상의 경전이다. 이처럼 《화엄경》은 법계와 우주가 둘이 아닌 하나로 그 광대함을 말하면 포괄하지 않음이 없고, 그 심오함을 말하면 갖춰져 있지 않음이 없어 공간으로는 법계에 다하고 시간으로는 삼세에 통하고 있다.

　이러한 이유에서 《화엄경》은 근본 법륜으로 중국은 물론 동양 각국에서 높이 받들며 수많은 주석서가 간행되어 왔다. 그러나 세상에 널리 알려진 것은 청량 국사의 《대방광불화엄경소초(大方廣佛華嚴經疏鈔)》와 통현 장자의 《대방광불화엄경론(大方廣佛華嚴經論)》이다. 소초(疏鈔)는 철저한 장구(章句)의 분석으로 본말을 지극히 밝혀주었고, 논(論)은 부처님의 논지를 널리 논변하여 자심(自心)으로 회귀하고 있는 것이 특징이다. 이처럼 청량소초와 통현론은 양대 명저(名著)로 모두 수증(修證)하는 데에 지극한 궤범(軌範)이었다.

탄허 대종사께서는 이러한 점을 토대로 통현론을 주(主)로 하고 청량소초를 보(補)로 하여 번역하심으로써 《화엄경》이 동양에 전해진 이후 동양 최초의 《화엄경》 번역이라는 쾌거를 이룩하셨다. 일찍이 한국불교에 침체된 화엄사상은 대종사의 번역에 힘입어 다시 온 누리에 화엄의 꽃비가 내려 화엄의 향기로 불국정토를 성취하여 더할 수 없는, 지극한 법륜을 설하셨다.

그러나 대종사께서 열반하신 이후, 불법은 날로 쇠퇴하고 중생의 근기는 날로 용렬하여 방대한 소초와 논을 열람하기에는 역부족이었다. 이에 대종사의 《화엄경》을 다시 한 번 밝히기 위해서는 또 다른 모색을 필요로 할 시점에 이르렀다. 보다 쉽게 볼 수 있고 간명한 데에서 심오한 데로, 물줄기에서 본원을 찾아갈 수 있는 진량(津梁)을 찾지 않는다면 대종사의 평생 정력을 저버리게 된다는 절박한 마음이 없지 않았다.

청대(淸代) 도패(道霈) 대사는 청량의 소초와 통현의 논 가운데 그 정요(精要)만을 뽑아 《화엄경소론찬요(華嚴經疏論纂要)》를 편집하였다. 이는 매우 방대한 소초와 논을 축약하여, 가까이는 청량 국사와 통현 장자의 심법을 전수하였고 멀리는 비로자나불의 묘체(妙諦)를 밝혀주는 오늘날 최고의 《화엄경》 주석서이다.

이에 《화엄경소론찬요》를 대본으로 하여, 다시 대종사의 번역서를 참고하면서 현대인이 보다 쉽게 이해할 수 있는 번역서를 간행하기에 이르렀다.

이제 돌이켜 생각하면 무상한 세월 속에 감회가 적지 않다. 내지난날 출가 입산하여 겨우 이레가 되던 날, 처음 접한 경전이 《화엄경》이었다. 행자 생활을 시작한 영은사는 대종사께서 오대산 수도원이 해산된 후, 이의 연장선상에서 3년 결사(結社)를 선포하시고 《화엄경》 번역이라는 대작불사를 시작하여 강의하셨던, 한국불교사에 한 획을 그려준 역사의 도량이었다.

그 당시 대종사께서는 행자인 나에게 《화엄경》을 청강하라 하시면서 "설령 알아듣지 못할지라도 들어두면 글눈이 생겨 안 들은 것보다 낫다."고 권면하셨다. 이제 생각해보면 행자 출가 즉시 《화엄경》 공부 자리에 참여했다는 것은 전생의 숙연(宿緣)이 아니었으면 어떻게 그 당시 그 법회에 참석이나 할 수 있었겠는가. 이는 행운 중 행운으로 다겁의 선근공덕이 아닐까 생각되며, 아울러 늦게나마 대종사의 영전에 하나의 향을 올리는 바이다.

처음 《화엄경》 설법을 듣는 순간, 끝없는 우주법계의 장엄세계가 황홀하고 법계를 맑혀주고 무진 보배를 담고 있는 바다의 불가사의한 공덕이라는 대종사의 사자후가 머릿속에 쟁쟁하게 울려왔을 뿐, 그 도리를 이해한다는 것은 나의 근기로써는 도저히 불가능한 일이었다. "쭉정이만도 못하다."고 꾸지람을 하시던 대종사의 방할(棒喝)을 맞으며 영은사에서의 결사가 끝난 후, 나는 단 한 번도 《화엄경》을 펼쳐 볼 엄두를 내지 못했다.

그러던 몇 해 전, 무비 스님께서 범어사에서 《화엄경》을 강좌하시면서 서울에서도 《화엄경》 강좌를 열어보라고 권할 적만 하더라도 언감생심 《화엄경》을 강의하겠다는 생각을 하지 못하였다. 그러나 씨앗을 뿌려놓으면 새싹이 돋아나듯, 반드시 인연법은 사라지지 않는 모양이다. 영은사에서의 《화엄경》 인연이 자곡동 탄허기념박물관에 화엄각건립불사를 발원하게 되었고, 화엄각건립불사를 위하여 《화엄경》 강좌를 열기에 이를 줄은 꿈에도 생각지 못하였다.

미력한 소견으로 강좌를 열면서 정리된 강의 자료를 여러 뜻있는 이들과 다시 한 번 토론하고 강마하면서 우선 〈세주묘엄품〉 출간을 시작으로 계속 연차적으로 간행하고 있다.

이 책이 간행되어 그동안 추진되어온 화엄각 창건 불사 또한 원만히 성취되길 기원한다. 이 귀한 인연공덕으로 다시 한 번 화엄사상이 꽃피어 온 누리에 탄허 대종사의 공덕이 빛나고, 아울러 화엄정토가 구현되어 남북의 통일과 세계의 평화가 이루어지길 진심으로 축원하는 바이다.

2023년 10월

五臺山 後學 慧炬 合掌 再拜

• 추 천 사 •

인류사에서 가장 위대한 화엄경의 가르침

평소에 늘 두려워하며 존경하는 도반 혜거 스님이 《화엄경소론찬요》를 번역하고 출판하여 이 분야의 사람들을 온통 놀라게 하였습니다. 본디 화엄경에 이 몸을 바친 사람으로서, 어찌 가슴 떨리는 일이 아니겠습니까.《화엄경소론찬요》번역을 세상에 알리고 추천하는 글을 이 우둔한 글솜씨로라도 백 번이라도 쓰고 싶습니다.

　　화엄경이란 무엇입니까? 만약 화엄경을 알지 못하면 불법의 이치를 알지 못합니다. 또 화엄경을 알지 못하면 사람이 본래로 청정법신비로자나 부처님이라는 사실을 알지 못합니다. 이 세상이 그대로 화장장엄세계라는 사실도 알지 못합니다. 세간과 출세간의 진리를 전혀 알지 못합니다. 아름다운 세상과 환희로운 인생을 결코 알 길이 없습니다. 그러니 화엄경을 읽지 않고 어찌 불교를 입에 담으며 어찌 부처님을 입에 담겠습니까. 그래서 청량(淸凉) 스님은 화엄경을 두고 "이 몸을 바쳐서 그 죽을 곳을 얻었다[亡軀得其死所]."라고 하였습니다. 이 얼마나 가슴 저미는 말씀입니까. 그러므로 "화엄경이 있고서야 비로소 불교가 있다."라고 하겠습니다.

화엄경이 흥하면 불교가 흥하고, 화엄경이 흥하면 국가가 흥하였습니다. 원효(元曉) 스님과 의상(義湘) 스님이 화엄경을 흥성(興盛)시키던 신라가 그러했으며, 청량 스님과 통현(通玄) 장자가 화엄경을 흥성시키던 당(唐)나라가 그러하였습니다.

거기에 더하여 찬요(纂要)란 무엇입니까? 그것은 청량 스님의 화엄경에 대한 소(疏)와 통현 장자의 논(論)을 잎과 가지는 남겨두고 뿌리와 큰 줄기에 해당하는 요점만을 추려서 모아온 것입니다. 마치 흙과 잡석들을 걷어내고 진금들만을 모아왔으니 이 어찌 빛나지 않겠습니까. 그래서 화엄경을 그토록 빛나게 한 것은 알고 보면 소론찬요(疏論纂要)였던 것입니다.

옛말에 "산고수장(山高水長)이요, 근고지영(根固枝榮)"이라 하였습니다. 근세 한국의 불교를 중흥시킨 경허(鏡虛) 스님은 수월(水月)·혜월(慧月)·만공(滿空)·한암(寒巖) 등 기라성 같은 제자들을 길러내었는데, 한암 스님 밑으로 선교(禪敎)를 겸비하신 희대의 대석학이요 대선사이신 탄허(呑虛) 큰스님이 계셨습니다.

한암 스님 밑에서 오래 사셨던 범용(梵龍) 스님은 평소에 상원사에서 한암 스님이 화엄경을 강의하시던 일을 들려주셨습니다. 당시 교재는 통현 장자의 《화엄경합론(華嚴經合論)》이었으며 중강(仲講)은 언제나 탄허 스님이셨으므로, 대중들이 모두 동원되는 큰 운력까지도 면해주셨다고 하였습니다. 그날의 그 화엄법수(華嚴法水)가 흘러 흘러 영은사의 혜거 행자에게까지 전해지더니 수십 년이 지난 오늘에는 드디어 이와 같은 《화엄경소론찬요》 출판 불사의 큰 바다를 이루게 되었습니다. 이 얼마나 기쁘지 아니합니까. 큰스님께서도 또한 크게 환희용약하시리라 믿습니다.

　필자도 또한 작은 인연이 있어서 역경연수원 수학과 큰스님께서 《화엄경합론》을 번역하신 후 교열하고 출판하고 기념 강의를 하시던 일까지 함께하였으니, 가슴이 뜨거운 홍복(洪福)이라는 사실을 알고 있습니다. 그것에 더하여 처음 통도사 강주로 가기 전에 법맥을 전해주시어 큰스님의 뜻을 잇게 하였으니 더없는 영광이지만, 그 보답을 다하지 못하여 아직도 큰 짐을 내려놓지 못하고 있습니다.

　앞으로 남은 시간이라도 혜거 화엄도반과 함께 인류사에서 가장 위대한 화엄경의 가르침을 깊이깊이 공부하여 더욱 널리, 더욱 왕성하게 펼쳐서 크나큰 은혜에 보답하려 합니다.

　나아가서 이 아름다운 출판 불사에 뜻을 함께한 모든 분께도 큰 감사의 인사를 올리며 이 책이 만천하에 널리 유포되기를 마음 다해 추천하는 바입니다. 이 인연으로 부디 화엄의 큰 물결이 온 세상에 흘러넘쳐서 집집마다 평화와 행복이 가득하기를 기도드립니다.

　　나무 대방광불화엄경
　　나무 대방광불화엄경
　　나무 대방광불화엄경

　　　　　　　신라 화엄종찰 금정산 범어사 如天 無比 삼가 씀

● 목 차 ●

간행사 《화엄경소론찬요》 번역서를 간행하면서 5
추천사 인류사에서 가장 위대한 화엄경의 가르침 9

화엄경소론찬요 제67권 ● 십지품 제26-8

● 제5. 난승지

- 대의大意를 밝히다 19
- 경문의 해석 24

제1. 찬탄하며 법을 청한 부분 25

제2. 바로 설법하는 부분 31
    [1] 제5 난승지難勝地의 행상을 밝히다 31
    1. 다른 지위의 거만함을 다스리다 32
    2. 자기 지위에 대한 거만함을 다스리다 40
    1) 뛰어나다는 아만심을 다스리다 43
    2) 머물지 않는 도행道行이 뛰어나다 45

⑴ 알아야 할 법 가운데 지혜의 청정함이 뛰어나다 46
　　　⑵ 중생의 이익을 위한 부지런한 방편이 뛰어나다 60
　　3) 그 과덕이 뛰어나다 84
　　　⑴ 공덕을 받아들임이 뛰어나다 84
　　　⑵ 수행이 뛰어나다 89
　　　⑶ 중생 교화가 뛰어나다 93
　　　⑷ 세간을 따라 지혜를 일으킴이 뛰어나다 98

　[2] 제5 난승지의 과덕을 밝히다 119
　1. 조련과 부드러움의 결과 119
　2. 보답으로 거둔 결과의 이익 125
　3. 서원과 지혜의 결과 127

제3. 금강장보살의 게송 127

화엄경소론찬요 제68권 ◉ 십지품 제26-9

◉ 제6. 현전지

- 대의를 보이다 141
- 경문의 해석 144

제1. 찬탄하며 법을 청한 부분 145

제2. 바로 설법하는 부분 151
  [1] 제6 현전지現前地의 행상 151
   1. 뛰어나다는 거만함을 다스리다 153
   2. 머물지 않는 도행이 뛰어나다 167
   1) 마음의 경계를 총체로 밝히다 167
   2) 관법觀法의 양상을 별개로 밝히다 173
    • 제1 유지가 서로 이어지는 문有支相續門 194
     (1) 무아無我임을 논변하다 195
     (2) 전도된 번뇌로 인연을 일으키다 199
     (3) 진리를 알지 못하여 망상을 일으키는 연기 양상의 차례 235
    • 제2 하나의 마음으로 받아들이는 법문一心所攝門 271
    • 제3 자체의 업으로 도와 이루는 법문自業助成門 308
    • 제4 서로 떨어지지 않는 법문不相捨離門 324

화엄경소론찬요 제69권 ● 십지품 제26-10

- 제5 3가지 길이 끊이지 않는 법문三道不斷門 335
- 제6 삼제로 윤회하는 법문三際輪廻門 345
- 제7 3가지 고통이 모여 이루는 법문三苦集成門 360
- 제8 인연으로 생겨나고 사라지는 법문因緣生滅門 364
- 제9 생겨나고 사라짐에 얽매이는 법문生滅繫縛門 382
- 제10 아무것도 없이 다함을 따르는 법문隨順無所有盡門 385

3) 10가지 법문의 명칭을 끝맺다 389

3. 그 과덕이 뛰어나다 402

1) 다스리는 행이 뛰어나고 장애를 여읨이 뛰어나다 403
2) 수행이 뛰어나다 416
3) 삼매가 뛰어나다 430
4) 무너지지 않는 마음이 뛰어나다 438
5) 자재한 힘이 뛰어나다 441

[2] 제6 현전지의 지위와 결과 447

제3. 금강장보살의 게송 455

◉ 제7. 원행지

- 대의를 밝히다 470
- 경문의 해석 474

제1. 찬탄하며 법을 청한 부분 475

제2. 바로 설법하는 부분 482
      [1] 제7 원행지遠行地의 행상 482
      1. 작위作爲가 없음을 좋아하는 행으로 다스리는 차별 484
      2. 그 장애를 다스리는 차별 502
      3. 지관止觀을 모두 행함이 뛰어난 차별 513
      4. 앞의 6지六地나 뒤의 3지三地보다 뛰어난 차별 523
      5. 그 무상과無想果의 차별 558

      [2] 제7 원행지의 지위와 결과 592

제3. 금강장보살의 게송 600

화엄경소론찬요 제67권
華嚴經疏論纂要 卷第六十七

●

십지품 제26-8
十地品 第二十六之八

第五 難勝地

初는 明大意라

> 제5. 난승지
> 첫 부분은 대의를 밝히다

◉ **疏** ◉

所以來者는 畧有四義하니
一은 約寄位에 四五六地는 寄出世間이니 前寄初果오 此寄羅漢하니 義次第故니라 雖有四果나 擧於始終하야 以攝中間이라 此依本論하야 約所觀行相이어니와 以後六地에 旣觀緣起라 寄同緣覺일새 故但二地를 寄於聲聞이니라 仁王下卷과 瓔珞上卷에 約人配位하니 以七地 未離分段故니라 四五六七이 寄同聲聞이라
二는 前明覺分相應慧오 今辨諸諦相應慧故니라
三은 前得出世나 未能順世오 今五明攝化일새 故次明之니라
四는 前得三十七菩提分이오 今辨方便所攝菩提故라 此後三意는 出於瑜伽니라

여기에 난승지를 쓰게 된 연유는 대략 4가지 뜻이 있다.

(1) 지위에 붙여 말하면, 제4 염혜지, 제5 난승지, 제6 현전지는 출세간의 지위에 있다. 앞의 제4 염혜지는 성문의 初果[須陀洹]에 붙여 말하고, 제5 난승지는 아라한 지위에 붙여 말하는 바, 이치의 차례를 따른 것이다. 비록 四果가 있지만 그 가운데 시작과 끝부분

만을 들어서 그 중간 부분을 포괄하는 것이다.

여기서는 본 논경에 의하여 관찰할 대상의 행상을 들어 말했지만, 뒤의 제6 현전지에서는 이미 연기법을 관찰한 터라, 연각과 같은 지위에서 보기에 제4 염혜지, 제5 난승지 2지위만을 성문의 지위에 붙여 말한 것이다.

인왕경 하권, 영락경 상권에서는 사람을 들어서 그 지위를 짝지어 말하였다. 제7 원행지는 아직 '육도 윤회의 범부세계[分段]'를 여의지 못한 까닭에 제4, 제5, 제6, 제7지를 모두 성문의 지위에 붙여 말하였다.

⑵ 앞에서는 보리분법에 상응하는 지혜를 밝혔고, 여기에서는 여러 진리에 상응하는 지혜를 밝혔다.

⑶ 앞에서는 출세간을 얻었지만, 아직 세간을 따르지는 못하였고, 여기에서는 '5가지 밝음[五明]'으로 중생을 받아들이고 교화하기에, 그다음으로 제5 난승지를 밝힌 것이다.

⑷ 앞에서는 37가지 보리분법을 얻었고, 여기에서는 방편으로 받아들이는 보리를 논변하였기 때문이다.

뒤에서 말한 3가지 뜻은 유가사지론에서 나온 내용을 정리한 것이다.

言難勝者는 解深密云 '即由於彼菩提分法에 方便修習하야 最極艱難일세 名極難勝이라'하니 此從初說故니라

初分經云 '善修菩提分法故等'이라하며 攝大乘云 '由眞諦智 與世間智로 更互相違를 合此難合하야 令相應故'라하며 唯識同此하니

世親 釋云 '由此地中에 知眞諦智는 是無分別이오 知世間工巧等智는 是有分智니 此二 相違어늘 應修令合하고 能合難合하야 令相應故로 名極難勝이라'하니 此通初中後니라

瑜伽云 '今此地中에 顯示菩薩이 於聖諦決定妙智에 極難可勝일세 名難勝地라'하니 唯約地中이니라

莊嚴論云 '於此五地에 有二種難하니 一은 勸化無惱難이오 二는 生不從心無惱難이라 此地菩薩이 能退二難하야 於難得勝이라'하니 此多約地滿이니라

若據實位하야 約仁王經인댄 初地菩薩은 四天王이니 卽雙照二諦 平等道오 今約寄位인댄 前寄出世오 此方卻入일세 故云無礙라하니라

'이길 자 없는 지위[難勝地]'라 말한 것은 해심밀경에서 다음과 같이 말하였다.

"저 보리분법으로 말미암아 방편을 닦고 익혀서 가장 어려운 부분을 다하였기에 '지극히 어려움을 이겨냈다[極難勝].'고 하였다."

이는 위의 '(1) 지위에 붙여 말한' 부분을 따른 것이다.

본 경문의 첫 부분(제2 說分: 先 明位行)에서 "보리분법을 잘 닦았기 때문[善修菩提分法故] 등"이라 말하였고, 섭대승론에서는 "眞諦의 지혜가 세간의 지혜와 서로 어긋나 합하기 어려운 것을 합함으로 인하여 상응하도록 한 때문이다."고 하였다.

유식론에도 이와 같이 말했는데, 세친보살이 이에 대해 다음과 같이 해석하였다.

"제5 난승지에서 眞諦를 아는 지혜는 분별의식이 없는 지혜이

고, 세간의 공교함 등을 아는 지혜는 분별의식이 있는 지혜이기에, 이 2가지의 지혜는 서로 어긋나기 마련이다. 당연히 이를 닦아서 종합하고, 합하기 어려운 것을 잘 합하여 서로 응하게 만든 까닭에 '지극히 어려움을 이겨냈다[極難勝].'고 하였다."

이는 처음과 중간과 뒷부분에 모두 통하는 말이다.

유가사지론에서 말하였다.

"이 지위에서는 보살의 거룩한 진리에 대하여 결정하는 미묘한 지혜를 지극히 이기기 어려움을 밝힌 까닭에 '이길 자 없는 지위'라고 말하였다."

이는 지위를 들어 말한 것이다.

대승장엄론에서 말하였다.

"제5지에는 2가지 어려움이 있다.

(1) 권면과 교화에 고뇌가 없는 어려움,

(2) 중생이 따르지 않을지라도 마음에 고뇌가 없는 어려움이다.

제5 난승지 보살은 이런 2가지 어려움을 물리치고 어려움을 이겨낸 것이다."

이는 다분히 지위의 원만함을 들어 말한 것이다.

만일 실제 지위에 근거하여 인왕경 보살행품을 들어 말하면, 초지보살은 사천왕이다. 眞諦와 俗諦 2가지의 평등한 도를 모두 관조하였다. 여기에서 지위에 붙여 말하면 앞은 출세간에 의탁하고, 이는 바야흐로 들어가는 것이기에 걸림이 없다고 말하였다.

故此地中에 斷於下乘般涅槃障者는 卽前四地는 出世하야 厭生死

苦하고 樂趣涅槃일새 此障五地니 今入眞俗無差別道하야 便能斷
之라 此斷欣厭이니 卽是二愚니라

그러므로 제5지에서 '아래의 가르침 열반의 장애를 끊는다.'는 것은 앞의 제4 염혜지는 출세간으로 생사의 고통을 싫어하고 열반으로 나아가는 것을 좋아하기에 제5 난승지의 장애가 된다.

여기에서는 진제와 속제의 차별 없는 도에 들어가 바로 이를 끊는 것이다. 여기에서는 좋아하고 싫어함을 끊는 것이다. 이것이 바로 2가지 어리석음이다.

由此하야 證得類無差別眞如라 亦約生死와 涅槃이 皆平等故니라

이로 인해 유의 차별이 없는 진여를 증득하는 것이다. 이 또한 생사와 열반이 모두 평등함을 들어 말한 때문이다.

其所成行이 亦成二種이니 謂諸諦增上慧行과 五明處敎化行이니라 此二 無礙일새 故得無差別法身之果니 皆義旨相順이니라【鈔_ 無差別法身은 二諦均故니 故疏結云義旨相順이라하니라】

그 이루어야 할 행 또한 2가지이다. 모든 진리의 더욱 뛰어난 지혜의 행과 五明[聲明, 工巧明, 醫方明, 因明, 內明]의 방편으로 교화하는 행을 말한다. 이 2가지에 걸림이 없으므로 차별 없는 법신과 과덕을 얻는다. 이는 모두 이치와 종지를 모두 따른 것이다.【초_ 차별이 없는 법신은 진제와 속제 2가지가 균등하기 때문이다. 청량소에서 "이치와 종지를 모두 따른다."고 결론지었다.】

● 論 ●

何故로 名爲難勝地오 爲以禪波羅密로 發起善根慈悲喜捨하야 通達世法에 下地不如일세 故名難勝地라
又明以定體로 善知世法無定亂性하야 勝於定亂일세 故名難勝地오
爲過三界惑하고 復不證涅槃하야 三界及涅槃이 總不能壞其無依住之智慧일세 故名難勝地니라

　무엇 때문에 그 이름을 난승지라 하였는가? 선바라밀로써 선근의 자, 비, 희, 사를 일으켜 세간법을 통달함에 아래 지위와는 똑같지 않기에 그 이름을 난승지라 한다.

　또한 선정의 본체로써 세간법에 선정을 어지럽힘이 없는 성품을 잘 알아서 선정을 어지럽히는 것을 이겨내기 때문에 그 이름을 난승지라 한다.

　삼계의 의혹을 초월하고 다시 열반을 증득하지 않아서, 삼계와 열반이 모두 의지함이 없는 지혜를 무너뜨리지 못하기에 그 이름을 난승지라 한다.

次正釋文
文亦三分이니
初는 讚請分이라

　다음은 경문의 해석이다.

경문은 또한 3단락으로 나뉜다.
제1. 찬탄하며 법을 청한 부분

經

菩薩聞此勝地行하고　　於法解悟心歡喜하야
空中雨華讚歎言호되　　善哉大士金剛藏이여

보살이 난승지의 수행 듣고
법을 깨달아 환희의 마음으로
공중에 꽃비 내려 찬탄하되
거룩하다, 대사이신 금강장보살이여

● **疏** ●

讚請分中에 九頌半을 分二니 初 八頌半은 供讚이오 後 一頌은 請說이라
前中에 三이니 初一은 菩薩供讚이오

　찬탄하며 법을 청한 부분 가운데, 9수 반의 게송은 2단락으로 나뉜다.
　(1) 앞의 8수 반의 게송은 공양 올리면서 찬탄함이며,
　(2) 뒤의 1수 게송은 설법을 청함이다.
　'(1) 앞의 8수 반의 게송'은 다시 3부분으로 나뉜다.
　① 첫 1수 게송은 보살이 공양 올리며 찬탄함이다.

經

自在天王與天衆이　　　聞法踊躍住虛空하야
普放種種妙光雲하야　　供養如來喜充徧이로다

　　자재천왕과 하늘의 대중이
　　허공에서 법 듣고 기뻐 날뛰면서
　　가지가지 광명 구름 널리 펼쳐
　　여래에게 공양하며 기쁨이 가득하다

● 疏 ●

次一은 天王衆이오 餘皆天女라

　　② 다음 1수 게송은 천왕 대중의 찬탄이며, 나머지는 모두 천녀의 찬탄이다.

經

天諸婇女奏天樂하며　　亦以言辭歌讚佛할세
悉以菩薩威神故로　　　於彼聲中發是言호되

　　하늘의 아름다운 여인, 풍악 울리고
　　또 노랫말로 부처 공덕 노래할 적
　　모두 보살의 위신력으로
　　노래 속에 이런 말 하였어라

◉ 疏 ◉

於中에 三이니 初 一偈는 標오

③ 여기는 다시 3부분으로 나뉜다.

첫째, 1수 게송은 총체의 표방이다.

經

佛願久遠今乃滿하시며　　佛道久遠今乃得하사
釋迦文佛至天宮하시니　　利天人者久乃見이로다

　　부처 서원 오랜만에 이제야 원만하고

　　부처의 도 오랜만에 이제야 얻고서

　　석가모니 부처님 천궁에 이르러

　　하늘 사람 이익 주는 이 이제 보았노라

大海久遠今始動하며　　佛光久遠今乃放하시니
衆生久遠始安樂이오　　大悲音聲久乃聞이로다

　　큰 바다 오랜만에 처음 진동하고

　　부처 광명 오랜만에 이제야 쏟아지니

　　중생들 오랜만에 비로소 안락 얻고

　　자비의 음성 오랜만에 들었노라

◉ 疏 ◉

次 四偈半은 讚이라 於中에 初二偈는 美感應이라 皆言久者는 佛應

由機니 機難有故라 大海動者는 動佛智海하야 竭苦海故라

둘째, 4수 반의 게송은 찬탄이다.

앞의 2수 게송은 감응을 찬미함이다.

모두 '오랜만'이라 말한 것은 부처님의 감응은 중생의 근기에 연유한 것이다. 선근을 소유하기 어렵기 때문이다.

'큰 바다가 진동한다.'는 것은 부처님의 지혜 바다가 진동하여 중생의 고통 바다를 고갈시켜 주기 때문이다.

經

功德彼岸皆已到하며　　憍慢黑闇皆已滅하시니
最極淸淨如虛空이오　　不染世法猶蓮華로다

　　공덕의 피안 이미 모두 이르렀고
　　캄캄한 교만심 이미 모두 사라졌다
　　가장 청정하심 허공과 같고
　　세상에 물들지 않음이 연꽃 같아라

大牟尼尊現於世하시니　　譬如須彌出巨海라
供養能盡一切苦하며　　供養必得諸佛智하리니

　　석가모니 세존, 세간에 나오심은
　　수미산이 바다에서 솟아오른 듯
　　공양하면 일체 고통 끝낼 수 있고
　　공양하면 부처 지혜 반드시 얻으리라

此應供處供無等일세 　　**是故歡心供養佛**이로다

　　이처럼 공양하는 곳에 비길 데 없는 공양

　　환희심으로 부처님께 공양하노라

◉ 疏 ◉

後 二偈半은 **讚具德**이니 **初偈**는 **具智斷**이오 **次半**은 **具恩**이오 **後一**은 **具此三德**일세 **是故應供**이라

　　뒤의 2수 반 게송은 구족한 공덕을 찬탄함이다.

　　첫 게송은 지혜의 결단이 구족하고,

　　다음 반수의 게송은 은혜가 구족하며,

　　마지막 1수 게송은 3가지 공덕이 구족하기에 당연히 공양을 올리는 것이다.

經

如是無量諸天女 　　**發此言辭稱讚已**하고
一切恭敬喜充滿하야 　　**瞻仰如來默然住**로다

　　이처럼 한량없이 많은 천상 여인

　　이런 말을 하면서 칭찬하거늘

　　여럿이 공경하며 기쁨이 가득

　　부처님 쳐다보며 잠자코 있노라

是時大士解脫月이 　　**復請無畏金剛藏**호되

第五地中諸行相을　　唯願佛子爲宣說하소서

　　이때 대사이신 해탈월보살
　　두려움 없으신 금강장보살에게 청하기를
　　제5 난승지 모든 행상을
　　바라건대 불자여 말씀해주소서

◉ 疏 ◉

三 二偈는 結讚 及 請說이라 並可知로다
　　셋째, 1수 게송은 찬탄의 결론이고,
　　(2) 뒤의 1수 게송은 설법을 청함이다.
　　이는 모두 설명하지 않아도 알 수 있다.

━

第二 正說分中에 先은 明位行이오 後는 辨位果라
前中에 論分爲三이니
初는 勝慢對治오
二 佛子菩薩摩訶薩如實知 下는 不住道行勝이오
三 佛子菩薩摩訶薩住此 下는 明彼果勝이라
初는 卽加行道와 及初住地無間道오
次는 卽正住地解脫道오
後는 卽地滿勝進道라
初言勝慢者는 慢有二種하니 一은 他地慢이니 謂四地中에 得出世

智하야 取其勝相을 名爲勝慢이니 今以十種淨心으로 爲治라 二는 自地慢이니 謂於此十心에 希求勝相이 復以爲慢이오 以隨順如道로 爲治니 此二를 通名勝慢이라 故此一分이 有其二道니라
文中二니
先은 治他地慢이오
後 佛子菩薩摩訶薩住此下는 治自地慢이라
前中三이니
初는 結前擧後오 二는 徵起正顯이오 三은 結能入地라
今은 初라

제2. 바로 설법하는 부분

[1] 제5 난승지의 행상을 밝혔고,

[2] 제5 난승지의 과덕을 밝혔다.

'[1] 제5 난승지의 행상을 밝힌' 부분은 논에서 3부분으로 나뉘었다.

(1) 뛰어나다는 거만함을 다스림이며,

(2) '佛子菩薩摩訶薩如實知' 이하는 머물지 않는 道行의 뛰어남이며,

(3) '佛子菩薩摩訶薩住此' 이하는 그 과덕의 뛰어남을 밝혔다.

'(1) 뛰어나다는 거만함을 다스림'이란 加行道와 처음 지위에 머무는 無間道이며,

'(2) 머물지 않는 道行의 뛰어남'이란 바로 제5 난승지에 머무는 해탈의 도이며,

'(3) 그 과덕의 뛰어남'이란 난승지의 원만으로 잘 닦아나가는 도이다.

'(1) 뛰어나다는 거만함'이라는 거만은 2가지가 있다.

① 다른 지위에 대한 거만함이다. 제4 염혜지에서 출세간의 지혜를 얻어 그 뛰어난 모양에 집착한 것을 '뛰어나다는 거만함'이라 말한다. 여기에서는 10가지 청정한 마음으로 이를 다스리는 것이다.

② 자기 지위(제5 난승지)에 대한 거만함이다. 이 10가지 청정한 마음에서 뛰어난 양상을 바라고 구함이 다시 거만함이 만들어지는 것이다. 이는 진여의 도를 따르는 것으로 다스린다. 이 2가지를 통틀어 '뛰어나다는 거만함'이라고 말한다. 그러므로 이 한 부분에 2가지 다스리는 도가 있다.

경문은 2단락이다.

1. 다른 지위의 거만함을 다스림이며,

2. '佛子菩薩摩訶薩住此' 이하는 자기 지위에 대한 거만함을 다스림이다.

'1. 다른 지위의 거만함을 다스림'은 3부분으로 나뉜다.

⑴ 앞의 경문을 끝맺으면서 뒤의 문장을 들어 말하였고,

⑵ 물음으로 문장을 일으켜 바로 밝혔으며,

⑶ 난승지에 잘 들어감을 끝맺었다.

이는 '⑴ 앞의 경문을 끝맺으면서 뒤의 문장을 들어 말함'이다.

爾時에 **金剛藏菩薩**이 **告解脫月菩薩言**하사대
佛子여 **菩薩摩訶薩**이 **第四地所行道 善圓滿已**에 **欲入
第五難勝地**인댄 **當以十種平等淸淨心趣入**이니

　그때, 금강장보살이 해탈월보살에게 말하였다.
　"불자여! 보살마하살이 제4 염혜지에서 행한 도가 이미 잘 원만하여, 제5 난승지에 들어가려면 10가지 평등하고 청정한 마음으로 들어가야 한다.

● 疏 ●

平等에 **有二義**하니 **一**은 **是如理**오 **二**는 **是因果淨法**이라 **千聖同規**를
名深淨心이니 **是此地觀解故**라 **論云 於平等中**에 **心得淸淨故**라
하니라【**鈔**_ **言深淨心**은 **卽是論經**이니 **今經**에 **但云淸淨心耳**니라】

　평등에는 2가지 뜻이 있다.
　① 진여의 도리,
　② 인과의 청정한 법이다.
　모든 성인의 똑같은 법을 '심오하고 청정한 마음'이라 말한다. 이 지위에서 관조하여 이해하였기 때문이다.【초_ "심오하고 청정한 마음"이라 말한 것은 논경에서 말한 부분이다. 이의 경문에서는 단 '청정한 마음'이라 말했을 뿐이다.】

此復何異後地의 **觀察十平等法**고 **此有三異**하니
一은 **此地**는 **治前於淨起慢**일세 **故偏明淨法平等**이오 **後地**는 **對此**

하야 依眞入俗하야 通觀染淨諸法이 皆悉平等이라

二는 此約擧等理하야 以顯心淨이오 後地는 擧觀察하야 以入等理라

三은 此通理事二等이오 後地는 一向約理니 融二諦故니라 此皆地地背相捨離니 後漸勝故니라【鈔_ '此有三'下는 答이라 一은 所治通局이니 通染則勝이라 二는 能所前後니 若擧所等하야 以成能等하면 此心은 猶淺이어니와 若擧通觀하야 以入所觀하면 此觀則深이라 三은 能治通局이니 一向局理라 六地則深일세 故疏結云 '此皆地地背相捨離라'하니 以勝捨劣이니라】

이 또한 뒤 제6 현전지의 10가지 평등한 법을 관찰하는 것과 그 무엇이 다른 것일까? 여기에는 3가지 다른 점이 있다.

① 제5 난승지는 앞의 청정함에서 일으킨 거만함을 다스리기에, 유독 청정한 법의 평등함을 밝혔고, 제6 현전지는 제5지를 상대로 眞諦에 의지하여 俗諦에 들어가 오염과 청정의 모든 법이 모두 평등함을 통틀어 관찰하였다.

② 제5 난승지에서는 평등한 도리를 들어서 마음이 청정함을 밝혔고, 제6 현전지는 관찰을 들어서 평등한 도리에 들어감을 밝혔다.

③ 제5 난승지에서는 이법계와 사법계 2가지가 평등함을 통틀어 말하였고, 제6 현전지는 하나같이 이법계만을 들어 말하였다. 진제와 속제 2가지가 원융하기 때문이다. 이는 모두 지위와 지위마다 서로 등지고 서로 버리는 것이다. 이는 뒤로 갈수록 차츰차츰 뛰어나기 때문이다.【초_ '此有三' 이하는 대답이다.

① 다스릴 대상에 전체와 부분이 있다. 오염까지 통하면 뛰어나다는 뜻이다.

② 주체와 대상의 앞뒤 지위이다. 만약 평등의 대상을 들어서 평등의 주체를 이루면 이 마음은 오히려 얕지만, 관찰의 전반을 들어서 관찰의 대상에 들어가면 이 관찰은 깊은 경지이다.

③ 다스림의 주체에 전체와 부분이 있다. 하나같이 이법계에 국한한 터라, 제6 현전지는 심오하다. 이 때문에 청량소에서 "이는 모두 지위와 지위마다 서로 등지고 서로 버린다."고 끝맺었다. 뛰어난 것으로 열등함을 버리기 때문이다.】

二正顯十心
(2) 바로 10가지 청정한 마음을 밝히다

經
何等이 爲十고
所謂於過去佛法에 平等淸淨心과
未來佛法에 平等淸淨心과
現在佛法에 平等淸淨心과
戒平等淸淨心과
心平等淸淨心과
除見疑悔平等淸淨心과

道非道智平等淸淨心과
修行智見平等淸淨心과
於一切菩提分法에 上上觀察平等淸淨心과
敎化一切衆生平等淸淨心이니

 무엇이 10가지 청정한 마음인가?
 이른바 과거 제불이 설하신 법에 평등하고 청정한 마음,
 미래 제불이 설하실 법에 평등하고 청정한 마음,
 현재 제불이 설한 법에 평등하고 청정한 마음,
 계율에 평등하고 청정한 마음,
 마음에 평등하고 청정한 마음,
 소견과 의심과 후회를 끊는 데 평등하고 청정한 마음,
 바른 도와 삿된 도를 아는 지혜의 평등하고 청정한 마음,
 수행하는 지견(智見)에 평등하고 청정한 마음,
 일체 깨달음의 법을 최상의 최상으로 관찰하는 데 평등하고 청정한 마음,
 일체중생을 교화하는 데 평등하고 청정한 마음이다.

◉ **疏** ◉

十心은 分二니 初三은 明諸佛法이니 論云 謂三世力等者는 卽果位十力等也라【鈔_ 卽果位者는 此一等字는 等餘果法이니 謂四無所畏와 十八不共과 三身과 四智等이오 非釋平等이라 平等淨心은 前已總釋하니라】

10가지 청정한 마음은 2부분으로 나뉜다.

앞의 3가지 마음[過去, 未來, 現在佛法平等淸淨心]은 제불의 설하신 법을 밝힌 것이다. 논에서 "삼세의 힘 등은 곧 佛果의 10가지 힘 등을 말한다."고 하였다.【초_ '卽果位'에서 말한 '等'이라는 글자는 등등의 나머지 불과의 법을 말한다. '4가지 두려움 없음', '18가지 함께할 수 없는 법', '3가지 몸', '4가지 지혜' 등을 가리키는 것이지, '평등'을 해석한 말이 아니다. '평등하고 청정한 마음'에 대해서는 이미 앞에서 총체로 해석하였다.】

後七은 明隨順諸佛法이니 二利因行으로 順成果故니라

於中에 前六은 自利오 後一은 利他라

前中은 合爲三學이니 初는 戒오 次는 定이오 餘四는 慧라

故離爲七淨이니

一은 戒淨이오

二는 定淨이오

三은 見淨이오

四는 度疑淨이니 見疑相顯이라 經合一句하야 爲成十故라

五는 道非道淨이니 此前五淨은 大·小名同이라

小乘에 六은 名行淨이오 七은 行斷淨이니 以彼宗中에는 趣盡滅故니라

今大乘에는 六은 名行斷이니 經云 '修行智見'이라하고 畧無斷字라 七은 名思量菩提分法上上淨이니 以依行斷하야 起勝求故니라

뒤의 7가지 마음은 제불이 설하신 법을 따름을 밝혔다. 자리와 이타의 因行으로 隨順하여 과덕을 이뤘기 때문이다.

7가지 마음 가운데, 앞의 6가지 마음은 자리행이며, 뒤의 한 가지 마음[敎化一切衆生平等淸淨心]은 이타행이다.

앞의 6가지 마음을 종합하면 三學이 된다. 첫째[戒平等淸淨心]는 계율, 둘째[心平等淸淨心]는 선정, 나머지 4가지 마음[除見疑悔, 道非道智, 修行智見, 於一切菩提分法上上觀察平等淸淨心]은 지혜에 해당한다.

그러므로 이를 분리하면 7가지 청정이다.

① 계율 청정,

② 선정 청정,

③ 소견 청정,

④ 의심을 제도하는 청정이다. 소견과 의심이 서로 드러남이다. 경문에서는 한 구절로 종합하여 10가지로 삼았기 때문이다.

⑤ 바른 도와 삿된 도를 아는 청정,

여기까지 앞의 5가지 청정은 대승과 소승에서 말하는 명칭이 똑같다.

소승에서는 '⑥ 명칭과 행법의 청정', '⑦ 행이 끊어진 청정'이라 하였다. 소승의 종지에서는 모두 사라진 자리로 나아가기 때문이다.

이를 대승에서는 '⑥ 명칭과 행법의 끊어짐[名行斷]'이라 말하니, 경문에서는 "지혜로운 소견을 닦아 행한다[修行智見]."고 하여 '斷' 자를 생략하였다. '⑦ 깨달음의 법을 최상의 최상으로 생각하고 헤아리는 청정'이라고 명명하였다. '명칭과 행법의 끊어짐'을 의지하여 뛰어난 것을 추구하려는 마음을 일으켰기 때문이다.

三 結能入地

(3) 난승지에 들어감을 끝맺다

經

菩薩摩訶薩이 **以此十種平等淸淨心**으로 **得入菩薩第五地**니라

보살마하살이 이 10가지 평등하고 청정한 마음으로 보살의 제5 난승지에 들어가는 것이다.

◉ 疏 ◉

可知니라

이는 말하지 않아도 알 수 있다.

第二 治自地慢

論明如道行이니 又順經意인댄 前은 明入心이오 從此已下는 皆明住心이라 應分爲三이니

此는 攝方便具足住니 修行十心이 是方便義라 不退轉者는 卽是住義니라

二는 不住道行勝이니 攝離癡亂行이라 智淸淨等일새 無癡亂故니라

三은 彼果勝이니 攝無盡功德藏廻向이니 攝德無盡故니라 今且順

論하야 此明如道行이라

2. 자기 지위에 대한 거만함을 다스리다

진여의 도행을 밝혔다. 또한 경문의 뜻을 따라 말하면 앞부분은 난승지에 들어가는 마음을 밝혔고, 이로부터 아래는 모두 난승지에 안주하는 마음을 밝혔다.

이는 3부분으로 나뉜다.

1) 뛰어나다는 아만심을 다스림[勝慢對治]은 십주의 제5 具足方便住를 포괄한다. 10가지 마음을 수행함이 방편의 뜻이다. '물러서지 않는다.'는 말은 바로 꼼짝하지 않고 머문다는 뜻이다.

2) 머물지 않는 도행이 뛰어남이다. 이는 십행의 제5 離癡亂行을 포괄한다. 지혜 청정 등으로 어리석음과 산란함이 없기 때문이다.

3) 그 과덕이 뛰어남이다. 십회향의 제5 無盡功德藏廻向을 포괄한다. 공덕을 섭수함이 끝없기 때문이다. 여기에서는 논에 따라 진여의 도행을 밝혔다.

經

**佛子여 菩薩摩訶薩이 住此第五地已에
以善修菩提分法故며
善淨深心故며
復轉求上勝道故며
隨順眞如故며
願力所持故며**

於一切衆生에 慈愍不捨故며

積集福智助道故며

精勤修習不息故며

出生善巧方便故며

觀察照明上上地故며

受如來護念故며

念智力所持故로

得不退轉心이니라

　　불자여! 보살마하살이 이 제5 난승지에 머문 뒤에,

　　깨달음을 얻기 위한 방법[菩提覺分]을 잘 닦았고,

　　깊은 마음을 잘 청정히 하였으며,

　　최상의 수승한 도를 더욱 구하였고,

　　진여를 따랐으며,

　　원력으로 부지하였고,

　　일체중생을 불쌍히 여기는 생각을 버리지 않았으며,

　　복과 지혜로 도를 돕는 일을 모아 쌓았고,

　　부지런히 닦아 쉬지 않았으며,

　　뛰어난 방편을 내었고,

　　높고 높은 경지를 관찰하여 밝게 비췄으며,

　　여래의 가호와 염려를 받았고,

　　지혜의 힘으로 부지함을 생각한 까닭에 물러서지 않는 마음을 얻었다.

● 疏 ●

於中에 三이니

初는 標分位니 爲顯隨如 已入五地라

次以善下는 總顯이오

後願力下는 別明이라

二 總顯中에 四句 皆是正修諸行이라 故總名順如니 謂前二句는 爲所治니 卽四地修菩提分이 以前十心으로 能善淸淨하야 得入五地하고 於此淨心에 希求勝相이 卽復是慢이라

慢在文外니 故以後二句로 而爲能治라 初句는 轉求不住道行勝으로 爲能治니 謂不住淨心으로 而起諸行하야 卽治住淨慢故라 後句는 雖起諸行이나 不退失前平等深淨之心이오 則能隨順眞如니 平等이 卽如故니라

後 別明中에 顯上隨如之行이 有其八種이로대 經有九句하니 前七은 各一이오 後二는 爲一이라

八中에 前二는 是起行心이니 一은 自利願이니 卽修菩提心이오 二는 利他慈니 卽不疲倦心이라

後六은 是行이니 謂三은 得善根力이오 四는 不捨衆行이오 五는 善巧修行이오 六은 無厭足故로 照明上上이오 七은 得他勝力이오 八은 自得勝力이라 此有二句하니 初句에 具三慧라 念은 是聞思오 智는 卽修慧라 後句는 勝進究竟이라 上六行中에 前三은 自分이오 後三은 勝進이라 各有初中後하니 思之니라【鈔_ 後別明者問이라 八皆事行이어늘 何名如行고 答이라 有二意하니 一은 此助顯眞如觀故오 二

는 如中에 起行호되 俱無所著이라야 方顯隨如니라 】

1) 뛰어나다는 아만심을 다스리는 부분의 경문은 3단락이다.

(1) 부분의 지위를 내세웠다. 진여에 따라 이미 5지에 들어갔음을 밝혔다.

(2) '以善' 이하는 총체로 밝혔고,

(3) '願力' 이하는 개별로 밝혔다.

'(2) 총체로 밝힌' 부분 가운데, 4구[以善修菩提分法故… 隨順眞如故]는 모두 바르게 모든 행을 닦는 것이므로 이를 총괄하여 '진여를 따른다[順如].'고 말하였다.

앞의 2구[以善修菩提分法故, 善淨深心故]는 다스릴 대상이다. 제4 염혜지에서 닦은 보리분법이 앞의 10가지 마음으로 청정하게 잘 닦아서 제5 난승지에 들어가고, 이런 청정심에서 뛰어난 양상을 바라고 추구하는 것이 곧 다시 거만함이 된다.

거만함은 경문 밖에 담겨 있다. 이 때문에 뒤의 2구[復轉求上勝道故, 隨順眞如故]로 다스림의 주체를 삼았다.

그 가운데 첫 구절[復轉求上勝道故]은 점차 道行에 집착하지 않는 뛰어남을 구하는 것으로 다스림의 주체를 삼는다. 집착하지 않는 청정심으로 여러 행을 일으켜 곧 청정함에 의한 거만한 마음의 집착을 다스리기 때문이다.

뒤 구절[隨順眞如故]은 비록 여러 행법을 일으키지만 앞의 평등하고 깊은 청정심에서 물러서거나 잃어버리지 않고 진여를 따른다. 평등함이 바로 진여이기 때문이다.

'(3) 개별로 밝힌' 부분에서는 위에서 말한 진여에 따르는 행이 8가지이지만 경문에는 9구절이 있음을 밝혔다. 앞의 7구절은 각기 하나씩이고, 뒤의 2구절은 이를 합하여 하나로 삼았다.

8구 가운데 앞의 2구는 행을 일으키는 마음이다. 제1구[願力所持故]는 자리행의 서원이다. 보리심을 닦는 마음이다. 제2구[於一切衆生慈愍不捨故]는 이타행의 자비이다. 피곤해하거나 게으르지 않은 마음이다.

뒤의 6구는 행법이다.

제3구[積集福智助道故]는 선근의 힘을 얻는 행이며,

제4구[精勤修習不息故]는 중생을 버리지 않는 행이며,

제5구[出生善巧方便故]는 뛰어난 방편으로 수행함이며,

제6구[觀察照明上上地故]는 만족함이 없는 까닭에 높고 높은 경지를 비추어 밝히는 행이며,

제7구[受如來護念故]는 다른 이의 뛰어난 힘을 얻는 행이며,

제8구[念智力所持故]는 스스로 뛰어난 힘을 얻는 행이다. 여기에는 2구절이 있다. 앞 구절에는 三慧를 갖추고 있다. '念智力'의 念이란 聞慧와 思慧이고 智란 修慧이다. 뒤 구절[得不退轉心]은 최고의 경지까지 잘 닦아나감이다.

위의 6가지 행 가운데, 앞의 3가지는 自分行이고, 뒤의 3가지는 勝進行이다. 각기 처음과 중간과 뒤가 있다. 이 점을 생각해야 한다.【초_뒤에 개별로 밝힌 부분을 물었다.

"8구가 모두 현상의 행인데 어찌하여 眞如行이라 말하는가?"

이에 답하였다.

여기에는 2가지 뜻이 있다.

① 이 8구절이 진여의 관법을 도와 밝혀주기 때문이며,

② 진여에서 행을 일으키지만 모두 집착함이 없어야만 비로소 진여를 따름을 밝힐 수 있기 때문이다.】

初 勝慢對治 竟하다

1) 뛰어나다는 아만심을 다스리는 부분을 끝마치다.

第二 不住道行勝

有二種觀하니

一은 所知法中에 智淸淨勝이오

二 '佛子'로 至 '得如是諸諦' 下는 利益衆生勤方便勝이라

初는 卽自利니 護煩惱行일새 故不住世間이오

後는 卽利他니 護小乘行일새 不住涅槃이라 同時相導를 名不住道니라

今初智勝은 分二니

先은 明四諦實法分別이오

後 '善知俗' 下는 復就此四하야 明十觀門으로 化生差別이라 此乃十種으로 觀於四諦요 非謂觀十四諦也라 故瑜伽住品云 '此地 於四聖諦에 由十行相하야 如實了知'라하니라

2) 머물지 않는 도행이 뛰어나다

여기에는 2가지 관법이 있다.

(1) 알아야 할 법 가운데 지혜의 청정함이 뛰어남이며,

(2) '佛子' 이하로부터 '得如是諸諦' 구절까지는 중생의 이익을 위한 부지런한 방편이 뛰어남이다.

(1) 자리행이다. 번뇌를 막는 행이므로 세간에 집착하지 않으며,

(2) 이타행이다. 소승을 막는 행이므로 열반에 집착하지 않는다. 동시에 서로 인도하는 것을 집착하지 않는 도라고 말한다.

'(1) 알아야 할 법 가운데 지혜의 청정함이 뛰어남'은 2부분으로 나뉜다.

제1단락, 사성제의 실법을 밝혀 분별함이며,

제2단락, '善知俗' 이하는 다시 사성제에 입각하여 10가지 관법의 문으로 중생을 교화하는 데 차별이 있음을 밝혔다. 여기서는 10가지로 4성제를 관찰한다는 것이지, 14가지 이치를 관찰함을 말한 것은 아니다.

이 때문에 유가사지론 菩薩地 住品에서 말하였다.

"이 지위는 사성제에서 10가지 행상으로 인하여 일체 언어와 문장을 실상대로 분명히 안다."

經

佛子여 此菩薩摩訶薩이 如實知此是苦聖諦와 此是苦集聖諦와 此是苦滅聖諦와 此是苦滅道聖諦하며

불자여! 보살마하살이

이것이 괴로움이라는 성스러운 진리,

이것이 괴로움을 모아 이룬다는 성스러운 진리,

이것이 괴로움이 사라진다는 성스러운 진리,

이것이 괴로움이 사라진 도라는 성스러운 진리임을 실상대로 알며,

◉ 疏 ◉

今初에 言實法者는 有佛과 無佛에 苦集二諦는 體是妄想이니 雜染因果요 滅道二諦는 體是出世니 淸淨因果라 此約諦實義釋이어니와 若約審諦釋者인댄 前二는 無佛이면 不能知此是苦是集이어니 寧有後二滅道果因아 餘如本品이니라【鈔_ 一所知者는 諦是所知之法이니 智於其中에 照見離垢일세 故名淸淨이라 慈悲攝物일세 名利益衆生이오 無惰을 稱勤이오 善巧를 爲方便이니라】

제1단락, 사성제의 실법

경문의 첫 부분에서 實法을 말한 것은 불법이 있든 불법이 없든 고성제와 집성제의 본체는 망상으로 잡염법의 인과이다. 멸성제와 도성제의 본체는 출세간으로 청정법의 인과이다. 이는 사성제의 실상의 이치로 해석한 것이지만, 사성제를 살피는 것으로 해석하면 앞의 고성제와 집성제 2가지는 불법이 없을 때는 이것이 고성제인지 집성제인지 알 수 없는데, 어떻게 뒤의 멸성제와 도성제 2가지 결과의 원인이 되겠는가. 나머지는 본 품에서 말한 바와 같다.【초_ '(1) 알아야 할 법'은 사성제가 바로 알아야 할 법이다.

지혜는 그 가운데 번뇌를 여의었음을 비추어 보는 까닭에 청정하다고 말한다. 자비로 중생을 받아들이기에 "중생에게 이익되는 일을 베푼다."고 말한다. 나태하지 않음을 부지런하다고 말하며, 뛰어나게 잘하므로 '방편'이라 말한다.】

▬

後十觀中에 畧啓四門이니
一은 制立이니 謂四諦가 義含法界라 菩薩이 窮照無遺하야 隨智異說難窮일새 畧擧十明無盡호리라 然十이 皆菩薩自智니 智相을 難明일새 故論約化生하야 以明其異하니 以此通名所知法中의 智淸淨也니라

　　제2단락, 10가지 관법의 문
　　이는 간추려 4가지 부분으로 나누었다.
　㈀ 제도의 건립이다. 사성제의 이치는 법계를 포함함을 말한다. 보살이 남김없이 끝까지 비춰서 지혜를 따라 달리 말함이 끝이 없기에 대략 10가지를 들어서 끝이 없음을 밝히고자 한다. 그러나 10가지 관법의 문이 모두 보살 자신의 지혜이다. 지혜의 모양은 밝히기 어려운 까닭에 유가론에서 중생 교화의 방면을 가지고서 그 차이점을 밝혔다. 이 때문에 '알아야 할 법 가운데 지혜의 청정함'이라고 통틀어 말한 것이다.

二는 明開合이니 此十이 總唯是一化生分別이라 若隨所化인댄 大小分二니 前九는 化小오 後一은 化大故라 若隨化所起인댄 則分爲

三이니 前五는 生解오 次四는 起行이오 後一은 令證故니라 約人不同
하야 離以爲七이니 初爲根未熟이오 乃至七爲大乘可化故라 至文
當知니라

㈏ 나누고 종합함에 대해 밝혔다. 이 10가지 관법이 모두 오로지 하나같이 중생 교화의 방면으로 분별한 내용이다. 만일 교화의 대상에 따라 말한다면 대승과 소승 2가지로 나누어야 한다. 앞의 9가지 문은 소승을 교화함이며, 뒤의 1가지 문은 대승을 교화함이다.

그러나 교화를 일으키는 법에 따라 말하면 3가지로 구분 지어야 한다.

앞의 5가지 문은 이해를 냄[生解]이며,

다음 4가지 문은 행법을 일으킴[起行]이며,

뒤의 1가지 문은 증득하게 함[令證]이기 때문이다.

사람들이 똑같지 않음에 따라 나누면 7가지 문이 된다. 첫째는 근기가 성숙되지 않은 중생이며, 나아가 일곱째는 대승법으로 교화할 중생이기 때문이다. 해당 문장의 부분에서 이를 알 수 있다.

三은 對實法하야 以明通別이니 此十을 望前四諦에 前五는 通觀四
諦라 謂一 世俗者는 觀四諦法相이오 二는 觀其性空이오 三은 通觀
性相無礙오 四는 觀性相各異오 五는 觀此四 緣起集成이라 次四는
別觀四諦니 謂六七八九를 如次觀苦集滅道라 後一은 但觀滅道
니 菩薩地因으로 證佛智故라

㈐ 실상의 법을 상대로 총상과 별상을 밝혔다. 이 10가지 문을 앞의 사성제와 대조하여 보면 앞의 5가지 문은 통틀어 사성제를

관찰함이다.

① [善知俗諦], 세속이란 사성제의 法相을 관찰함이며,

② [善知第一義諦], 그 체성이 공허함을 관찰함이며,

③ [善知相諦], 체성과 모양이 걸림 없음을 관찰함이며,

④ [善知差別諦], 체성과 모양이 각기 다름을 관찰함이며,

⑤ [善知成立諦], 사성제가 연기법이 모여 이뤄졌음을 관찰함이며,

⑥ [善知事諦], ⑦ [善知生諦], ⑧ [善知盡無生諦], ⑨ [善知入道智諦]를 고·집·멸·도성제의 순서대로 관찰함이며,

뒤의 1가지 문[⑩ 善知一切菩薩地次第成就諦 乃至善知如來智成就諦]은 멸성제와 도성제만을 관찰함이다. 보살지의 因行으로 부처의 지혜를 증득하였기 때문이다.

四는 正釋文이라

文分爲二니 初는 列十名이라

㈃ 경문의 해석이다.

경문은 2부분으로 나뉜다.

① 10가지 관법의 명칭을 나열하다

經

善知俗諦하며

善知第一義諦하며

善知相諦하며

善知差別諦하며

善知成立諦하며

善知事諦하며

善知生諦하며

善知盡無生諦하며

善知入道智諦하며

善知一切菩薩地次第成就諦하며

乃至善知如來智成就諦하나니라

 세속의 이치를 잘 알고,

 제일가는 이치를 잘 알고,

 형상의 이치를 잘 알고,

 차별의 이치를 잘 알고

 성립의 이치를 잘 알고,

 사물의 이치를 잘 알고,

 생겨나는 이치를 잘 알고,

 다하여 생겨나지 않는 이치를 잘 알고,

 도에 들어가는 지혜의 이치를 잘 알고,

 모든 보살의 지위에 차례로 성숙하는 이치를 잘 알고,

 내지 여래의 지혜가 성취하는 이치를 잘 알고 있다.

二次第解釋

 ② 10가지 관법을 차례로 해석하다

此菩薩이 隨衆生心樂하야 令歡喜故로 知俗諦하며
通達一實相故로 知第一義諦하며
覺法自相共相故로 知相諦하며
了諸法分位差別故로 知差別諦하며
善分別蘊界處故로 知成立諦하며
覺身心苦惱故로 知事諦하며
覺諸趣生相續故로 知生諦하며
一切熱惱 畢竟滅故로 知盡無生智諦하며
出生無二故로 知入道智諦하며
正覺一切行相故로 善知一切菩薩地次第相續成就와
乃至如來智成就諦니
以信解智力으로 知언정 非以究竟智力으로 知니라

　　이 보살이 중생의 좋아하는 마음을 따라서 기쁘게 해주고자 세속의 이치를 알며,

　　하나의 실상을 통달함으로써 제일가는 이치를 알며,

　　법의 제 모양과 공통의 모양을 깨달음으로써 형상의 이치를 알며,

　　여러 법의 해당 부분 지위의 차별을 앎으로써 차별의 이치를 알며,

　　5온, 18계, 12처를 잘 분별함으로써 성립하는 이치를 알며,

　　몸과 마음의 괴로움을 깨달음으로써 사물의 이치를 알며,

여러 갈래에 태어남이 서로 이어짐을 깨달음으로써 생겨나는 이치를 알며,

일체 극심한 번뇌가 결국 모두 사라짐으로써 다하여 생겨나지 않는 지혜의 이치를 알며,

둘이 없는 것을 냄으로써 도에 들어가는 지혜의 이치를 알며,

일체 행상을 바르게 깨달음으로써 일체 보살의 지위가 차례로 성숙하는 이치와 내지 여래의 지혜가 성취하는 이치를 아는 것이다.

이는 신심과 이해하는 후득지(後得智)의 힘으로 아는 것이지, 근본 진실지(眞實智)의 힘으로 아는 것이 아니다.

◉ 疏 ◉

依本論은 攝十爲七이니 初一은 爲根未熟衆生이니 謂未堪入大에 爲說四諦十六行等하니 名知世諦니 卽四重二諦中의 第三重內俗也라 不同瑜伽의 通於大小와 及根生熟이니라【鈔_ '爲說四諦等'者는 謂苦下에 有四하니 卽苦와 空과 無常과 無我오 集下에 有四하니 集과 因과 生과 緣이오 滅下에 有四하니 滅과 靜과 妙와 離오 道亦有四하니 道와 如와 行과 出이라 故是俗諦니라 卽四重者는 一은 假實二諦오 二는 事理二諦오 三은 四諦勝義二諦오 四는 安立과 非安立二諦니 廣如玄中하니라 今是第三重中俗者는 以四諦로 爲俗故라】

십지론에 의한 해석은 10구를 7부분으로 묶었다.

㉠ 첫 한 구절[隨衆生心樂令歡喜故 知俗諦]은 근기가 성숙되지 않은 중생을 위한 관법이다. 대승법을 감당하여 들어가지 못한 이를

위하여 사성제의 16가지 행상 따위를 설하므로 "세속의 이치를 안다."고 말하였다. 이는 4겹의 二諦 가운데 제3겹의 세속이다. 유가론에서 말한 대승과 소승, 그리고 근기의 미숙과 성숙에 모두 통하는 말과는 똑같지 않다.【초_ "사성제의 16가지 행상 따위를 설하였다." 등이란

> 고성제의 아래에 4가지가 있다. 苦, 空, 無常, 無我이다.
>
> 집성제의 아래에 4가지가 있다. 集, 因, 生, 緣이다.
>
> 멸성제의 아래에 4가지가 있다. 滅, 靜, 妙, 離이다.
>
> 도성제 또한 4가지가 있다. 도, 진여, 행법, 초월이다.
>
> 이 때문에 세속의 이치이다.
>
> 4겹이란 다음과 같다.
>
> 첫째, 假法과 實法의 2가지 이치,
>
> 둘째, 현상과 이치의 2가지 이치,
>
> 셋째, 사성제의 뛰어난 뜻의 2가지 이치,
>
> 넷째, 安立諦와 非安立諦의 2가지 이치이다.
>
> 자세한 부분은 玄談에서 밝힌 바와 같다.

여기에서 말한 '제3겹의 세속'이란 사성제로 세속의 이치를 삼았기 때문이다.】

二는 爲根熟이니 堪入大故로 爲說法空第一義諦니라

㉡ 근기가 성숙된 중생을 위한 관법이다. 대승법을 감당하여 들어갈 수 있는 중생을 위하여 法空의 제일가는 이치를 설하였다.

三은 爲疑惑衆生故로 知相諦니 謂有聞第一義諦하야도 猶豫不決

하야 若是空耶아하면 則無因果오 若是有耶아하면 云何言空이리오 今明卽俗自相이 是空이오 共相은 俱處無違일세 故名相諦니라

ⓒ 의혹이 많은 중생을 위하여 형상의 이치를 앎이다. "제일가는 이치를 듣는다 해도 머뭇거리고 결정하지 못하여, 이를 '공'이라 하면 인과가 없고, '유'라 말하면 어찌하여 '공'이라 말하는가?"라고 말한다. 여기에서는 세속의 이치와 하나가 된 자체 모양을 '공'이라 하고, 함께하는 공통의 모양은 모든 곳에 어긋남이 없는 까닭에 '형상의 이치'라고 말한다.

四는 爲謬解迷惑深法衆生하야 故知差別이니 謂前緣二境일세 故名爲疑오 今聞俱處하야 便謂是一일세 名爲謬解라 今明體雖不異니 性相分位歷然差別이니라

ⓔ 심오한 법에 대해 잘못 이해하여 미혹한 중생을 위하여 차별의 이치를 앎이다. 앞에서는 '유'·'무' 2경계를 반연한 때문에 '의혹이 많은 중생'이라 말하였고, 여기에서는 모든 곳에서 각기 다른 말을 듣고서 문득 하나라고 생각한 까닭에 '잘못 이해하여 미혹한 중생'이라 말하였다. 여기에서는 체성이 비록 다르지 않지만 체성과 모양으로 구분 짓는 지위에 뚜렷한 차별이 있음을 말한다.

五는 爲離正念衆生故로 知成立諦니 謂旣聞差別에 謂皆有體하니 名離正念이오 今明差別이 但是緣成이오 無有自性일세 故云成立이라

ⓜ 바른 생각을 여읜 중생을 위하여 성립하는 이치를 앎이다. 이미 차별의 이치를 들을 적에 모두 체성이 있다고 생각하는 것을

'바른 생각을 여의었다.'고 말하였고, 여기에서 차별의 이치가 다만 반연으로 성취됨을 밝혔으며, 자체의 성품이 있지 않으므로 '성립'이라고 말하였다.

六은 爲正見衆生하야 知事等四諦니 由無前疑執일새 故名正見이오 可令知苦斷集이며 證滅修道라 事는 卽苦諦오 生은 卽集因이오 無生은 是滅이오 因亡曰盡이니 卽盡智也오 後果不起를 名爲無生이니 卽無生智也니라 若小乘說인댄 現在惑亡을 說名爲盡이오 利根之人이 保彼煩惱하야 當更不起를 名曰無生이니 此盡無生이 是其滅體라 無學之智 如是而知니 意在取滅일새 故爲滅諦니라 道言無二者는 論下에 重釋云 一行故라하니 謂稱滅而知일새 故云一行이라 前列實法四諦는 明其所觀이오 此中四諦는 明當如是觀이니라

㈏ 바른 소견을 가진 중생을 위하여 현상 사법계 따위의 4가지 이치를 앎이다. 앞의 의심과 집착이 없음으로 인하여 바른 소견이라 하였고, 고통을 알고 고통의 모임을 끊을 수 있게 하며, 열반을 증득하려고 도를 닦는다.

현상의 사물은 곧 고성제이고, 생겨남은 집성제의 원인이며, 생겨나지 않음은 멸성제이고, 원인이 사라지는 것을 다하였다[盡]고 말하니, 바로 '다함의 지혜[盡慧]'이다. 뒤의 결과가 일어나지 않음을 '생겨나지 않음'이라 말하니, 곧 '생겨남이 없는 지혜[無生智]'이다.

만일 소승법으로 말하면 현재의 미혹이 없어짐을 다하였다고 말하고, 뛰어난 근기를 지닌 사람이 저 번뇌를 막아서 다시는 일어

나지 않게 하는 것을 생겨남이 없다고 말한다. 이처럼 '모조리 생겨남이 없는 것[盡無生]'을 열반의 본체라 한다. '모든 것을 다 배웠으므로 다시 더 배울 법이 없는[無學: 極果]' 지혜로 이와 같이 아는 것이니, 그 뜻은 열반[滅]을 취함에 있기에 이를 멸성제라 한다.

도성제는 '둘이 없음'을 말한 것은 논의 아래에서 거듭 해석하기를 "하나로 행하기 때문이다."고 하였다. 이는 멸성제에 하나 되어 알기 때문에 '하나로 행한다.'고 하였다.

앞에 나열한 실법의 사성제는 그 관찰의 대상을 밝혔고, 여기에서 말한 사성제는 이처럼 살펴봐야 할 것을 밝힌 것이다.

七은 爲大乘可化衆生故로 知菩薩地이며 乃至如來智諦니 謂先住大乘을 化令進故라

言正覺一切相者는 大乘은 要須於五明處에 善巧知故로 菩薩地是因이라

言次第相續者는 如從初地하야 入二地하며 乃至十地에 入佛地大果也니라

'以信解等'者는 爲釋外疑니 '六地已上으로 乃至佛智라도 未曾證入이어니 彼云何知오'할세 故此釋云 '信解는 鏡像觀智力知오 非成就智라'하니 鏡像은 卽影像觀이니 未得本質故니라【鈔_ '未得本質'者는 本質有二하니 一은 約未證佛智인댄 則佛智 爲本質이오 二는 旣未證於如來之智인댄 於一切智所知之法이 旣是本質이며 亦影像知인댄 一切所證이 未親證故니라】

㉠ 대승법으로 교화할 중생을 위한 까닭에 보살 지위를 알며,

나아가 여래 지혜의 이치를 앎이다. 먼저 대승에 머문 중생을 교화하여 정진하도록 한 때문이다.

'일체 행상을 바르게 깨닫는다.'고 말한 것은 대승은 반드시 5명[聲明, 工巧明, 醫方明, 因明, 內明]에 대해 잘 알아야 하는 까닭에 '보살 지위'가 원인이다.

'차례로 서로 이어간다.'고 말한 것은 초지에서부터 제2지에 들어가고, 나아가 십지에 이르러 부처님 지위의 큰 과덕에 들어가는 순서와 같다.

'신심과 이해하는 따위'는 외도의 의심을 풀어주기 위함이다. "6지 이상으로부터 부처님 지혜에 이를지라도 일찍이 증득하여 들어가지 못하는데, 제5지에 있는 그들이 어떻게 이를 알겠는가?"라고 의심하는 까닭에 이를 해석해 주고자, 다음과 같이 말하였다.

"신심과 이해함은 거울 속 영상처럼 관하는 지혜의 힘[鏡像觀智力]으로 아는 것이지, 究竟 성취의 지혜는 아니다."

'거울 속 영상'은 영상으로 보는 것이니, 이는 근본 바탕을 얻은 게 아니기 때문이다. 【초_ "근본 바탕을 얻은 게 아니다."고 말한 근본 바탕은 2가지이다.

첫째, 아직 부처의 지혜를 얻지 못한 것으로 말하면 부처의 지혜가 근본 바탕이며,

둘째, 이미 부처의 지혜를 증득하지 못했다면 모든 지혜로 아는 바의 법이 이미 근본 바탕이며, 또한 영상처럼 안다면 일체 증득한 바가 몸소 증득한 바가 아니기 때문이다.】

◉ 論 ◉

第四는 '佛子'已下로 至'究竟智力知'히 有十四行半經은 明善知十諦法門이라

分釋義中에 復分爲兩段호리니

一은 '佛子'已下로 至'善知如來智成就諦'히 有六行經은 明此位菩薩이 善知十種諦法門分이오

二는 '此菩薩隨衆生心樂'已下에 有八行半經은 明便述知諦之所由니 經自釋訖이라

如第一段中에 '善知此苦聖諦'者는 不同三乘의 厭苦忻淨하야 方求聖諦故오 但達此世間諸苦體無故로 卽苦無滅性하며 道無生性이니 當知苦體 卽不生不滅하야 卽與聖道로 無二性故니라 故云善知苦聖諦니 已下四聖諦도 總如之오 已下諸諦義는 如經自具니라

　　제4는 '佛子' 이하로부터 '究竟智力知' 구절에 이르기까지 14줄 반의 경문은 十諦法門에 대해 잘 앎을 밝힌 것이다.

　　의의를 해석한 부분은 다시 2단락으로 나뉜다.

　　① '佛子' 이하로부터 '善知如來智成就諦' 구절에 이르기까지 6줄의 경문은 이 지위에 머문 보살이 10가지 진리 법문에 대해 잘 앎을 밝힌 부분이며,

　　② '此菩薩隨衆生心樂' 아래로부터 8줄 반의 경문은 다시 10가지 진리 법문에 대해 잘 알게 된 연유의 서술을 밝힌 것이다. 경문에서 스스로 해석을 끝마쳤다.

제1단락의 '善知此苦聖諦'는 고통을 싫어하고 청정을 기뻐한 나머지 聖諦를 추구하는 삼승과는 똑같지 않기 때문이다. 다만 이 세간의 모든 고통이 체성이 없기 때문에 곧 고통이 없애야 할 성품이 없으며, 도성제가 無生의 성품임을 통달하는 것이다. 고통의 본체가 곧 불생불멸이라, 곧 도성제와 두 성품이 없기 때문임을 알아야 한다. 이 때문에 '고성제를 잘 안다.'고 말하였다.

아래의 四聖諦도 모두 이와 같고, 아래의 모든 진리의 뜻은 경문에서 말한 바와 같이 스스로 잘 갖추고 있다.

一 所知法中 智淸淨勝 竟하다

(1) 알아야 할 법 가운데 지혜의 청정함이 뛰어난 부분을 끝마치다.

第二 利益衆生勤方便

中에 二니 先總起悲觀이오 二는 別起悲觀이라

今은 初라

(2) 중생의 이익을 위한 부지런한 방편이 뛰어나다

이는 2단락이다.

제1단락, 총괄하여 大悲의 관법을 일으켰고,

제2단락, '佛子' 이하는 개별로 대비의 관법을 일으켰다.

이는 첫 부분이다.

經

佛子여 **此菩薩摩訶薩**이 **得如是諸諦智已**에
如實知一切有爲法이 **虛妄詐僞**하야 **誑惑愚夫**하고
菩薩이 **爾時**에 **於諸衆生**에 **轉增大悲**하야 **生大慈光明**이
니라

　불자여! 이 보살마하살이 이와 같이 모든 이치를 아는 지혜를 얻고서,

　일체의 세간 유위법이 허망하고 거짓으로 어리석은 사람을 속이는 줄 실상대로 알며,

　보살이 이때에 중생에게 대비심이 더욱 더하여 대자(大慈)의 광명을 내는 것이다.

● 疏 ●

總中은 三이니 初는 結前이오 次 '如實'下는 觀過오 後 '菩薩'下는 起悲라
觀過中에 先은 明非眞이오 後 '誑惑'下는 對人彰過라

　'제1단락, 총괄하여 대비의 관법을 일으킨' 부분은 3단락이다.

　㈀ 앞의 경문을 끝맺음이고,

　㈁ '如實' 이하는 허물을 관찰함이며,

　㈂ '菩薩' 이하는 대비의 관법을 일으킴이다.

　'㈁ 허물을 관찰한' 부분의 앞은 진실이 아님을 밝혔고, 뒤의 '誑惑' 이하는 사람을 상대로 허물을 밝혔다.

今初 '虛妄' 二字는 觀內五蘊이니 謂妄想常等이 不相似無일세 故

虛니 此明所取 非眞이니 理無 不同情有일세 故云不相似無也니라 常作我想慢事일세 故妄이니 此辨能取 不實이니 非有에 計有라 常樂我淨을 皆名我想이오 非唯我見이니 我爲本故로 獨云我想也니라 '詐僞' 二字는 觀外六塵이니 世法이 牽取愚夫일세 故詐니 此顯能取迷眞이니 謂由妄取하야 令彼世法으로 隱虛詐實하야 使其貪取也라 世法이 盡壞일세 故僞니 此明所取不實이니 世法이 相似相續하야 似有義利나 而實速滅無利일세 故僞니라

'後 對人彰過'者는 上虛僞二境이 引心을 總名爲誑이오 妄詐二心이 迷境을 皆名爲惑이라 '愚夫'는 卽是依彼하야 正取我慢之人이니라

앞의 '진실이 아님을 밝힌' 부분의 '虛妄' 2자는 내면의 5온을 살펴봄이다.

망상으로 영원하다고 생각하는 따위가 이치적으로 없음[理無]과는 같지 않기에 '공허[虛]'하다고 말한다. 이는 취한 바의 대상이 진실이 아님을 밝힌 것으로 '이치적으로 없음'이란 '妄情으로 있다고 생각[情有]'한 것과는 같지 않기에 '이치적으로 없음과 같지 않다.'고 말하였다.

항상 '나'라는 생각으로 거만한 일을 지으므로 '허망[妄]'하다고 말한다. 이는 취하는 주체가 진실하지 않음을 밝힌 것이다. '有'가 아닌 것을 '유'라고 생각한 나머지, 常樂我淨을 모두 '나'라는 생각[我想]으로 말하여, '나'라는 견해에 그치지 않는다. '나'를 근본으로 삼은 까닭에 유독 我想이라 말하였다.

'詐僞' 2자는 외면의 6塵을 살펴봄이다.

세간법이 어리석은 사람이 이끌기에 '거짓[詐]'이라 말한다. 이는 취하는 주체가 진리를 알지 못함을 밝힌 것이다. 허망하게 취함을 연유하여, 저 세간법으로 하여금 허망함을 감추고 진실인 양 속여서, 세간법을 탐착하도록 만든 것을 말한다.

세간법이란 모두 무너지기 마련이다. 이 때문에 '거짓[僞]'이라 말한다. 이는 취할 대상이 진실하지 않음을 밝혔다. 세간법이 서로 이어지는 것과 같아서 이치와 이익이 있는 것처럼 보이지만 실제로는 빠르게 사라질 뿐, 이익이 없기에 '거짓'이라 한다.

뒤의 '사람을 상대로 허물을 밝혔다.'는 것은 위의 虛妄과 詐僞 2가지 경계가 마음을 끌어들이는 것을 총괄하여 '속임[誑]'이라 말하고, 허망과 사위 2가지 마음이 경계에 혼미케 함을 모두 '미혹[惑]'이라 말한다.

'어리석은 범부'란 바로 그러한 허망과 사위에 의지하여 아만을 지닌 사람을 말한다.

三 起慈悲者는 憐愍故로 悲오 勝利益故로 慈오 不住道行勝일세 故云轉增이니 皆言大者는 勝前地故오 云光明者는 救生方便智成故라 轉增·光明은 俱通慈悲니 文有影畧이라 轉前慈愍하야 分同諸佛일세 故名爲生이니라

'(ㄷ) 대비의 관법을 일으킴'이란 가엾이 불쌍히 여기는 까닭에 '大悲'라 하고, 훌륭한 이익을 베풀기에 '大慈'라 하고, 집착하지 않는 道行이 뛰어난 까닭에 '더욱 더함[轉增]'이라고 말하였다.

여기에 모두 '大' 자를 말한 것은 앞의 지위보다 뛰어난 때문이

며, '광명'이라 말한 것은 중생을 구제하는 방편의 지혜를 성취한 때문이다. 더욱 더함과 광명은 대자와 대비에 모두 통한다. 경문은 한 부분을 생략한 채 서로 밝히고 있다.

앞의 대자와 대비의 마음이 더욱 더하여 그 분수가 부처님과 같은 까닭에 "대자의 광명을 낸다."고 말하였다.

第二 別起悲觀
中에 二니 先은 明化生願이오 二는 明化他心이라
今은 初라

　　제2단락, 개별로 대비의 관법을 일으키다
　　이는 2단락이다.
　　㈀ 중생 교화의 서원을 밝혔고,
　　㈁ 남을 교화하는 마음을 밝혔다.
　　이는 첫 부분이다.

經
佛子여 此菩薩摩訶薩이 得如是智力에 不捨一切衆生하고 常求佛智하야

　　불자여! 이 보살마하살이 이와 같은 지혜의 힘을 얻고서 일체 중생을 버리지 않고 항상 부처의 지혜를 구하여,

● 疏 ●

先은 牒前이니 '得是智力'이란 近牒觀有爲요 遠牒觀諸諦라 不捨衆生'은 牒前慈悲라 後 '常求佛智'는 正明起願이니 願救衆生義故니라

(ㄱ) 중생 교화의 서원을 밝힌 부분이다. 앞부분은 앞의 경문을 이어 말하였다.

"이와 같은 지혜의 힘을 얻었다."는 것은 가까이 유위법의 관찰을 이어 말하고, 멀리는 모든 이치의 관찰을 이어 말한 것이다.

"중생을 버리지 않음"은 앞의 대자·대비를 이어 말한 것이다.

뒷부분의 "항상 부처의 지혜를 구함"은 바로 서원 일으킴을 밝힌 것이니 중생 구제를 원하는 뜻이기 때문이다.

二化心

中에 二니 先은 明大悲觀이오 後 '佛子菩薩摩訶薩 復作是念此諸衆生'下는 明大慈觀이라
前中에 悲有二相하니
一은 如實觀苦因緣集故로 卽知苦體性이오
二는 觀深重苦久而多故로 卽就人彰過니라
今은 初라

(ㄴ) 남을 교화하는 마음을 밝히다

이는 2단락이다.

① 대비의 관법을 밝혔고,

② '佛子菩薩摩訶薩 復作是念此諸衆生' 이하는 대자의 관법을 밝혔다.

'① 대비의 관법' 가운데 大悲에는 2가지 모양이 있다.

㉠ 실상대로 고통의 원인과 간접 원인이 모임을 관찰한 까닭에 바로 고통의 체성을 아는 것이며,

㉡ 深重한 고통이 오래되고 많음을 관찰한 까닭에 바로 사람에게서 그 잘못을 밝힌 것이다.

이는 첫 부분이다.

經
如實觀一切有爲行의 前際後際하야
知從前際無明有愛故로 生하야 生死流轉하며 於諸蘊宅에 不能動出하며 增長苦聚홈이 無我無壽者하며 無養育者하며 無更數取後趣身者하야 離我我所하나니 如前際하야 後際도 亦如是하야 皆無所有라
虛妄貪着을 斷盡出離하야
若有若無를 皆如實知니라

일체 유위행의 과거와 미래를 실상대로 관찰하여,

지난 과거의 무명과 애욕 때문에 태어나 생사에 헤매면서 오온이란 집에서 벗어나지 못하고 고통 더미가 더욱 커나감이 '나'라는 것도 없고 오래 사는 이도 없고 길러주는 이도 없으며, 다시 미래 세계의 몸을 자주자주 받을 이도 없어 '나'라는 것과 '나의 것'이라

는 것을 여읜 줄 알고 있다. 지난 과거처럼 미래 또한 그와 같이 모
두 아무것도 없다.

　　허망한 탐착을 모조리 끊어버리고 벗어나, 있는 것이나 없는
것이나 모두 실상대로 아는 것이다.

● 疏 ●

前中四니 初는 總標二際오 二 知從 下는 順觀二際오 三 虛妄 下는
逆觀二際오 四 若有 下는 結如實知라

　　첫 부분은 4단락이다.
　　⑴ 과거와 미래 2시절을 총괄하여 내세웠고,
　　⑵ '知從' 이하는 2시절을 따라서 관찰하였고,
　　⑶ '虛妄' 이하는 2시절을 거꾸로 관찰하였고,
　　⑷ '若有' 이하는 실상대로 앎을 끝맺었다.

今初니 前卽過去오 後는 卽未來니 顯無始終이 流轉相故니라

　　이는 첫 부분으로 前際란 과거이며, 後際란 미래이다. 시작과
끝이 없이 유전하는 모습을 밝혔기 때문이다.

二 順觀中에 二니 先은 明前際오 後 如前 下는 類顯後際라
前中에 復二니 先은 顯緣集苦聚오 後 無我 下는 顯二空無我라
今初에 無明有愛는 顯流轉因이니 能發能潤하야 此以爲本이라 故
生卽是果故라 涅槃云 生死本際 凡有二種하니 一者는 無明이오
二者는 有愛라 是二中間에 有生老死라 하니라 今菩薩이 觀此而起
大悲하나니 亦同淨名에 從癡有愛하야 卽我病生矣니라

然生果 有三하니 一은 欲求衆生이니 故流轉生死하나니 欲貪이 卽是 受身本故라

二는 妄梵行求衆生이니 故於蘊宅에 不能動出이라 外道計我常住 其中故니라

三은 有求衆生이니 故增長苦聚니 三有皆苦故니라

後는 顯空無我와 及類顯後際니 竝顯可知로다

'(2) 과거와 미래 2시절을 따라서 관찰한' 부분은 2단락이다.

① 과거를 밝혔고,

② '如前' 이하는 유별로 미래를 밝혔다.

'① 과거를 밝힌' 부분은 다시 2단락이다.

앞은 인연이 모여 고통 더미가 됨을 밝혔고,

뒤의 '無我' 이하는 아공과 법공의 무아를 밝혔다.

이의 앞부분 '인연이 모인 고통 더미'에서 말한 '무명과 애정'은 생사유전의 원인임을 밝혔다. 발생의 주체와 윤택의 주체가 '무명과 애정'으로 근본을 삼는다. "이 때문에 태어난다[故生]."는 것은 바로 결과이다.

열반경에서 말하였다.

"생사의 근본 실체[本際]는 대체로 2가지가 있다. 하나는 무명이요, 하나는 애정이다. 이 2가지의 중간에 태어나고 늙고 병들고 죽는 고통이 있다."

지금 보살이 이런 도리를 살펴보고서 대비의 마음을 일으킨 것이다. 또 유마경에서 "어리석음과 애정으로부터 나의 병이 생겨

났다."고 말한 것과 같은 뜻이다.

그러나 태어난 결과에는 3가지가 있다.

첫째, 욕구의 중생이다. 이 때문에 생사에 헤매는 것이다. 욕구와 탐심이 바로 몸의 바탕을 받은 때문이다.

둘째, 잘못 범행을 구한 중생이다. 이 때문에 5온의 집에서 벗어나지 못한다. 외도는 '내'가 항상 그 속에 머무는 것으로 생각하기 때문이다.

셋째, 구함이 있는 중생이다. 이 때문에 고통 더미가 더욱 커나가는 것이다. 三界가 모두 고통이기 때문이다.

② '如前' 이하는 공하여 무아임을 밝히고 유별로 미래를 밝힌 것이니, 모두 그 뜻이 분명하여 설명하지 않아도 알 수 있다.

三 逆觀中에 順은 卽苦集이오 逆은 卽道滅이라 虛妄斷盡이 卽是滅也오 出離가 是道니라

'(3) 과거와 미래 2시절을 거꾸로 관찰한' 부분에서 順觀은 고성제와 집성제이며, 逆觀은 도성제와 멸성제이다. 허망이 모두 끊어진 자리가 멸성제이고, 고통에서 벗어남이 바로 도성제이다.

四 結如實知는 卽雙結二際라 逆順과 有無에 三義니 一은 約凡夫인댄 但有苦集而無滅道오 二는 約菩薩인댄 逆有順無오 三은 雙約凡聖인댄 眞滅은 本有며 道亦符之오 妄苦는 本空이며 集亦同爾라 凡夫迷故로 不覺不知오 菩薩正了일세 名知如實이니라

'(4) 실상대로 앎을 끝맺음'이란 과거와 미래 2시절을 한꺼번에 끝맺은 것이다. 逆觀과 順觀, 그리고 有와 無에는 3가지 뜻이 있다.

① 범부로 말하면 고성제와 집성제가 있을 뿐, 멸성제와 도성제는 없다.

② 보살로 말하면 순관만 있을 뿐, 역관은 없다.

③ 범부와 성인을 모두 들어 말하면 참된 멸성제는 본래 있던 것이며, 도성제 또한 그와 하나이다. 허망한 고통은 본래는 공한 것이며, 집성제도 마찬가지이다. 범부는 미혹한 까닭에 이를 깨닫지 못하고 알지 못하지만, 보살은 바르게 깨달았기에 '실상대로 안다.'고 말하였다.

第二. 觀深重苦
　　㉡ 심중한 고통을 관찰하다

經
佛子여 此菩薩摩訶薩이 復作是念호되 此諸凡夫 愚癡無智하니 甚爲可愍이로다
有無數身하야 已滅今滅當滅이니
如是盡滅이어늘 不能於身에 而生厭想하고
轉更增長機關苦事하야 隨生死流하야 不能還返하며
於諸蘊宅에 不求出離하며
不知憂畏四大毒蛇하며
不能拔出諸慢見箭하며

不能息滅貪恚癡火하며
不能破壞無明黑闇하며
不能乾竭愛欲大海하며
不求十力大聖導師하고
入魔意稠林하야
於生死海中에 **爲覺觀波濤之所漂溺**이니라

불자여! 보살마하살이 또 이런 생각을 한다.

'이 범부들이 어리석고 지혜가 없으니 매우 가엾다.

무수한 몸을 지녔지만 이미 사라졌고, 지금 사라지고, 장차 사라질 것이다.

이처럼 모두 사라지련만 몸에 대하여 싫증을 내지 않고

기관처럼 받는 고통만 더욱 키워가면서 생사윤회를 따라 헤매면서 돌아오지 않으며,

오온의 집에서 벗어나기를 구하지 않고,

사대(四大)의 독사가 무서운 줄 알지 못하며,

교만과 삿된 소견의 화살을 뽑지 못하고,

삼독의 불을 끄지 못하며,

무명의 어둠을 깨뜨리지 못하고,

애욕의 바다를 말리지 못하며,

열 가지 힘을 가진 대도사를 구할 줄 모르고,

마군 같은 생각의 숲 속에 들어가서

나고 죽는 바다에서 깨닫고 관찰하는 파도에 휩쓸리고 있다.'

◉ 疏 ◉

深重苦者는 無始隨逐故로 深이오 種種苦事故로 重이라

文中二이니

初는 總標可愍이니 不知本空일세 故名愚癡오 不知厭離일세 故云無智오 亦可俱通일세 故爲可愍이니라

二 '有無數'下는 釋可愍所由니 由迷二苦故라

初는 明深苦不知일세 故爲可愍이니라

後 '如是盡'下는 明重苦不知로 故爲可愍이라

於中에 二니

初는 牒前訶後오 二 '轉更'下는 正明重苦라

於中에 三이니

初는 觀生苦니 機關苦事는 卽是生苦라 言機關者는 顯無我故로 抽之則動이라가 息手便無니라 若造業因이면 生生不息이라 '隨生死'下는 明有集愛오 '於諸蘊'下는 明離滅道라

二 '不知'下는 觀老病死라 四大毒蛇는 是不知病苦오 '不能拔'下는 明具彼集이라

文有四句하니

一은 妄梵行求衆生이 不能拔出諸慢見箭이니 外道多起故라

二 '欲求衆生受欲'者는 不能息三毒火오

三 '欲求衆生行惡行'者는 不破無明이니 以見少利하고 行大惡行하야 後受大苦일세 故云黑暗이라

四는 有求衆生 不竭愛欲大海니 三有之愛 廣無邊故니라 觀如實

中에 說彼三求하야 以爲苦果이니라 今爲集者는 三求 皆能爲集因而受果故니 二文 互擧라 次 '不求十力大聖導師'는 明遠彼滅이니 不向滅者故오 '入魔意' 下는 明遠彼道 順寃道故니라【鈔_ '二欲求'者는 欲求 開二니 一은 縱情五欲하야 不懼當報니 是造惡行者오 二는 但耽五欲하고 未必造惡이라】

'深重한 고통'이란 시작도 없는 과거로부터 따라온 까닭에 깊다[深]고 말하고, 가지가지 고통의 일이 있기에 무겁다[重]고 말한다.

경문은 2단락이다.

(1) 가엾은 모습을 총괄하여 내세웠다. 본래로 공한 줄 알지 못하므로 어리석다고 말하였고, 싫어하여 여읠 줄 알지 못하므로 지혜가 없다고 하였으며, 또한 모두 통달할 수 있기에 가엾다고 하였다.

(2) '有無數' 이하는 가엾이 여기는 마음을 가지게 된 연유이다. 2가지 고통[深·重]을 알지 못하기 때문이다.

① 깊은 고통[深苦]을 알지 못하기에 가엾음을 밝힌 것이다.

② '如是盡' 이하는 무거운 고통[重苦]을 알지 못하기에 가엾음을 밝힌 것이다.

'② 무거운 고통[重苦]' 부분은 또다시 2단락으로 나뉜다.

㉠ 앞의 경문을 이어서 뒤의 문장으로 꾸짖음이며,

㉡ '轉更' 이하는 바로 '무거운 고통'에 대해 설명하였다.

이는 다시 3부분으로 나뉜다.

첫째, 태어남의 고통을 관찰함이다.

'기관처럼 고통스러운 일[機關苦事]'이란 바로 태어남의 고통이다. '기관'이라 말한 것은 허수아비[木偶]란 자아가 없기에 줄을 당기면 움직이다가 손을 놓으면 바로 멈춤을 밝혔다. 따라서 만일 업의 원인을 지으면 끊임없이 태어나고 태어나는 것이다.

'隨生死' 이하는 '有'로 애정을 모음에 대해 밝혔고,

'於諸蘊' 이하는 여의고 없애는 도를 밝혔다.

둘째, '不知' 이하는 늙고 병들고 죽음을 관찰함이다.

'四大[地水火風]의 독사'는 질병의 고통을 알지 못하고,

'不能拔' 이하는 그것을 모아 모두 갖추고 있음을 밝혔다.

경문에 4구절이 있다.

제1구[不能拔出諸慢見箭], 잘못된 범행을 구하는 중생이 모든 아만의 삿된 소견의 화살을 빼내지 못한 것은 외도가 많이 일어나기 때문이다.

제2구[不能息滅貪恚癡火], 욕구 중생의 타고난 욕구는 탐진치 3독의 불을 끄지 못한 때문이다.

제3구[不能破壞無明黑闇], 욕구 중생의 악행을 행하는 것은 무명을 타파하지 못한 때문이다. 적은 이익을 보고서 큰 악행을 저질러 훗날 큰 고통을 받기 때문에 '깜깜한 어둠[黑暗]'이라 하였다.

제4구[不能乾竭愛欲大海], 구함이 있는 중생이 애정과 욕망의 큰 바다를 고갈시키지 못한 때문이다. 3가지 有의 애정[欲愛, 色愛, 有愛]이 광대하여 끝이 없기 때문이다.

실상대로 고통을 관찰하는 가운데 저 3가지 구함[妄梵行求, 欲求, 有求]을 말하여 고통의 결과로 삼은 것이다. 여기에서 고통을 모

으는 것[苦集]이 된다고 말함은 3가지 구함이 모두 苦集의 원인이 되어 결과를 받기 때문이다. 두 문장은 서로의 뜻을 들어 말해주고 있다.

다음 "열 가지 힘을 가진 대도사를 구할 줄 모른다."는 구절은 멸성제와 거리가 멂을 밝힌 것으로, 멸성제를 지향하지 않기 때문이다.

'入魔意' 이하는 그 도성제와 거리가 멂을 밝혔다. 원수의 도를 따르기 때문이다.【초_ '제2구의 욕구'라는 욕구는 2가지로 나뉜다.

① 五欲의 정을 방종하여 그에 걸맞은 과보를 두려워하지 않음이니, 이는 악행을 짓는 것이다.

② 오욕을 탐닉할 뿐, 꼭 악행을 저지른 것은 아니다.】

三於生死下는 總結過患이니 擧生死海하야 總顯於苦라 '覺觀波'下는 總明有集이니 此中에 兼顯死苦之義오 畧不明老하니라

셋째, '於生死' 이하는 허물과 우환을 총괄하여 끝맺음이다. 나고 죽는 바다를 들어서 고통을 총체로 밝혔다.

'覺觀波' 이하는 有愛의 모임을 총괄하여 밝히고 있다. 여기에서 죽음의 고통에 관한 뜻을 겸하여 밝혔지만, 늙음의 고통은 생략하고 밝히지 않았다.

二大慈觀
中에 二니 初는 觀境興慈오 後는 廣願饒益이라

> 今은 初라

'(ㄴ) 남을 교화하는 마음' 가운데, ② 대자의 관법을 밝히다

이는 2단락이다.

㉠ 경계를 만나 대자를 일으킴이며,

㉡ 서원의 이익을 자세히 밝혔다.

이는 첫 부분이다.

經

佛子여 此菩薩摩訶薩이 復作是念호되 此諸衆生이 受如是苦하야 孤窮困迫하야 無救無依하며 無洲無舍하며 無導無目하며 無明覆翳하고 黑闇纏裏하니

我今爲彼一切衆生하야 修行福智助道之法하야 獨一發心하고 不求伴侶하야 以是功德으로 令諸衆生으로 畢竟淸淨하며 乃至獲得如來十力無礙智慧케호리라하나니라

불자여! 이 보살마하살이 또 이런 생각을 하였다.

'이 모든 중생이 이런 고통을 받으면서 고독하고 곤궁하지만, 구제해주는 이도 없고 의지할 데도 없으며, 섬도 없고 집도 없으며, 인도할 이도 없고 눈도 없어서 무명에 덮이고 가려 있으며, 어둠에 싸여 있다.

내가 저 일체중생을 위하여 복과 지혜로 도를 돕는 법을 수행하되, 혼자서 발심할 뿐, 반려자를 구하지 않을 것이며, 이러한 공덕으로써 여러 중생으로 하여금 결국 청정케 하며, 내지 여래의 열

가지 힘과 걸림 없는 지혜를 얻게 하리라.'

◉ 疏 ◉

文中二니

先은 觀境이오 後 '我今'下는 興慈라

初卽觀前衆生이 受深重苦하야 以爲慈境이라

文中에 先은 總이오 '無救'下는 別이라

  경문은 2단락이다.

  첫째, 경계를 만남이며,

  둘째, '我今' 이하는 大慈를 일으킴이다.

  '첫째, 경계를 만남'은 앞서 말한 '중생이 깊고 무거운 고통을 받음'을 보고서 대자의 경계로 삼은 것이다.

  경문의 앞은 총상이고,

  '無救' 이하는 별상이다.

總中에 無父曰孤니 明前無所恃오 塗盡曰窮이니 明後無所依라 任重無替曰困이니 常受生死故며 强力所逼曰迫이니 業惑所陵故라

  앞의 총상 부분에서 아버지가 없는 아이를 '고아[孤]'라 하니 앞으로는 믿을 데가 없음을 밝히고,

  길이 다하여 갈 곳이 없는 것을 '곤궁[窮]'이라 말하니 뒤로는 의지할 후손이 없음을 밝힌 것이다.

  무거운 짐을 대신해줄 이가 없는 것을 '괴로움[困]'이라 말한다. 항상 생사의 고통을 받기 때문이다.

힘센 이로부터 핍박받는 것을 '핍박[迫]'이라 말한다. 업혹으로 인하여 능욕을 당하기 때문이다.

後別中에 '無救無依'는 釋上孤義니 論云 '謂現報已受하야 不可救脫이오 當報因招하야 無善爲依라하니라

次'無洲無舍'는 釋上窮義니 溺於覺觀波濤하야 不聞正法智洲爲對治故오 在於生死曠野하야 不爲善友慈舍庇故니라

次'無導無目'은 釋上困義니 離於寂靜正念思惟인 究竟前導故며 離於正見之明目故로 旣無導無目하니 非困而何오

次'無明'下는 釋上迫義라 無明者는 無明住地의 舊煩惱故오 黑暗者는 四住客塵故니 常起邪念故로 爲其覆翳오 不聞正法故로 爲彼纏裹니라

二는 興慈中에 獨拔修善하야 令物得菩提涅槃之樂이니라【鈔_ 二 興慈中에 經有三節하니 一은 爲物修因이오 二 '獨一'下는 孤標大志오 三 '以是'下는 以善益物이라 初는 令淨障이 爲涅槃因이라 及畢竟淸淨은 亦涅槃果라 後 '乃至'下는 疏總釋이니 義亦已周圓이니라】

뒤의 별상 부분에 "구제해주는 이도 없고 의지할 데도 없다."는 것은 위의 '孤' 자의 의의를 해석한 것이다. 논에서 "현재의 과보를 이미 받아서 구제하여 벗어날 수 없으며, 미래의 과보를 초래함으로 인하여 어떤 선에도 의지할 데가 없다."고 하였다.

다음 "섬도 없고 집도 없다."는 구절은 위의 '窮' 자의 의의를 해석한 것이다. 깨닫고 관찰하는 파도에 빠져 정법의 지혜 섬이 있음을 듣고서 다스림을 삼지 않은 까닭에 생사의 허허벌판에서 선

지식 자비의 집으로 의지를 삼지 않기 때문이다.

다음 "인도할 이도 없고 눈도 없다."는 구절은 위의 '困' 자의 의의를 해석한 것이다. 寂靜의 바른 생각 사유인 究竟의 前導를 여의었기 때문이며, 바른 견해의 밝은 눈을 여읜 까닭에 이미 인도할 이도 없고 눈도 없으니 어찌 고단하지 않겠는가.

다음 '無明' 이하는 위의 '迫' 자의 의의를 해석한 것이다.

'무명'이란 무명으로 머문 지위의 근본번뇌이며,

'어둠[黑暗]'이란 四住[見一切住地·欲愛住地·色愛住地·有愛住地]의 객진번뇌이다. 이는 항상 삿된 생각을 일으키기 때문에 암흑에 의해 덮이게 되고, 바른 법을 듣지 못한 까닭에 암흑에 의해 휩싸이게 된다.

'둘째, 大慈를 일으킨' 부분에 유독 선법을 닦아 중생으로 하여금 보리와 열반의 즐거움을 얻게 하는 것이다.【초_ '둘째, 대자를 일으킨' 부분의 경문은 3단락이다.

① 중생을 위하여 인행을 닦음이며,

② '獨一' 이하는 홀로 큰 뜻을 내세움이며,

③ '以是' 이하는 선법으로 중생에게 이익을 베풂이다.

'① 중생을 위하여 인행을 닦음'은 장애를 청정히 함으로써 열반의 원인이 되고, '결국 청정함'이란 또한 열반의 결과이다.

뒤의 '乃至' 이하는 청량소에서 총상으로 해석하였지만 의의 또한 이미 원만하다.】

第二廣願饒益

亦彰慈所爲라

    ㉡ 서원의 이익을 자세히 밝히다

    또한 대자의 목적을 밝힘이다.

經

佛子여 **此菩薩摩訶薩**이 **以如是智慧觀察**로 **所修善根**은
皆爲求護一切衆生하며
利益一切衆生하며
安樂一切衆生하며
哀愍一切衆生하며
成就一切衆生하며
解脫一切衆生하며
攝受一切衆生하며
令一切衆生으로 **離諸苦惱**하며
令一切衆生으로 **普得淸淨**하며
令一切衆生으로 **悉皆調伏**하며
令一切衆生으로 **入般涅槃**이니라

    불자여! 이 보살마하살이 이와 같은 지혜의 관찰로 선근을 닦은 바는,

    모두 일체중생의 구호를 위함이며,

일체중생의 이익을 위함이며,

　　일체중생의 안락을 위함이며,

　　일체중생을 불쌍히 여기기 위함이며,

　　일체중생의 성취를 위함이며,

　　일체중생의 해탈을 위함이며,

　　일체중생을 거두어주기 위함이며,

　　일체중생으로 하여금 모든 고뇌를 여의게 하기 위함이며,

　　일체중생으로 하여금 청정함을 얻게 하기 위함이며,

　　일체중생으로 하여금 모두 조복하게 하기 위함이며,

　　일체중생으로 하여금 반열반에 들게 하기 위함이다.

● 疏 ●

文中二니 先은 牒前總明이니 上來修善이 皆爲救護니 卽是慈相이라【鈔_ '先牒前'者는 畧擧修善이나 實則兼前智慧觀察이라 見生有苦有惡하고 無治無救일새 故修善根而爲饒益은 皆慈相也니 以善智慧로 能饒益故니라 】

　　경문은 2단락이다.

　　첫째, 앞의 경문을 이어서 총체로 밝혔다. 위에서 선근을 닦음은 모두 일체중생을 구제하고 보호하기 위함이다. 이것이 바로 대자의 모양이다.【초_ "첫째, 앞의 경문을 이어서…"는 간단하게 선근을 닦음에 대해 말했지만, 실제로는 앞의 '지혜의 관찰'을 겸하고 있다. 태어남에 고통도 있고 악함도 있음을 보고서도 다스리지 않

고 구제하지 않으므로 선근을 닦아서 중생에게 이익되게 함이 모두 대자의 모양이다. 선근의 지혜로 이익을 베풀기 때문이다.】

後利益下는 別顯救護라 有十種相하니

前二는 爲救未來요 後八은 通於現未라

一은 住不善衆生으로 令住善法利益이요

二는 住善法衆生으로 令得安樂果이니 謂成彼善故라

三은 愍貧乏者하야 與資生具요

四는 修行多障者로 令其成就니 上二는 救順緣不足苦라

五는 世間繫閉者로 令得解脫이니라

下有五種은 令諸外道로 信解正法이니 謂六은 未信을 攝令正信이요

七은 令離無利勤苦요

八은 疑惑衆生을 疑除解淨이요

九는 已住決定을 勤修三學하야 以調三業이요

十은 已住三學을 令得涅槃이라

上三은 卽解行證이라 論意 皆爲外道나 理實後三이 兼通餘類라

둘째, '利益' 이하는 중생의 구제와 가호를 개별로 밝혔다. 여기에는 10가지 모양이 있다.

앞의 2가지는 미래를 구호하기 위함이며,

뒤의 8가지는 현재와 미래에 모두 통한다.

① 不善에 머문 중생으로 하여금 선법의 이익에 머물게 함이다.

② 善法에 머문 중생으로 하여금 안락한 과보를 얻게 함이다. 선법을 성취한 까닭이다.

③ 빈곤한 중생을 불쌍히 여겨 생활 도구를 주는 것이다.

④ 수행에 장애가 많은 중생으로 하여금 수행을 성취하게 함이다.

위의 2가지는 반연에 따라 부족한 고통을 구제함이다.

⑤ 세간에 얽혀 있는 중생으로 하여금 해탈을 얻게 함이다.

아래의 5가지는 모든 외도로 하여금 바른 법을 믿고 이해하도록 함이다.

⑥ 믿지 않는 외도를 받아들여 그로 하여금 바르게 믿도록 함이다.

⑦ 이익이 없는 근면의 고통을 여의게 함이다.

⑧ 의혹의 중생은 의심을 없애어 이해를 청정하게 함이다.

⑨ 이미 확고한 믿음을 가진 중생은 계정혜 삼학을 부지런히 닦아서 신구의 삼업을 조정함이다.

⑩ 이미 삼학에 머문 중생으로 하여금 열반을 얻게 함이다.

위의 ⑧, ⑨, ⑩ 3가지는 이해하고 수행하고 증득함이다. 논경의 의미는 모두 외도를 위해 말한 것이지만, 이치는 실로 뒤의 3가지는 나머지 유에 모두 통한다.

上來에 不住道行勝은 竟하다

위의 2) 머물지 않는 도행이 뛰어난 부분을 끝마치다.

自下大文 第三 明彼果勝

卽不住道行勝之果라

有四勝果하니 一은 攝功德勝이오 二는 修行勝이오 三은 敎化衆生勝이오 四는 起隨順世間智勝이라

四中에 初二는 自利니 卽所知法中智淸淨果라 初는 自分이오 後는 勝進이라

後二는 卽利他勤方便果니 前은 化他行이오 後는 化他智니라

今은 初라

3) 그 과덕이 뛰어나다

이는 머물지 않는 도행이 뛰어난 결과이다.

여기에는 4가지 뛰어난 결과가 있다.

(1) 공덕을 받아들임이 뛰어남이며,

(2) 수행이 뛰어남이며,

(3) 중생 교화가 뛰어남이며,

(4) 세간을 따라 지혜를 일으킴이 뛰어남이다.

4가지 뛰어난 결과 가운데 앞의 2가지는 자리행이다. 이는 알아야 할 법 가운데 지혜 청정의 과보이다. 앞의 공덕이 뛰어남은 自分이며, 뒤의 수행이 뛰어남은 훌륭하게 정진함이다.

뒤의 2가지는 이타행의 부지런한 방편의 결과이다. 앞의 중생 교화가 뛰어남은 남을 교화하는 행이며, 뒤의 세간을 따라 지혜를 일으킴이 뛰어남은 남을 교화하는 지혜이다.

이는 첫 부분이다.

佛子여 菩薩摩訶薩이 住此第五難勝地에

名爲念者니 不忘諸法故며

名爲智者니 能善決了故며

名爲有趣者니 知經意趣次第連合故며

名爲慚愧者니 自護護他故며

名爲堅固者니 不捨戒行故며

名爲覺者니 能觀是處非處故며

名爲隨智者니 不隨於他故며

名爲隨慧者니 善知義非義句差別故며

名爲神通者니 善修禪定故며

名爲方便善巧者니 能隨世行故니라

　　불자여! 보살마하살이 이 제5 난승지에 머물 적에

　　생각하는 이라 말하니 모든 법을 잊지 않기 때문이며,

　　지혜가 있는 이라 말하니 잘 결정하기 때문이며,

　　지취가 있는 이라 말하니 경전의 이치를 알고서 차례로 융회 관통하기 때문이며,

　　부끄러움을 아는 이라 말하니 자신을 보호하고 남을 보호하기 때문이며,

　　굳은 이라 말하니 계행을 버리지 않기 때문이며,

　　깨달은 이라 말하니 옳은 곳, 그른 곳을 관찰하기 때문이며,

　　슬기를 따르는 이라 말하니 남들을 따르지 않기 때문이며,

지혜를 따르는 이라 말하니 이치에 맞고 맞지 않는 구절의 차별을 잘 알기 때문이며,

신통 있는 이라 말하니 선정을 잘 닦기 때문이며,

뛰어난 방편이 있는 이라 말하니 세간을 따라 행하기 때문이다.

◉ 疏 ◉

初攝功德中에 十句니

初三은 攝聞勝이라 然有二義니 一은 卽三慧니 如次配聞思修오 二는 顯二持니 念은 卽聞持오 智及有趣는 卽是義持라 義有多種하니 累說二種善巧니 謂智는 卽法智勝이오 有趣는 卽義智勝이라 然二釋이 皆聞在初일새 故論名攝聞勝이니라

'(1) 공덕을 받아들임이 뛰어난' 부분은 10구이다.

앞의 제1~3구는 들음을 받아들임이 뛰어남이다.

그러나 2가지 뜻이 있다.

첫째는 三慧이다. 차례대로 聞慧·思慧·修慧에 짝함이며,

둘째는 二持를 밝힘이다. 생각이 있는 이[念者]란 듣고서 간직함[聞持]이며, 지혜가 있는 이[智者]와 지취가 있는 이[有趣]는 이치를 간직함[義持]이다. 이치에는 여러 가지 뜻이 있으나 간추려 2가지 뛰어난 이치라 말하고자 한다. '지혜가 있는 이'는 곧 법의 지혜가 뛰어남이며, '지취가 있는 이'는 이치의 지혜가 뛰어남이다.

그러나 2가지 해석이 모두 聞慧가 첫자리에 있는 까닭에 논에서 "들음을 받아들임이 뛰어나다."고 말하였다.

次二는 攝戒勝이니

一은 忍辱柔和勝이니 卽戒因成也니 謂內懷慚愧하야 不誑幽明하고 自護七支하야 不招譏毁일새 故能持戒라

二는 戒無缺勝이니 卽戒體成也라 乃至命難이라도 不捨戒故니라

【鈔_ '一忍辱'者는 能忍他惱를 名爲忍辱이오 能將護他를 說爲柔和니 以柔忍故로 緣不能動이라 二皆拒惡일새 故名爲愧오 唯崇戒善일새 故稱爲慚이라 '謂內懷'下는 釋慚愧相이니 慚者는 羞天일새 故不誑幽오 愧者는 羞人일새 故不誑明이라 '不招譏毁'는 卽是護他니라 '乃至命難'者는 釋堅固言이니 鵞珠와 草繋 卽命難也니라 】

다음 2구[名爲慚愧者, 名爲堅固者]는 계율을 지킴이 뛰어남이다.

제4구[名爲慚愧者]는 인욕과 柔和가 뛰어남이다. 持戒로 인하여 성취된 것이다. 안으로 부끄러운 마음을 품고서 신명과 사람을 속이지 않고, 스스로 七支[身三, 口四의 악업]를 보호하여 비난과 헐뜯음을 초래하지 않기에 계율을 잘 지키는 것이다.

제5구[名爲堅固者]는 계율에 모자람이 없는 뛰어남이다. 이는 계율의 자체를 성취함이다. 나아가 목숨이 위태로운 처지에서도 계율을 버리지 않기 때문이다.【초_ '제4구에서 말한 인욕'이란 다른 이의 괴롭힘을 잘 참아내는 것을 '인욕'이라 하고, 인욕을 가지고서 그를 보호하는 것을 '柔和'라고 말한다. 부드럽게 참아내는 까닭에 그 어떤 반연에도 흔들리지 않는다.

이 2가지는 모두 악을 물리치기 때문에 '愧'라 말하고, 오로지 계법의 선행을 숭상하기에 '慚'이라 말한다.

'謂內懷' 이하는 부끄러워하는 모양을 해석한 내용이다. '慙'이란 하늘에 잘못이 있을까 부끄러워하므로 남들이 보지 못하는 어둠 속에서도 속이지 않는다.

'愧'란 사람에게 잘못이 있을까 부끄러워하므로 남들이 보는 데에서도 속이지 않는다.

"비난과 헐뜯음을 초래하지 않는다."는 것은 남을 보호하는 것이다.

"나아가 목숨이 위태로운 처지"는 '견고한 자[名爲堅固者]'를 해석한 말이다. 거위의 구슬[鵝珠]과 草繫 비구의 고사는 곧 목숨이 위태로운 처지에 해당한다.】

後五는 攝智勝이니
一者는 因緣集智니 此知法相智라 無因과 倒因을 名爲非處요 正因緣集을 名之爲處라 知處로 治於非處일새 故名覺者라
二者는 證智니 知魔事對治라 隨識分別이 皆魔事故니라
三은 知妄說智니 異說對治 卽知教智라 正說이 爲義句요 邪說이 爲非義句라 邪正이 交雜에 揀邪得正을 名善分別이라
四는 神力起用智니 依定起通하야 治邪依故라
五는 化衆生智니 折伏攝受하야 隨世宜故라 上五中에 前三은 自利오 後二는 利他니라

뒤의 5구는 지혜를 받아들임이 뛰어남이다.

제6구[名爲覺者]는 인연을 모으는 지혜이다. 이는 법의 모양을 아는 지혜이다. 인연이 없는 것과 전도된 인연을 '그릇된 곳[非處]'

이라 이름하고, 바른 인연이 모인 것을 '옳은 곳[是處]'이라 말한다. 옳은 곳을 아는 것으로 그릇된 곳을 다스리므로 '깨달은 이'라 말한다.

제7구[名爲隨智者]는 증득의 지혜이다. 마군의 일을 알고서 다스림이다. 의식을 따라 분별함이 모두 마군의 일이기 때문이다.

제8구[名爲隨慧者]는 잘못된 설법을 아는 지혜이다. 잘못된 말을 다스림이 곧 교법을 아는 지혜이다. 바른 설법이 이치에 맞는 구절이고, 삿된 설법이 이치에 맞지 않는 구절이다. 삿되고 바름이 서로 섞여 있을 적에 삿됨을 가려내어 올바름을 얻는 것을 '잘 분별함'이라 말한다.

제9구[名爲神通者]는 신통력으로 작용을 일으키는 지혜이다. 선정에 의해 신통을 일으켜 삿되게 의지하는 중생을 다스리기 때문이다.

제10구[名爲方便善巧者]는 중생을 교화하는 지혜이다. 꺾어서 항복받거나 거두어 받아들여서 세간의 적절함을 따르기 때문이다.

위의 5구 가운데 앞의 3구는 자리행이며, 뒤의 2구는 이타행이다.

第二 修行勝
　(2) 수행이 뛰어나다

名爲無厭足者니 善集福德故며

名爲不休息者니 常求智慧故며

名爲不疲倦者니 集大慈悲故며

名爲爲他勤修者니 欲令一切衆生으로 入涅槃故며

名爲勤求不懈者니 求如來力無畏不共法故며

名爲發意能行者니 成就莊嚴佛土故며

名爲勤修種種善業者니 能具足相好故며

名爲常勤修習者니 求莊嚴佛身語意故며

名爲大尊重恭敬法者니 於一切菩薩法師處에 如敎而行故며

名爲心無障礙者니 以大方便으로 常行世間故며

名爲日夜遠離餘心者니 常樂敎化一切衆生故니라

 싫어함이 없는 이라 말하니 복덕을 잘 모으기 때문이며,

 쉬지 않는 이라 말하니 항상 지혜를 구하기 때문이며,

 피곤하지 않은 이라 말하니 대자비를 모으기 때문이며,

 남을 위해 부지런히 수행하는 이라 말하니 일체중생을 열반에 들게 하고자 하기 때문이며,

 부지런히 구하고 게으르지 않은 이라 말하니 여래의 힘과 두려움 없음과 함께하지 못하는 법을 구하기 때문이며,

 뜻을 내어 잘 행하는 이라 말하니 부처님 세계의 장엄을 성취하기 때문이며,

여러 가지 선업을 부지런히 닦는 이라 말하니 상호가 구족하기 때문이며,

항상 수행하는 이라 말하니 부처님의 몸과 말과 뜻을 장엄하기를 구하기 때문이며,

법을 크게 존중하고 공경하는 이라 말하니 일체 보살과 법사에게서 받은 가르침대로 행하기 때문이며,

마음에 장애가 없는 이라 말하니 큰 방편으로 항상 세간에 행하기 때문이며,

밤낮으로 다른 마음을 여의는 이라 말하니 언제나 일체중생 교화를 좋아하기 때문이다.

● 疏 ●

有十一句라

前四는 自分이오 一은 增長因行이니 集五度福故오 二는 依止因行이니 慧爲所依故라 此自利福智對라 三은 化生不疲行이오 四는 令物證滅行이니 此二는 利他因果對니라

後七은 勝進이니 五는 起佛法行이오 六은 起淨土行이니 此는 依正一對라 七은 依佛法身起行이니 相好法身故오 八은 依佛所作起行이니 顯三密用故라 此二는 外相內密對라 上四는 皆起菩提라 九는 敬重法行이니 進依勝已故라

上五는 自利오 後二는 利他라 十은 願取有行이오 十一은 離小乘行이니 卽顯是揀非對니라

11구절이다.

앞의 4구는 自分이다.

제1구, 因行을 더욱 키워나가는 것이다. 5바라밀의 복덕을 모으기 때문이다.

제2구, 因行의 의지이다. 슬기가 의지 대상이 되기 때문이다. 이는 자리행의 복덕과 지혜의 상대이다.

제3구, 중생 교화에 피곤해하지 않는 행이며,

제4구, 중생으로 하여금 열반을 증득하게 하는 행이다. 이 2가지는 이타행의 원인과 결과의 상대이다.

뒤의 7구는 수승하게 정진하는 행이다.

제5구, 불법을 일으키는 행이며,

제6구, 정토를 일으키는 행이다. 이는 의보와 정보의 상대이다.

제7구, 부처님의 법신에 의지하여 일으키는 행이다. 상호가 구족한 법신이기 때문이다.

제8구, 부처님이 하신 일에 따라 일으키는 행이다. 부처님의 3가지 비밀스러운 작용을 밝힌 때문이다. 이 2가지는 바깥 모습과 내면 비밀의 상대이다.

위의 4구는 모두 깨달음을 일으키는 행이다.

제9구, 법을 공경하고 존중하는 행이다. 나보다 뛰어난 이에게 나아가 의지하기 때문이다.

위의 5구는 자리행이고, 뒤의 2구는 이타행이다.

제10구, '유'를 취하기를 원하는 행이며,

제11구, 소승을 여의는 행이다. 옳음을 밝히고 그릇됨을 가려내는 상대이다.

第三, 教化衆生勝

(3) 중생 교화가 뛰어나다

經

佛子여 菩薩摩訶薩이 如是勤修行時에 以布施로 敎化
衆生하며 以愛語利行同事로 敎化衆生하나니
示現色身하야 敎化衆生하며
演說諸法하야 敎化衆生하며
開示菩薩行하야 敎化衆生하며
顯示如來大威力하야 敎化衆生하며
示生死過患하야 敎化衆生하며
稱讚如來智慧利益하야 敎化衆生하며
現大神通力하야 敎化衆生하며
以種種方便行으로 敎化衆生이니라
佛子여 此菩薩摩訶薩이 能如是勤方便으로 敎化衆生하
야 心恒相續하며 趣佛智慧하며 所作善根이 無有退轉하
며 常勤修學殊勝行法이니라

　불자여! 보살마하살이 이처럼 부지런히 수행할 적에 보시로

중생을 교화하고, 사랑스러운 말, 이익 베푸는 행, 함께 일함으로써 중생을 교화하나니,

　　색신을 나타내어 중생을 교화하며,

　　법을 연설하여 중생을 교화하며,

　　보살행을 보여서 중생을 교화하며,

　　여래의 큰 위신력을 나타내어 중생을 교화하며,

　　나고 죽는 허물을 보여서 중생을 교화하며,

　　여래의 지혜와 이익을 찬탄하여 중생을 교화하며,

　　큰 신통력을 나타내어 중생을 교화하며,

　　여러 가지 방편의 행으로 중생을 교화하는 것이다.

　　불자여! 이 보살마하살이 이와 같이 부지런한 방편으로 중생을 교화하는데, 마음이 항상 이어지며, 부처님의 지혜로 나아가며, 짓는 선근이 물러서지 않으며, 언제나 수승하게 행하는 법을 부지런히 닦고 배우는 것이다.

◉ 疏 ◉

文二니 初는 正明化生이오 後 '佛子' 下는 結行成益이라
今初를 分二니 初는 總以四攝으로 攝生이오 後 '示現色身' 下는 別明四攝이라

　　경문은 2단락이다.

　　제1단락, 바로 중생 교화를 밝히고,

　　제2단락, '佛子' 이하는 앞의 행을 끝맺고, 이익을 성취함이다.

'제1단락, 중생 교화'는 2부분으로 나뉜다.
① 四攝法으로 중생을 받아들임에 대해 총체로 밝혔고,
② '示現色身' 이하는 사섭법을 개별로 밝혔다.

文有八句하니
一 示色身은 是同事攝이니 隨順衆生하야 應化自衆故라【鈔_ '應化自衆'者는 隨彼衆類하야 以身同故니 卽八地中에 身同事也니라】
경문은 8구이다.

제1구의 색신을 나타냄은 바로 중생과 함께 일하면서 받아들임[同事攝]이다. 중생의 근기를 따라서 그들에 부응하여 교화하기 때문이다.【초_ "그들에 부응하여 교화한다."는 것은 그들의 무리를 따라서 나의 몸이 함께하기 때문이다. 제8 부동지 가운데 몸소 함께 일함을 가리킨다.】

二 演說法은 卽愛語攝이니 諦語와 法語가 爲愛語性이라 一切種愛語中에 多約開演이니 論云 '爲疑惑衆生이 卽一切門中之語也니라
【鈔_ '一切種'者는 一切愛語 皆有三種하니 一은 慰喩愛語오 二는 慶悅愛語오 三은 勝益愛語니라】

제2구의 법문 연설은 곧 사랑스러운 말로 중생을 받아들임[愛語攝]이다. 진리의 말, 법이 되는 말이 사랑스러운 말의 체성이다. 일체 가지가지 사랑스러운 말은 대부분 법문의 연설로 말한다. 논에서 "의혹의 중생을 위함이 바로 일체 법문의 말이다."고 하였다.【초_ '일체 가지가지'라 말한 것 가운데 일체 사랑스러운 말이란 모두 3가지가 있다.

① 비유로 위로하는 사랑스러운 말,

② 반갑고 기뻐하는 사랑스러운 말,

③ 뛰어난 이익 주는 사랑스러운 말이다.】

三‘開示’下는 皆利行攝이라 此句는 爲於菩提無方便衆生하야 示菩薩行이니 卽利行自性이니라

제3구의 '開示' 이하는 모두 이익되는 행위로 중생을 받아들임[利行攝]이다. 이 구절은 깨달음의 방편이 없는 중생을 위하여 보살행을 보인 부분이다. 이익되는 행의 자성이다.

四는 於大乘疲倦衆生에 示佛威力이니 卽一切利行이 未成令成故라

제4구는 대승법에 권태를 느끼는 중생에게 부처님의 위신력을 보여주었다. 일체 이익되는 행이 성취되지 못한 것을 성취되도록 하기 때문이다.

五는 爲樂世間衆生이 著財位故로 示其過患이니 明位大에 憂大며 財多에 禍多라

제5구는 세간을 즐거워하는 중생이 재물이나 지위에 집착하기 때문에 그 허물과 우환을 보여주는 것이다. 지위가 높아지면 근심이 커나가고, 재물이 많으면 재앙이 많아짐을 밝혔다.

六은 爲不信大乘하고 先未行勝善하야 讚如來智라

제6구는 대승법을 믿지 않고 앞에서 뛰어난 선행을 행하지 않는 중생을 위하여 부처님의 지혜를 찬탄하였다.

七은 爲無智外道하야 示以神通이라 上三은 卽難行利行이니라

제7구는 지혜 없는 외도를 위하여 신통력을 보여주었다.

위의 제5, 6, 7구는 행하기 어려운, 이익되는 행이다.

八은 總顯一切門一切種利行이니 故云種種方便이라 然利行과 愛語를 亦可參用이니 由彼愛語하야 示其所學이 卽爲利行故니라

제8구는 일체 부문과 일체 종류의 이익되는 행을 총괄하여 밝혔다. 이 때문에 '가지가지 방편'이라 말하였다. 그러나 이익되는 행, 사랑스러운 말로 중생을 받아들임을 함께 사용할 수도 있다. 사랑스러운 말로 인하여 그 배울 바를 보여주는 것이 곧 이익되는 행이기 때문이다.

第二 結行成益中에 初는 結前이오 心恒下는 成益이라 趣佛智者는 爲化衆生하야 更求勝力이라 餘文은 已作을 不退며 未作을 增修니라

제2단락, 행의 성취 이익을 끝맺은 부분의 첫 구절[能如是勤方便 敎化衆生]은 앞의 경문을 끝맺었고, 뒤의 '心恒相續' 이하는 이익을 성취함이다.

"부처님의 지혜로 나아간다."는 것은 중생 교화를 위해 다시 뛰어난 힘을 구하는 것이다.

나머지 경문은 선근을 이미 지은 이는 물러서지 않도록 하고, 선근을 짓지 않은 이는 더욱 닦도록 함이다.

第四 隨順世智勝者는 明染障對治니 染은 卽煩惱오 障은 卽所知라【鈔_ 明染卽煩惱니 是第五內明으로 爲治라 障은 卽所知니 是前

四明으로 爲治니라】

(4) 세간을 따라 지혜를 일으킴이 뛰어나다

이는 오염된 장애를 다스림이다.

오염은 煩惱障이며, 장애는 所知障이다.【초_ 오염이 곧 번뇌임을 밝혔다. 이는 제5 內明[持戒入禪 등]으로 다스림을 삼는다. 장애는 곧 소지장이기에, 이는 앞의 4가지 밝음[聲明, 因明, 醫方明, 工巧明]으로 다스림을 삼는다.】

文分爲三이니

初는 總標多門이라 二'所謂'下는 別示其相이오 三'及餘'下는 總結成益이라

今은 初라

경문은 3단락으로 나뉜다.

제1단락, 여러 부문을 총괄하여 내세웠고,

제2단락, '所謂' 이하는 그 양상을 개별로 보였으며,

제3단락, '及餘' 이하는 이익 성취를 총괄하여 끝맺었다.

이는 첫 부분이다.

經

佛子여 此菩薩摩訶薩이 爲利益衆生故로 世間技藝를 靡不該習하나니

불자여! 이 보살마하살이 중생의 이익을 위하여 세간의 기예를 익히지 않은 게 없다.

二顯示五明之相

제2단락, 5가지 밝음의 양상을 보이다

經

所謂文字算數와

이른바 글과 산수와

● 疏 ●

故大般若云‘五地菩薩이 學五明故라하니라
卽分爲五니 一은 文字算數는 是其聲明이니 通治懦智障이라 言文字者는 名句文身이니 卽聲論中의 法施設建立故라 算數는 卽數建立故라 又治取與生疑障이니라

이 때문에 대반야경에 이르기를, "제5 난승지의 보살이 5가지 밝음을 배우기 때문이다."고 하였다.

이는 5가지로 나뉜다.

(ㄱ) 문자와 산수는 그 음성에 밝은[聲明] 학문이다.

이는 나약한 지혜의 장애를 모두 다스려준다.

문자라 말한 것은 명칭, 구절, 문자, 문장이다. 이는 聲論 부분의 법으로 마련하여 세웠기 때문이다.

산수는 숫자로 세웠기 때문이다. 또한 취해야 할 바와 내야 할 바의 물건에 대한 의심의 장애를 다스려준다.

圖書印璽와 地水火風과 種種諸論을 咸所通達이며

도서, 인장, 지대·수대·화대·풍대, 가지가지 모든 논을 모두 통달하며,

● 疏 ●

二 圖書로 至咸通達은 卽當因明이라

'咸通達'者는 正是明義오 '種種論'者는 言論·尚論·諍論·毁謗論·順正論·教道論等 類非一故오

'地水火風'은 卽是諍論中攝이니 謂諸邪見이 計不同故니 順世外道는 唯地爲因하나니 一切皆以微塵成故오 水風二仙外道는 以風水爲因하나니 世界水成故오 風輪持故며 事火外道는 以火爲因하나니 火成熟故니라

'圖書印璽'는 卽尚論이니 隨世所聞故오 又此圖書는 亦正教量이니 卽治所用事中忘障이니 論云 '取與寄付는 卽事中障이오 聞法思義는 解中障이오 作不作과 已作未作과 應作不應作은 皆業中障이오 印璽도 亦是現量이오 又治所取物不守護障이라 璽는 卽玉印이라

【鈔】 '圖書印' 下는 卽六中之第二論也라 '隨世所聞'은 卽釋尚義니 出所宗尚故니라

'又以此圖書' 下는 重釋이니 卽因明中의 論所據也라 所據有十이니 謂所成立에 有二니 卽自性과 差別이오 能成立에 有八하니 謂宗·因·喻·同·異類·現·比·教量이라 下兼現量이라

'卽治所用事'者는 卽是本論이라 論中에 但有書字는 爲所用事中忘障이라

'取與'下는 卽論釋此障이니 論에 但通云 '取與寄付와 聞法思義와 作不作事와 已作未作事와 應作不應作事를 此對治故書니라

釋曰 今但以義로 節畧論文하면 於此一障에 自爲三節하니 一은 事中障이오 二는 解中障이오 三은 業中障이니 便以疏로 解意니라

言'作不作'者는 但作者는 書之言作이오 不作者는 書之言不作이니 未必惡不作而善作也라 下二도 準之니라

'印璽'等者는 論中에 有印而無於璽라 今以加璽일새 故云亦是現量이니 顯現可見故니라

'又治所取物不守護障'은 卽是論釋印字니 如鹽米等을 以印印之면 則無強取니라 】

(ㄴ) '도서'로부터 '모두 통달함'까지는 곧 원인에 밝은[因明] 학문이다.

'모두 통달함'이란 바로 밝다는 의의이며,

'가지가지의 논'이란 言論·尙論·諍論·毀謗論·順正論·敎道論 등 그 유가 하나가 아니기 때문이며,

'地水火風'은 諍論에 속한다. 모든 삿된 견해로 생각하는 것이 똑같지 않기 때문이다. 로가야타[路迦耶陀: Lokāyata. 順世外道]는 오직 地大로 원인을 삼는다. 일체가 모두 微塵으로 형성되어 있기 때문이다. 물과 바람을 숭배하는 외도[水風二仙外道]는 물과 바람으로 원인을 삼는다. 일체 세계가 모두 물로 형성되어 있기 때문이며,

풍륜으로 유지되기 때문이다. 불을 숭상하는 외도[事火外道: 拜火敎徒]는 불로 원인을 삼는다. 불로 성숙시키기 때문이다.

'圖書印璽'는 尙論이다. 세간에서 들은 바를 따르기 때문이며, 또 圖書 역시 正敎量이다. 이는 일하는 가운데 망각하는 장애를 다스려준다.

논에서 말하였다.

"취하고 건네주고 기부하는 것은 일하는 가운데 장애이며, 법문을 듣고서 이치를 생각하는 것은 이해하는 가운데 장애이며, 하거나 하지 않은 일, 이미 벌인 일과 벌이지 않은 일, 해야 할 일과 해서는 안 될 일은 모두 업의 장애이며, 印璽 또한 現量[直覺知識]이며, 이 또한 취해야 할 물건을 수호하지 못한 장애를 다스려주는 것이다. 璽는 곧 옥으로 만든 인장이다."【초_ '圖書印' 이하는 6가지 논 가운데 제2 숭상하는 이론[尙論]이다.

"세간에서 들은 바를 따른다."는 것은 尙論의 의의를 해석한 부분이다. 종지로 숭상하는 데서 나오기 때문이다.

'又此圖書'는 거듭 해석한 부분이다. 이는 因明 가운데 제3 이론의 근거[論所據]이다. 이론의 근거에는 10가지가 있다. 이론이 성립될 수 있는 대상에는 2가지가 있다. 이는 自性과 차별이다. 이론 성립의 주체에는 8가지가 있다. 종지를 세움[立宗], 원인을 밝힘[辨因], 비유의 인용[引喩], 같은 종류[同類], 다른 종류[異類], 現量, 比量, 正敎量이다. 아래는 現量을 겸하고 있다.

"일하는 가운데 망각하는 장애를 다스린다."고 말한 것은 바로 본론이다. 논에서 "단 글을 기록한 것은 일하는 도중에 잊어버리는 장애 때문이다."고 말하였다.

'取與' 이하는 논에서 이러한 장애를 해석한 내용이다. 논에서는 다만 통틀어 말했을 뿐이다.

"주고받고 기부하고, 설법을 듣고 뜻을 생각하는 것과 하거나 하지 않은 일, 이미 했거나 아직 하지 않은 일, 응당 해야 하거나 하지 않아야 할 일들을 다스리기 위해 글로 적는다."

이에 대한 해석은 다음과 같다.

여기에서는 다만 이치로 논의 문장을 잘라 간추리면, 하나의 장애에는 자연스럽게 3가지가 있다.

① 일하는 도중에 잊어버리는 장애[事中障],

② 이해하는 가운데 잘못된 장애[解中障],

③ 일의 응용에 잘못된 장애[業中障]이다.

이는 청량소에서 풀이한 내용이다.

'하거나 하지 않은 일[作不作]'이라 말한 것은 단 '할 것'은 글로 기록하여 '하였음'이라 하고, '하지 않은 것'은 글로 기록하여 '하지 않았음'이라 말한 것이지, 꼭 악한 것은 하지 않고 선한 것은 한다는 뜻은 아니다. 아래의 2가지[應作 不應作]도 이에 준한다.

'印璽' 등이란 논에 인장은 있으나 옥새는 없다. 여기에서는 옥새를 더하였기에 "이 또한 現量이다."고 말하였다. 현재 뚜렷이 나타나 볼 수 있기 때문이다.

"또한 취해야 할 물건을 수호하지 못한 장애를 다스린다."는 것은 논에서 '印' 자를 해석한 부분이다. 마치 소금이나 쌀 등을 인장으로 찍어두면 억지로 가져갈 수 없는 것과 같다.】

經

又善方藥하야 **療治諸病**호되 **癲狂乾痟**와 **鬼魅蠱毒**을 **悉能除斷**하며

약과 방문을 잘 알아서 모든 질병을 치료하는데, 간질과 미친 증세, 목마른 소갈증, 귀신 들림, 독기 등을 모두 없애주며,

◉ 疏 ◉

三은 卽醫方明이니 卽四大不調와 衆生의 毒相病障을 對治故라 【鈔_ 瑜伽醫方明에 有四하니 一은 病相善巧오 二는 病因善巧오 三은 於已生病에 永滅善巧오 四는 已斷病에 不復更生善巧라하나니 今文에 具之니라 '卽四大不調'下는 卽本論文이라】

(ㄷ) 의약에 밝은[醫方明] 학문이다.

4대가 고르지 못함과 중생의 중독된 증상과 병든 장애를 다스리기 때문이다.【초_ 유가사지론의 의약에 관한 학문에는 4가지가 있다.

① 질병의 증상을 잘 아는 것이며,

② 질병의 원인을 잘 아는 것이며,

③ 이미 생긴 질병을 길이 잘 없애주는 것이며,

④ 이미 치료된 질병이 다시 발생하지 않도록 잘하는 것이다.

이의 청량소에 구체적으로 언급하고 있다.

'卽四大不調' 이하는 논의 문장이다.】

善療能斷이 皆除斷方便이니 斷已不生일새 故名爲善이라【鈔_ 涅槃云 '世醫所療治는 雖差還復生이어니와 如來所治者는 畢竟不復發이라'하니라 】

잘 치료하고 다시 발생하지 않도록 함이 모두 질병을 없애고 끊어버리는 방편이다. 끊은 뒤에는 다시 생겨나지 않기에 '잘하는' 것이라고 말하였다.【초_ 열반경에서 다음과 같이 말하였다.

"세간의 의원들이 치료하는 바는 나았다가 또다시 도지지만, 여래께서 치료하신 바는 끝까지 다시 발생하지 않는다."】

顚至蠱毒은 病相과 病因이라 於中에 顚等은 內四大오 鬼等은 外衆生이오 蠱毒은 通二니 有草毒과 蛇等毒故라【鈔_ 顚狂乾消는 正明病相이니 四大不調故라 沈重은 地病相이오 冷은 水病相이오 黃熱은 火病相이오 風相은 多端이라 其顚狂二事는 亦是病因이니 由顚狂故로 應食不食하고 食不應食하고 作不應作等이니 故生諸病이라 鬼魅蠱毒은 正是病因이니 因鬼魅等하야 而生病故라 亦是病相이니 鬼等病故라 】

간질로부터 귀신 들림과 독기 등까지는 질병의 증상과 질병의 원인이다. 그 가운데 간질 따위는 내면 사대의 질병이고, 귀신 들림 따위는 외부 중생의 질병이다. 독기[蠱毒]는 2가지에 모두 통한다. 풀독과 독사 따위의 독이 있다.【초_ 간질과 소갈병은 바로 질병 양상을 밝힌 것이다. 4대가 고르지 않기 때문이다. 몸이 가라앉고 무거운 것은 地大의 질병 양상이며, 몸이 찬 것은 水大의 질병 양상이며, 누렇고 열나는 것은 火大의 질병 양상이며, 風大의 질병 양상은 여러 가지이다.

그 간질과 미친 증상 2가지는 질병의 원인이기도 하다. 간질과 미친 증세로 인하여 먹어야 할 것을 먹지 못하고, 먹지 않아야 할 것을 먹고, 해서는 안 될 일을 하는 따위이다. 이 때문에 여러 가지 질병이 생기게 된다.

'귀신 들림과 독기'는 바로 질병 원인이다. 귀신 들림 등으로 인하여 질병이 생겨나기 때문이다. 또한 질병의 양상이기도 하다. 귀신 들림 등의 질병이기 때문이다.】

經

文筆讚詠과 歌舞妓樂과 戲笑談說을 悉善其事하며
國城村邑과 宮宅園苑과 泉流陂池와 草樹華藥의 凡所布列을 咸得其宜하며
金銀摩尼와 眞珠瑠璃와 螺貝璧玉과 珊瑚等藏을 悉知其處하야 出以示人하며
日月星宿와 鳥鳴地震과 夜夢吉凶과 身相休咎를 咸善觀察하야 一無錯謬하며

문장과 글씨, 시와 노래, 춤과 풍악, 웃음거리와 재담을 모두 잘하고,

도성과 촌락, 가옥과 원림, 시냇물과 연못, 풀과 나무, 꽃과 약

초들을 가꾸는 데 모두 적절하게 잘하며,

　　금·은·마니·진주·유리·보배·옥·보석산호 등의 소장처를 모두 알고 파내어 사람들에게 보여주고,

　　일월성신, 새 울고 땅이 흔들리고, 꿈의 길흉과 신수의 좋고 나쁨을 모두 잘 관찰하여 하나도 틀림이 없으며,

● 疏 ●

四는 工巧明이라 '文筆讚詠'은 卽書算計度數印工業中書所攝故라 韻屬曰文이오 對詞曰筆이오 顯德爲讚이오 寄情曰詠이라 次歌至談說은 卽音樂工業이라 悉善其事는 通上二文이니 皆憂惱障對治라【鈔_ 二音樂工業이라 皆憂惱者는 卽是本論이니 凡言對治는 皆是本論이라 絃竹이 娛耳하니 故除憂惱니라】

　　㈃ 공예에 밝은[工巧明] 학문이다.

　　"문장과 글씨, 시와 노래"는 도서, 산수, 度數, 인장의 기술 가운데 도서에 속하기 때문이다. 운율을 맞추는 것은 文이라 하고, 對句로 쓰는 것은 筆이라 하며, 공덕을 드러내는 것은 讚이라 하고, 감정을 담은 것은 詠이라 한다.

　　다음 노래로부터 웃음거리까지는 음악에 관한 才藝이다.

　　"모두 잘한다."는 것은 위의 2문장에 통틀어 말한다. 모두 근심과 고뇌의 장애를 다스려준다.【초_ 다음은 음악에 관한 재예이다.

　　'모두 근심과 고뇌'란 바로 논의 문장이며, 모두 다스려준다고 말한 것도 모두 논의 문장이다. 관현의 악기는 귀를 즐겁게 해주기

에 근심과 고뇌를 없애주는 것이다.】

國城至其宜는 卽營造工業이오 草樹華果는 亦兼營農工業이니 此卽不喜樂障對治라【鈔_ 四는 營農工業이라 而言亦者는 草樹와 華果가 有兩向故니 布列宮苑은 卽是營造오 樹之園圃는 卽是營農이니라 此卽等者는 峻宇雕牆과 朱軒玉砌 居然悅情이라 況池塘生春草하고 園柳變鳴禽하며 洪波에 躍淵魚하고 淸風에 吹落花라 縱意林流間에 歡愛彌日月이어니 豈能憂哉아】

　'도성'으로부터 '모두 적절하게 잘하며'까지는 건축과 토목의 일이다.

　풀과 나무, 꽃과 과일 또한 농사짓는 일을 겸하고 있다. 이것은 즐거워하지 않는 장애를 다스림이다.【초_ 다음은 농업과 어업이다. 그러나 '또한'이라 말한 것은 풀과 나무, 꽃과 과일이 양방향으로 뻗어가기 때문이다. 궁전과 정원을 배열하는 것은 건축과 토목이며, 정원에 나무를 심는 것은 농업이다.

　'이것' 등이란 높다란 집, 조각된 담장, 붉은 난간, 옥 계단들이 편안하여 마음을 기쁘게 한다. 하물며 연못가에 푸른 봄풀이 돋아나고, 정원 버들가지에 새들의 노래 지저귀며, 넘실되는 물결에 물고기 뛰고, 시원한 바람결에 꽃잎이 흩날린다. 마음껏 숲속 시냇가에서 기쁨이 나날이 넘치는데 어찌 근심이 있겠는가.】

金至示人은 卽生成工業이니 繫閉障對治라【鈔_ 五生成工業이니 能作能成故라 繫閉等者는 家有千金에 不死於市어니 何能閉哉아】

　'금'으로부터 '사람들에게 보여주고'까지는 광업이다. 얽히고 막힌 장애를 다스려준다.【초_ 다음은 광업이다. 만들기도 하고 완성하기도 하기 때문이다.

'얽히고 막힌' 등이란 집안에 천금이 있으면 저잣거리에서 죽지 않는 법이다. 어찌 막히는 일이 있겠는가.】

日月로 至無錯謬는 卽占相工業이니 是所得報分 過惡因障對治라 謂皆由前世惡因하야 感此凶吉等故니라

日月五星을 以爲七曜오 及二十八宿은 竝上知天文이오 地震은 卽下知地理오 夜夢으로 至休咎는 卽中知人情이오 鳥鳴은 卽察鳥情이니 亦是人情所感이라 '咸善無謬'는 總究上三才니라【鈔_ 卽占相者는 先은 擧論이오 '謂皆由' 下는 是疏釋論이라 不知過去에 所作業因하고 便取外相하야 爲吉凶原하며 乃造惡業하야 排凶招吉하니 安可得耶아 今示因招하야 使修德業하야 排凶招吉이 卽爲能治니라 '日月五星' 者는 東方歲星은 主春이며 主木이오 西方太白은 主金이며 主秋오 南方熒惑은 主火며 主夏오 北方辰星은 主水며 主冬이오 中方鎭星은 以主於土하고 通主四季라 星者는 散也니 列位布散이라 漢書云 '星者는 金之散氣니 與人相應이라 凡物之精이 上爲列星也라'하니라

言 '二十八宿' 者는 謂角亢氐房心尾箕와 斗牛女虛危室壁과 奎婁胃昴畢觜參과 井鬼柳星張翼軫이니 廣如大集四十中이라

經云 '娑婆世界主大梵天王과 釋提桓因과 四天王等이 而白佛言호되 過去天仙이 分布安置諸宿辰曜하야 攝護國土하야 養育衆生호되 於四方中에 各有所主하니

東方七宿는 一者는 角宿니 主於衆鳥오 二者는 亢宿니 主出家求聖道者오 三者는 氐宿니 主水出衆生이오 四者는 房宿니 主行車求利오 五者는 心宿니 主洲渚衆生이오 六者는 尾宿이오 七者는 箕宿니 主於國師라

南方七宿는 一者는 井宿니 主於金師오 二者는 鬼宿니 主於一切國王大臣이오 三者는 柳宿니 主雪山龍이오 四者는 星宿니 主巨富者오 五者는 張宿니 主於盜賊이오 六者는 翼宿니 主於貴人이오 七者는 軫宿니 主須羅吒國이라

西方七宿는 一者는 奎宿니 主行船人이오 二者는 婁宿니 主於商人이오 三者는 胃宿니 主婆樓迦國이오 四者는 昴宿니 主於水牛오 五者는 畢宿니 主於一切衆生이오 六者는 觜宿니 主鞞提訶國이오 七者는 參宿니 主於刹利라

北方七宿는 一者는 斗宿니 主堯部沙國이오 二者는 牛宿니 主於刹利와 及安鉢竭國이오 三者는 女宿니 主央伽摩陀國이오 四者는 虛宿니 主般遮羅國이오 五者는 危宿니 主著花冠者오 六者는 室宿니 主乾陀羅國과 輸虛那國과 及諸龍蛇蝮行之類오 七者는 壁宿니 主乾闥婆善音樂者니다

大德婆伽婆시여 過去天仙이 如是布置四方諸宿하야 攝護國土하야 養育衆生이라하니라

釋曰 此皆西域之事니 此方의 所主分野等이 又有差殊어니와 經文에 有之일세 畧知去就니라 未窮玄象이 非我之慾이라 難勝聖人은 不習而利니라

然天垂象이어늘 聖人이 則之하나니 故繫辭云 '辭也者는 各指其所之'라하며 易이 與天地準이니 故能彌綸天地之道라 仰以觀於天文하고 俯以察於地理라 是故로 知幽明之故하야 原始反終이라 故知生死之說이라하니라

釋曰 其知幽明은 卽中知人情이니라 瑜伽之中에 餘六工業者는 一은 和合이오 二는 呪術이오 三은 商賈이오 四는 成就오 五는 防邪오 六은 事王이니 廣如彼釋이니라 】

'일월성신'으로부터 '하나도 틀림이 없으며' 구절까지는 점성가의 일이다. 이는 얻은 과보 부분의 잘못과 악한 원인을 지은 장애를 다스림이다. 모두 전생의 악업 인연으로 인하여 이런 길흉 따위를 얻었기 때문이다.

해와 달, 그리고 금성·목성·토성·화성·수성을 '7가지 빛남'이라 한다.

그리고 28개의 별자리는 모두 위로 天文을 아는 것이며, 땅이 진동함은 아래로 地理를 아는 것이며, '꿈'으로부터 '신수의 좋고 나쁨'까지는 중간으로 人情을 아는 것이며, '새의 울음'은 새의 마음을 살피는 것이니, 이 또한 인정에 의한 감응이다.

"모두 잘 관찰하여 틀림이 없다."는 것은 총체로 위의 三才를 궁구하는 것이다.【초_ '점성가의 일'이란 앞에서는 논을 들어 말했고, '謂皆由' 이하는 청량소에서 논을 해석하였다.

과거에 지은 업이 원인임을 알지 못한 채, 도리어 외부의 양상을 취하여 길흉의 근원으로 삼으며, 악업을 지으면서 흥한 일을 배

111

척하고 길한 일을 불러들이려 하지만, 어떻게 이처럼 될 수 있겠는가. 여기에서는 원인의 초래를 보여주어 덕업을 닦아서 흉한 일을 배척하고 길한 일을 불러들이도록 함이 곧 다스림의 주체이다.

'해와 달, 다섯 별자리'는

동쪽의 목성[歲星]은 나무를 주관하고 봄을 주관하며,
서쪽의 금성[太白]은 쇠를 주관하고 가을을 주관하며,
남쪽의 화성[熒惑]은 불을 주관하고 여름을 주관하며,
북쪽의 수성[辰星]은 물을 주관하고 겨울을 주관하며,
중앙의 토성[鎭星]은 흙을 주관하고 사계절을 통틀어 주관한다.

星이란 '흩어짐'을 말한다. 자리에 따라 나열되어 흩어져 있다는 뜻이다.

漢書에서 말하였다.

"별이란 흩어진 金의 기운으로, 사람과 상응한다. 모든 사물의 정기가 위로 올라가 별이 된다."

'28개의 별자리'라 말한 것은 사방의 神으로 나누면, 다음과 같다.

동방의 청룡은 角·亢·氐·房·心·尾·箕宿이고,
서방의 백호는 奎·婁·胃·昴·畢·觜·參宿이고,
남방의 주작은 井·鬼·柳·星·張·翼·軫宿이고,
북방의 현무는 斗·牛·女·虛·危·室·壁宿이다.

자세한 설명은 대집경 권40에서 밝힌 바와 같다.

대집경에서 말하였다.

그때, 사바세계의 대범천왕과 제석천왕과 사천왕 등이 부처님에게 아뢰었다.

"과거의 천선이 모든 宿·辰·曜를 나누어 안치하여 국토를 옹호하고 중생을 길러내었는데, 사방에 각기 주관하는 바가 있었습니다.

동방의 일곱 별자리는, 첫째 角의 별은 모든 새를 맡고, 둘째 亢의 별은 출가하여 성인의 도를 구하는 이를 맡고, 셋째 氐의 별은 물에 사는 생명을 맡고, 넷째 房의 별은 수레를 굴려 이익을 추구하는 이를 맡고, 다섯째 心의 별은 여자를 맡고, 여섯째 尾의 별은 섬에 사는 생명을 맡고, 일곱째 箕의 별은 질그릇 만드는 사람을 맡았으며,

남방의 일곱 별자리는, 첫째 井의 별은 금 다루는 사람[金師]을 맡고, 둘째 鬼의 별은 국왕과 대신을 맡고, 셋째 柳의 별은 설산의 용[雪山龍]을 맡고, 넷째 星의 별은 큰 부자를 맡고, 다섯째 張의 별은 도적을 맡고, 여섯째 翼의 별은 장사하는 사람을 맡고, 일곱째 軫의 별은 수라타 나라를 맡았으며,

서방의 일곱 별자리는, 첫째 奎의 별은 배 타는 사람을 맡고, 둘째 婁의 별은 장사하는 사람을 맡고, 셋째 胃의 별은 바루가 나라를 맡고, 넷째 昴의 별은 무소[水牛]를 맡고, 다섯째 畢의 별은 모든 중생을 맡고, 여섯째 觜의 별은 비제하 나라를 맡고, 일곱째 參의 별은 찰제리를 맡았으며,

북방의 일곱 별자리는, 첫째 斗의 별은 요부사 나라를 맡고, 둘

째 牛의 별은 찰제리와 안다발갈나 나라를 맡고, 셋째 女의 별은 앙가마가타 나라를 맡고, 넷째 虛의 별은 반차라 나라를 맡고, 다섯째 危의 별은 화관을 쓴 이를 맡고, 여섯째 室의 별은 건다라·수로나 나라와 그 밖의 배[復]로 기어다니는 모든 용·뱀 따위를 맡고, 일곱째 壁의 별은 음악에 뛰어난 건달바를 맡았습니다.

거룩하신 바가바시여, 과거의 천선이 이와 같이 모든 별을 사방에 분포하여 국토를 옹호하고 중생을 길러내었습니다."

이에 대한 해석은 다음과 같다.

이는 모두 서역의 일이다. 중국에서 주관하는 分野 등과 또한 차이가 있지만, 경문에 있는 것이므로 간략히 거취를 알 수 있다. 현묘한 형상을 궁구하지 못함은 나의 허물이 아니다. 난승지의 성인은 학습하지 않아도 이익이 있다.

그러나 하늘이 형상을 드리워 보여주자, 성인이 이를 본받아 괘상을 그렸다. 그러므로 주역의 계사에서 "말이란 각각 그 지향하는 바를 가리킨다."고 하였으며, "역이란 천지에 준하고 있다. 그러므로 천지의 도를 두루 엮고 있다. 우러러 천문을 살펴보고 굽혀서 지리를 살펴보기에 어둠과 밝음의 까닭을 알 수 있어, 첫 시작의 자리를 탐구하여 끝자리를 되돌려보는 것이다. 이 때문에 살고 죽는 이치를 알 수 있다."고 하였다.

이에 대한 해석은 다음과 같다.

어둠과 밝음을 안다는 것은 중간으로 사람의 실상을 아는 것이다.

유가사지론에서 나머지 6가지의 일이란 ① 화합하는 일, ② 주문과 방술, ③ 장사하는 일, ④ 음식 만드는 일, ⑤ 삿된 소견을 막는 일, ⑥ 임금을 섬기는 일이다. 자세한 것은 유가사지론에서 해석한 바와 같다.】

經
持戒入禪과 神通無量과 四無色等과
계행을 가지고 선정에 들고, 신통력과 사무량심(四無量心), 사무색정(四無色定)과,

● 疏 ●

五는 內明이라 治五種染이니 一 持戒는 治破戒染이오 二 入禪은 治貪欲染이오 三 神通은 治邪歸依染이오 四 無量은 治妄行功德染이니 謂治殺生祀祠하야 求梵福故오 五 四無色定은 治妄修解脫染이라【鈔_ 謂治殺生者는 卽智論·百論에 皆說外道 殺馬祀梵天하야 祈生梵世하니 今以慈悲喜捨 四無量心으로 能生梵天하야 治其邪見이니라 五 四無色定者는 外道 以彼로 爲涅槃하니 故今能入之하야 示其謬計라 此經論中에 唯說世間하야 爲內明者는 經明隨順世間智故니라 】

㈤ 내면에 밝은[內明] 학문이다. 5가지의 오염을 다스린다.

① 계율을 지님은 파계의 오염을 다스리고,

② 선정에 듦은 탐욕의 오염을 다스리며,

115

③ 신통은 삿된 법에 귀의하는 오염을 다스리고,

④ 사무량심은 잘못 공덕을 지으려는 오염을 다스림이다. 살아 있는 생명을 죽여 제사 지내어 범천의 복을 구하는 것을 다스리는 것이다.

⑤ 사무색정은 잘못 해탈을 닦는 오염을 다스림이다.【초_ "살아 있는 생명을 죽여 제사 지낸다."는 것은 대지도론과 백론에서 모두 "외도들이 말을 희생으로 삼아 범천에 제사 지내면서 범천에 태어나기를 기도함"을 말하였다. 여기에서는 慈·悲·喜·捨의 4가지 한량없는 마음으로 범천에 태어나 그 삿된 소견을 다스리는 것이다.

'⑤ 4가지 무색계의 선정'이란 외도가 그것으로 열반을 삼는다. 이 때문에 여기에서는 그 속으로 들어가 그 잘못된 생각을 보여주는 것이다. 이 경문과 논에서는 오직 세간법만 말하여 내면의 밝음을 삼은 것은 경문에서 '세간의 중생을 따르는 지혜'에 대해 밝혔기 때문이다.】

上來所釋이 多依本論과 及瑜伽十三과 四와 五라 其中에 更有別理나 恐厭繁文하노라 又論이 與經으로 有不次者는 但可以論就經이언정 不可廻經從論이니라

위에서 해석한 바는 대부분 본론과 유가사지론 권13, 14, 15를 따른 것이다. 그 가운데 또한 특별한 이치가 있지만, 문장이 번거로울까 염려되어 생략하였다.

또 논이 경문과의 차례가 다른 것은 다만 논으로 경문을 참고

할 수는 있을지언정, 경문을 되돌려서 논을 따를 수는 없다.

第三. 總結成益

제3단락, 이익 성취를 총괄하여 끝맺다

經

及餘一切世間之事를 但於衆生에 不爲損惱하고 爲利益故로 咸悉開示하야 漸令安住無上佛法이니라

그 나머지 일체 세간의 일을 중생에게 손해 끼치거나 괴롭히지 않고 이익되는 일을 모두 다 열어 보여주어, 차츰차츰 위없는 불법에 머물도록 하였다.

◉ 疏 ◉

成益者는 此起世智 具四種相하니

一은 異障中에 無障이니 故云 '但於衆生에 不爲損惱'라하니라 事中에 不知를 名之爲障이오 損惱生事는 復是事中異障이니 今無此捕獵等之異障이니라

二는 與無過樂이니 卽爲利益故라 謂雖不惱라도 令其染著을 亦不爲之니라

三은 發起淸淨이니 卽咸悉開示니 謂能起助道之事니라

四는 所用淸淨이니 卽漸令安住無上佛法이니 謂用此得淨故니라

117

【鈔_ '但於衆生'者는 賢首品云 '若見世界始成立에 衆生이 未有 資身具어든 是時에 菩薩이 爲工匠하야 爲之示現種種業호되 不作 逼惱衆生物하고 但作利益世間事라'하나니 卽其義也니라 而論에 但 云異障中無障故라 餘皆如疏釋이니라 】

이익 성취란 세간의 중생을 따르는 지혜를 일으키는 데 4가지 양상을 갖추고 있다.

① 다른 장애 가운데 장애가 없다. 이 때문에 "중생에게 손해 끼치거나 괴롭히지 않는다."고 말하였다.

일하는 도중에 모르는 것을 '장애'라고 말하며, 중생에게 손해 끼치거나 괴롭히는 일은 또한 일하는 도중에 다른 장애라고 말한 다. 여기에서는 이런 생명을 사로잡는 따위의 다른 장애가 없다.

② 허물없는 즐거움을 주는 것이다. 이는 중생에게 이익이 되 기 때문이다. 비록 괴롭히지는 않을지라도 그로 하여금 오염되는 일 또한 못 하도록 한다.

③ 일으킴이 청정함이다. 이는 "모두 다 열어 보여줌"을 말한 다. 도에 도움 되는 일을 일으킴이다.

④ 사용한 바의 청정이다. 이는 "차츰차츰 위없는 불법에 머물 도록 하였다."는 뜻이다. 이를 사용하여 청정함을 얻었기 때문이 다.【초_ '但於衆生'이란 현수품에 이르기를, "만일 세계가 처음 이 뤄질 때, 중생의 몸에 필요한 도구가 없는 것을 보고서, 이때 보살 이 기술자[工匠]가 되어 그들을 위해 가지가지 일들을 나타내 보여 주되, 중생을 핍박하거나 괴롭히는 물건을 만들지 않았다. 다만 세

간 중생에게 이익되는 일만을 만들었다."고 하였다. 바로 그런 뜻이다. 그러나 논에서는 "다른 장애 가운데 장애가 없다."고만 말하였다. 나머지는 모두 청량소에서 해석한 바와 같다.】

第二 位果

亦有三果하니 初는 調柔果라

亦四니 一은 調柔行이오 二는 敎智淨이오 三은 別地行相이오 四는 結說地相이라

前中에 有法·喩·合이라

[2] 제5 난승지의 과덕을 밝히다

이 또한 3가지 과덕이 있다.

1. 조련과 부드러움의 결과

이 또한 4가지이다.

⑴ 조련과 부드러움의 행,

⑵ 가르침의 지혜의 청정,

⑶ 제5 난승지의 개별 행상,

⑷ 제5 난승지의 행상을 끝맺음이다.

'⑴ 조련과 부드러움의 행'에는 법과 비유와 종합이 있다.

經

佛子여 菩薩이 住是難勝地에 以願力故로 得見多佛하나니

所謂見多百佛하며 見多千佛하며 見多百千佛하며 乃至 見多百千億那由他佛하야

悉皆恭敬尊重하고 承事供養호되 衣服飮食과 臥具湯藥 과 一切資生을 悉以奉施하며

亦以供養一切衆僧하야 以此善根으로 廻向阿耨多羅三 藐三菩提하며

於諸佛所에 恭敬聽法하고 聞已受持하야 隨力修行하며 復於彼諸佛法中에 而得出家하야 旣出家已에 又更聞法 하고 得陀羅尼하야 爲聞持法師하야 住此地中하야 經於 百劫하며 經於千劫과 乃至無量百千億那由他劫하야 所 有善根이 轉更明淨하나니라

佛子여 譬如眞金이 以硨磲磨瑩에 轉更明淨인달하야 此 地菩薩의 所有善根도 亦復如是하야 以方便慧로 思惟觀 察에 轉更明淨이니라

불자여! 보살이 이 난승지에 머물 적에 서원의 힘으로 많은 부처님을 친견하는 것이다.

이른바 수많은 1백 부처님을, 수많은 1천 부처님을, 수많은 백천 부처님을, 내지 수많은 백천 억 나유타 부처님을 친견하여,

모두 공경하고 존중하고 받들어 섬기고 공양하며, 의복·좌보·음식·탕약, 그리고 일체 살림살이를 모두 받들어 이바지하며, 또한 일체 모든 스님에게 공양하여, 이런 선근으로 아뇩다라삼막삼보리에 회향하며,

부처님이 계신 도량에서 공경하는 마음으로 법을 듣고서 받아 지니며, 힘을 따라 수행하며, 다시 부처님의 법으로 출가하고, 출가한 후에는 또다시 법을 듣고 다라니를 얻어서 이를 듣고 지니는 법사가 되어, 이 난승지에 머물면서 백 겁을 지내고, 천 겁을 지내고, 내지 한량없는 백천 억 나유타 겁이 다하도록 모든 선근을 갈수록 더욱 밝고 청정하게 한다.

불자여! 마치 진금을 차거(硨磲)로 갈고닦을수록 더욱 밝고 깨끗한 것처럼, 보살마하살이 지닌 선근 또한 그와 같다. 방편지혜로 생각하고 관찰할수록 더욱 밝고 청정하게 된다.

◉ 疏 ◉

法中에 正起行內라 又更聞法 得陀羅尼者는 論云 非得義持者는 對勝顯劣이니 般若未現前故니라 所以得聞持者는 得二難故니 一은 地初의 十平等心을 難得能得故오 二는 地中의 樂出世間智와 現世間智인 此不住道를 難得能得故니라 此之二難은 對劣顯勝이니 故得聞持 不同三地의 唯世間聞持니라

喻中에 眞金硨磲磨瑩者는 證智契如事 爲眞金이오 教智光明으로 能示現如事 猶彼硨磲니라【鈔_ 證智契如者는 論云 此地는 智光明으로 眞如事를 示現이니 如經의 諸佛子譬如眞金等이라하니라 釋曰 證智 爲眞金이오 如如爲所契之理오 智爲能契之事니 事合於如일세 故云 如事라 教智能顯上之如事일세 故如硨磲니라】

법으로 말한 가운데 바로 내면으로 행을 일으킴이다.

"또다시 법을 듣고 다라니를 얻는다."고 말한 가운데 논에서 '이치를 간직함[義持]'을 얻었다고 말하지 않은 것은 뛰어남을 상대로 열등함을 밝힘이니, 반야가 아직 나타나지 않았기 때문이다.

'듣고서 간직함[聞持]'을 얻은 이유는 2가지 어려움을 성취한 때문이다.

① 제5 난승지의 첫 부분에서 얻기 어려운 10가지 평등한 마음을 잘 얻었기 때문이며,

② 제5 난승지의 중간 부분에서 출세간을 좋아하는 지혜와 세간에 나타내는 지혜, 이처럼 집착하지 않는 도란 얻기 어려운 것임에도 잘 얻었기 때문이다.

이와 같은 2가지 어려움은 열등함을 상대로 뛰어남을 밝힌 것이다. 이 때문에 '듣고서 간직함을 얻은 바'가 제3 발광지에서 세간만을 듣고 간직한 것과는 다르다.

비유의 부분에서 "진금을 차거로 갈고닦는다."는 것은 증득한 지혜로 진여와 하나가 된 일은 진금이 되고, 가르침의 지혜 광명으로 진여를 보여주는 일이 그 硨磲와 같다.【초_"증득한 지혜로 진여와 하나가 된다."는 것은 논에서 다음과 같이 말하였다.

"이 지위는 지혜 광명으로 진여의 일을 나타내 보여주는 것이다. 경문의 '여러 불자여! 마치 진금 등'이라 말한 부분과 같다."

이에 대한 해석은 다음과 같다.

증득한 지혜는 진금이고, 진여는 계합 대상의 이치이며, 지혜는 계합의 주체 현상이다. 현상이 진여에 하나가 되므로 '진여의

현상'이라 말한다.

가르침의 지혜가 위의 '진여의 현상'을 밝혀주기에 砷磲와 같다고 말한다.】

二 教智淨
　(2) 가르침의 지혜의 청정

經

佛子여 **菩薩**이 **住此難勝地**하야 **以方便智**로 **成就功德**에 **下地善根**의 **所不能及**이니

佛子여 **如日月星宿宮殿光明**이 **風力所持**로 **不可沮壞**며 **亦非餘風**의 **所能傾動**인달하야

此地菩薩의 **所有善根**도 **亦復如是**하야 **以方便智**로 **隨逐觀察**에 **不可沮壞**며 **亦非一切聲聞獨覺世間善根**의 **所能傾動**이니라

불자여! 보살이 이 난승지에 머물면서 방편의 지혜로 성취한 공덕은 아래 지위의 선근으로는 미칠 수 없다.

불자여! 마치 해와 달, 별들의 궁전 광명은 바람의 힘으로 유지되는 것이어서 저지할 수 없으며, 또한 다른 바람으로도 뒤흔들 수 없는 것처럼, 이 지위에 머문 보살이 가진 선근 또한 그와 같다. 방편의 지혜로 따르면서 관찰하는 것이므로 저해할 수 없으며, 또한

일체 성문, 독각, 세간의 선근으로는 뒤흔들 수 없다.

● 疏 ●

'教智淨'中에 日月等者는 論云 '依阿含하야 增長智慧光明이 勝前地智故는 謂勝前地珠光'이라하니라 餘文은 如前하다【鈔_ '日月等光'者는 遠公云 '梵本에 唯以星光으로 喻於此地하니 意云六地라야 方用月光喻故'라하니 理應合然이라 餘如前釋이니라】

가르침의 지혜의 청정 부분에서 말한, 해와 달 등이란 논에서 "아함에 의지하여 지혜 광명을 더욱 키워감이 앞 지위의 지혜보다 뛰어난 까닭은 앞 지위의 구슬의 광명보다 뛰어남을 말한다."고 하였다.

나머지 경문은 앞서 말한 부분과 같다.【초_ '해와 달 등의 광명'이란 혜원 법사가 이르기를, "범본에 오로지 별빛만으로 이 지위를 비유하였다. 그 뜻은 제6 현전지에서야 비로소 달빛의 비유를 쓸 수 있기 때문이다."고 하였다. 문맥은 당연히 그와 같다. 나머지는 앞의 해석과 같다.】

三 別地行相과 四 結說地相

(3) 제5 난승지의 개별 행상과

(4) 제5 난승지의 행상을 끝맺다

經

此菩薩이 十波羅蜜中에 禪波羅蜜이 偏多하니 餘非不修로대 但隨力隨分이니라
佛子여 是名略說菩薩摩訶薩의 第五難勝地니라

　　이 보살이 십바라밀 가운데, 유달리 '선정바라밀'이 많다. 나머지 부분은 닦지 않는다는 것은 아니지만, 자신의 힘을 따르고 자신의 분수를 따를 뿐이다.

　　불자여! 이를 보살마하살의 제5 난승지를 간추려 말하였다고 한다.

二 攝報果
　　2. 보답으로 거둔 결과의 이익

經

菩薩이 住此地에 多作兜率陀天王하야 於諸衆生에 所作自在하야 摧伏一切外道邪見하고 能令衆生으로 住實諦中하며 布施愛語利行同事하나니 如是一切諸所作業이 皆不離念佛하며 不離念法하며 不離念僧하며 乃至不離念具足一切種과 一切智智니라
復作是念호대 我當於衆生中에 爲首며 爲勝이며 爲殊勝이며 爲妙며 爲微妙며 爲上이며 爲無上이며 乃至爲一切

智智依止者라하나니
此菩薩이 若發勤精進하면 於一念頃에 得千億三昧하야 見千億佛하고 知千億佛神力하야 能動千億佛世界하며 乃至示現千億身호되 一一身에 示千億菩薩로 以爲眷屬이니라

　보살이 이 난승지에 머물 적에 흔히 도솔타천의 천왕이 되어, 모든 중생에게 하는 일이 자재하여 일체 외도의 삿된 소견을 꺾어 굴복시키고, 중생으로 하여금 진실한 이치에 머물게 하며, 보시하고 사랑스러운 말을 하고 이익되는 행을 하고 일을 함께하도록 하였다.

　이처럼 일체 모든 일들이 모두 부처님을 생각하고 법을 생각하고 스님을 생각한 데서 떠난 적이 없으며, 내지 일체 가지가지 지혜와 일체 지혜의 지혜를 두루 원만히 하려는 생각에서 떠난 적이 없다.

　또 이런 생각을 하였다.

　'나는 당연히 일체중생 가운데, 머리가 되고 나은 이가 되고 아주 나은 이가 되며, 묘한 이가 되고 미묘한 이가 되며, 위가 되고 위없는 이가 되며, 내지 일체 지혜의 지혜에 의지한 자가 될 것이다.

　이 보살이 만약 부지런히 정진하면 한 생각의 찰나에 1천 억 수효의 삼매를 얻어 1천 억 수효의 부처님을 친견하고, 1천 억 수효의 부처님 신통력을 알고, 1천 억 수효의 부처님 세계를 진동하며, 내지 1천 억 수효의 몸을 나타내고, 하나하나의 몸마다 1천 억

수효의 보살로 권속을 삼을 것이다.'

三 願智果
3. 서원과 지혜의 결과

經

若以菩薩殊勝願力으로 **自在示現**인댄 **過於此數**하야 **百劫千劫**과 **乃至百千億那由他劫**에도 **不能數知**니라

만약 보살의 훌륭한 원력으로 자재하게 나타내면, 이런 수효보다 훨씬 뛰어나 백 겁 천 겁 내지 백천 억 나유타 겁에도 이를 헤아려 알 수 없을 것이다."

第三 重頌
제3. 금강장보살의 게송

經

爾時에 **金剛藏菩薩**이 **欲重宣其義**하사 **而說頌曰**

그때, 금강장보살이 이 뜻을 다시 펴고자 게송으로 말하였다.

菩薩四地已淸淨에　　　**思惟三世佛平等**과

戒心除疑道非道하야　　如是觀察入五地로다

　　보살의 제4지가 청정하면
　　삼세불의 평등함과
　　지계의 마음으로 의심 덜고 도와 비도(非道) 생각하여
　　이처럼 관찰하여 제5 난승지에 들어가노라

念處爲弓根利箭과　　正勤爲馬神足車와
五力堅鎧破怨敵하고　　勇健不退入五地로다

　　4념처로 활을 삼고 선근으로 화살 삼아
　　4정근은 말이 되고 4신족은 수레 되어
　　5력의 견고한 갑옷으로 적을 격파하고
　　용맹하게 물러서지 않고 5지에 들어가노라

慚愧爲衣覺分鬘과　　淨戒爲香禪塗香과
智慧方便妙莊嚴으로　　入總持林三昧苑하며

　　부끄러움은 옷이요 각지(覺支)는 화만이며
　　청정계율 향을 삼고 선정으로 바르는 향 삼아
　　지혜방편 미묘한 장엄으로
　　총지 숲과 삼매 동산 들어가며

如意爲足正念頸과　　慈悲爲眼智慧牙와
人中師子無我吼로　　破煩惱怨入五地로다

여의는 발이 되고 정념은 목이 되며

자비로 눈을 삼고 지혜로 치아 삼아

인간의 사자로서 무아의 포효로

번뇌 원수 깨뜨리고 제5 난승지에 들어가노라

◉ 疏 ◉

二十二頌이라 分三이니 初十七偈는 頌地行이오 次四는 頌地果오 後一은 結說이라

初中에 又三이니 初 五偈三句는 頌勝慢對治라 於中에 初四偈는 頌十平等이라

22수 게송이다.

이는 3부분으로 나뉜다.

앞의 17수 게송은 제5지의 행상을 읊었고,

다음 4수 게송은 제5지의 과덕을 읊었으며,

마지막 1수 게송은 끝맺음이다.

앞의 17수 게송은 또다시 3부분으로 나뉜다.

① 5수 3구의 게송은 뛰어나다는 아만심을 다스림에 대해 읊었다.

그 가운데 첫 4수 게송은 10가지 평등심을 읊었다.

菩薩住此第五地에　　轉修勝上淸淨道하야

志求佛法不退轉하고　　**思念慈悲無厭倦**이로다
　　보살이 제5지에 머물 적에
　　최상의 청정한 도 더욱 닦아서
　　불법을 구하느라 물러서지 않고
　　자비를 생각하여 게으름 없노라

積集福智勝功德하야　　**精勤方便觀上地**하나니
佛力所加具念慧로다
　　복덕과 지혜 좋은 공덕 쌓아
　　부지런한 방편으로 윗자리 보니
　　부처님의 가피로 지혜 구족하여라

◉ 疏 ◉

餘一偈三句는 頌如道行이니라

　　5수 3구 게송 가운데, 나머지 1수 3구 게송은 진여의 도행을 읊었다.

經

了知四諦皆如實하며
　　모두 실상대로 사성제를 분명히 알고

善知世諦勝義諦와　　**相諦差別成立諦**와

事諦生盡及道諦와　　　**乃至如來無礙諦**하나니

　　세속 이치와 참된 이치

　　형상의 이치, 차별과 성립의 이치

　　사물의 이치, 생겨나는 법, 다하는 법, 그리고 도성제

　　여래의 걸림 없는 이치까지 아노라

如是觀諦雖微妙나　　　**未得無礙勝解脫**이라
以此能生大功德일세　　**是故超過世智慧**로다

　　이처럼 이치 관찰함이 미묘하지만

　　걸림 없는 좋은 해탈 못 얻었어라

　　이로써 큰 공덕을 만들어 내기에

　　세간의 모든 지혜 뛰어넘노라

● 疏 ●

第二 六偈三句는 頌不住道라 於中에 初兩偈一句는 頌所知法中의 智清淨이라

　17수 게송 가운데, ② 6수 3구 게송은 집착하지 않는 도를 읊었다.

　6수 3구 게송 가운데, 첫째 2수 1구 게송은 알아야 할 법 가운데, 지혜 청정을 읊었다.

旣觀諦已知有爲의　　體性虛僞無堅實하고
得佛慈愍光明分하야　爲利衆生求佛智로다

    이치를 관찰한 후, 유위법의 체성이
    허망하여 견실하지 못함을 알고
    부처의 자비 광명을 얻어
    중생의 이익 되고자 부처 지혜 구하노라

觀諸有爲先後際에　　無明黑闇愛纏縛하야
流轉遲廻苦聚中이나　無我無人無壽命이로다

    모든 유위법의 과거와 미래 살펴보니
    무명의 어둠과 애욕의 속박으로
    생사 바다 헤매면서 고통 더미에 머물지만
    나도 없고 사람도 수명도 없어라

愛取爲因受來苦여　　欲求邊際不可得이라
迷妄漂流無返期하니　此等可愍我應度로다

    애욕이 원인되어 고통받음이여
    끝을 찾으려 해도 찾을 수 없네
    혼미에 표류하며 돌아올 기약 없으니
    불쌍한 이런 이를 제도하리라

蘊宅界蛇諸見箭이여　　**心火猛熾癡闇重**하며
愛河漂轉不暇觀하며　　**苦海淪湑闕明導**로다

　　5온 집과 4대 독사, 소견의 화살이여
　　마음 불길 사납고 어리석음 겹겹이라
　　애욕의 강물에 휩쓸려 돌아볼 겨를 없고
　　고통 바다 헤매는데 길잡이 없어라

如是知已勤精進하니　　**所作皆爲度衆生**이라

　　이와 같음 알고서 부지런히 정진하니
　　하는 일 모두 중생 제도 위함이어라

◉ 疏 ◉

後 四偈半은 頌敎化衆生勤方便이라
於中에 初一偈는 頌總觀有爲虛僞하야 起慈悲二心이오
次一偈半은 頌悲觀中觀緣集苦오
次一頌半은 頌觀身重苦오
後半은 頌大悲觀이니라

　　6수 3구 게송 가운데, 둘째 4수 반의 게송은 중생을 교화하는 부지런한 방편을 읊었다.
　　그 가운데 첫 게송은 유위법의 거짓을 총체로 관찰하고서 대자와 대비 2가지 마음을 일으킴을 읊었고,
　　다음 1수 반의 게송은 대비의 관법 가운데 고통이 모여드는 인

133

연의 관법을 읊었으며,

다음 1수 반의 게송은 몸의 무거운 고통을 관찰함을 읊었으며,
뒤의 반수 게송은 대비의 관법을 읊었다.

經

名爲有念有慧者며　　乃至覺解方便者로다

생각과 지혜가 있는 이라 말하고
깨달은 이, 방편 있는 이라 하노라

**習行福智無厭足하며　　恭敬多聞不疲倦하며
國土相好皆莊嚴하니　　如是一切爲衆生이로다**

복과 지혜 닦아 싫어할 줄 모르며
공경하고 많이 듣고서 피곤해하지 않고
국토와 상호 모두 장엄하니
이러한 모든 게 중생 위함이어라

**爲欲敎化諸世間하야　　善知書數印等法하며
亦復善解諸方藥하야　　療治衆病悉令愈로다**

세간의 모든 교화 하고자
글씨, 셈하기, 인장 따위를 잘 알고
여러 방약도 모두 잘 알아
모든 질병 치료하여 낫게 해주노라

文辭歌舞皆巧妙하며　　**宮宅園池悉安穩**하며
寶藏非一咸示人하니　　**利益無量衆生故**로다

　　문장과 가무 모두 뛰어나고
　　집 짓는 일, 공원 설계 모두 잘하며
　　땅에 묻힌 보배도 모두 내보여 주니
　　한량없는 중생의 이익 때문이어라

日月星宿地震動과　　**乃至身相亦觀察**하며
四禪無色及神通을　　**爲益世間皆顯示**로다

　　일월성신 천문 보고 지진도 알고
　　관상까지도 살펴보며
　　4선정과 무색계의 4선정이며 모든 신통을
　　세간의 이익 위해 모두 보여주노라

● **疏** ●

第三 四偈半은 頌彼果勝이라 中에 初半偈는 頌攝功德勝이오 次一은 頌修行勝이라 於中에 如是一切爲衆生句는 兼頌敎化衆生勝이오

　　17수 게송 가운데, ③ 4수 반의 게송은 제5 난승지의 과덕이 뛰어남을 읊었다.

　　4수 반의 게송 가운데, 첫째 반수의 게송은 공덕을 지님이 뛰어남을 읊었고,

　　다음 1수 게송은 수행이 뛰어남을 읊었다. 그 가운데 "이러한

모든 게 중생 위함이다."는 구절은 중생 교화가 뛰어남을 겸하여 읊었다.

經

智者住此難勝地에　　　供那由佛亦聽法하니
如是妙寶磨眞金하야　　所有善根轉明淨이로다

　　난승지에 머문 지혜 있는 이
　　무량불께 공양하고 또 법문 듣나니
　　이처럼 보배로 진금을 갈 듯이
　　모든 선근 더욱 밝고 깨끗하여라

譬如星宿在虛空에　　　風力所持無損動하며
亦如蓮華不着水하야　　如是大士行於世로다

　　비유하면 별들이 허공 있을 적에
　　바람의 힘으로 유지되어 변동 없듯이
　　연꽃에 물방울이 덜덜 구르듯
　　보살이 이와 같이 세상 사노라

住此多作兜率王하야　　能摧異道諸邪見하고
所修諸善爲佛智라　　　願得十力救衆生이로다

　　이 지위 머물면서 흔히 도솔천왕 되어
　　외도의 삿된 소견 꺾어버리고

부처의 지혜 위해 선을 닦아

열 가지 힘을 얻어 중생 구제 원하노라

◉ 疏 ◉

後三頌은 起世智勝이라

　뒤의 3수 게송은 세간 지혜가 뛰어남을 일으킴이다.

經

彼復修行大精進하면　　　即時供養千億佛하며
得定動刹亦復然이어니와　願力所作過於是로다

　그가 다시 수행하여 크게 정진하면

　천 억 부처 뵈옵고 공양하며

　얻은 선정, 세계 진동, 모두가 천 억

　원력으로 지은 바는 이보다 더하리라

如是第五難勝地의　　　人中最上眞實道를
我以種種方便力으로　　爲諸佛子宣說竟이로다

　이러한 제5 난승지 보살은

　인간 중에 가장 높은 진실한 도를

　내, 여러 가지 방편으로써

　불자를 위하여 모두 말하였노라

● 疏 ●

後二偈 頌果位라 三果는 并結說 可知라

뒤의 2수 게송은 제5 난승지의 果位를 읊었다.
3가지 과덕은 모두 끝맺음임을 설명하지 않아도 알 수 있다.

● 論 ●

此重頌前法이니 意明難勝地 以其禪體로 治三界中寂亂障하야 契菩提根本無造作禪理하야 不出三界하고 不在三界하야 無有欣求淨穢等障이라 任理恒禪일세 寂用自在하야 以定觀察로 爲世技之妙能이니라

이는 거듭 앞서 말한 법을 읊었다. 그 뜻은 난승지가 그 禪體로써 삼계 가운데 寂亂障을 다스려 보리근본의 조작이 없는 선정의 이치에 계합하여 삼계에 벗어나지도 않고 삼계에 있지도 않아서 청정 등을 좋아하여 구하는 장애가 없다. 이치에 맡겨 언제나 선정에 있기에 寂靜과 妙用에 자재하여 선정의 관찰로써 세간 기량의 妙能을 삼음을 밝힌 것이다.

五地 竟하다

제5 난승지를 끝마치다.

십지품 제26-8 十地品 第二十六之八
화엄경소론찬요 제67권 華嚴經疏論纂要 卷第六十七

화엄경소론찬요 제68권
華嚴經疏論纂要 卷第六十八

◉

십지품 제26-9
十地品 第二十六之九

第六 現前地

先示大意라

    제6. 현전지

    첫 부분은 대의를 보이다

◉ 疏 ◉

所以來者는 已說諸諦相應慧라 次說緣起流轉止息相應慧하야 寄緣覺地일새 故次來也니라
又四地는 出世하고 未能隨世하며 五地는 能隨나 而不能破染淨之見이어니와 此地는 觀察無染淨法界하야 破彼見故일새 故瑜伽云 '前地 雖能於生死涅槃에 棄捨一向背趣作意나 而未能於生死流轉에 如實觀察하고 又由於彼에 多生厭故로 未能多住無相作意일새 爲令此分得圓滿故로 精勤修習하야 令得圓滿이라'하니 故次來也니라

    여기에 현전지를 쓰게 된 이유는 앞서 여러 진제에 상응하는 지혜를 말하였다. 따라서 다음으로 연기에 의한 유전을 멈추게 하는 데 상응하는 지혜를 연각의 지위에 붙여 말하였다. 이 때문에 다음으로 여기에 현전지를 쓰게 된 것이다.

    또한 제4 염혜지는 세간은 벗어나 세간을 따르지 않고, 제5 난승지는 세간을 잘 따르지만, 잡염과 청정이라는 차별의식의 견해를 타파하지는 못하였다. 그러나 제6 현전지는 잡염과 청정의 차

별이 없는 법계를 관찰하여 그러한 견해를 타파하였다.

이 때문에 유가사지론에서 말하였다.

"앞의 제5 난승지는 비록 생사와 열반에 대해 하나같이 등지거나 나아가려는 생각을 버렸지만, 생사의 바다에 소용돌이치는 것을 실상대로 관찰하지 못하고, 또한 생사와 열반에 대해 자주 싫증을 냄으로 말미암아 '상이 없는 생각[無相作意]'에 오래 머물지 못한다. 따라서 그로 하여금 제6 현전지에서 원만함을 얻도록 하기 위하여, 부지런히 닦고 익혀서 원만하도록 하였다."

이 때문에 다음으로 이 품을 쓰게 된 것이다.

名現前者는 瑜伽에 引深密經云 '現前에 觀察諸行流轉하며 又於無相에 多修作意하야 方得現前에 多修無相이라'하니 此約地初오 觀十平等하야 觀察流轉은 此約地中이오 已入地竟에 方觀緣起일새 故攝論云 '由緣起智하야 能令般若波羅密多로 現在前故라'하니 此釋은 正順今經이라

'현전지'라 이름 붙인 것은 유가사지론에서 해심밀경을 인용하여 말하였다.

"앞의 직접 보인 자리에서 모든 행이 흘러가고 전변함을 관찰하며, 또한 모양이 없는[無相] 데에서 닦을 생각을 많이 해야만 비로소 앞의 직접 보인 자리에서 상이 없는 것을 많이 닦을 수 있다."

이는 제6 현전지에 들어가는 첫 단계이다.

10가지 평등을 관찰하여 생사의 끊임없는 윤회를 살펴보는 것은 제6 현전지의 중간 단계이다.

이미 제6 현전지에 들어간 뒤에는 비로소 연기를 관찰하는 것이다. 이 때문에 섭대승론에서 다음과 같이 말하였다.

"연기의 지혜로 말미암아 반야바라밀다를 앞에 나타나도록 하기 위함이다."

이의 해석은 바로 본 화엄경의 뜻을 따른 것이다.

由斯六地에 說斷二愚와 及彼麤重하니
一은 現觀察行流轉愚니 卽是此中의 執有染者며 諸行流轉이니 染分攝故오.
二 相多現行愚니 卽是此中의 執有淨相故로 相觀을 多行하고 未能多時住無相觀이라
初愚는 卽執苦集이오 後愚는 卽執滅道라 本分에 名微細煩惱習者는 執細染淨이 卽是煩惱니 形於前地일세 故說爲微오 唯識은 形後를 名爲麤相이니라

이런 제6 현전지에 의하여, 2가지 어리석음과 그 추중번뇌를 끊는 것이다.

(1) 行이 유전함을 앞의 직접 보인 자리에서 관찰하는 어리석음이다. 이 가운데 잡염이 있다고 집착하고, 모든 행이 유전한다고 집착하니 染分에 속하기 때문이다.

(2) 여러 양상으로 앞에서 직접 행한다는 어리석음이다. 이 가운데 청정한 양상이 있다고 집착한 까닭에 양상으로 살펴봄이 많기에, 양상이 없는 데서 오래 머무는 관찰을 못 하는 것이다.

앞의 어리석음은 고성제와 집성제에 대한 집착이고, 뒤의 어리

석음은 멸성제와 도성제에 대한 집착이다.

본문에서 '미세한 번뇌의 습기'라 명명한 것은 미세한 잡염과 청정의 차별을 집착함이 곧 번뇌이다. 앞의 제5 난승지에서 나타난 까닭에 '미세번뇌'라 하였고, 유식론에서는 뒤의 제7 진행지에 나타난 것을 '거친 양상'이라 명명하였다.

由斷此愚하야 便證無染淨眞如니 謂此眞如는 本性無染이니 亦不可說後方淨故로 攝論에 名爲無染淨法界라하니 後는 成般若行이니 亦得自他相續無染淨果니 其揆一也니라

이런 2가지 어리석음을 단절함으로 인하여 곧 잡염과 청정이 없는 진여를 증득하게 된다. 이 진여는 잡염이 없는 본성이다. 또한 뒤에 비로소 청정하게 되었다고 말할 수 없기 때문에 섭대승론에서는 '잡염과 청정이 없는 법계'라 말하였다. 그 뒤에 반야의 행을 성취하는 것이다. 이 또한 나와 남이라는 차별의식이 서로 이어지는 잡염과 청정이 없는 과덕을 얻는 것이기에, 앞뒤를 헤아려 보면 모두 하나로 똑같다.

後 正釋文

亦有三分하니 初는 讚請分이라 二는 正說分이오 三은 重頌分이라
今은 初라

뒤는 경문의 해석이다.
이 또한 3부분이다.

제1. 찬탄하며 법을 청한 부분,

제2. 바로 설법하는 부분,

제3. 게송 부분이다.

이는 제1. 찬탄하며 법을 청한 부분이다.

經

菩薩旣聞諸勝行하고　　**其心歡喜雨妙華**하며
放淨光明散寶珠하야　　**供養如來稱善說**이로다

　보살이 모든 뛰어난 행을 듣고서

　환희의 마음으로 꽃비 내리며

　청정한 광명 놓고 진주를 흩뿌려서

　여래께 공양하고 훌륭한 설법이라 찬탄하여라

⦿ **疏** ⦿

九頌을 **分二**니

前 八頌半은 **讚**이오 **後 半頌**은 **請**이라

讚中에 **分二**니 **初一**은 **菩薩讚**이라

　9수의 게송은 2단락으로 나뉜다.

　앞의 8수 반의 게송은 찬탄이며,

　뒤의 절반 게송은 법문을 청함이다.

　8수 반의 찬탄 게송은 다시 2부분으로 나뉜다.

　앞의 1수 게송은 보살의 찬탄이다.

經

百千天衆皆欣慶하야　　**共在空中散衆寶**와
華鬘瓔珞及幢幡과　　**寶蓋塗香咸供佛**이로다

　　백천의 하늘 무리 기뻐 날뛰며
　　다 함께 공중에서 숱한 보배 흩뿌리고
　　화만과 영락이며 당기와 깃발
　　일산과 향으로 부처님께 공양 올리네

⊙ 疏 ⊙

餘는 諸天讚供이라
於中三이니 初一은 天衆이라

　　나머지 7수 반의 게송은 여러 천왕이 찬탄하며 공양을 올림이다.
　　7수 반의 게송은 다시 3부분으로 나뉜다.
　　첫째 1수 게송은 하늘 대중의 찬탄이다.

經

自在天王幷眷属이　　**心生歡喜住空中**하야
散寶成雲持供養하고　　**讚言佛子快宣說**이로다

　　자재천의 천왕과 여러 권속들
　　환희의 마음으로 공중에 머물면서
　　흩뿌린 보배, 구름 되어 공양 올리고
　　불자여! 좋은 법문 어서 말씀하소서

● 疏 ●

次一은 天王이라

다음 1수 게송은 천왕의 찬탄이다.

經

無量天女空中住하야　共以樂音歌讚佛하니
音中悉作如是言호되　佛語能除煩惱病이로다

　한량없는 천상 여인, 허공중에서
　풍악 울려 부처님 찬탄하니
　음악 속에 이런 말 담겨 있나니
　부처 말씀이여, 번뇌 병을 없애주시네

法性本寂無諸相하야　猶如虛空不分別이라
超諸取着絶言道하니　眞實平等常淸淨이로다

　법의 성품 고요하고 형상이 없어
　아무런 분별없는 허공처럼
　모든 집착 초월하고 말 붙일 수 없어
　진실하고 평등하여 항상 청정하여라

若能通達諸法性하면　於有於無心不動이나
爲欲救世勤修行이니　此佛口生眞佛子로다

　모든 법성 통달하면

유위이든 무위이든 마음 흔들리지 않고
세간 중생 구하고자 부지런히 수행하니
부처님 입으로 태어난 진실한 불자여라

不取衆相而行施하며 　　**本絶諸惡堅持戒**하며
解法無害常堪忍하며 　　**知法性離具精進**하며

　겉모습에 집착 않고 보시 행하며
　본래 모든 악 끊긴 채 계행 지니며
　법에 해 없음을 알고서 항상 참고
　집착 여읜 법성 알아 정진이 구족하며

已盡煩惱入諸禪하며 　　**善達性空分別法**하며
具足智力能博濟하야 　　**滅除衆惡稱大士**로다

　번뇌 이미 다하여 사선정(四禪定)에 들고
　공한 성품 잘 알고서 법을 분별하며
　지혜와 역바라밀 구족하여 널리 구제하여
　모든 악을 없애주신 대사시여

◉ 疏 ◉

後 五頌半은 天女라
於中에 初三句는 集經者序述로 標讚佛果오 '佛語'下는 正讚이니 此句는 讚敎오

次一偈는 讚理요

次三偈는 讚行이라

於中에 初偈는 悲智無礙行이요

後二는 十度圓修行이라 本絶諸惡者는 見惡可除면 非眞持戒요 善達性空에 卽般若度요 分別法은 卽方便度요 智力은 卽二度요 博濟는 兼願이라

  뒤의 5수 반의 게송은 천상 여인의 찬탄이다.

  그 가운데 첫째 1수 게송의 앞 3구는 경전을 결집한 이가 부처님의 과덕을 내세워 찬탄하였고, 제4구 '佛語能除…' 이하는 바로 찬탄의 말이다. 이 구절[佛語能除…]은 부처님의 가르침을 찬탄하였다.

  다음 1수 게송[法性…]은 부처님의 진리를 찬탄하였고,

  다음 3수의 게송은 부처님의 행을 찬탄하였다.

  3수의 게송 가운데 앞의 1수 게송[若能通達… 眞佛子]은 大悲와 大智로 걸림이 없는 행을 찬탄하였고,

  뒤의 2수 게송은 십바라밀의 원만한 수행을 찬탄하였다.

  '본래 모든 악이 끊어진 자리'라는 것은 악을 보고서 없앴다면 참된 지계바라밀이 아니며,

  '공한 성품을 잘 통달함'은 반야바라밀이며,

  '분별법'은 방편바라밀이며,

  '지혜와 힘'은 지혜바라밀과 역바라밀이며,

  '널리 구제함'은 서원바라밀을 겸하고 있다.

如是妙音千萬種으로　讚已默然瞻仰佛이러니
解脫月語金剛藏호되　以何行相入後地니잇고

이처럼 미묘한 음성 천만 가지로
찬탄한 후, 부처님 우러러 보니
해탈월보살, 금강장보살께 여쭙는 말씀
어떤 행상으로 다음 지위에 들어갈 수 있나이까?

◉ 疏 ◉

後偈는 半은 結默이오 半은 結請이라

　뒤의 게송에서 제1, 2구는 침묵을 끝맺었고, 제3, 4구는 청법을 끝맺었다.

第二正說
亦分爲二니
初는 地行이오 後는 地果라
前中에 同於前地하야 亦有三分하니
一은 勝慢對治오
二 佛子로 至如是觀已 下는 明不住道行勝이오
三 佛子로 至以如是十種 下는 明彼果勝이니라
亦初分은 卽入心이오 後二는 卽住心이라

住中에 前은 卽攝正心住요 後는 卽攝善現行과 及隨順善根廻向이니 至文當知니라 今且依論이라 然三分이 雖同이나 而漸超勝이라 勝相云何오 謂第四地에 說衆生我慢解法慢治하고 第五地中에 說身淨慢治하고 今第六地에 說取染淨相慢治니 所治漸細일새 故曰勝也라 所治旣細에 後二도 亦過니라

染淨慢者는 前觀四諦에 苦集은 名染이오 滅道는 爲淨이라

又十平等과 隨順如道는 但約淨說이라 染相未亡이오 對染有淨일새 亦名取淨이니라 今以十種染淨平等法으로 而爲能治라 下觀緣起에 雖有染淨이나 悟空深故로 不名取慢이니라

今初의 勝慢治中에 分四니

一은 牒前標後오 二는 徵列十心이오 三은 結得入地오 四는 辨行分齊라

今은 初라

제2. 바로 설법하는 부분

이 또한 2부분으로 나뉜다.

[1] 제6 현전지의 행상,

[2] 제6 현전지의 과덕.

'[1] 제6 현전지의 행상' 부분은 앞의 제5 난승지와 마찬가지로 이 또한 3부분이다.

1. 뛰어나다는 거만함을 다스림이며,

2 '佛子'로부터 '如是觀已' 이하까지는 머물지 않는 道行의 뛰어남이며,

3. '佛子'로부터 '以如是十種' 이하까지는 그 과덕의 뛰어남을 밝혔다.

또한 첫 부분[勝慢對治]은 제6 현전지에 들어가는 마음이며,

뒤의 2부분[不住道行勝, 彼果勝]은 제6 현전지에 머무는 마음이다.

머무는 마음 부분의 앞[不住道行勝]은 제6 正心住에 속하고,

뒤[彼果勝]는 제6 善現行과 제6 隨順堅固一切善根廻向에 속한다.

해당 문장에서 이를 알 수 있다. 이는 논을 따라 말한 것이다. 그러나 3부분이 앞의 제5 난승지와 같다고 하지만 점차 더욱 뛰어난 것이다.

뛰어난 양상이란 무엇인가?

제4 염혜지에서는 이미 중생의 아만과 법에 대한 거만함을 다스리는 내용을 말하였고,

제5 난승지에서는 자신이 청정하다고 생각하는 거만함을 다스림에 대해 말하였고,

제6 현전지에서는 잡염과 청정의 양상을 취하는 거만함을 다스림에 대해 말하였다.

다스릴 대상이 점차 미세하기에 뛰어나다고 말하였다. 다스릴 대상이 이미 미세하다면 뒤의 2가지도 마찬가지로 뛰어난 이치이다.

'잡염과 청정에 대한 거만함'이란 앞에서 사성제를 관찰할 적에 고성제와 집성제는 잡염이라 하고, 멸성제와 도성제는 청정이라 하였다.

또한 평등과 진여의 도를 따르는 10가지는 청정을 들어 말했을 뿐이다. 잡염의 양상이 사라지지 않고 잡염을 상대로 말한 청정이기에 이 또한 '청정을 취하였다.'고 말한다.

여기에서는 잡염과 청정이 평등한 10가지의 법으로 다스림의 주체를 삼는다. 아래에서 연기법을 관찰할 적에 비록 잡염과 청정이 있지만, '공'을 깨달음이 깊은 까닭에 '거만함을 취하였다.'고 말하지는 않는다.

'1. 뛰어나다는 거만함을 다스린' 부분은 다시 4단락으로 나뉜다.

1) 앞의 경문을 이어서 뒤의 문장을 내세웠고,
2) 물음으로 10가지 평등한 마음을 나열하였으며,
3) 제6 현전지에 들어감을 끝맺었고,
4) 제6 현전지의 행상 한계를 밝혔다.

이는 첫 부분이다.

經

爾時에 金剛藏菩薩이 告解脫月菩薩言하사대
佛子여 菩薩摩訶薩이 已具足第五地에 欲入第六現前地인댄 當觀察十平等法이니

그때, 금강장보살이 해탈월보살에게 말하였다.

"불자여! 보살마하살이 이미 제5 난승지를 원만하게 다하고 제6 현전지에 들어가고자 한다면, 열 가지 평등한 법을 살펴보아야 한다.

二 徵列十心

2) 물음으로 10가지 평등한 마음을 나열하다

經
何等이 **爲十**고
所謂一切法이 **無相故**로 **平等**하며
無體故로 **平等**하며
無生故로 **平等**하며
無成故로 **平等**하며
本來淸淨故로 **平等**하며
無戱論故로 **平等**하며
無取捨故로 **平等**하며
寂靜故로 **平等**하며
如幻如夢하고 **如影如響**하고 **如水中月**하고 **如鏡中像**하고
如焰如化故로 **平等**하며
有無不二故로 **平等**이니

무엇이 열 가지 평등한 마음인가?

일체 법이 형상이 없으므로 평등하고

자체가 없으므로 평등하고

생겨나는 일이 없으므로 평등하고,

이뤄짐이 없으므로 평등하고,

본래부터 청정하므로 평등하고,

희롱의 말이 없으므로 평등하고,

취하고 버림이 없으므로 평등하고,

고요하기에 평등하고,

요술과 같고 꿈과 같고 그림자와 같고 메아리와 같고 물속의 달과 같고 거울 속의 영상과 같고 아지랑이와 같고 변화와 같으므로 평등하며,

있고 없음이 둘이 아니므로 평등하다.

◉ 疏 ◉

列中十句니

初는 總이오 餘는 別이라

10가지 평등한 마음을 나열한 부분은 10구이다.

첫 구절은 총상이고, 나머지는 별상이다.

總云 '一切法'者는 論云 是十二入이라하니 以三科中에 蘊不攝無爲어니와 處와 界는 攝盡이오 而處 次於蘊이라 又名生門이니 順無生義일세 故偏擧之니라

言'無相'者는 論云 '自性無相故'라하니 謂十二入의 緣成之相이 有來卽無오 非推之使無일세 故云自性無也니라

총상 구절에서 말한 '일체 법'이란 논에서는 '12入[十二處: 六根에 六境을 더한 곳]'이라 하였다. 三科[蘊·處·界] 가운데 5온은 無爲法을 받아들이지 않지만 12처와 18계는 모두 받아들이고 있다. 그러

나 12처는 5온 다음이기에 또한 '생겨나는 문[生門]'이라고 말한다. 無生의 이치를 따른 까닭에 유독 이를 들어 말한 것이다.

'형상이 없다[一切法無相].'는 것은 논에서 "자성은 형상이 없기 때문이다."고 말하였다. 12입의 인연으로 이뤄진 형상은 있다가 곧 없어지는 것이지, 추궁하여 이를 없게 할 수 없기에 '자성이 없다.'고 말하였다.

別中九句는 明九種相이니 皆自性無故니라 論云 '相分別對治 有九種이라'하니 謂 '體·生' 等九는 是其所治오 '無'之一字는 是自性無니 以爲能治라

論에 以初 '自性無'로 貫下九句니 故但顯所治相之差別이라

별상 부분의 9구는 9가지 양상을 밝히고 있다. 이는 모두 자성이 없기 때문이다.

논에서 "형상에 대한 분별심을 다스리는 데에 9가지가 있다."고 하였다. '자체[無體의 體]'와 생겨나는[無生의 生]' 등의 9가지는 그 다스릴 대상이며, '없다[無體, 無生의 無]'는 한 글자는 자성이 없다는 뜻이니, 다스림의 주체이다.

논에서는 별상의 첫 구절인 '자성이 없다.'는 것으로 아래 9구를 관통한다고 하였다. 이 때문에 다스림의 대상인 형상의 차별만을 밝힌 것이다.

一 '無體故平等' 者는 論經云 '無想'이라하고 論云 '十二入自相想이라'하니 謂內六根이 取外六塵之相을 總名爲想이니 卽十二入之體라 故今經云 體라하니라 想은 取像으로 以爲體故며 亦自性이 無故로

經云'無體故平等'이라하니 下皆準此니라 上은 遣分別心이니라

제1구, "자체가 없으므로 평등하다."고 말한 것은 논경에서 '생각[想]이 없다.'고 말하였고, 논에서는 '12입의 자체 양상에 관한 생각'이라 하였다.

내면의 眼·耳·鼻·舌·身·意 6가지 감관이 외부의 色·聲·香·味·觸·法 6가지 경계의 형상을 취하는 것을 총괄하여 '생각'이라 말한다. 이는 곧 12입의 자체이다. 이 때문에 본 경문에서 '자체[體]'라 말하였다. 생각은 형상을 취하는 것으로 근본을 삼기 때문이며, 또한 자성이 없기 때문에 본 경문에서 "자체가 없으므로 평등하다."고 말하였다.

아래 구절은 모두 이에 준한다. 위는 분별하는 마음을 떨쳐버리는 것이다.

二'生'者는 念展轉行相이니 謂諸入苦果 虛妄分別로 爲本故니라

제2구, '생겨남'이란 생각이 차츰차츰 바뀌어가는 행상이다. 12입의 고통 결과는 허망한 분별심으로 근본을 삼기 때문이다.

三'成'者는 生展轉行相이니 謂生卽苦果라 從果起因일새 故云展轉이라 上二는 遣染分依他라 但擧緣成이면 已顯無生無成義矣니라

제3구, '이룸'이란 생겨남이 차츰차츰 바뀌어가는 행상이다. 생겨남이 곧 苦諦의 결과임을 말한다. 결과에서 원인이 생겨나므로 '차츰차츰[展轉]'이라 말하였다.

위의 2가지는 잡염 부분의 依他起性을 떨쳐버림이다. 다만 인연으로 성취함을 들어 말하면 생겨남도 없고 이뤄짐도 없다는 이

치를 이미 밝혔다.

四는 卽遣淨相이니 謂本來自淨이오 非滅惑方淨이니 故云平等이니라

　　제4구는 청정하다고 생각하는 양상을 떨쳐버림이다. 본래 스스로 청정한 것이지, 번뇌를 없앤 후에야 비로소 청정한 것이 아니다. 이 때문에 평등하다고 말하였다.

五는 遣分別相이니 謂道能分別揀擇滅惑이라 若有分別하면 則有戱論이니 今本無戱論일새 故無分別이라 上二는 遣淨分依他니라

　　제5구는 분별하는 양상을 떨쳐버림이다. 도란 분별하고 간택하여 번뇌를 없애기 때문이다. 만약 분별심이 있으면 이는 희롱의 말이다. 여기에서는 본래 희롱의 말이 없기에 분별하는 마음이 없다.

　　위의 2가지는 청정 부분의 의타기성을 떨쳐버림이다.

六은 遣出沒이니 謂眞如之性이 在妄爲沒이오 離垢에 爲出이라 今妄體卽眞일새 故無可捨오 眞體卽空일새 故無可取니라

　　제6구는 벗어나고 빠지는 양상을 떨쳐버림이다. 진여의 자성이 허망 속에 있으면 빠졌다고 말하고, 번뇌를 여의면 벗어났다고 말한다.

　　여기에서는 허망의 체성이 곧 진여이기에 버릴 자체가 없고, 진여의 본체가 바로 공이기에 취할 자체가 없기 때문이다.

七은 遣染相이니 卽由上義하야 染本寂靜이 卽是眞如오 無別眞矣라 上二는 遣圓成이라 卽十二入之眞性이니라

　　제7구는 오염의 양상을 떨쳐버림이다. 위의 의의를 따라 '오염이 본래 고요하다.'는 것이 바로 진여이지, 따로 진여가 있지 않다.

위의 2가지는 원만한 성취라는 생각을 떨쳐버림이다. 이는 12入의 진여 본성이다.

八은 遣我非有相이라 此有二意하니

一類前釋 謂有執言호되 但我는 非有니 不無於事일새 故云如幻等事니 有亦不實이니라

二者는 此句는 遣無니 由上 以無遣有하야 恐便執無일새 故遺云如幻夢等이라하니 但無其實이언정 非是全無니라 故不應執我非有相이라 諸喩雖異나 大旨無殊니라

제8구는 '나'라는 게 있지 않다는 생각을 떨쳐버림이다.

'있다'고 생각하는 데는 2가지 뜻이 있다.

(1) 앞의 해석에서, 집착이 있는 것으로 말하지만, '나'라는 것은 있는 게 아니다. 현상의 사법계에 '나'라는 것이 없지 않기에 '요술과 같다.' 등의 일로 말하였다. 이는 있지만 그 또한 실상이 아니다.

(2) 이 구절에서는 없다는 생각마저 떨쳐버림이다. 위에서 없다는 것으로 있다는 것을 떨쳐버림에 따라서, 다시 없다는 것에 집착할까 두려운 마음에 '요술과 같다.' 등으로, 없다는 생각마저 떨쳐버린 것이다. 이는 다만 그 실상이 없다는 것이지, 전혀 없다는 것은 아니다. 이 때문에 '나'라는 것은 있지 않다고 집착해서도 안 된다. '요술과 같다.' 등의 여러 비유는 각기 다르지만, 큰 요지는 다를 바 없다.

九는 遣成壞相이니 成은 卽是有오 壞는 卽是無니 緣起는 爲成이오 無性은 爲壞라 緣成이 卽無性일새 故有無不二니라

제9구는 이뤄지고 무너지는 양상을 떨쳐버림이다. 이뤄짐이란 있다는 것이고, 무너짐이란 없다는 것이다. 緣起는 이뤄짐이고, 자성이 없음은 무너짐이다. 연기로 이뤄진 것은 자성이 없기에 있고 없음이 둘이 아니다.

上之九句에 初七은 以無로 遣有오 次一은 以喩로 遣無오 後一은 不二로 遣俱니 則雙非入中矣니라

又 此不二 則不壞有無니 謂說空은 遣於有執이오 說有는 爲遣空迷니 有是不異空之有오 空是不異有之空이라 無別空有로대 而爲二也니 是遣俱句니라

又 旣不二는 亦不壞於有니 則不異無之有는 是不有之有오 不異有之無는 是不無之無니 則亦遣俱非니 斯乃四句百非의 諸見皆絶이라야 方爲般若現前之因이니라

위의 9구 가운데 제1구로부터 제7구까지는 없다는 것으로 있다는 것을 떨쳐버림이며,

다음 제8구[如幻等故]는 비유로써 없다는 것을 떨쳐버림이며,

끝의 제9구[有無不二故]는 둘이 아니라는 것으로 '있고 없음' 그 모든 것을 떨쳐버림이다. 다시 말하면 이것도 저것도 모두 아니라는 것으로 중도에 들어감이다.

또한 "있고 없음이 둘이 아니다."는 것은 있다, 없다를 부정하지 않는다. '공'을 말함은 있다는 것에 대한 집착을 떨쳐버림이며, 있다는 것을 말함은 空에 대한 미혹을 떨쳐버리기 위함이다. 따라서 有는 '공'과 다르지 않은 有이고, 공은 '유'와 다르지 않은 공이

다. 이처럼 공과 유는 차별이 없으면서도 둘의 존재이다. 이는 모두 옳다[俱是]는 구절을 떨쳐버림이다.

또한 "있고 없음이 둘이 아니다."는 것은 '有'를 부정하지 않는다. '無'와 다르지 않은 '有'는 있지 않은 有[不有之有]이고, '有'와 다르지 않은 無는 없는 것이 아닌 無[不無之無]이다. 이는 또한 모두 아니다[俱非]는 구절을 떨쳐버림이다.

이처럼 四句와 百非의 모든 견해를 모두 끊어버려야 비로소 반야지혜가 앞에 나타나는 원인이 될 것이다.

第三 結得入地

3) 제6 현전지에 들어감을 끝맺다

經

菩薩이 如是觀一切法 自性淸淨하야 隨順無違하야 得入第六現前地호되

보살이 이처럼 일체 법의 자성이 청정함을 관찰하여 따라 순종하며 어김이 없이 제6 현전지에 들어가되,

● 疏 ●

文有五句하니

一은 牒前所觀十平等法이오

二‘自性清淨’者는 遠離前地의 染淨慢垢요

三은 隨順眞如十平等法이오

四는 以無分別心으로 無違所觀이오

五는 由前四能하야 得入六地니라

    경문은 5구이다.

    (1) 앞의 관찰 대상인 10가지 평등한 법을 뒤이어서 말하였고,

    (2) '자성이 청정하다.'는 것은 앞 제5 난승지의 잡염과 청정을 차별하는 거만한 번뇌를 멀리 여읨이며,

    (3) 진여의 10가지 평등한 법을 따름이고,

    (4) 분별이 없는 마음으로 관찰하는 바에 어긋남이 없음이며,

    (5) 앞의 4가지 능력으로 인하여 제6 현전지에 들어감이다.

第四 辨行分齊

    4) 제6 현전지의 행상 한계를 밝히다

經

得明利隨順忍이오

未得無生法忍이니라

    총명하고 예리한 지혜로 진리를 따르는 법인을 얻었을 뿐,
    무생법인은 얻지 못하였다.

● 疏 ●

分齊中二句니 得明利忍은 對前顯勝이오 未得無生은 對後彰劣이라 仁王經中에 說有五忍하니 謂伏·信·順·無生·寂滅이라 前四에 各有下中上하니 地前에 得伏忍三品이오 九地를 如次配次三忍하고 十地와 及佛은 得寂滅忍이라

若瓔珞中인댄 開出等覺이오 則亦有三品이라 今四·五·六은 皆得順忍이니 此當上品이라 治於細慢일새 故云明利라 言隨順者는 順後無生忍故니라

然 約實位인댄 初地에 卽得無生이어니와 今約寄位일새 當七八九니라 寄位 何以有此不同고 謂若約空無我理하야 爲無生者인댄 卽初地에 證如일새 所以名得이어늘 今不得者는 有四義故니라

　　행상의 범주를 밝힌 부분은 2구이다.

　　"총명하고 예리한 지혜로… 법인을 얻었다."는 것은 앞의 제5 난승지를 상대로 뛰어남을 밝혔고,

　　"무생법인은 얻지 못하였다."는 것은 뒤의 제7 원행지를 상대로 그 용렬함을 밝혔다.

　　인왕경에서는 5가지 법인을 말하고 있다.

　　(1) 伏忍, (2) 信忍, (3) 順忍, (4) 無生忍, (5) 寂滅忍이다.

　　앞의 4가지에는 각기 하품, 중품, 상품이 있다.

　　십지 이전에는 伏忍 3품을 얻고, 초지에서 제9 선혜지까지는 차례에 따라 信忍, 順忍, 無生忍 3가지를 짝지어 말하고, 제10 법운지와 佛地에서는 寂滅忍을 얻는다.

영락경에 의하면, 等覺을 나누어 말하였다. 이 또한 3품이 있다. 화엄경에서 말한 제4 염혜지, 제5 난승지, 제6 현전지는 모두 隨順法忍을 얻은 지위이다. 이는 상품에 해당한다. 미세한 거만함을 다스리기에 '총명하고 예리한 지혜'라 말하였다. '수순'한다는 말은 뒤의 무생법인을 따르기 때문이다.

그러나 실제의 지위로 말하면, 초지에서도 바로 무생법인을 얻을 수 있지만, 여기에서는 의탁한 지위를 들어서 말하기에 제7 원행지, 제8 부동지, 제9 선혜지에 해당한다.

무엇 때문에 의탁한 지위가 이처럼 다른 것일까? 만약 공하여 '내'가 없다는 도리를 가지고서 무생이라 한다면 초지에서도 진여를 증득하였기에, 무생법인을 얻었다고 말할 수 있다. 그러나 제6 현전지에서 무생법인을 얻지 못한 데에는 4가지 뜻이 있기 때문이다.

一은 約空理淺深이니 初地는 觀法虛假하야 破性顯空일세 但名無我어니와 今此地中에는 破相趣寂이라 但名平等이니라

若約證實反望인댄 由來常寂이오 無相可生이라 斯理轉深일세 故七地에 方得이오 若約契本常寂인댄 斯理最妙니 故十地後得이니라

【鈔_ 言證實反望者는 上之二義 但破空性相故어늘 今此已證하니 反望性相컨대 本來常寂이어니 何俟破竟하야사 方說無我와 及空平等이리오】

(1) '공' 도리의 얕고 깊음으로 말한다.

초지에서는 법이 헛되고 거짓임을 관찰하여 체성을 타파하고 '공'을 밝혔기에 '내'가 없다고 말했지만, 제6 현전지에서는 현상의

양상을 타파하고 고요함으로 나아가는 것이다. 이 때문에 '평등'하다고 말했을 뿐이다.

만약 실법의 증득을 들어 반대로 비춰보면 본래 항상 고요하여, 모양이 생겨날 수 없다. 이런 이치가 더욱 심오하기에 제7 원행지에서야 비로소 얻을 수 있다.

만약 근본 자리에 하나가 되어 항상 고요한 것으로 말하면 이런 이치는 가장 미묘하다. 이 때문에 제10 법운지 이후에서야 얻을 수 있다.【초_ "실법의 증득을 들어 반대로 비춰본다."고 말한 것은 위의 2가지 의의는 다만 체성과 양상을 타파한 '공'이기 때문이다. 여기에서 이미 실법을 증득하였다. 반대로 체성과 양상을 비춰보면 본래 항상 고요하다. 어찌 모두 타파할 적에 비로소 '나'라는 것이 없고 '공'하여 평등하다고 말할 수 있겠는가.】

二는 就行分別이니 六地已前에 漸起諸行이니 謂初願次戒等이니 故名爲生이오 七地已上은 念念頓起一切諸行이니 故云無生이니라

(2) 행법에 입각하여 분별한다.

제6 현전지 이전에 차츰차츰 여러 행법을 일으켜 왔다. 첫째는 서원, 다음은 계법 따위이다. 이 때문에 '생겨나는 문[生門]'이라 말한다.

제7 원행지 이상에서는 한 생각 한 생각의 찰나에 일체의 모든 행법이 일어나기에 이를 '無生'이라고 말한다.

三은 約空有二法이니 六地已前에 空有間起일세 名之爲生이오 七地已上에는 寂用이 雙行일세 故名無生이니라

(3) '공'과 '유'의 2가지 법으로 말한다.

제6 현전지 이전에는 '공'과 '유'가 사이사이 일어나기에 '생겨나는 문[生門]'이라 말한다.

제7 원행지 이상에서는 고요함의 본체와 동작의 묘용이 한꺼번에 행하기에 이를 '無生'이라고 말한다.

四는 約修分別이니 行修未熟을 名之爲生이오 行修純熟을 名曰無生이라 此則七地已還에 未得無生이라 故經就八地하야사 方顯無生하니라

(4) 수행을 들어 분별한다.

행을 닦음이 원숙하지 못함을 설다[生澁]고 말하고, 행을 닦음이 순수하고 원숙함을 설지 않다[無生]고 말한다. 이로 보면, 7지 이후에도 '설지 않은' 순수하고 원숙함을 얻을 수 없다. 그러므로 경문에서는 제8 부동지에 가서야 비로소 '설지 않음'을 얻는다고 밝혔다.

第一 勝慢對治 竟하다

1. 뛰어나다는 거만함을 다스린 부분을 끝마치다.

第二 不住道行勝

中에 分三이니

初는 總顯心境이오

二는 別明觀相이오

三 佛子菩薩로 至如是十種下는 結成觀名이라

今은 初라

    2. 머물지 않는 도행이 뛰어나다

    이의 경문은 3부분으로 나뉜다.

    1) 마음의 경계를 총체로 밝혔고,

    2) '作是念' 이하는 관법의 양상을 별개로 밝혔으며,

    3) '佛子此菩薩'로부터 '如是十種' 이하까지는 관법의 명칭을 끝맺었다.

    이는 첫 부분이다.

經

佛子여 此菩薩摩訶薩이 如是觀已에
復以大悲爲首하며 大悲增上하며 大悲滿足하야 觀世間生滅하고

    불자여! 이 보살마하살이 이처럼 관찰한 후에,

    다시 대비로 머리를 삼고,

    대비가 더욱 향상되고,

    대비가 원만 구족하여,

    세간의 생겨나고 사라짐을 관찰하며,

● 疏 ●

有二하니

先'如是觀已'는 結前이라 所以結者는 由前觀察隨順하야 得至不住道故니라

後'復以'下는 正顯이라

첫 부분의 경문은 2단락이다.

(1) "이처럼 관찰한 후"는 앞의 경문을 끝맺었다. 끝맺은 바는 앞의 관찰과 隨順으로 인하여 머물지 않는 도에 이르렀음을 얻었기 때문이다.

(2) '復以大悲' 이하는 바로 밝혔다.

文有四句하니 前三은 辨能觀心이오 後一은 標所觀境이라
前三은 皆悲오 後一은 是智니 由此相導일새 故名不住라 故論結云 '不住生死涅槃故'라하니라 今初三中에 爲物觀緣일새 總稱大悲오 隨觀不同일새 故分三別이니라

경문은 4구이다.

앞의 3구[大悲爲首, 大悲增上, 大悲滿足]는 관찰의 주체인 마음을 밝혔고,

뒤의 1구[觀世間生滅]는 관찰의 대상인 경계를 내세웠다.

앞의 3구는 모두 대비의 마음이고,

뒤의 1구는 지혜이다.

이로 인해 대비와 지혜가 서로 인도하므로 '머물지 않는다.'고 말하였다. 이 때문에 논에서, "생사와 열반에 머물지 않기 때문이다."고 끝맺었다.

이의 처음 3구 가운데 중생을 위해 연기를 관찰하므로 총체로

大悲라 말했고, 관찰함이 똑같지 않음을 따라서 3가지로 나누어 구별하였다.

一'首'者는 初義니 先起大悲而觀緣故니라 故論云'不捨過去·現在·未來코 大悲攝勝故'라하니 以雖同一切智觀하야 觀三世流轉하고 厭離有爲나 而以大悲爲先일새 故勝二乘이니라

① '우두머리[首: 大悲爲首]'란 첫 구절의 뜻이다. 먼저 대비의 마음을 일으켜 연기를 관찰하기 때문이다.

논에서는, "과거·현재·미래의 중생을 버리지 않고, 대비의 마음으로 중생을 받아들임이 뛰어나기 때문이다."고 하였다. 비록 일체지의 관법과 같아서 과거·현재·미래에 윤회함을 관찰하고 유위법을 싫어하지만 대비심을 우두머리로 삼은 까닭에 이승보다 뛰어나다.

二'增上'者는 論云'一切法中에 智淸淨故'라하니 謂以道相智觀이오 不唯但觀三世하야 而遍了諸法이니 故云一切法中이니 以此導前하야 令悲增上이라 故下經云'大悲轉增'이라하니라

② "더욱 향상되었다."는 것은 논에 이르기를, "일체 법 가운데 지혜가 청정하기 때문이다."고 하였다. '도의 모양의 지혜[道相智]'로 관찰한 것이지, 오직 3세만을 관찰하여 모든 법을 두루 아는 것이 아니다. 그러므로 '일체 법 가운데'라고 말하였다. 이처럼 지혜로 앞을 이끌어 대비를 더욱 향상시키는 것이다. 이 때문에 아래 경문에서 "대비가 더욱 향상되었다."고 말하였다.

三'滿足'者는 論云'一切種의 微細는 因緣을 集觀故'라하니 謂以一

切種智로 委照無遺일새 故名微細니라 三悲爲次하야 後後轉深은 智轉勝故일세니라 據論現文컨대 初則雙明悲智하야 俱護煩惱小乘이오 後는 但唯語於智니 義當但護煩惱라 旣三俱稱悲는 卽下三觀이라 則皆雙護凡小며 俱通二利니 皆雙不住也니라

③ "원만 구족하다."는 것은 논에서 "일체종지의 미세함은 인연을 모아서 관찰하였기 때문이다."고 하였다. 이는 일체종지로 남김없이 모두 비춰보기 때문에 미세하다고 말하였다.

3가지의 대비[大悲爲首, 大悲增上, 大悲滿足]가 차례에 따라 뒤의 뒤로 갈수록 더욱 심오하다. 이는 지혜가 더욱 뛰어나기 때문이다. 논에 의거하여 경문을 나타내면 처음에는 대비와 지혜를 함께 밝혀서 번뇌와 소승을 동시에 막았고, 뒤에서는 오직 지혜만을 말하였다. 그 뜻은 번뇌를 막는 행에만 해당한다.

이미 3가지를 모두 대비라 칭한 것은 아래의 3가지 관법을 뜻한다. 이는 모두 범부와 소승을 동시에 막는 행이며, 자리와 이타에 모두 통한다. 이는 모두 함께 머물지 않는다는 뜻이다.

後句 標所觀者는 前滅後生이며 染生淨滅故니라【鈔_ '前滅後生'者는 無明이 緣行이니 前緣이 已滅하야 引起後故니라 若前不滅하면 則墮常故오 若後不生인댄 卽是斷故니라 無明緣行者는 由前滅故로 後方得生이라 十二皆然이니 自是一義니라

言'染生淨滅'者는 無明이 緣行하고 行緣識等은 卽是染生이오 無明滅故로 行滅者는 斯爲淨滅이라 下引雜集하야 名染淨觀이니라 又次經云 由著我故로 世間生爲生이니 不著我者는 則無生處니 名滅이

라하니라 】

"뒤의 1구[觀世間生滅]는 관찰의 대상인 경계를 내세웠다."는 것은 앞에서 사라지면 뒤에서 생겨나고, 잡염이 생겨나면 청정이 사라지기 때문이다.【초_ "앞에서 사라지면 뒤에서 생겨난다."는 것은 무명이 행을 반연함이다. 앞의 조건이 사라지면서 뒤를 이끌어내기 때문이다. 만약 앞의 조건이 사라지지 않으면 常見에 떨어지기 때문이며, 뒤에서 생겨나지 않으면 바로 斷見이기 때문이다.

'무명이 행을 반연한다.'는 것은 앞이 사라짐으로 인해서 뒤가 비로소 생겨나는 것이다. 12지분이 모두 그와 같다. 이는 그 나름 하나의 뜻이다.

"잡염이 생겨나면 청정이 사라진다."고 말한 가운데 '무명이 행을 반연하고, 행이 의식을 반연한다.'는 등은 곧 잡염이 생겨남이며, '무명이 사라지기 때문에 행이 사라진다.'는 것은 청정이 사라짐을 말한다.

아래에서 잡집론을 인용하여, '잡염과 청정의 관법'이라 말하였다. 또한 다음의 경문에 이르기를, "모두 '나'라는 생각의 집착 때문에 세간에 태어나는 것을 '생겨남'이라고 말하며, '나'라는 생각에 집착하지 않으면 태어날 곳이 없기에 이를 '사라짐'이라 말한다."고 하였다.】

初 總顯心境 竟하다

1) 마음의 경계를 총체로 밝힌 부분을 끝마치다.

第二 別明觀相이니 卽緣起觀이라 先明大意라 然緣起深義는 佛教所宗이니 乘智階差하야 淺深多種이라【鈔_ '然緣起'等者는 自古로 諸德이 多云 '三教之宗은 儒宗五常이오 道宗自然이오 佛宗因緣이라'

然老子云 '道生一하고 一生二하고 二生三하고 三生萬物'은 似有因緣이나 而非正因緣이니라 言 '道生一'者는 道卽虛無自然故니라

彼又云 '人法地하고 地法天하고 天法道하고 道法自然이라'하니 謂虛通曰道니 卽自然而然이라 是則雖有因緣이나 亦成自然之義耳니라 佛法에 雖有無師智·自然智나 而是常住眞理오 要假緣顯이니 則亦因緣矣라 故教說三世와 修因契果니 非彼無因·惡因이라 故楞伽經에 大慧 白佛言호되 '世尊說常不思議라하며 彼諸外道도 亦說常不思議라하니 何以異耶닛고' 佛言하사대 '彼諸外道는 無有常不思議니 以無因故오 我說常不思議는 有因이니 因於內證이라 豈得同耶아'하니니 是則眞常이 亦因緣顯이니라

淨名云 '說法이 不有亦不無나 以因緣故로 諸法生이라'하고

法華 亦云 '諸佛兩足尊이 知法常無性이나 佛種從緣起일새 是故說一乘이라'하며

下經 又云 '一切諸法이 因緣爲本이라'하며

中論云 '未曾有一法이 不從因緣生이니 是故로 一切法이 無不是空者니 則眞空中道도 亦因緣矣라'하니라

若爾인댄 涅槃十六云 '我觀諸行컨대 悉皆無常이라 云何知耶아 以

因緣故ㅣ니라 若一切法이 從緣生者인댄 則知無常이로다 是諸外道ㅣ 無有一法도 不從緣生일새 是故로 無常이라하니 則外道도 有因緣矣니라

釋曰 此明外道ㅣ 在因緣內하야 執於緣相하야 以爲常住일새 是故로 破之하야 言無常耳니라 今明敎詮因緣妙理하야 具常無常이어니 豈得同耶아 況復宗者는 從多分說이니 所以因緣이 是所宗尙이라 不應致疑어다

乘智階差'者는 乘은 謂三乘五乘이라 三乘觀緣은 已如上說이오 五乘人天도 亦以戒善으로 爲因緣矣라 智는 謂智慧니 如下所引이라 下智觀者는 得聲聞菩提等이라 】

2) 관법의 양상을 별개로 밝히다

이는 연기의 관법이다. 그러나 연기의 심오한 뜻은 불교의 근본 종지이다. 乘의 지혜에 그 조예의 차이로 깊고 얕음이 여러 가지이다. 【초_ '그러나 연기' 등이라 말한 것은 예로부터 여러 사람이 대부분 이렇게 말하고 있다.

"유불선 3교의 근본 종지는 유교에서는 五常을 종지로 삼고, 도교에서는 자연을 종지로 삼고, 불교에서는 인연법을 종지로 삼는다."

그러나 노자의 "도는 하나를 낳고, 하나는 둘을 낳으며, 둘은 셋을 낳고, 셋은 만물을 낳는다."는 말은, 불교의 인연법과 비슷하지만 바른 인연법이 아니다. '도는 하나를 낳는다.'의 '도'는 곧 허무와 자연을 뜻하기 때문이다.

노자는 또 이런 말을 했다.

"사람은 땅을 본받고, 땅은 하늘을 본받고, 하늘은 도를 본받으며, 도는 자연을 본받는다."

공허하고 통한 것을 '도'라 말하니, 이는 자연스럽게 그러한 것이다. 이 말은 비록 원인과 조건이 있다고 말할 수 있지만 그 역시 자연이라는 의미를 말했을 뿐이다.

불법에도 '스승 없는 지혜[無師智]'와 '자연스러운 지혜[自然智]'라는 말이 있기는 하지만, 그러나 항상 진리에 머물고, 인연을 빌려서 이를 나타내려는 것이니만큼 그 역시 인연법이다. 그러므로 부처님의 가르침에 과거·현재·미래의 3세와 인행을 닦아 과덕에 계합함을 말하였지, 그 '원인이 없는 것'과 '악함의 원인'은 해당되지 않는다.

그러므로 능가경에서 다음과 같이 말하였다.

"대혜보살이 부처님께 아뢰었다.

'세존께서 영원하고 불가사의하다고 말씀하셨는데, 많은 외도 역시 영원하고 불가사의하다고 말합니다. 이는 그 무엇이 다른 것입니까?'

부처님이 대혜보살에게 말씀하셨다.

'저 외도에게는 영원하고 불가사의함이 없다. 그것은 원인이 없기 때문이다. 내가 말한 영원하고 불가사의함은 원인이 있다. 마음의 증득으로 인연함이니 어찌 그들과 같겠는가.'"

이는 진리의 영원함 또한 인연법으로 나타나기 때문이다.

유마경에서는, "법을 설함이 있지도 않고 또한 없지도 않지만, 인연법으로 모든 현상의 법이 생겨난다."고 하였고,

법화경 방편품 또한 "존귀하신 제불이 영원하고 자성 없는 법을 알지만, 부처의 종성은 인연 따라 일어나기에 일승의 법을 말한 것이다."고 하였고,

아래의 경문 또한 "일체의 모든 법이 인연으로 근본을 삼는다."고 하였고,

중론에서는, "그 어떤 법도 인연 따라 생겨나지 않은 게 없다. 그러므로 일체 법은 '공' 아닌 게 없다. 眞空의 중도 역시 인연법이다."고 하였다.

이와 같기에 열반경 권16에서 다음과 같이 말하였다.

"나는 모든 변화하는 것을 보건대 모두가 무상하다. 어떻게 아는가? 인연법이기 때문이다. 그 모든 법이 인연으로 생겨난다면 곧 무상함을 알 수 있다. 모든 외도 역시 그 어느 법도 인연법으로 생겨나지 않은 게 없다."

이는 외도에게도 인연법이 있음을 말한다.

이에 대한 해석은 다음과 같다.

이는 외도가 인연 속에 있으면서 인연의 현상에 집착하여 영원히 존재한다고 생각함을 밝힌 것이다. 이 때문에 이를 타파하여 '無常'을 말하였다.

여기에서는 교법으로 인연법의 오묘한 이치를 말하여, 영원한 것과 영원하지 않은 것을 구체적으로 말하였다. 어떻게 외도와 똑

같을 수 있겠는가. 하물며 또한 근본 종지는 많은 부분을 따라 말한 것이다. 이 때문에 인연법을 근본 종지로 숭상하는 것이다. 이러한 점을 의심해서는 안 된다.

'乘智階差'의 '乘'이란 三乘과 五乘을 말한다. 삼승이 연기법을 관찰함은 이미 위에서 말하였고, 오승의 人乘·天乘 또한 5계와 10선법으로 인연을 삼는다. '智'는 지혜를 말한다. 아래에서 인용한 내용과 같다. 아래의 지혜의 관법이란 성문의 보리 따위를 얻은 것이다.】

龍樹云 '因緣 有二하니 一은 內오 二는 外라 外는 卽水土穀芽等이오 內는 卽十二因緣이라'하니 今正辨內니라 然外由內變하야 本末相收니 卽總含法界一大緣起라 染淨交徹하야 義門非一이니 下當畧示리라【鈔_ 然外由內變 下는 三 融通無礙라 外諸器界는 內識頓變한 增上之果오 亦因自業일새 故云內變이라

言 '本末相收'者는 內卽是本이오 外卽是末이니 以唯心義인댄 則內收外오 託境生心이면 則末亦收內라 若以法性爲本이면 法性融通하야 緣起相由니 則塵包大身하고 毛容刹土라 是故로 合爲一大緣起니라 】

용수보살이 말하였다.

"인연법에는 2가지가 있다.

(1) 내면의 인연,

(2) 외부의 인연.

외부의 인연이란 물과 진흙과 곡식과 새싹 따위이고,

내면의 인연이란 바로 12인연이다."

여기에서는 내면의 인연법을 밝히고 있다. 그러나 외부의 인연은 내면으로 인하여 변화하여 근본과 지말을 모두 거두고 있다. 이는 '법계를 하나의 큰 연기'로 총괄하여 포함한 것이다. 잡염과 청정이 서로 통하여 그 이치의 부분이 하나가 아니다. 아래의 해당 부분에서 간추려 보이고자 한다.【초_ '然外由內變' 이하는 셋째, 걸림이 없는 원융의 회통이다. 외부의 모든 器世間은 내면의 의식이 단번에 변화하여 생겨난 增上의 결과이며, 또한 자신의 업을 인연한 까닭에 '내면의 의식 변화'라고 말한다.

"근본과 지말을 모두 거둔다."고 말한 내면은 곧 근본이며, 외부는 지말이다.

唯心의 이치로 말하면 내면의 의식이 외부의 기세간을 거두며,

경계에 의탁하여 마음이 생겨나는 것으로 말하면 외부의 지말로 내면의 의식을 거두는 것이다.

만약 법성으로 근본을 삼으면 법성은 원융하게 모두 통하여 연기법이 서로 연유하게 된다. 이는 미세한 티끌이 큰 몸을 감싸고, 하나의 터럭이 부처님의 국토를 용납하는 것이다. 이 때문에 이를 종합하여 '하나의 큰 연기법'이라고 말한다.】

今經文內에 畧顯十重하야 窮究性相하야 以顯無盡이 非唯寄位 同於二乘이라

言十重者는 一은 有支相續이오 二는 攝歸一心이오 三은 自業助成이오 四는 不相捨離오 五는 三道不斷이오 六은 三際輪廻오 七은 三苦

集成이오 八은 因緣生滅이오 九는 生滅繫縛이오 十은 隨順無所有盡이라

各有逆順하야 卽成二十하니 故下經云 如是逆順觀察이라하니 逆은 卽緣滅이오 順은 卽緣生이라

論主 復以上三悲觀門으로 解此十重이면 則成六十이오 古人은 兼取彼果分中의 三空觀之면 則有一百八十重으로 觀於緣起니라

본 경문은 대략 10중으로 밝혀서 근본의 체성과 현상의 모양을 궁구하여 끝없음을 밝히고 있다. 이는 오직 의탁한 지위가 이승과 같은 것만은 아니다.

10중이라 말함은 다음과 같다.

제1. 有支가 서로 이어지는 문,

제2. 하나의 마음으로 받아들이는 문,

제3. 자체의 업으로 도와 이루는 문,

제4. 서로 떨어지지 않는 문,

제5. 惑道, 業道, 苦道가 끊어지지 않는 문,

제6. 과거, 현재, 미래로 윤회하는 문,

제7. 苦苦, 壞苦, 行苦의 고통이 모여 이루는 문,

제8. 인연으로 생겨나고 사라지는 문,

제9. 생겨나고 사라짐에 얽힌 문,

제10. 아무것도 없이 다함을 따르는 문이다.

각기 逆觀과 順觀이 있어 20중으로 이뤄진다. 그러므로 아래 경문에 이르기를, "이처럼 역으로 관찰하고 차례대로 관찰한다."고

하였다.

역으로 관찰함은 인연이 사라짐이며, 차례대로 관찰함은 인연이 생겨남이다.

논주가 다시 위의 3가지 대비의 관법으로써 10중으로 해석하면 60중이 된다. 옛사람은 "저 과덕 부분의 3가지 '공'의 관법을 겸하여 취하면, 180중으로 연기를 관찰한다."고 말하였다.

論三觀者는 一은 相諦差別觀이오 二는 大悲隨順觀이오 三은 一切相智觀이라

初는 但觀二諦有爲 無有我故니 卽大悲爲首觀也오

二는 悲隨物增이니 卽大悲增上觀이오

三은 卽委悉窮究因緣性相諸門觀故니 卽大悲滿足觀이라

初一은 下同二乘一切智也오

次一은 自顯菩薩道相智오

後는 卽上同諸佛一切種智라

故涅槃云 '十二因緣을 下智 觀故로 得聲聞菩提하고 中智 觀故로 得緣覺菩提하고 上智 觀故로 得菩薩菩提하고 上上智 觀故로 得佛菩提'라하니 初二菩提는 卽初觀意오 餘二는 各一可知로다

前約爲物하야 三皆稱悲오 今約觀心하야 三皆智觀이니 是知三句各有悲智相導오 融此三觀에 唯在一心이니 甚深般若 於是而現이니라

논에서 말한 '3가지 관법'이란

(1) 양상의 진리로 차별하는 관법,

(2) 대비의 마음으로 중생을 따르는 관법,

(3) 일체 양상과 지혜로 행하는 관법이다.

'(1) 양상의 진리로 차별하는 관법'은 다만 眞諦와 俗諦의 유위법에 '나'라는 생각이 없음을 관찰할 뿐이다. 이는 '대비로 우두머리를 삼는 관법'이다.

'(2) 대비의 마음으로 중생을 따르는 관법'은 대비의 마음이 중생을 따라 더욱 커가는 것이다. 이는 '대비가 더욱 향상되는 관법'이다.

'(3) 일체 양상과 지혜로 행하는 관법'은 인연의 체성과 양상 등 여러 부분을 궁구하는 관법이다. 이는 '대비가 원만 구족한 관법'이다.

'양상의 진리로 차별하는 관법'은 아래로 이승의 일체 지혜와 같고,

'대비의 마음으로 중생을 따르는 관법'은 보살도의 양상과 지혜를 스스로 밝힘이며,

'일체 양상과 지혜로 행하는 관법'은 위로 모든 부처님의 일체종지와 같다.

이 때문에 열반경에서 말하였다.

"12인연을 하등의 지혜로 관찰하면 성문의 깨달음을 얻고,

중간의 지혜로 관찰하면 연각의 깨달음을 얻고,

상등의 지혜로 관찰하면 보살의 깨달음을 얻고,

가장 높은 지혜로 관찰하면 부처의 깨달음을 얻는다."

앞의 성문과 연각 2가지 깨달음은 '양상의 진리로 차별하는 관법'이고,

뒤의 보살과 부처 2가지 깨달음은 각기 '대비로 중생을 따르는 관법'과 '일체 양상과 지혜로 행하는 관법'임을 알 수 있다.

앞에서는 중생을 위하는 일을 들어서 3가지 관법 모두 '대비'를 말하였고,

여기에서는 마음을 관찰하는 일을 들어서 3가지 관법 모두 '지혜의 관법'이다.

이로써 3구는 각기 대비와 지혜가 서로 이끌고 있음을 알 수 있고, 이런 3가지 관법을 융합하는 것은 오직 하나의 마음에 있으니, 매우 심오한 반야가 여기에서 드러나게 된다.

然論의 三觀이 雖徧釋經이나 而與十門으로 開合不等이라

初는 一切智觀이라

攝經十門하야 總爲三段이니

一은 成答相差別이니 此攝十中初門이라

二는 第一義差別이니 攝經第二門中之半이오

三은 名世諦差別이니 攝餘八門半이라

所以分三者는 初一은 顯妄我非有오 後二는 顯眞俗非無라 眞辨緣性이오 俗明緣相이니 義理周備故니라

그러나 논의 3가지 관법으로 화엄경 전체를 해석하지만, 10가지 문을 나누고 합한 내용이 똑같지만은 않다.

(1) 일체 지혜의 관법[一切智觀]이다.

본경의 10문을 거두어 3단락으로 총괄하였다.

① 成·答·相의 차별이다. 이는 10문 가운데 제1 有支相續門을 포괄한다.

② 으뜸가는 이치의 차별이다. 이는 10문 가운데 제2 一心所攝門의 절반을 포괄한다.

③ 세속 진리의 차별이다. 이는 10문 가운데 제2 일심소섭문의 나머지 절반과 그 외 8문을 포괄한다.

이처럼 3부분으로 나눈 이유는, 앞의 '成·答·相의 차별'은 허망한 '자아'가 있지 않음을 밝힌 것이며, 뒤의 '으뜸가는 이치의 차별'과 '세속 진리의 차별' 2가지는 진제와 속제가 없는 게 아님을 밝히고 있다. 진제는 반연의 자성을 밝혔고, 속제는 반연의 양상을 밝혔다. 이는 이치가 두루 갖춰져 있기 때문이다.

第二 大悲隨順觀이라 分十爲四니

一은 觀衆生愚癡顚倒니 攝十門中의 第一門이오

二는 餘處求解脫이니 攝第二門이오

三은 異道求解脫이니 攝次四門이오

四는 求異解脫이니 攝後四門이라

此之四觀에 初一은 就情彰過오 後三은 就法辨非라

於中에 二는 是所依理非니 對彼正理하야 名所取我하야 以爲餘處오

三은 是所依行法非니 擧其法非하야 明其行失이오

後一은 明所求果非니 以苦로 欲捨苦故니라【鈔_ '第二 大悲隨順觀'中에 亦二니

先은 正明이라

一 觀衆生愚癡顚倒者는 謂癡迷性相하야 倒執我所故니라

二 餘處求解脫者는 謂諸凡夫愚癡顚倒니 應於阿賴耶識과 及 阿陀那識中에 求解脫이어늘 乃於餘處我我所中에 求解脫故로 第 二一心門이니 明唯一心이라 可於中求니 心外에 無法故니라

三 異道者는 論云 顚倒因이니 此有四種이라 一은 冥性因이오 二는 自在因이오 三은 苦行因이오 四는 無因이니 如次四門破之라

一은 自業助成門이니 明有支 各有二種하니 由業能生이오 非由冥性이라

二는 不相捨離門이니 明以無明等으로 爲行等因이오 非由自在니라

三은 三道不斷門이니 明業惑이 而爲苦因이라 欲求脫苦인댄 當斷業惑이어늘 反修苦行하니 是起妄業이라 計苦行心이 卽是煩惱어늘 如是妄想이 寧是解脫因耶아

四는 三際輪廻門이니 謂旣以前際二支는 是中際五支因이오 中際三支는 是後際二支因이니 何得言無因耶아

四 求異解脫者는 謂不識眞解脫하고 求三界苦等하야 爲解脫故니라 眞解脫者는 有四種相하니 一은 離一切苦相이오 二는 無爲相이오 三은 遠離染相이오 四는 出世間相이라

此四는 卽涅槃樂常淨我니 故下四段에 破之라

一은 卽第七 三苦集成이니 但有妄苦오 而無眞樂이며

二는 卽第八 因緣生滅이니 無有常德이며

三은 卽第九 生滅繫縛이니 但是染縛이오 無有淨德이며

四는 卽第十 隨順無所有盡이니 以順有故로 非是出世니 故無我德也니라

'此之四觀'下는 二 出四所以니 亦揀四門之別相也니라 】

(2) 대비의 마음으로 중생을 따르는 관법이다.

10문은 4부분으로 나뉜다.

① 중생의 어리석음과 잘못된 생각을 관찰한다. 이는 10문 가운데 제1 유지상속문을 포괄한다.

② 다른 곳에서 해탈을 구함이다. 이는 10문 가운데 제2 일심소섭문을 포괄한다.

③ 다른 길에서 해탈을 구함이다. 이는 10문 가운데 다음의 4문을 포괄한다.

④ 남다른 해탈을 구함이다. 이는 10문 가운데 뒤의 4문을 포괄한다.

이런 4가지 관법 가운데 '① 중생의 어리석음과 잘못된 생각을 관찰함'은 허망한 생각의 부분에서 허물을 밝혔고,

뒤의 3가지는 법의 부분에서 그릇됨을 밝혔다.

그 가운데 '② 다른 곳에서 해탈을 구함'은 의지한 이치가 그릇된 것이다. 바른 진리를 상대로 '나'라는 생각에 집착한 바를 '다른 곳'이라 말하였다.

'③ 다른 길에서 해탈을 구함'은 의지한 바의 행법이 그릇된 것이다. 그 법이 그릇되었음을 들어서 그 수행이 잘못되었음을 밝혔다.

'④ 남다른 해탈을 구함'은 구한 바의 결과가 그릇됨을 밝혔다. 고통으로써 고통을 버리고자 한 때문이다.【초_ '(2) 대비의 마음으로 중생을 따르는 관법' 부분 또한 2단락이다.

앞은 바로 밝히고 있다.

"① 중생의 어리석음과 잘못된 생각을 관찰한다."는 것은 체성과 양상에 대해 어리석고 혼미하여 '나의 것'이라는 생각을 잘못 집착한 때문이다.

"② 다른 곳에서 해탈을 구한다."는 것은 범부의 어리석음과 잘못된 생각을 말한다. 당연히 아뢰야식과 아타나식에서 해탈을 구해야 함에도, 다른 곳의 '나'라는 생각과 '나의 것'이라는 생각으로 해탈을 구하는 까닭에 제2 '一心所攝門'이라 하였다. 이는 오로지 하나의 마음일 뿐이다. 그 가운데서 구해야 한다. 마음 밖에 법이 없기 때문이다.

"③ 다른 길"이란 논에서 다음과 같이 말하였다.

"잘못된 원인이다. 여기에는 4가지가 있다.

㉠ 自性[冥性]의 원인,

㉡ 자재천에 태어난 원인,

㉢ 고행을 고집한 원인,

㉣ 원인이 없음이다.

4문의 차례대로 이를 타파해야 한다.

㉠ '自業助成門', 有支는 각각 2가지가 있는데, 이는 업으로 인하여 생겨나는 것이지, 冥性[自性]에 의한 것이 아님을 밝혔다.

ⓒ '不相捨離門', 無明 등이 행 등의 원인이 되는 것이지, 자재천 때문이 아님을 밝혔다.

ⓒ '三道不斷門', 업과 번뇌가 고통의 원인임을 밝혔다. 고통에서 벗어나고자 한다면 마땅히 업과 번뇌를 끊어야 할 일인데 거꾸로 고행을 닦으니, 이는 허망한 업을 일으킨 것이다. 고행을 하려고 생각하는 마음 자체가 바로 번뇌이다. 이러한 망상이 어떻게 해탈의 원인이 될 수 있겠는가.

ⓔ '三際輪廻門', 과거의 無明支와 行支 2가지는 현재의 識支, 名色支, 六入支, 觸支, 受支 5가지의 원인이며, 현재의 受支, 取支, 有支 3가지는 미래의 生支, 老死 2가지의 원인이다. 어떻게 원인이 없다고 말할 수 있겠는가."

"④ 남다른 해탈을 구한다."는 것은 진실한 해탈을 알지 못하고 삼계의 고통 등을 구하여 해탈을 삼기 때문이다.

진실한 해탈이란 4가지 양상이 있다.

㉠ 일체 고통을 여읜 양상,

㉡ 無爲의 양상,

㉢ 잡염을 멀리 여읜 양상,

㉣ 세간에서 벗어난 양상.

이 4가지는 열반의 즐거움, 영원함, 청정함, 자아이다. 이 때문에 아래의 4단락에서 이를 타파하였다.

'㉠ 일체 고통을 여읜 양상', 이는 제7 三苦集成門이니 허망한 고통만이 있을 뿐, 참된 즐거움이 없으며,

'ⓒ 무위의 양상'은 제8 因緣生滅門이니 영원한 덕이 없으며,

'ⓒ 잡염을 멀리 여읜 양상'은 제9 生滅繫縛門이니 잡염의 속박만이 있을 뿐, 청정한 덕이 없으며,

'ⓒ 세간에서 벗어난 양상'은 제10 隨順無所有盡門이니 유위의 세계를 따름으로 출세간이 아니다. 따라서 '자아'의 덕이 없다.

'此之四觀' 이하는 뒤의 부분으로 4가지 양상이 나오는 이유이다. 이 또한 4부문의 개별적인 행상과 다르다.】

第三 一切相智觀이라 攝十爲九니

一은 染淨分別觀이니 攝初半門이오

二는 依止觀이니 攝初門後半과 及第二門이오

三은 方便觀이오

四는 因緣相觀이오

五는 入諦觀이오

六은 力無力信入依觀이오

七은 增上慢非增上慢信入觀이니 上五門은 如次各攝一門이라

八은 無始觀이니 攝八九二門이오

九는 種種觀이니 攝第十門이라 釋相差別은 至文當知니라【鈔_ '第三'等者는 一 計我緣生이 爲染이오 無我緣滅이 爲淨이라

二은 依止觀이니 攝初門次半과 及第二門者니 謂初門에 有二佛子하니 從後佛子는 明迷眞起妄 緣相次第오 半門은 明依第一義니 以不知故로 卽起諸緣이어늘 是爲染依라 第二門은 明見第一義니 諸緣轉滅이 便爲淨依라

三은 方便觀이니 卽第三自業助成門이니 謂因緣有支 各有二業하야 爲起後方便이라 若滅前前이면 則後後 不生이니 是解脫方便이라 四는 因緣相觀이니 卽第四不相捨離門이니 謂有支無作故니라 旣由前前하야 令後後不斷하야 助成後後하니 則後後無性이어니와 何有前前이 能作後後리오 卽以無作으로 爲緣之相이라

五는 入諦觀이니 卽第五三道不斷門이니 三道苦集諦故오 逆觀이 卽滅道故니라

六은 力無力信入依觀이니 卽第六三際輪廻門이니 謂此三際 爲因義邊에는 名爲有力이오 爲果義邊에는 名爲無力이라 若約三際인댄 前際 於現五에 有力이오 於當二에 無力이며 中際愛等은 於當有力하고 於現에 無力이니 以斯三際로 化彼凡夫하야 令信入依行이라

七은 增上慢信入觀이니 卽第七三苦集成門이니 不如實知微苦我慢이 卽增上慢이라 若知微苦면 非增上慢이라 不知令知일새 名爲信入이라

八은 無始觀이니 此有二意하니 一은 約俗說인댄 因緣이 爲生滅之本이니 生死無際일새 故因緣無始오 二는 約眞說인댄 見法이 緣集하야 無有本性은 可爲依止일새 故名無始라 攝八九二門者는 第八門의 因緣生滅이라 但一念緣生이 卽是不生이니 故云無始오 第九門은 隨順轉故而生이오 非有本也라

九 種種下는 卽隨順無所有盡門이니 由隨順有故니라 有欲色愛等之殊일새 故云種種이니라 】

   (3) 일체 양상과 지혜로 행하는 관법이다.

10문을 거두어 9가지 관법으로 묶었다.

① 잡염과 청정을 구분하는 관법, 제1 有支相續門의 절반을 포괄한다.

② 의지하는 관법이니 제1 유지상속문의 절반과 제2 一心所攝門을 포괄한다.

③ 방편의 관법,

④ 인연 양상의 관법,

⑤ 이치에 들어가는 관법,

⑥ 힘 있고 힘없는 믿음으로 들어가 의지하는 관법,

⑦ 증상만이나 증상만이 아닌 믿음으로 들어가는 관법,

위의 5문은 차례대로 각기 하나의 문을 포괄한다.

⑧ 시작도 없는 관법, 제8 因緣生滅門과 제9 生滅繫縛門의 2문을 포괄한다.

⑨ 갖가지 관법, 제10 隨順無所有盡門을 포괄한다.

양상의 차별에 대한 해석은 해당 부분의 문에서 알 수 있다.

【초_ '(3) 一切相智觀' 등이란 ① 나의 인연에서 생겨났다는 것은 잡염이고, '나'라는 생각이 없고 인연이 사라짐은 청정함이다.

② 의지하는 관법, 이는 제1 유지상속문의 절반과 제2 일심소섭문을 포괄한다.

제1 유지상속문에 2곳의 '佛子'가 있다. 뒤의 불자는 진리에 혼미하여 망념을 일으키고 모양에 반연하는 차례를 말하였고, 절반의 앞부분은 으뜸가는 이치에 의지함을 밝혔다. 알지 못하는 까닭에 여러 인연을 일으키는데, 이것이 잡염의 의지처이다.

　제2 일심소섭문은 으뜸가는 이치의 발견을 밝혔다. 모든 인연이 점차 사라지는 것이 곧 청정의 의지처이다.

　③ 방편의 관법, 이는 제3 자업조성문이다.

　有支를 인연하는 데 각기 2가지 업이 있어 뒤의 방편을 일으키게 된다. 만약 앞의 앞을 없애면 뒤의 뒤는 생겨나지 않는다. 이것이 해탈의 방편이다.

　④ 인연 양상의 관법, 이는 제4 불상사리문이다.

　有支의 지음이 없기 때문이다. 이미 앞의 앞으로 인하여 뒤의 뒤로 하여금 끊어지지 않고, 뒤의 뒤에 관한 도를 도와 이루게 된다. 뒤의 뒤로 갈수록 체성이 없지만, 어떻게 앞의 앞이 뒤의 뒤를 지을 수 있겠는가. 지음이 없는 것으로 반연하는 모양을 삼았다.

　⑤ 이치에 들어가는 관법, 이는 제5 삼도부단문이다.

　三道는 고성제와 집성제이기 때문이며, 거꾸로 관찰함은 멸성제와 도성제이기 때문이다.

　⑥ 힘 있고 힘없는 믿음으로 들어가 의지하는 관법, 이는 제6 삼제윤회문이다.

　과거·현재·미래 3시절[三際]을 인행의 의미로 보면 힘이 있음이며, 과덕의 의미로 보면 힘이 없다는 뜻이다. 만약 3시절로 말하면 과거는 현재의 識, 名色, 六入, 觸, 受支 5가지에 대해 힘이 있고, 미래의 生, 老死支 2가지에 대해서는 힘이 없다. 현재의 애욕 따위[愛, 取, 有支]는 미래에 대해 힘이 있고, 현재에 대해서는 힘이 없다. 이런 3시절로 범부를 교화하여 그들로 하여금 믿고 들어가 의지하여 수행하도록 하는 것이다.

　⑦ 증상만이나 증상만이 아닌 믿음으로 들어가는 관법, 이는 제7 삼고집성문이다.

　작은 괴로움과 아만이 곧 증상만임을 실상대로 알지 못함이다. 만약 작은 괴로움을 알면 증상만이 아닐 것이다. 알지 못하던 것을 알게 하므로 믿고 들어간다고 말하였다.

　⑧ 시작도 없는 관법, 여기에는 2가지 뜻이 있다.

　㉠ 속제를 들어 말하면, 인연이 나고 죽는 근본이다. 나고 죽음은 끝이 없는 까닭에 인연이 시작도 없다.

　㉡ 진제를 들어 말하면, 현상의 법은 인연이 모인 것이어서 본성이 없이 의지하는 것이기에 '시작도 없다.'고 말한다.

　제8문과 제9문의 2문을 포괄한다는 것은 제8 인연생멸문의 인연으로 생겨나고 사라짐이다. 다만 한 생각의 찰나에 인연이 일어난다는 것은 이는 곧 생겨남이 아니기에 '시작도 없다.'고 말하고, 제9 생멸계박문은 따라 바뀌는 까닭에 생겨나는 것이지, 근본이 있는 것은 아니다.

　⑨ '種種' 이하는 제10 수순무소유진문이다. 이는 '有'를 따르기 때문이다. 욕계와 색계의 애욕 따위의 차이가 있기에 '가지가지'라 말하였다.】

然其三觀이 俱通二利하니 若隨相分別인댄 相諦觀은 卽自利오 次大悲觀은 明其利他오 一切相智는 通於二利라 於中分別인댄 復

各不同하니 前五는 自利오 次二는 利他오 後二는 二利成熟이라【鈔_ 言次二利他者는 即六의 力無力과 及七의 增上慢이니 皆令他信入故니라】

그러나 그 3가지 관법이 자리와 이타행에 모두 통한다.

만약 모양에 따라 분별하면, (1) 상제차별관은 자리행, (2) 대비수순관은 이타행, (3) 일체상지관은 자리와 이타행에 모두 통한다.

그 가운데서 다시 구분하면 또한 각기 다르다. 앞의 5가지 관법[① 染淨觀, ② 依止觀, ③ 方便觀, ④ 因緣觀, ⑤ 入諦觀]은 자리행이고, 다음의 2가지 관법[⑥ 力無力觀, ⑦ 增上慢觀]은 이타행이며, 뒤의 2가지 관법[⑧ 無始觀, ⑨ 種種觀]은 자리와 이타행이 모두 성숙하다. 【초_ "다음의 2가지 관법은 이타행"이라 말한 것은 ⑥ 力無力觀, ⑦ 增上慢觀이다. 모두 다른 이들을 믿고 들어가도록 함이기 때문이다.】

已知大意하니 次 正釋文하리라 依經十段하야 而並以論三觀으로 次第釋之오 更無別理니라【鈔_ 古德解釋이 總有四重하니 一은 直釋經文이오 後三은 方依論三觀하야 重釋其義하니 不知直釋은 名爲何觀이라 旣別無觀에 如何異論고 設有別觀이라도 又不出名하며 亦令論主로 釋未盡理일새 故云但以三觀釋之하면 更無別理라하니라】

이제는 큰 뜻을 알았으니, 다음으로 바로 경문을 해석하고자 한다.

본 경문의 10단락을 따라서 논의 3가지 관법[(1) 상제차별관, (2) 대비수순관, (3) 일체상지관]으로 아울러 차례대로 해석할 뿐이지, 다시 별다른 이치가 있는 것은 아니다.【초_ 옛 스님의 해석은 총체로 4중이다. 첫째는 직접 경문을 해석하였고, 뒤의 3가지는 바야흐로 논에서 말한 3가지 관법을 따라 그 의의를 거듭 해석하였다.

그러나 직접 해석한 내용은 무슨 관법인지 모르겠다. 이미 따로 관법이 없는데 어째서 다르게 말했을까? 설령 별다른 관법이 있다 할지라도 또한 3가지 명칭에서 벗어나지 못할 것이며, 또 논주로 하여금 완전히 해석할 수 없도록 만든 것이다. 이 때문에 "단 3가지 관법만으로 해석해도 다시 별다른 이치는 없을 것이다."고 하였다.】

經之十段은 前五는 佛子오 次三은 復次오 後二는 又字로 以爲揀別이라 唯初門中에 中間에 有一佛子라

경문의 10단락에서 앞의 5단락은 '佛子', 다음의 3단락은 '復次', 뒤의 2단락은 '又無'라는 글자로 구분했다. 유독 제1 유지상속문의 중간에 하나의 '佛子'라는 글자가 있을 뿐이다.

今初는 有支相續門이라 先은 依相諦差別觀이니 三段之中에 當'成·答·相'三字라 卽分爲三이니

初에 至'則無生處'는 辨定無我니 卽論明成이라 謂雙擧解惑하야 釋成無我故니 則知緣集은 但是妄我라

二'復作是念'下는 倒惑으로 起緣이니 卽論明答이라 謂對難하야 釋通無我義故니라

三 後'佛子'는 迷眞起妄하는 緣相次第니 卽論明相이라

此三을 若望十門인댄 皆顯妄我 非有오 三自相望인댄 合之爲二니

前二는 顯起因緣하야 明緣無我오 後一은 起緣次第로 明緣有相이라 經依此義하야 中間에 加一'佛子'하니 皆有染淨이라
今初成者는 將觀緣起에 先釋成無我하야 辨定所宗이 一以貫諸하니 則顯十門이 皆成無我니라 此는 是正破我執習氣니라

제1. 유지가 서로 이어지는 문

앞에서는 현상의 이치로 구분하는 관법을 따랐다.

3단락의 해석은 '成·答·相' 3자에 해당한다. 이에 따라 3부분으로 나누고자 한다.

(1) '作是念世間受生'부터 '則無生處'까지는 결코 無我임을 논변하였다. 이는 논으로 '成'을 밝혔다. 소견과 번뇌를 함께 거론하여 무아로 해석하였기 때문이다. 인연이 모인 것은 허망한 '나'라는 것뿐임을 안 것이다.

(2) '復作是念' 이하는 전도된 번뇌로 인연을 일으킴이다. 이는 논으로 '答'을 밝혔다. 논란을 상대로 무아의 이치와 통함을 해석하였기 때문이다.

(3) 뒤의 '佛子此菩薩摩訶薩' 이하는 진리를 알지 못하여 망상을 일으키는 연기 양상의 차례이다. 이는 논에서 말한 '相'을 밝힌 것이다.

이러한 3부분으로 10문에 비춰보면 모두 허망한 '내'가 있지 않음을 밝힌 내용이며, 3부분을 서로 비춰보면 2가지로 종합된다. 앞의 상제차별관과 대비수순관은 인연을 일으키는 부분을 나타내어, 인연의 모임이 無我임을 밝혔고, 뒤의 일체상지관은 인연이 일

어 나는 차례로 인연법이 양상이 있음을 밝혔다.

경문은 이러한 뜻을 따라서 중간 부분에 하나의 '佛子'를 더하였다. 이는 모두 잡염과 청정이 있다.

'(1) 무아임을 논변한 부분'에서 말한 '成'이란 장차 연기를 관찰할 적에 먼저 無我임을 해석하여, 근본 종지로 삼은 것인데, 이 하나로 모든 것을 관통하고 있음을 논변하였다. 이는 10문이 모두 無我로 이뤄짐을 밝힌 것이다. 이는 바로 '나'라는 집착의 습기를 타파함이다.

經

**作是念호되 世間受生이 皆由着我니
若離此着이면 則無生處로다**

이런 생각을 하였다.

"세간에 태어나는 것은 모두 '나'라는 생각에 집착한 탓이다.

만약 이러한 집착을 여의면 다시는 태어날 곳이 없을 것이다."

● 疏 ●

文中二句니

初言'世間受生皆由著我'者는 卽反擧惑情하야 明我非理니 但是 '苦·集'故니라

'若離此著則無生處'者는 卽順擧解心하야 明理非我니 是'滅·道' 故니라

此는 直順經文이니 已無我義成矣니라

'但是苦集'者는 世間受生이 卽是妄苦오 著我之心이 卽是集因이라 '是滅道'者는 若離此著이면 卽是道諦오 '則無生處'는 卽是滅諦니라

又論主反徵惑情하야 顯成無我니라

初는 徵著我하야 明凡應同聖過니 云若第一義中에 實有我相者는 此按定所執이오 著我之心이 卽是第一義智는 此反以縱立이니 謂稱實我知故니라

次云 '不應世間 受身處生'者는 以理正徵이니 謂若我是滅理오 著心是道면 則凡應同聖하야 得於涅槃하리라 何以著我하야 世間受生耶아 此中에 應爲立過云호되 若第一義中에 實有我者인댄 凡應同聖爲立宗이오 以有能證第一義中에 實我智故爲出因이오 如諸生盡聖人은 爲同喩라 此則凡應同聖은 凡旣同聖이라한댄 卽無凡夫니 復成一過니라

次 反徵後句하야 明聖應同凡過云이라 又復'若第一義中 實有我相'者인댄 若離著我라도 應常生世間이어니 以不稱實이 同於妄執하야 非第一義智故니라

此中에 應爲立過云호되 以理實有我인댄 聖應同凡은 爲宗이오 次는 聖證無我니 違理倒惑은 非聖智故는 爲出因이오 如諸凡夫는 爲同喩니 此則結成聖應同凡過라 聖旣同凡인댄 則無聖人이니 復是一過니라 是以로 經云 '若離此著이면 則無生處'라하니 則反顯妄情이 定是過也니라 二過旣成하니 則無我理 昭然可見이로다

경문은 2구이다.

제1구에서 "세간에 태어나는 것은 모두 '나'라는 생각에 집착한 탓이다."고 말한 것은 반대로 미혹의 생각을 들어서 진리의 존재가 아닌 '나'를 밝혔다. 단 苦諦와 集諦이기 때문이다.

제2구에서 "만약 이러한 집착을 여의면 다시는 태어날 곳이 없다."고 말한 것은 차례대로 소견의 마음을 들어서 진리의 존재가 아닌 '나'를 밝혔다. 이는 滅諦와 道諦이기 때문이다.

이는 직접 경문에 따른 해석이다. 이미 무아의 의의가 이뤄진 것이다.

'단 苦諦와 集諦이기 때문이다.'고 말한 것은 세간에 태어나는 자체가 바로 허망한 괴로움이며, '나'라는 생각에 집착하는 마음이 바로 集諦의 원인이다.

'멸제와 도제'라고 말한 것은 만약 이런 집착을 여의면 바로 도제이며, '태어날 곳이 없다.'는 것은 바로 멸제이다.

또 논주가 반대로 미혹의 생각을 물으면서 무아임을 밝혔다.

첫째는 '나'라는 생각에 집착한 탓임을 물어서, 범부로서 성인과 같다는 잘못된 생각을 밝혔다.

"으뜸가는 이치 가운데 '나'라는 모양이 있다."고 말한 것은 집착한 바로 안배하여 결정지은 것이며, "'나'라는 생각에 집착한 마음이 바로 으뜸가는 이치의 지혜"라고 말하는 것은 반대로 방종에 의해 성립된 것이다. 실상의 법에 걸맞게 '나'를 알기 때문이다.

다음으로 "세간에 몸을 받아 태어날 곳이 없다."고 말한 것은 이치로 바르게 물은 것이다. 만약 '내'가 멸제이고, 집착한 마음이

도제라 하면 범부는 당연히 성인과 똑같아서 그 역시 열반을 얻을 수 있다. 그럼에도 어찌하여 '나'에 집착하여 세간에 몸을 받아 태어나는가.

이에 대해 당연히 이렇게 잘못 말할 것이다.

"만약 으뜸가는 이치 가운데, 진실로 '나'라는 것이 있다면, 범부는 당연히 성인과 같다는 것으로 종지를 세우고, 으뜸가는 이치를 증득하는 주체 가운데 진실로 '나'라는 지혜가 있기 때문이란 것으로 세간에 나오는 원인이 되고, 마치 태어남이 다한 성인은 범부와 같다는 비유가 된다."

그렇다면 '범부는 당연히 성인과 같다.'는 것은 범부가 이미 성인과 같다고 말하면 여기에는 전혀 범부라는 자체가 없는 것이다. 이러한 말들은 다시 또 하나의 허물을 이루게 된다.

다음은 반대로 뒤 구절을 물어서 '성인이 범부와 같다.'는 잘못된 말의 허물을 밝히고 있다.

또다시 "만약 으뜸가는 이치 중에 실로 '나'라는 모양이 있다."고 한다면, '나'라는 생각에 대한 집착을 여의었을지라도 당연히 언제나 세간에 태어나게 될 것이다. 이는 실상의 법에 걸맞지 않음이 허망한 집착과 같아서, 으뜸가는 이치의 지혜가 아니기 때문이다.

여기에서 당연히 이렇게 잘못 말할 것이다.

"진리의 실상에 '나'라는 것이 있다면 성인이 범부와 같다는 것은 종지가 되고, 다음은 성인이 무아를 증득하였으니, '진리에 어긋난 전도된 의혹은 성인의 지혜가 아니다.'고 말한 것은 세상에 나오는 원인이 되고, '저 범부와 같다.'는 것은 같다는 비유이다."

그렇다면 이는 '성인이 범부와 같다.'는 잘못된 말을 끝맺은 것이다. 성인이 이미 범부와 같다면 성인이 없는 것이다. 이 또한 하나의 허물이다. 이 때문에 경문에 이르기를, "만약 이처럼 '나'라는 집착을 여의면 태어날 곳이 없다."고 하였다. 이는 허망한 생각이 결정코 허물임을 반대로 밝힌 것이다. 2가지 허물[雜亂過, 斷滅過]이 이미 성립됨으로써, 무아의 이치를 분명히 볼 수 있을 것이다.

第二 倒惑起緣은 卽論明答이니 答外伏難故니라
兩難을 二答이니
一은 執情徵理難을 情乖正理答이오
二 '常求' 下는 執相徵實難을 相不依我答이라
今初에 難云호되 '若實無我인댄 云何著我오 如空中에 無人이라 豈計有人이리오 旣著於我하고 不著無我하니 明知有我'로다 答云 '由無智故로 於無我處에 執著於我'이언정 非由有我니 如瞖見空華라 豈空中有華리오'
第二難云 '若實無我인댄 何以貪著於我오 世間受生이 爲緣次第니 明知有我라야 方得爲緣하야 次第生起'로다 答云 '正由無我計我는 癡愛爲本이오 倒惑造業이라 乃至老死하야 何要我耶아' 答意는 正爾니라

(2) 전도된 번뇌로 인연을 일으키다

이는 논에서 말한 '답'에 대한 설명이다. 외도의 숨겨진 논란에 대답하였기 때문이다.

2가지 논란에 2가지로 답하였다.

① 생각에 사로잡혀 이치를 묻는 논란에 대해 생각은 어긋나지만 이치는 바르게 답하였고,

② '常求有無' 이하는 모양에 집착하여 실상을 물어 논란함에 대해 모양은 '나'에게 의지하지 않는다는 것으로 답하였다.

①의 논란은 다음과 같다.

"만약 실제로 '내'가 없다면 어떻게 '나'라는 생각에 집착하는가. 마치 허공에 사람이 없는 것과 같다. 어떻게 사람이 있다고 생각할 수 있겠는가. 이미 '나'라는 생각에 집착하고, '내'가 없는 곳에 집착하지 않으니, '내'가 있음을 분명히 알겠다."

이에 대한 대답은 다음과 같다.

"지혜가 없는 까닭에 '내'가 없는 곳에서 '나'라는 생각에 집착한 것이지, '내'가 있기 때문은 아니다. 마치 티끌로 인해 허공 꽃을 보는 것과 같다. 어떻게 허공에 꽃이 있다고 생각할 수 있겠는가."

②의 논란은 다음과 같다.

"만약 실제로 '내'가 없다면 어찌하여 '나'라는 것에 탐착하는가. 세간에 몸을 받아 태어남은 인연의 차례에 의함이다. '내'가 있음을 분명히 알아야만 비로소 인연에 의지하여 차례로 태어나는 것이다."

이에 대한 대답은 다음과 같다.

"바로 '내'가 없는 것을 '나'로 생각함은 어리석은 애정이 근본이 되고, 전도된 미혹으로 업을 지은 것이다. 늙고 죽음에 이르러서 어찌 '나'를 찾겠는가."

대답한 뜻은 바로 이와 같다.

就文分三이니

初는 明倒惑順起染緣이오

二此因緣故下는 正智逆觀하야 結酬無我오

三菩薩如是下는 就人結觀이라

今은 初라 然十二支 卽爲十二別이니 亦無間然이로되 而諸論中에 多攝爲四라

一은 能引支니 謂無明·行이 能引識等五果種故오

二는 所引支니 謂識等五는 是前二支의 所引發故오

三은 能生支니 謂愛·取·有는 生當來의 生老死故오

四는 所生支니 卽生老死는 是愛取有의 近所生故니라

此約二世一重因果하야 明生引別이니 若依三世兩重因果인댄 則生引互通이라 今經에 竝具니라【鈔_ 言'生引互通'者는 無明行中에 有愛取有하고 愛取有中에 有無明行하며 識等五果는 卽生老死니 俱是果位라 竝如下說이니라】

경문에 따라 3부분으로 나누고자 한다.

㈀ 전도된 미혹이 잡염을 따라 일으키는 인연을 밝혔고,

㈁ '此因緣故' 이하는 바른 지혜로 거꾸로 살펴보면서 무아에 대한 답을 결론지었으며,

㈐ '菩薩如是' 이하는 사람의 입장에서 관법을 끝맺었다.

이는 '㈀ 전도된 미혹' 부분이다.

그러나 12가지 지분이 곧 12가지로 구별된다. 이 또한 시비를 붙일 수 없다. 하지만 많은 논에서 대체로 4부분으로 묶고 있다.

① 지분을 이끄는 주체[能引支]이다. 無明支와 行支는 識支 따위의 5가지 결과[識, 名色, 六入, 觸, 受支]의 종자를 끌어들인 주체이기 때문이다.

② 지분으로 이끌 대상[所引支]이다. 識支 따위의 5가지는 앞의 無明支와 行支가 이끌어서 일어난 것이기 때문이다.

③ 지분을 내어주는 주체[能生支]이다. 愛支, 取支, 有支는 가깝게 미래의 태어남과 늙고 죽음의 지분을 생겨나게 하기 때문이다.

④ 지분으로 생겨난 대상[所生支]이다. 태어남과 늙고 죽음은 愛支, 取支, 有支에 의해 가까이 생겨난 대상이기 때문이다.

이는 2세의 하나의 인과[二世一重因果]를 가지고서 '생겨나게 하고' '이끌어줌'의 차별을 밝혔다. 만약 3세의 2중 인과[三世兩重因果]를 들어 말하면 '생겨나게 하고' '이끌어줌'이 서로 통한다. 본 경문에 모두 갖춰져 있다.【초_ "생겨나게 하고 이끌어줌이 서로 통한다."고 말한 것은 無明支와 行支 가운데 愛支, 取支, 有支가 있고, 애지, 취지, 유지 가운데 무명지와 행지가 있으며, 識支 따위의 5支 결과는 生支와 老死支이다. 이는 모두 결과의 지위이다. 이는 모두 아래에서 설명한 바와 같다.】

且依十二支하야 分爲五니 初는 辨無明支오

경문은 12지분에 따라 5부분으로 나뉜다.

첫째, 무명지를 밝히다

經

復作是念호되 **凡夫無智**하야 **執着於我**하야 **常求有無**하며

또 이런 생각을 하였다.

"범부는 지혜가 없어 '나'라는 것에 집착하여 항상 있는 것, 없는 것을 구하며,

◉ **疏** ◉

無智는 是癡요 常求有無는 卽是有愛라【鈔_ 論云 '此示無明有愛니 是二有支爲根本故라하니 有愛는 卽三有之愛也라 亦同涅槃에 '生死本際 凡有二種하니 一者는 無明이오 二者는 有愛라 是二中間에 卽有生老病死라하니라】

"지혜가 없다."는 것은 어리석음이며, "항상 있는 것, 없는 것을 구한다."는 것은 바로 有에 대한 애착이다.【초_ 논에서는, "이는 무명과 有에 대한 애욕을 보여주었다. 이 2가지 지분이 근본이 되기 때문이다."고 하였다.

有에 대한 애욕은 '三有[三界]의 애욕'이다.

또한 열반경에서는 다음과 같이 말하였다.

"태어나고 죽음의 근본 자리에는 대개 2가지가 있다.

① 무명이요,

② 有에 대한 애욕이다.

이 무명과 애욕의 사이에 태어나고 늙고 병들고 죽음이 있다."】

然依三世인댄 諸惑이 謝往을 總名無明이로대 畧擧發潤은 有支本故니라

若約二世인댄 雖諸煩惱 皆能發潤이나 而發業位에 無明力이 增일세 故名無明이라【鈔_ '然依三世'下는 通難釋成이니 應有難云 '旣擧二支하야 爲有支本인댄 那得上判에 唯屬無明'고'할세 故爲此通이니라

初 '依三世'는 卽俱舍云 '宿惑을 謂無明이라'하니 則過去의 若無明과 若愛를 皆名無明이니라

二 '依二世'는 卽唯識文이니 諸惑이 皆能發業하니 豈無愛耶아】

그러나 3세로 말하면 모든 번뇌가 떠나가는 것을 총괄하여 無明이라 하지만, 간단하게 '발생하게 하고 윤택하게 하는[發潤]'¹ 것만을 들어 말함은 有支가 근본이기 때문이다.

2세로 말하면 모든 번뇌가 모두 '발생하게 하고 윤택하게 하는' 주체이지만, 업을 일으키는 지위에서는 무명의 힘이 더욱 돋보이므로 무명이라 말한다.【초_ '然依三世' 이하는 전체의 논란을 해석하였다.

어떤 이가 이렇게 논란할 것이다.

"이미 '발생하게 하고 윤택하게 하는' 2지분을 들어 有支가 근본이라 한다면 어찌하여 위의 과목 구분에서 오직 무명에만 귀속

---

1 發潤: 유망기, "闕字卷36上05, 發潤者는 發은 無明이 發行業이오 潤은 愛取니 潤業也라"

시켰는가?"

이런 논란 때문에 이처럼 해명하였다.

① '3세로 말하면'이란 구사론 권9에서 "전생의 번뇌를 무명이라 말한다."고 하였다. 이는 과거의 무명과 애욕을 모두 무명이라 하였다.

② '2세로 말하면'이란 유식에서 인용한 문장이다. 모든 번뇌가 모두 업을 발생하는 것인데, 어찌 애욕이 없겠는가.】

唯取能發은 正感後世善惡業者로 以爲其體라 希常이 爲有니 於有樂事에 欲常住故오 求斷이 爲無니 於有苦事에 願斷滅故니라

그러나 오직 발생의 주체만을 취하여 말함은 바로 다음 생의 선업과 악업을 일으키는 것으로 그 체성을 삼았다.

영원하기를 바라는 것을 '有'라 한다. 이는 즐거운 일이 있는 곳에서 항상 머물고자 원하기 때문이다.

이를 끊고자 하는 것을 '無'라 한다. 이는 괴로운 일이 있는 곳에서 끊어버리고 없애기를 원하기 때문이다.

二 明行支

둘째, 행지를 밝히다

不正思惟로 **起於妄行**하야 **行於邪道**하야

罪行福行不動行을
積集增長하며

    바르지 못한 생각으로 헛된 행을 일으켜 삿된 도를 행하여,
    죄 받을 행, 복 받을 행, 변하지 않는 행들을
    모아 쌓아가고 더욱 키워가며,

◉ 疏 ◉

文有七句하니
初三은 行過오 次三은 行體오 後一은 結成이라

    경문은 7구이다.
    첫째, 3구는 행의 허물이며,
    다음 3구는 행의 체성이며,
    뒤의 1구는 결론이다.

初云'不正思惟'者는 是行俱無明이니 涅槃에 說此爲無明因이라하니 亦無明攝이라 躡前起後일세 故因果互擧니라
次句는 就人彰過니 謂起妄行者는 必是凡夫라 無明爲因하야 求有造業故일세 故初地云 '凡所作業이 皆顚倒相應이라'하니 反示菩薩勝義라 謂菩薩은 雖行於有나 起於善行이라 以明爲因하야 不求有造일세 不名妄行이라
下句는 就法彰過니 論云 '示於解脫處에 不正行故라'하니 若行涅槃路하야사 方爲正道니라

    첫 구절에서 '바르지 못한 생각'이란 행하는 일이 무명과 함께

한다는 뜻이다. 열반경에서는 "이는 무명의 원인이다."고 말하였다. 이 또한 무명에 속한다. 앞의 경문을 이어서 뒤의 문장을 일으키기에 인과를 모두 들어 말하였다.

다음 구절[起於妄行]은 사람에 입각하여 허물을 밝혔다. 헛된 행을 일으킨 자는 반드시 범부이다. 무명이 원인이 되어 '有'를 구하고자 업을 짓기 때문이다. 이 때문에 초지에서, "짓는 업마다 모두 전도와 상응한다."고 하였다. 이는 보살이 뛰어남을 역으로 보여준 것이다.

보살은 비록 '有'를 행하기는 하지만 선행을 일으키는 것이다. '밝음'으로 원인을 삼아 구하지 않아도 지음이 있기에 '헛된 행[妄行]'이라 말하지 않는다.

끝 구절[行於邪道]은 법에 입각하여 허물을 밝혔다. 논에 이르기를, "해탈하는 곳에 바르지 못한 행을 보여주었다."고 하였다. 열반의 길을 가야만 비로소 바른 도라 할 수 있다.

次三句는 辨行體相이니 以三業相應思로 造三行故니라 謂由迷異熟愚하야 違正信解하고 起感三塗惡業과 及人天別報苦業을 皆名罪行이라 然別必兼總이나 唯感別報는 非行支故니라 由迷眞實義愚하야 不知三界皆苦오 妄謂爲樂이라하야 起欲界善業을 名福行이오 八禪淨業을 名不動行이니라 【鈔】 '以三業相應'者는 總出業體라 亦卽唯識第八의 三性分別門이라 大乘三業은 皆思爲體니 動身之思를 名爲身業이오 發語之思를 名爲語業이오 思之當體는 卽是意業이라 三行은 卽是經中三句니 皆通三業이니 則通色非色位라

【 '謂由'下는 顯三業相이라 然愚畧有二하니 一은 迷異熟義愚요 二는 迷眞實義愚라 初愚는 謂迷當報하야 不知善惡으로 感當苦樂일세 故 於現在에 恣情造惡이니 謂殺生等에 有三品故로 成三塗因이니 如 二地說이니라
'及人天'者는 五戒及下品十善은 是人總報之業이오 前曾損他하야 感諸根缺等은 卽是別報라 曾決罰他하야 亦招此報일세 故爲苦業이라 '然別'下는 釋感別報 非屬行支義라 唯識에 亦云 '由此一切順現 受業과 別助當業은 皆非行支'라하니 以無明支로 於發業中에 有能 通發總別報者하며 有能但發總報之者하며 亦有但發別報之者라 唯取初二 爲無明支之所發起며 行支所攝이오 第三은 非是行支 所攝이라 故疏에 揀云 '唯感別報는 非行支故'라하니라
'由迷眞實'者는 卽第二愚라 三界는 苦果오 業惑은 是集이오 卽道理 는 勝義일세 故名眞實이라 今謂苦爲樂하고 迷業是集일세 故起福行이 라 八禪淨業은 亦是此愚니라 】

다음 3구[罪行, 福行, 不動行]는 행의 체성 양상을 말하고 있다. 身·口·意 삼업에 상응하는 생각으로 신·구·의 3행을 짓기 때문이다.

異熟에 미혹한 어리석음으로 인하여 바른 믿음과 이해를 어기고, 3악도에 얻을 악업과 인간과 천상의 개별의 고업을 일으키는 것을 모두 '죄 받을 행'이라 하였다. 그러나 개별적 과보는 반드시 총체의 과보를 겸하지만, 오직 개별의 과보를 얻는 것은 行支가 아니기 때문이다.

진실한 이치에 미혹한 어리석음으로 말미암아 삼계가 모두 고

통인 줄 알지 못하고 헛되이 즐거움이라 생각하여 욕계의 선업을 일으키는 것을 '복 받을 행'이라 한다.

8선[4禪天과 4空天]의 청정한 업을 '변하지 않는 행'이라 말한다.

【초_ '삼업과 상응'한 것은 업의 체성을 총체로 내보임이다. 또한 성유식론 권8의 '제8 三性으로 분별하는 문'이다. 대승법의 삼업은 모두 생각으로 체성을 삼는다. 몸을 움직이려는 생각을 身業, 말을 하려고 생각하는 것을 語業, 생각의 그 자체는 意業이다. 3가지 행은 본 경문의 3구이다. 이 모두가 삼업에 통한다. '물질과 물질 아닌 지위[身口 色也, 意則非色也]에 모두 통한다.

'謂由迷異熟愚' 이하는 삼업의 양상을 밝혔다. 그러나 어리석음은 대략 2가지가 있다.

① 이숙의 이치를 모르는 어리석음,

② 진실한 이치를 모르는 어리석음이다.

'이숙의 이치를 모르는 어리석음'은 미래의 과보를 모르기에 선업과 악업으로 미래의 고통과 즐거움을 얻는 줄 알지 못한 까닭에 현재의 방자한 생각으로 악행을 짓는다. 살생 등에 3가지 품이 있는 까닭에 삼악도의 원인을 이룸을 말한다. 제2 이구지에서 말한 바와 같다.

'인간과 천상의 개별적 과보'는 5계[殺生, 偸盜, 邪婬, 妄語, 飮酒]와 하품의 십선업은 인간의 총체적 과보의 업이며, 전생에 일찍이 남을 손상하여 여러 감관이 결여되는 따위를 감득하는 것이 바로 개별적 과보이다. 일찍이 남에게 벌주는 것만으로도 이런 과보를 초래하기에 '고통의 업'이라 한다.

'然別必兼總' 이하는 개별적 과보를 얻음이 行支의 이치에 속하지 않는다고 해석하였다. 성유식론에서도 말하였다.

"이것에 의해 모든 현세에 받는 업과 별개로 미래에 받을 업을 돕는 것은 모두 行支가 아니다."

無明支로 업을 일으킨 가운데 어떤 것은 총체적 과보와 개별적 과보를 통틀어 일으키고, 어떤 것은 총체적 과보만 일으키기도 하고, 또 어떤 것은 개별적 과보만 일으키기도 하기 때문이다.

오직 처음의 '죄와 복 받을 행' 2가지는 무명지에서 일으킨 것이자 행지에 속하며, 셋째 '변하지 않는 행'은 행지에 속하는 바가 아니다. 이 때문에 청량소에서 이를 구별 지어 말하기를, "오직 개별의 과보로 받는 바는 행지가 아니기 때문이다."고 하였다.

"진실한 이치에 미혹한 어리석음으로 말미암는다."고 말한 것은 둘째 福行의 어리석음이다. 삼계는 고통의 과보이며, 업을 받는 것은 集諦이며, 道諦와 하나가 된 이치는 뛰어난 이치이기에 진실하다고 말한다. 여기에서는 고통을 즐거움으로 생각하고 미혹의 업은 集諦이기에 '복 받을 행'을 일으키는 것이다. 8가지 선정의 청정한 업 또한 이런 어리석음이다.】

後句는 結成行支니 謂作已無悔며 積集增長하야 有遷流故니라

끝 구절[積集增長]은 行支를 끝맺었다. 잘못된 행을 범하고서도 뉘우칠 줄 모른 채, 모아 쌓아가고 더욱 키워가면서 생사의 바다에 이곳저곳으로 흘러 다니기 때문이다.

● 論 ●

積集增長者는

三惡道는 積集增長惡業하고

欲界는 積集增長有爲善業하고

上二界는 積集增長有漏八禪하고

聲聞緣覺과 淨土菩薩은 積集增長淨業하야 成變易生死之身하고

一乘菩薩은 積集增長具佛悲智하나니

雖總十二緣生이나 乘緣이 各有差別이라

若於三界中에 具縛凡夫는 以十二緣으로 成諸惡業하며

二乘은 觀十二因緣이 空無體性하야 折伏現行煩惱하고 得有爲無漏하며

淨土菩薩은 以修四諦十二緣하고 行六度門하야 生於淨土어니와

一乘菩薩은 以如來知見으로 修十波羅密四攝四無量三十七品助菩提行하야 成一切種一切智智하야 廣大如法界하고 究竟如虛空하야 無限圓滿佛大慈大悲大智佛果法門으로 乃成法界無作自性緣起大圓明普光明智하야 恒以一切衆生生死海로 便爲一箇道場하며 恒以十方佛刹衆生刹로 住居毛孔이니라

夫緣生之法이 性自本無어늘 衆生이 橫計할세 諸聖이 嗟歎하며 枉流生死하야 無自覺知일세 故勞聖歎하야 大悲示護니라 是故로 諸仁은 應當順理善觀하야 離諸慢業하고 便得識種業謝에 智果開敷하며 三界報亡에 等悲垂俗하야 任性緣起하야 不沒死流하며 對現色身하야 應根利物이니라

"모아 쌓아가고 더욱 키워간다."는 것은 다음과 같다.

삼악도는 악업을 쌓아 키워나가고,

욕계는 有爲의 선업을 쌓아 키워나가며,

위의 색계와 무색계는 有漏八禪을 쌓아 키워나가고,

성문연각과 정토보살은 청정한 업을 쌓아 키워나가면서 생사에 자재한 변화의 몸을 이루며,

일승보살은 부처의 자비와 지혜를 갖추어 쌓아 키워나가니 비록 모두 12緣生이라 하지만, 인연으로 태어남이 각기 차별이 있다.

만약 삼계 가운데 함께 얽매인 범부는 12인연으로 모든 악업을 이루고,

이승은 12인연이 공하여 체성이 없음을 살펴보고서 현행번뇌를 꺾어 굴복시키고 有爲無漏를 얻으며,

정토보살은 사성제와 12연기를 닦고 6바라밀 법문을 행하여 정토에 태어나지만,

일승보살은 여래의 지견으로 십바라밀, 사섭법, 사무량심, 37助道品으로 보리행을 닦아 일체종과 일체지를 성취하여, 광대함이 법계와 같고 최고의 경지는 허공과 같아서 한량없이 원만한 부처의 대자대비, 대지혜의 佛果法門으로, 법계의 작위 없는 自性緣起의 大圓明한 普光明智를 얻어, 항상 일체중생의 생사 바다로 하나의 도량을 삼으며, 항상 시방불국토와 중생국토의 毛孔에 머무는 것이다.

인연으로 생겨나는 법이란 그 성품의 자체가 본래 없음에도, 중

생이 잘못 생각하기에 많은 성인이 탄식하고, 중생이 생사의 소용돌이에 전전하여 헤매면서도 이를 스스로 깨닫지 못하기에 성인이 힘들게 탄식하면서 대자비의 마음으로 중생의 가호를 보여주었다.

이 때문에 모든 선지식은 당연히 이치에 따라 잘 관찰하면서 모든 거만한 업을 여의고,

문득 알음알이 종자의 업이 사라짐에 지혜의 과덕이 펼쳐지고,

삼계의 과보가 없어짐에 평등한 자비로 세속을 따라 성품의 연기를 맡겨서 죽음의 흐름에 빠지지 않으며,

색신을 나타내어 중생의 근기에 부응하여 이익을 베풀어야 한다.

三 明識支

셋째, 식지를 밝히다

經

於諸行中에 植心種子하야 有漏有取하며

모든 선악의 행업으로 마음속에 생사의 종자를 심어, 애욕[漏]도 있고 취함[取]도 있으며,

◉ 疏 ◉

謂旣發行已에 由行熏心하야 令此本識으로 能招當來生의 老死故

일세 名之爲種이라 若無行熏이면 終不成種일세 故云 '於諸行中에 植心種子'니라 卽是所引識等五種이 於一刹那에 爲行所集하야 無有前後니라

約爲異熟六根之種인댄 名六處支오 爲異熟觸受種인댄 名觸受支오 除本識種이 爲識支體와 及此三種인 諸餘異熟蘊種코 皆名色支일세 故無前後니라

因位는 難知로대 但依當起分位하야 說五有殊니 五不離心일세 但名心種이라 又隱餘四하고 就現說故니라 論云 '此中起心種子'者는 示生老死體性'者는 謂未來二果 以此識種으로 爲親因故니라

次 '有漏有取'는 成上種義니 謂行及識等의 名言種子 皆通無漏라 今與三漏로 相應일세 故名有支니 如初地中에 以欲等四流로 起心種故니라 有漏는 是愛오 有取는 是取니 愛取潤故로 能招後有니라

【鈔_ '如初地'下는 引證이니 彼經云 '欲流와 有流와 無明流와 見流가 起心意識種子'라하니라 '有漏'下는 別釋經文이라 旣擧愛取하니 種未潤時를 但名所引이오 愛取潤竟일세 故名能生이니라】

이미 선업이든 악업이든 行을 일으킨 뒤에는 行이 마음에 종자를 훈습함으로 인하여, 이 근본식으로 하여금 미래에 태어나 늙고 죽음을 불러들이는 것이다. 이 때문에 그 이름을 '종자'라 하였다.

만약 行이 마음에 훈습하지 않으면 마침내 종자를 이룰 수 없다. 이 때문에 "모든 선악의 행업으로 마음속에 생사의 종자를 심는다."고 말하였다. 여기에 인용한 識支 등 5가지[識, 名色, 六入, 觸, 受支]가 한 찰나의 사이에 행하는 바에 따라 모이는 터라, 앞뒤의 차이

가 없다.

異熟의 6근 종자로 말하면 六處支라 하고,

이숙의 觸·受 종자로 말하면 觸·受支라 하며,

근본식의 종자가 識支의 체성과 이런 3가지 종자의 나머지 이숙의 종자를 제외하곤 모두 名色支라 한다. 이 때문에 "앞뒤의 차이가 없다."고 하였다.

인행의 지위는 알기 어렵지만, 미래에 일어날 부분의 지위만을 따라서 5가지에 차이가 있다고 말한다. 5가지가 마음에서 떠나지 않았기에 '마음의 종자'라 말할 뿐이다. 또한 나머지 4가지는 숨겨져 보이지 않기에, 나타난 부분으로 말한 때문이다.

논에서 말한 "이 가운데 마음의 종자를 일으킴은 태어나 늙고 죽음의 체성을 보임이다."는 것은 미래의 '태어남과 늙고 죽음[生, 老死]이라는 2가지 결과'가 이 식의 종자로 직접 원인을 삼았기 때문이다.

다음 구절의 '有漏有取'는 위의 종자의 이치를 성립한 부분이다. 行支와 識支 따위의 명칭과 언사의 종자는 모두 無漏에 통한다. 여기에서는 3가지 번뇌와 상응하기에 그 이름을 有支라 하였다. 이는 초지에서 欲流 등 4가지로써 마음의 종자를 일으키는 것과 같기 때문이다.

'有漏'는 애욕이고, '有取'는 취함이다. 애욕과 취함으로 종자를 축축하게 적셔주었기에 뒷세상의 존재를 불러들인다.【초_ '如初地中' 이하는 인용하여 증명한 부분이다. 초지의 경문에 이르기를, "欲流, 有流, 無明流, 見流가 마음·뜻·의식의 종자를 일으킨다."고 하였다.

'有漏有取' 이하는 개별로 경문을 해석하였다. 이미 애욕과 취함을 들어 말하였다. 종자가 아직 물기에 촉촉이 적셔지지 않은 때는 다만 '이끌 대상[所引]'이라고 말하고, 애욕과 탐착으로 종자를 촉촉이 적셔줌을 마쳤기에 '발생의 주체'라 말하였다.】

四 辨名色支

넷째, 명색지를 밝히다

經

復起後有의 生及老死하나니
所謂業爲田이오 識爲種이어든 無明闇覆하고 愛水爲潤하고 我慢漑灌하고 見網增長하야 生名色芽하며

다시 오는 생에 태어나고 늙고 죽음을 일으킨다.
이른바 업은 밭이요 식은 종자인데, 무명이 씨앗을 덮어주고, 애욕의 물기를 축여주고, '나'라는 교만이 물을 대어주고, 소견의 그물이 더욱 커나가면서 '이름과 물질[名色]'이란 싹을 돋아내는 것이다.

● 疏 ●

初之二句에 文含二意하니

一者는 成上種義니 由起生死하야 心得種名이오

二者는 總標後義니 現行名等이 皆生老死故니 卽同初地의 於三界田中에 復生苦芽니라

'所謂'下는 別이라 亦有二意하니

一은 通約十二니 自至'生名色芽'는 是識生名色이라【鈔_ 言'現行名等皆生老死'者는 等取五果니 謂識과 名色과 六入과 觸과 受라 此五從初結生하야 直至於受라 諸增長位를 總名爲生이오 諸衰變位를 名之爲老오 蘊壞爲死니 不離此五라 依三世說인댄 現在五果卽是過去生老死也니라】

첫 2구[復起後有 生及老死]에는 2가지 뜻이 담겨 있다.

① 위의 종자의 뜻을 성립하였다. 생사를 일으킴으로 인하여 마음에 종자라는 이름을 얻게 되었다.

② 총괄하여 뒤의 뜻을 내세웠다. 명칭 등이 모두 태어나고 늙고 죽음을 현행하기 때문이다. 이는 초지에서 "삼계의 밭에 다시 고통의 싹이 돋아난다."고 말한 바와 같다.

'所謂' 이하는 별상이다. 이 또한 2가지 뜻이 있다.

① 통틀어 12지분으로 말하였다. 이로부터 '生名色芽' 구절까지는 識支에서 名色支를 만들어 낸 것이다.【초_ '現行名等皆生老死'라 말한 것은 5支의 결과를 평등하게 취하였다. 識支, 名色支, 六入支, 觸支, 受支를 말한다. 이 5支가 처음 生을 결집함으로

부터 바로 受支까지 이른 것이다.

모든 增長의 지위를 총괄하여 '生'이라 말하고,

모든 것이 쇠퇴하고 변하는 지위를 '老'라 말하고,

五蘊이 무너지는 것을 '死'라 말하니, 이런 5支를 여의지 못하는 것이다.

삼세로 들어 말하면 현재의 5支 결과는 바로 과거의 태어남과 늙음과 죽음이다.】

二는 爲顯前來에 已具十因이니 則辨有支 生於生死라 名色이 居初일세 次第辨耳라 謂由前心等五種이 有漏有取하야 愛取潤故로 復起後有니 是標有支 生於二果오 今別顯有支之相이니라【鈔_ '二爲顯'下는 此明二世一時하야 而辨能生所生支라 於中에 有六하니

一은 曻標擧오 於中에 有三하니

初는 標十因이 生於二果오

二 '名色'下는 通妨이니 謂有問言호대 '若生二果인댄 應云生이 生老死어늘 何言生名色耶'오 答云 '謂欲顯於當來二果差別之相하야 次第說五라 故識在於種코 名色이 居初耳'니라

三 '謂由'下는 就經曻辨이니 下別當具니라】

② 과거 전세로부터 이미 10가지 원인이 갖춰져 있음을 밝히기 위함이다.

이는 有支가 생사를 만들어 냄을 논변한 것이다. 名色支가 첫자리에 있기에 차례대로 밝혔을 뿐이다. 앞서 말한 心識 등 5가지로 인하여, 漏가 있고 取함이 있어 애욕과 취함이 종자를 촉촉이 적

셔준다. 이 때문에 다시 후세의 존재를 일으킨다. 이는 有支의 양상을 개별로 밝힌 것이다.【초_ '二爲顯前來' 이하는 현재와 미래 2시절이 한 시절임을 밝혀 생겨남의 주체와 그 대상의 지분을 논변하였다. 여기에는 6가지가 있다.

이는 간략히 들어 표방하였다. 여기에는 3부분이 있다.

㉠ 10가지 원인이 2가지 결과를 만들어 냄을 들어 말하였고,

㉡ '名色居初' 이하는 비방을 해명하였다.

어떤 이가 물었다.

"만약 2가지 결과를 만들어 낸다면, 당연히 生이 늙음과 죽음을 만들어 낸다고 말해야 할 터인데, 어째서 名色의 싹이 돋아난다고 말하는가?"

이에 대해 답하였다.

"미래의 2가지 결과의 차별된 양상을 밝히기 위하여 차례대로 5가지를 말하였다. 이 때문에 의식은 종자 속에 들었으므로, 명색이 첫자리에 있는 것일 뿐이다."

㉢ '謂由前心等' 이하는 경문에 따라 간단하게 논변하였다. 아래에서 따로 구체적으로 말하고자 한다.】

文有六緣하니

一은 業爲田이니 卽是行種이라 望所生果에 但爲增上緣故니라

경문에 6가지 조건이 있다.

① 업이 밭이다. 이는 곧 行이 종자이다. 생겨날 결과에 비춰보면 단 增上緣일 뿐이다.

219

二는 識爲種이니 卽是識等五種이 爲後生死作親因故니라

② 의식이 종자이다. 이는 識支 등 5가지가 다음 생의 생사에 직접 원인이 되기 때문이다.

三은 無明暗覆니 論主가 取前經無明일새 故云 '前說無智暗障은 無明覆蔽라하니라 此則依於等能發起니 遠爲助故오 亦是擧於前世하야 例今世故라【鈔_ 遠公意는 無明有四하니

一은 迷理無明이니 義通終始오

二는 發業無明이니 在於行前이오

三은 覆業無明이니 此在行後識前이오

四는 受生無明이니 與識으로 同時하며 或在識後라 望過去種子心識이면 在於識後오 望能生識이면 與識으로 同時라하니라 今是第四受生無明이니라】

③ 무명의 그늘로 뒤덮임이다. 논주는 앞의 경문에서 무명을 들어 말한 바 있다. 이 때문에 "앞에서 지혜 없는 암흑의 장애는 무명의 그늘이 뒤덮고 있다."고 말하였다. 이는 평등하게 일어나는 주체에 따라 말한다. 멀리는 보조가 되기 때문이다. 또한 과거의 세계를 예로 들어 현재의 세계를 말하였기 때문이다.【초_ 혜원 법사의 주장에 따르면, 무명에는 4가지 뜻이 있다.

㉠ 진리를 모르는 무명, 진리는 처음부터 끝까지 모두 통한다.

㉡ 업을 일으키는 무명, 行의 이전에 있다.

㉢ 업을 뒤덮은 무명, 이는 行의 이후, 識의 이전에 있다.

㉣ 몸을 받아 태어나게 하는 무명, 이는 의식과 동시이거나 혹

은 의식의 뒤에 있기도 하다. 과거의 종자인 心識을 상대로 비춰보면 의식의 뒤에 있고, 의식을 낳아주는 주체를 상대로 비춰보면 의식과 동시라고 하였다.

　여기에서는 '㉣ 몸을 받아 태어나게 하는 무명'에 해당한다.】

● 論 ●

無明暗覆者는 覆는 謂覆蓋自己如如之本智故니

爲智自無性하야 逐境緣迷故며

隨迷苦極에 自覺迷除故며

以覺無我智에 無明이 卽無故며

迷我成妄하고 覺我成智라 覺之與迷 本無二性이니 爲智之與迷 各無自性하야 皆悉從緣而有迷悟故며

爲根本智 自性無性故로 不自了知是智非智하고 但隨境起하야 逐境情生에 起於我見이라가 至於苦極에 厭苦求眞하니 若自未厭苦源이면 設聖者化時라도 不信從斯發起니라

有二種發心하니

一者는 久從生死苦하야 厭苦發心에 有得三乘一乘之果하나니 名自覺聖智며 亦名佛智며 自然智며 無師智오

二는 依先覺者勸하야 令知苦本하야 方能發心이니라

夫發心者 有此二種이어니와 若言要依先佛發心者인댄 卽有常過하야 卽同外道의 常見이니 卽先覺者는 以誰爲師오 轉轉相承하야 不離常見이라

若有古時常佛이 爲展轉之師인댄 卽古佛은 自體自眞하야 不隨妄者라 卽不可踐其古迹이니 爲眞自常眞이라 不可以眞隨生死故로 卽生死는 是常生死오 佛은 自是常佛故며 若也衆生이 定有生死者인댄 生死 自常生死라 不可得成眞故로 此是斷見이니 此二種은 俱非하야 不離斷常也니라

爲一切衆生이 生死無性하야 本無生死어늘 橫計生死나 本非生死오 一切諸佛이 本無自性故로 實無菩提며 亦無涅槃이로되 而衆生이 妄謂諸佛이 有菩提涅槃이라하나니 若有衆生이 能如是知者면 名爲發心이며 名爲諸佛이며 名爲見道라 而能開悟一切衆生이니 是達無明者니라

無明本無오 諸佛亦無를 名爲覺者니 但以無依無住無體無性妙智로 能隨響應하야 對現色身하야 能以此理로 敎化衆生이 名爲大悲故니라 不可有得有證이며 有忻有厭이며 有取有捨며 有古有今이며 有眞有假하야 發菩提心也니 如是發菩提心이라야 不爲長夜無明之所覆故일세니라

"무명의 어둠으로 뒤덮였다[無明暗覆]."는 '뒤덮였음[覆]'은 자신의 如如한 본래 지혜를 뒤덮었기 때문이다.

지혜가 스스로 자성이 없어 경계의 인연을 따라 혼미해지기 때문이며,

혼미함을 따라 고통이 지극하기에 자각으로 혼미를 없애기 때문이며,

無我의 지혜를 자각함에 무명이 곧 없어지기 때문이며,

자아를 모르면 허망함을 이루고, 자아를 깨달으면 지혜를 이루게 된다.

깨달음과 혼미는 본래 2가지의 성품이 아니다. 지혜와 혼미함은 각기 자성이 없다. 모두 인연을 따라 혼미함과 깨달음이 있으며, 근본지혜가 자성이 없기 때문에 스스로가 지혜인지 지혜가 아닌지를 알지 못한다. 다만 경계를 따라 일어나고 경계를 따라 알음알이를 발생함으로써 '나'라는 견해를 일으켰다가 고통의 극치에 이르면 고통을 싫어한 나머지 진리를 찾게 된다.

하지만 스스로 고통의 근원을 싫어하지 않으면 설령 성인이 교화할 때라도 가르침을 믿고 따라 발심하지 못할 것이다.

2가지 발심이 있다.

㉠ 오랜 생사의 고통을 따라서 고통을 싫어한 나머지 발심하여 삼승과 일승의 과덕을 얻음이 있다. 이에 그 이름을 '스스로 깨달아 얻은 성스러운 지혜[自覺聖智]'라 하며, 또한 부처의 지혜[佛智], 자연스럽게 얻은 지혜[自然智], 스승 없이 얻은 지혜[無師智]라 말한다.

㉡ 선각자의 권면에 따라 고통의 근원을 알게 됨으로써 바야흐로 발심하는 것이다.

발심이란 이 2가지가 있지만 만약 이전의 부처를 의지하여 발심을 해야 한다고 말하면 항상 지나침이 있기 마련이다. 이는 외도의 常見과도 같다. 선각자는 누구를 스승으로 삼는가. 전전하여 서로서로 이어오면서 常見에서 벗어나지 못하고 있다.

만약 옛적의 常見을 지닌 부처가 전전하여 서로 이어오는 스승이라면, 옛 부처는 자체가 스스로 진리라, 허망한 것을 따르지 않는다. 이는 그 옛 부처의 자취를 따라 실천하지 못할 것이다. 진리 자체는 영원한 진리이기에, 진리는 생사를 따르지 않는다. 따라서 생사는 영원한 생사요, 부처는 영원한 부처이기 때문이다.

만약 중생에게 결정코 생사가 있다면 생사의 그 자체가 영원한 생사이기에 진리를 성취할 수 없다. 이는 斷見이다. 이 2가지는 모두 잘못된 것으로 단견과 상견을 여의지 못한 것이다.

일체중생이 생사란 자성이 없어 본래 생사가 없음에도 잘못 생사를 생각하지만 본래 생사가 아니다. 일체제불이 본래 자성이 없기 때문에 실로 보리가 없고, 또한 열반도 없는데, 중생이 부질없이 제불에게 보리와 열반이 있다고 생각한다.

만약 이처럼 아는 중생이 있으면 그를 발심하였다 하고, 그를 제불이라 하고, 그를 見道라 할 것이다. 그는 일체중생을 깨우칠 수 있다. 그는 무명을 통달한 자이다.

무명은 본래 없고 제불 역시 없음을 아는 것을 '깨달음[覺]'이라 한다. 다만 의지함이 없고 머묾이 없고 본체가 없고 자성이 없는[無依無住無體無性] 미묘한 지혜로써 중생을 따라 감응하여 색신을 나타내어, 이런 이치로 중생을 교화하는 것을 大悲라 말하기 때문이다.

이는 얻음, 깨달음, 기쁨, 싫음, 취함, 버림, 옛날, 지금, 진실, 거짓이라는 생각을 지니지 않고서 보리심을 일으켜야 한다. 이와 같이 보리심을 일으켜야 기나긴 밤의 무명에 뒤덮이지 않기 때문이다.

◉ 疏 ◉

四는 愛水爲潤이니 論主 指前常求有無之愛는 卽是擧例라 亦卽是前標中의 有漏니 以前有愛는 無明攝故니라

④ 애욕의 물로 촉촉이 적셔줌이다. 논주는 앞에서 "언제나 있는 것 없는 것을 추구하려는 애욕"을 지적함은 바로 사례를 들어 말한 것이다. 이 또한 앞의 표방에서 말한 '有漏'이다. 앞서 말한 '애욕'은 무명에 속하기 때문이다.

五我慢漑灌'者는 卽是取支니 要數漑灌하야사 方生有芽라 我語等取 爲我慢故니라 若悟無我하면 容不生故니라【鈔_ 我語等'者는 卽上論云 '緣愛하야 復生欲等四取'라하니라
釋曰 一은 欲取요 二는 見取요 三은 戒取요 四는 我語取니 今順經中 我慢之言이라 先擧我語하야 以等餘三이니라】

⑤ "아만이 물을 댄다."는 것은 取支이다. 자주자주 물을 부어주어야 비로소 '有支'의 새싹이 돋아나게 된다. '아집[我語取]' 등이 아만이기 때문이다. 만약 '내'가 없음을 깨달으면 다시는 태어나지 않을 수 있기 때문이다.【초_ '我語等取'란 위의 논에서 이르기를, "애욕으로 인연하여 다시 欲取 등 四取[梵 catvāry upādānāni]를 일으킨다."고 하였다.

이에 대한 해석은 다음과 같다.

㉠ 욕계의 五欲 경계에서 일어나는 집착[欲取: kāmopādāna],

㉡ 삿된 마음으로 분별하는 견해를 진실이라 여기는 집착[見取: dṛṣṭy-upādāna],

㈢ 바른 원인이 아니고 바른 도가 아닌 것을 바른 원인이고 바른 도라 여기는 집착[戒禁取: śīla-vratopādāna],

㈣ 일체 내면의 몸으로 인연하여 일어나는 아집[我語取: āema-vādopādāna].

여기에서는 경문의 '아만'이라는 말을 따른 것이다. 먼저 '㈣의 我語取'를 들어서 나머지 3取를 똑같이 말하였다.】

六 '見網增長'은 亦是取支니 見取攝故니라 我見이 爲本하야 諸見이 生故며 令無漏法으로 不能壞故로 名之爲網이니라【鈔_ '令無漏下는 出見網名意니 網은 卽是喩라 已下種子하고 復加土覆나 恐有蟲鳥하야 羅之以網이면 則禽獸不能侵인달하야 今此已下生死之種하고 更羅見網이라 則無漏鳥獸不能侵損하야 決定受生이라 】

⑥ "소견의 그물이 더욱 커나간다."는 것 역시 取支이다. '삿된 견해의 집착[見取]'에 속하기 때문이다. '나'라는 소견이 근본이 되어, 일체 소견이 생겨나기 때문이다.

번뇌 없는 법으로도 이를 무너뜨릴 수 없기에 그 이름을 '그물'이라 하였다.【초_ '令無漏法' 이하는 '소견의 그물'이라 명명한 뜻을 밝힌 것이다. 그물은 비유이다. 앞서 씨앗을 뿌리고 다시 흙을 덮어주었지만, 벌레나 새들이 쪼아 먹을까 두려워 그물을 펼쳐놓으면 다시는 짐승들이 침범할 수 없다. 그런 것처럼 여기에서는 이미 생사의 종자를 뿌려놓고, 다시 소견의 그물을 쳐놓았다. 번뇌 없는 새나 짐승들이 침범하여 훼손하지 못하기에 반드시 그 종자는 생을 받아 태어나게 된다.】

論總釋云 如是住如是生心者는 總顯生名色芽니 由無明愛하야 令上識種으로 安住業地는 名色心生故니라 如初地中에 始於無明하야 終至識支를 皆名邪見이라

然遠公諸德이 皆云 '我我所者는 受生之時에 自見己身을 名之爲我오 見父母精血을 名爲我所'라하고

又謂 '父母는 是我夫妻'라하야 當受生時에 與父母競色하야 謂已諍得이라하야 便起勝想일새 故名爲慢이라하고

'我生者는 我唯此處生이오 不於餘處生'이라하니

此立通取中有의 求生之愛라 於理無失이로다

然上諸句는 皆明能生이오 生名色芽는 卽是所生이라 今以前辨識種에 隱於餘四하고 今辨現行에 畧其總報所依하니 欲顯識與名色으로 次第相生義故며 復欲顯其通種現故로 故有隱現이니라【鈔_'今以前'下는 明隱顯五種에 但顯心種이오 五現은 但顯後四라 五種得名을 望於五果에 豈得五果而無識耶아 故云畧其總報니 總報는 卽第八識이니 大乘에 第八이 是識支體오 餘之七識은 名色支攝故니라 依於第八일새 故云所依니라

'欲顯識生'下 二는 出隱顯所以니라】

논에서 총체로 해석하였다.

이와 같이 머물고 이와 같이 마음을 낸다는 것은 총체로 名色의 싹이 돋아남을 밝힌 것이다. 무명과 애욕으로 인하여 위의 의식의 종자로 하여금 업의 땅에 안주케 하는 것은 이름과 물질이라는 마음이 생겼기 때문이다. 이는 마치 초지에서 말한 바와 같이, 무

227

명에서 비롯하여 끝으로 識支에 이르기까지 모두 삿된 소견이라 말한다.

그러나 혜원 법사 또는 여러 스님이 모두 다음과 같이 말하였다.

"'나'와 '나의 것'이란 태어날 적에 스스로 자기의 몸을 '나'라고 이름하고, 부모의 정기와 혈육을 '나의 것'이라 말한다."

또 이런 말을 하였다.

"아버지는 예전에 '나'의 남편이었고, 어머니는 예전에 부인이라 생각하여, 태어날 적부터 부모를 상대로 性을 경쟁하여 자기가 쟁취하였다고 생각하여 곧 승리했다는 생각을 일으키므로 이를 '거만'이라 말한다."

"내가 태어났다는 것은 내가 오직 이곳에서만 태어난 것이지, 다른 곳에서 태어나지 않는다."

이는 모두 중간 존재[中有]에 태어나기를 구하는 애착을 통틀어 취한 말이다. 이치에 잘못이 없다. 그러나 위의 여러 구절은 모두 생겨나는 주체임을 밝혔고, 名色의 싹이 생겨난 것은 바로 생겨날 대상이다.

여기에서는 앞의 의식 종자를 밝히면서 나머지 4가지를 숨기고, 여기에서는 현행을 밝히면서 '총체 과보[總報]'의 의지 대상을 생략한 것이다.

이는 識支와 名色支가 차례대로 서로 생겨나는 이치를 밝히고자 한 까닭이며, 또한 그 종자와 현행을 공통으로 밝히고자 한 까닭에 숨기거나 나타냄이 있다.【초_ '今以前辨' 이하는 5가지 종자를 숨기거나 나타내는 데에 마음의 종자만을 밝혔고, 5가지 현행에서는 뒤의 4가지만을 밝혔다.

'5가지 종자'라는 이름을 5가지 결과에 비춰보면 5가지 결과를 얻었는데 어떻게 의식이 없겠는가. 이 때문에 그 '총체 과보'를 생략하였다. '총체 과보'는 제8식이다. 대승법에서는 제8식이 識支의 본체이고, 나머지 7식은 名色支에 포함되기 때문이다. 제8식에 의지하는 까닭에 '의지처'라 말한다.

'欲顯識生' 이하의 2가지는 숨기거나 나타내는 이유를 내보임이다.】

然名色等이 必有所依本識이니 故初地云 '於三界田에 復生苦芽하니 所謂名色共生'이라하며 論云 '共阿賴耶識生故'라하니 卽此後文云 '與識共生'이라【鈔_ 明名色與識으로 不相離故니 如二束蘆니라 先은 正明이오 後 '故初地'下는 引證이라

總引三文하니

一은 引前經의 但云苦芽는 不局名色이오

二는 引論釋이니 旣名色이 共阿賴耶生인댄 則知名色이 依現行識이로다

三 '卽此'下는 引文證이니 次下에 當釋하리라

以此三文으로 卽知此中에 具於二支니 隱於識支하고 顯名色耳니라】

그러나 名色 등에는 반드시 의지하는 根本識이 있다.

이 때문에 초지에 이르기를, "삼계의 밭에 다시 고통의 싹을 틔우나니, 이른바 이름과 물질이 그와 함께 태어나 떠나지 않는다."고

하였으며,

논에서는, "이름과 물질이 아뢰야식과 함께 생겨나기 때문이다."고 하였다.

이는 뒤의 경문에서 말한 "識과 함께 생겨난다."는 것이다. 【초_ 이름과 물질이 의식과 서로 여의지 않기 때문이니, 마치 2묶음의 갈대와 같다.

앞에서는 바로 설명하였고,

뒤의 '故初地云' 이하는 인용하여 증명하였다.

총괄하여 3문장을 인용하였다.

① 앞 경문에서 '고통의 싹'만을 인용한 것은 이름과 물질에 국한되지 않는다.

② 논을 인용하여 해석하였다. 이미 이름과 물질이 아뢰야식과 함께 생겨난다면 이름과 물질이 현행하는 의식에 의지함을 알 수 있다.

③ '卽此後文' 이하는 경문을 인용하여 증명하였다. 다음 아래서 해석하겠다.

이처럼 3가지 인용한 문장으로 여기에 2가지 지분이 갖춰져 있음을 알 수 있다. 識支는 숨기고, 名色支는 나타낸 것이다.】

五辨六入等八支

다섯째, 6입 등 8지를 밝히다

名色이 增長하야 生五根하며 諸根이 相對生觸하며 觸對生受하며 受後希求生愛하며 愛增長生取하며 取增長生有하며

有生已하야는 於諸趣中에 起五蘊身이 名生이오 生已衰變이 爲老오 終歿이 爲死라

於老死時에 生諸熱惱하고 因熱惱故로 憂愁悲歎衆苦皆集이니

    이름과 물질이 커나가면서 눈, 귀, 코, 혀, 몸이 생겨나고,

    이러한 여러 기관과 반응하여 감촉[觸]이 생겨나고,

    감촉과 반응하여 느낌[受]이 생겨나고,

    이러한 느낌이 있는 뒤에는 바라고 구하는 마음으로 사랑이 생겨나고,

    사랑이 커나가면서 취하려는 마음이 생겨나고,

    취하려는 마음이 커나가면서 소유의 욕구가 생겨나고,

    소유의 욕구가 생겨난 뒤에는 육도의 윤회 속에서 5온의 몸을 일으키는 것을 '생겨남'이라 말하고,

    생겨난 후에 쇠퇴하고 변해가는 것을 '늙음'이라 하고,

    결국 사라지는 것을 '죽음'이라 한다.

    늙어가고 죽어가는 사이에 수많은 극심한 고뇌가 생겨나고,

    극심한 고뇌로 인하여 근심, 걱정, 슬픔, 탄식, 숱한 고통이 한꺼번에 모여든다.

◉ 疏 ◉

然此一段은 意欲答於受生所以니 故具出諸惑隱顯等殊오 不在
顯相이라 顯相在於後段하니라

  그러나 이 단락에서 말하고자 한 뜻은 몸을 받아 태어나는 이
유를 답하려는 것이다. 여러 의혹을 숨기거나 드러내는 따위의 차
이를 구체적으로 말했지만, 드러난 양상은 있지 않다. 드러난 양상
은 뒤 단락에 나타나 있다.

二 約逆觀 結酬無我
  (ㄴ) 거꾸로 살펴보면서 무아에 대한 답을 결론짓다

經

**此因緣故로 集이라 無有集者하며 任運而滅이라 亦無滅
者하니**

  이는 인연으로 모인 것이라, 모으는 이가 없으며,
  허망하게 사라지는 것이라, 또한 사라지게 하는 이가 없다.

◉ 疏 ◉

初二句는 約生하야 明無我니 但曰無明等集이언정 非由我集이라 又
上句는 揀無因이오 下句는 揀邪因이라
後二名은 約滅하야 明無我니 刹那性滅이오 無使之然이니라【鈔_

'下句揀邪因'者는 以我爲因이 是邪因故니라 此衛世意니 彼以神我로 爲作者故오 若僧佉師인댄 則以冥性으로 而爲作者니 我是知者오 而非作者니라】

첫 2구는 몸을 받아 태어나는 것으로 '나'라는 존재가 없음을 밝혔다. 다만 무명 등이 모여서 이뤄진 것이라 말할 뿐, '나'에 의해 모여진 것이 아니다.

또한 위 구절[此因緣故集]은 원인이 없다는 것과 다름을 구분하였고, 아래 구절[無有集者]은 삿된 원인과 다름을 구분하였다.

뒤의 2구[任運而滅 亦無滅者]는 滅諦를 가지고서 '나'라는 존재가 없음을 밝혔다. 찰나의 사이에 체성이 사라지는 것이지, 그처럼 사라지게 만든 자가 없다.【초_ "아래 구절[無有集者]은 삿된 원인과 다름을 구분하였다."는 것은 '나'를 원인으로 삼는 것은 삿된 원인이기 때문이다. 이는 바이세시카학파[衛世師: 勝論學派]의 주장이다. 그들은 '신령스러운 나[神我]'를 창조자[作者]로 삼기 때문이다.

상카학파[僧佉師: 數論師]는 冥性으로 창조자를 삼는다. 따라서 '나'는 아는 자이지, 창조자가 아니다.】

三은 就人結觀이라

㈐ 사람의 입장에서 관법을 끝맺다

經
菩薩이 如是隨順觀察緣起之相이니라

　보살이 이와 같이 인연으로 생겨나는 모양을 따라서 관찰하는 것이다."

◉ 疏 ◉

如是觀者는 卽隨順緣起之理니라

　이와 같이 관찰한다는 것은 연기법으로 일어나는 이치를 따르는 것이다.

◉ 論 ◉

十二緣體가 衆生情有로대 而實理無하야 善達理無緣性이면 便卽生死 爲不生死니라
此上一段은 明由著我하야 因有十二有支니 若作無我觀하야 得離我所諸虛妄緣이면 便爲法界大智無作自性緣生故일세니라

　12인연의 자체가 중생의 情에 있지만 실로 이치에는 없다. 이치에 인연의 자성이 없음을 잘 통달하면 삶과 죽음이 곧 삶과 죽음이 아니다.

　위의 단락은 '나'라는 생각에 집착함으로 말미암아 12有支가 있음을 밝혔다. 만약 無我觀으로 '나의 것'이 모두 허망한 인연이라 생각하여 이를 여의면, 곧 法界大智의 작위 없는 자성의 인연으로 태어나기[無作自性緣生] 때문이다.

第三 迷眞起妄緣相次第者는 卽論의 相差別也라
論云 若因緣이 無我인댄 以何相으로 住오 因緣集行이라하니 謂當相
을 名住오 生後를 爲行이라 故經意云 迷諸諦理하야 起相集耳니라
然成答相三이 通是有支相續이어늘 而兩重緣相差別은 云何오
畧有五異하니

(3) 진리를 알지 못하여 망상을 일으키는 연기 양상의 차례

이는 논에서 말한 '相'의 차별이다.

논에서 말하였다.

"만약 인연법이 '나'라는 주체가 없다면 어떤 양상으로 머무르는가. 인연이 모여 행하는 것이다."

이는 해당 양상을 머문다고 하고, 생겨난 뒤를 행한다고 말한다. 그러므로 경문의 뜻은 모든 聖諦의 이치에 미혹하여 양상의 모임이 일어난 것일 뿐이다. 그러나 成·答·相 3가지는 공통적으로 有支와 서로 이어지는 것인데, 2중의 인연 양상의 차이점은 무엇인가?

대략 5가지 차이점이 있다.

一은 前約妄我起緣이니 卽迷我執이오 此約迷諦起緣이니 卽迷眞實義라

① 앞에서는 허망한 '나'로 인연을 일으킴을 들어 말하였다. 이는 '나'의 미혹한 집착을 말하고, 여기서는 聖諦의 미혹으로 인연을 일으킴을 들어 말하였다. 이는 진실한 이치에 미혹함을 말한다.

二는 前約緣起요 此約緣次故니라 前은 通取十因一處로 共起名色이요 此中에는 一向單說次第라

② 앞에서는 인연이 일어남을 들어 말하였고, 여기서는 인연이 일어나는 차례를 들어 말하였기 때문이다.

앞은 10가지 원인이 한곳에서 의식과 함께 이름과 물질이 일어남을 통틀어 취하였고, 여기서는 하나같이 차례만을 말하였다.

三은 前通三世二世니 以許十因이 同一世故며 義取亦通五世요 此는 唯三世니 以名色等이 唯約現故요 義取亦通一世라【鈔_ 三은 約世有通局이니

言'義取亦通五世'者는 後段에 當明이라

言'此唯三世'者는 此句는 標也요

'以名色等唯約現故'者는 出所以也라 前段에 名色等五를 就種爲義면 則是二世요 後列五果는 皆約現行이니 卽果酬昔因이라 依於果上하야 復起愛取하야 招後生死일새 則有三世어니와 今此段中에 旣唯約現일새 故但有三이니라

'義取亦通一世'者는 至下當知니라】

③ 앞에서는 3세와 2세를 통틀어 말하였다. 10가지 원인이 똑같은 하나의 세상이기 때문이며, 이치로 취함은 또한 5세에도 통하지만, 여기서는 오직 3세만을 말하였다. 이름과 물질 따위가 오직 현행에만 의지한 까닭이다. 이치로 취함은 또한 1세에도 통한다.

【초_ ③은 세상에 모두 통하고 일부에 국한됨을 들어서 말하였다.

"이치로 취함은 또한 5세에도 통한다."고 말한 것은 뒤의 단락

에서 밝히겠다.

"여기서는 오직 3세만을 말하였다."는 이 구절은 표방이며,

"이름과 물질 따위가 오직 현행에만 의지한 까닭이다."고 말한 것은 그 이유를 내보임이다.

앞 단락에서 名色支 등의 5가지를 종자에 입각하여 뜻을 삼으면 2세이고, 뒤에 나열한 5가지 결과는 모두 현행으로 말한다. 이는 결과로 옛 원인에 답한 내용이다. 결과의 측면에 따라서 다시 애욕과 취함을 일으켜서 뒤의 세상에 태어나고 죽음을 초래하기에 3세가 있게 되지만, 이의 단락에서는 이미 현행만을 들어 말하기에 3가지만 있을 뿐이다.

"이치로 취함은 또한 1세에도 통한다."는 것은 아래의 해당 부분에서 알 수 있다.】

四 前文은 欲明三世竝備하야 於無明中에 說有愛故며 於現在中에 說無明故오 此中三世互有隱顯일새 不許相通이라【鈔_ '四前文'者는 約緣有隱顯이라

言'於無明中'下는 出備相也라 無明이 在於過去에 說有愛取하니 則備三惑矣라 行이 卽是有니 未潤名行이오 潤卽有故니 有二業矣라 必依七苦니 別說이면 爲五오 總說이면 爲二라 故此明過去備十二矣라 但擧經文無明之中에 說有愛取나 例餘에 必有니라

言'於現在中說無明故'者는 明現在中에 具十二也라 現在愛取之內에 旣有無明하니 則三惑이 具矣라 則所潤有行하니 已同過去에 有於二支에 無明行也라 現在八支는 居然可知로다 增長衰變에 亦

具生老死矣니라 】

④ 앞의 문장은 3세가 함께 구비되어 무명 속에 애욕이 있음을 말하였기 때문이고, 현재에서 무명이 있음을 말하였기 때문이며, 여기서는 3세가 서로 보이지 않거나 나타남이 있기에 서로 통함을 용납하지 않는다. 【초_ '④ 앞의 문장'이란 인연에 보이지 않거나 나타남이 있음을 들어 말하였다.

'於無明中' 이하는 구비한 양상을 보여줌이다. 무명이 과거에 있어서는 애욕과 취함이 있다고 말하니 3가지 의혹을 갖추고 있다. 行이 바로 존재이다. 종자를 촉촉이 적시지 않은 상태를 行이라 하고, 촉촉이 적신 후는 '존재'하기 때문이다. 2가지 업이 있다. 이는 반드시 7가지 고통에 의지한다. 이를 개별로 말하면 5가지이고, 총체로 말하면 2가지이다. 그러므로 여기서는 과거에 12지분을 모두 갖추었음을 밝히고 있다. 단 경문에서 말한, 무명의 가운데 애욕과 취함이 있음을 말하였지만, 나머지에 반드시 있음을 예로 든 것이다.

"현재에서 무명이 있음을 말하였기 때문이다."고 말한 것은 현재 속에 12지분이 갖춰져 있음을 밝힌 것이다. 현재의 애욕과 취함 속에 이미 무명이 있기에, 이는 3가지 의혹이 갖춰진 것이다. 종자를 촉촉이 적신 바에 行이 있다. 이는 이미 과거의 2가지 지분에 무명행이 있음과 같다. 현재의 8支는 쉽게 알 수 있다.

더욱 커나가고 쇠퇴의 변화에 또한 태어남과 늙음과 죽음이 갖춰져 있다. 】

五는 前爲答難이오 此爲辨相이니 如論意故니라

有斯五異하야 兩處에 辨緣호되 共明相續하야 總破癡倒하니 故但束爲十門之一이라

⑤ 앞은 논란에 답하기 위함이며, 여기서는 양상을 밝히기 위함이다. 논의 의미와 같기 때문이다.

여기에는 5가지 차이점이 있다. 2곳에서 인연을 밝히되 함께 서로 이어짐을 밝혀 총체로 어리석음과 전도 양상을 타파하였다. 이 때문에 이를 묶어서 10가지 문의 하나로 삼았다.

文中亦二니 初는 順이오 後는 逆이라

順中에 初는 無明支라

경문의 해석은 또한 2가지이다.

㈀ 차례대로 살펴보고,

㈁ 거꾸로 살펴보는 것이다.

'㈀ 차례대로 살펴보는' 부분은 아래와 같다.

① 무명지

經

佛子여 此菩薩摩訶薩이 復作是念호되 於第一義諦에 不了故로 名無明이오

불자여! 이 보살마하살이 또 이런 생각을 하였다.

"으뜸가는 이치를 알지 못하므로 무명이라 하고,

◉ 疏 ◉

言'於第一義不了'者는 然十二支 皆依眞起오 無有自性이라 故下偈云 '觀諸因緣實義空'也라 而無明이 最初로 親迷諦理하야 而起於行이라 旣橫從空起하야 不可復原일새 故令無明으로 特受迷稱이니라【鈔_ 瑜伽問云 '何因緣故로 無明等支 作如是次第오' 答이라 '諸愚癡者 要先愚於所應知事오 次卽於彼에 發起邪行等이라'하니 此無明은 約人迷理하야 橫從空起니라】

"으뜸가는 이치를 알지 못한다."고 말한 것은 그러나 12지분이 모두 眞諦에 의하여 일어난 것이요, 자성이 없다. 그러므로 아래 게송에서, "인연법 관찰하니 실상의 이치 공하다."고 하였다. 그러나 무명이 가장 먼저 眞諦의 이치를 직접 미혹하여 행을 일으키는 것이다. 이처럼 부질없이 '공'에서 일어나 다시는 근원자리에 회복할 수 없기에, 무명으로 하여금 특별히 '미혹'하다는 이름을 붙이게 된 것이다.【초_ 유가사지론에서 말하였다.

"어떤 이가 물었다.

'무슨 인연으로 無明支 등이 이와 같은 차례로 만들어지는 것일까?'

이에 답하였다.

'여러 어리석은 이들은, 먼저 반드시 알아야 하는 일에 대해 어리석고, 다음으로 그 어리석음으로 삿된 행을 일으키고…' 등이다."

이러한 무명은 위에서 말한 어리석은 사람이 진리를 알지 못하여 부질없이 '공'에서 일으킨 것으로 말하고 있다.】

別有暗法을 名爲無明이오 非但遮詮이라 明無而已니라

　　별개로는 법에 대해 어두운 것을 무명이라 말한다. 이는 역설적 표현일 뿐 아니라, 이미 밝음 자체가 없다.

二 行支
　　② 행지

經
所作業果 是行이오

　　지은 바의 업과를 행이라 하며,

◉ 疏 ◉

業은 卽罪等三業이니 是彼無明所起果故니라 故偈云 ˙所作思業愚癡果˙라하고 而論云 ˙是中無明所作業果˙者는 所謂名色者는 此出果體라 體는 謂行體니 卽名色故니라 遠公이 釋論云 ˙行有三業이니 意業은 爲名이오 身口는 爲色이라하니라

　　업은 죄 따위의 3가지 업이다. 저 무명으로 일으킨 바의 결과이기 때문이다. 따라서 본경의 게송에 이르기를, "생각으로 지은 업은 어리석음의 과보"라 하였다.
　　논에서 "이 가운데 무명으로 지은 업의 결과"라 말한 것은, 이른바 이름과 물질이란 여기에서 과보의 자체가 나온 것이다. 자체

는 행의 자체를 말한다. 이는 이름과 물질이기 때문이다.

혜원 법사는 위의 논을 다음과 같이 해석하였다.

"행에는 3가지 업이 있다. 意業은 名이라 하고, 身業과 口業은 色이라 한다."

三 識支

③ 식지

經

行依止初心이 是識이오

행에 의지한 첫 마음이 식이고,

● **疏** ●

論云 '於中識者는 彼依止故라하니 彼는 卽是行이라 此中에 語倒하니 應言依彼니라 故論經云 '依行有初心識이라하니 謂由行熏心하야 有當果種이며 乃至現行이라 故瑜伽云 '因識爲緣하야 相續果識이 前後次第라하니라

논에서 "이 가운데 識이란 그것을 의지하기[彼依止] 때문이다."고 하였다. '그것'이란 行을 말한다. 여기에서 '彼依止'란 거꾸로 말한 것이다. 이는 당연히 '依彼'로 말했어야 한다.

그러므로 논경에서 "행에 의지하여 첫 마음인 의식이 있다."고

하였다. 이는 행이 마음을 훈습함으로 인해서 미래의 과보 종자가 생겨나는 것이며, 나아가 현행에 이르게 됨을 말한다.

이 때문에 유가사지론에서 다음과 같이 말하였다.

"의식으로 인해 반연이 되어, 결과 의식이 전후의 차례에 따라 이어진다."

四 名色支
④ 명색지

經
與識共生四取蘊이 爲名色이오

식과 함께 생겨나는 4온을 이름과 물질[名色]이라 하며,

● 疏 ●

初一識字는 卽是現行識支라 識爲種邊에 唯是賴耶로되 在現行位하얀 通於六識이라 今揀現非種일세 故云'共生四蘊'이라하니 識蘊은 已屬所依識故니라 若言四蘊曰名이오 羯刺藍等을 爲色인댄 則所依現行之識이 亦唯賴耶니라【鈔_ '羯刺藍等'者는 此云雜穢니 父母不淨爲雜일세 深可厭患爲穢라 而言'等'者는 此上初位로 等餘四位니 故俱舍에 總云'最初羯刺藍'은 此云薄酪이니 一也오 二'云次生頞部曇'은 此云胞也오 三'從此生閉尸'는 此云軟肉이오 四

'閉尸生健南'은 此云堅肉이오 '五次鉢羅奢佉'는 此云支節이라 此之五位를 皆名色支라 此第五位는 亦六處攝이라 】

첫 부분의 '識'이란 한 글자는 현행의 의식 지분이다. 識이란 종자 측면에서는 오직 아뢰야식이지만, 현행의 지위에 있어서는 6식에 모두 통한다.

여기에서는 현행이란 종자가 아님을 구별하기 위해 '식과 함께 생겨나는 4온[共生四蘊]'이라 말하였다. 識蘊은 이미 의지 대상의 의식에 속하기 때문이다.

만약 4온을 '名'이라 하고 '갈라람 따위[胎中五位]'를 '色'이라 한다면 의지의 대상인 현행 의식 또한 아뢰야식일 뿐이다. 【초_ '갈라람 따위'란 중국에서는 '잡되고 더러움[雜穢]'이라는 뜻이다.

부모의 부정한 관계의 행위를 '雜'이라 하고,

매우 싫어한 걱정거리를 '穢'라 말한다.

'等[羯刺藍等]'이라 말한 것은 첫째 갈라람의 지위로 나머지 4지위를 평등하게 들어 말한 것이다.

이 때문에 구사론에서 총괄하여 말하였다.

"최초의 갈라람[凝滑]"은 중국에서는 묽은 즙[薄酪]이라는 뜻이니 첫째이다.

둘째는 "다음으로 알부담[皰]이 생겨난다."고 하였다. 이는 여드름과 같다는 뜻이다.

셋째는 "이로부터 폐시[血肉]가 생겨난다."고 하였다. 이는 부드러운 고깃덩이라는 뜻이다.

넷째는 "폐시에서 건남[堅肉]이 생겨난다."고 하였다. 이는 단단한 고깃덩이라는 뜻이다.

다섯째는 "다음에는 발라사거[支節]가 생겨난다."고 하였다. 이는 사지와 관절이라는 뜻이다.

이런 5가지 지위를 모두 名色支라 한다. 제5위는 또한 6처에도 속한다.】

論云'名色이 與識으로 共生故'者는 此言揀濫이니 恐人이 誤謂名共色生故니라

又云'識과 名色이 遞相依故'者는 釋前共義니 謂識由名色得起하고 名色이 依識得存이 如水與塵이 互相依持하야 以爲泥團이며 亦如束蘆하야 乃至命終이 相依而轉이라 故上答文에 總名苦果를 爲名色芽니라

논에서, "'이름과 물질'이 의식과 함께 생겨나기 때문이다."고 말한 것은 '구분 없이 범람함'과 다름을 구분하기 위함이다. 사람들이 ('이름과 물질'을 한데 묶어보지 않고 '이름'과 '물질'을 따로 분리하여) "이름이란 물질과 함께 생겨났다."고 잘못 말할까 염려한 까닭이다.

또한 "의식과 '이름과 물질'이 서로 번갈아 의지하기 때문이다."고 말한 것은 앞의 '함께[共生의 共]'라는 뜻을 해석한 것이다. 識은 이름과 물질에 의해 일어나고, 이름과 물질이 의식에 의해 존재함이 마치 물과 티끌이 서로 의지하여 진흙덩이가 되는 것과 같으며, 또한 갈대 묶음과 같아서, 목숨이 다하는 날까지 서로 의지하여 전전하는 것이다. 이 때문에 위의 답한 문장에서 총체로 '고통

의 결과'를 이름 지어 '名色의 싹'이라 말하였다.

五六處支
⑤ 6처지

經
名色增長이 爲六處오
이름과 물질이 더욱 커나가면서 6처가 되고,

● 疏 ●

謂四七日後에 諸根滿位라 六處明盛하야 名增成意處하고 色增成餘五니라 俱舍十一에 五果之中에 前三은 胎內오 餘二는 胎外니라

생명이 시작한 지 네 번째 7일, 즉 28일이 지난 뒤에 모든 감각기관이 원만하게 이뤄진 지위이다. 6처[眼·耳·鼻·舌·身·意. 즉 六根]가 분명하고 왕성하게 성장하는데, '이름[名]'은 더욱 커나가면서 意處[意根]를 형성하고, '물질[色]'은 더욱 커나가면서 나머지 眼·耳·鼻·舌·身 5감각기관[五處]이 형성하는 것이다.

구사론 권11에 의하면, 5가지 결과 가운데 앞의 3支[名色, 六處, 觸]는 모태 속에서 이뤄지고, 나머지 2支[受·愛]는 모태 바깥에서 이뤄진다.

六觸支

⑥ 촉지

經
根境識三事和合이 是觸이오
　6근, 6진, 6식 3가지의 일이 한데 뭉쳐 발생하는 작용이 감촉이며,

● **疏** ●

觸은 謂觸對니 雖有三和나 於三受因에 尙未了知하고 但能觸對니라【鈔_ 六觸者는 卽根境識 三和所生이니 能有觸對일세 故名爲 觸이라】

　觸이란 감촉의 상대를 말한다. 비록 6근, 6진, 6식 3가지의 일이 한데 뭉쳐 발생하는 작용이지만, 3가지 느낌[苦受, 樂受, 捨受]의 원인은 아직 알지 못한 채, 감촉으로 상대할 뿐이다.【초_ 6가지의 감촉은 六根, 六塵, 六識 3가지의 화합으로 발생하는 작용이다. 감촉으로 상대하는 것이 가능할 뿐이기에 觸이라 말한다.】

七觸共生受支

⑦ 감촉과 함께 생겨나는 受支

觸共生有受오

감촉과 함께 생겨나는 것을 '받아들이는 느낌'이라 하고,

● 疏 ●

分別三受하야 領納於觸일세 名觸共生이라 此前四支는 唯約現行이니라【鈔_ 七은 受支라 俱舍云 '在淫愛前이 受라하니 謂五六歲去로 至十四五來에 已了三受因差別相이나 未起淫愛일세 但名爲受라 涅槃經云 '染著一愛를 名之爲受라하니 謂衣食愛니라

俱舍頌云 '從此로 生六受니 五觸은 身이오 餘는 心이라'하니 謂於六觸에 生於六受니 謂眼觸이 爲緣하야 所生諸受等이라

六中에 前五는 名爲身受니 依色根故니라 色根이 聚集을 卽名爲身이니 身之受故니라 意觸所生을 名爲心受니 心之受故니라

'領納於觸'은 已如前釋이니라

'此前四支'下는 總結行相이라 若小乘說인댄 約位明支면 五皆現行이어니와 今就大乘에 識支는 通種일세 故四現行이니라】

괴롭다, 즐겁다, 괴로운 것도 즐거운 것도 아니다[苦受, 樂受, 捨受]는 3가지 느낌으로 구분하여 감촉을 받아들이므로 감촉과 함께 일어나는 작용이다. 앞의 4支[名色, 六處, 觸, 受]는 오직 현행만을 들어 말하였다.【초_ ⑦은 받아들이는 느낌의 지분이다. 구사론에서 "음욕의 사랑이 나오기 이전의 느낌이다."고 하였다. 이는 5, 6세 이후로부터 14, 15세까지는 이미 3가지 느낌의 원인과 각기 다른

양상을 알고 있지만, 아직은 음욕의 사랑을 일으키지 않기에, '받아들이는 느낌'이라고만 말하였다. 따라서 열반경에서는, "한 가지 사랑[一愛]에 물든 것을 '받아들이는 느낌'이라 한다."고 하였다. 이는 의복과 음식에 대한 애착을 말한다.

구사론의 게송에서, "여기에서 6가지의 느낌이 생겨난다. 5가지 감촉[五觸: 眼·耳·鼻·舌·身觸]은 색신으로 느낌이며, 나머지는 마음으로 느낌이다."고 하였다. 6근에 의한 6가지 감촉[六觸]에서 6가지 느낌이 나옴을 말한다. 다시 말하면 눈의 감촉이 인연이 되어 생겨나는 여러 느낌 등을 말한다.

6가지 감촉 가운데 앞의 5가지[眼·耳·鼻·舌·身觸]는 '몸의 느낌'이라 말한다. 색신의 감각기관에 의한 때문이다. 색신의 감각기관이 한데 모인 것을 '몸'이라 말하니, 몸으로 받아들이는 느낌이기 때문이다.

'생각의 감촉[意觸]'으로 생겨난 바를 '마음의 느낌'이라 한다. 마음으로 받아들이는 느낌이기 때문이다.

'감촉을 받아들인다.'는 것은 이미 앞에서 해석한 바와 같다.

'앞의 4支[名色, 六處, 觸, 受]' 이하는 行相을 총괄하여 끝맺었다. 소승법으로 말하면, 지위를 들어 지분을 밝힐 경우, 5支[名色, 六處, 觸, 受, 愛]는 모두 현행이지만, 여기에서는 대승법에 입각하여 識支는 종자에 통하기에 앞의 4支가 현행이다.】

八 愛支

⑧ 애지

經

於受染着이 是愛오

받아들이는 느낌에 물들고 집착함이 사랑이며,

◉ 疏 ◉

以三受中에 樂受纏綿希求일새 故云染著이니 卽是中下品貪이라 此雖通緣하야 內外二果나 諸論에 多取緣外境愛增上果生하니라 【鈔_ 八은 愛支라 俱舍云 '貪資具淫愛'라하니 謂十五六後에 貪妙資具하고 淫愛現行이나 未廣追求일새 但名爲愛니라】

3가지 느낌 가운데 즐거운 느낌으로 얽히고 추구하기에 이를 '물들고 집착함'이라고 말하였다. 이는 중품과 하품의 탐욕이다. 이는 비록 반연과 통하여 안팎으로 2가지의 과보가 있지만 여러 논에서는 대부분 바깥 경계를 반연한 사랑의 增上果가 생겨난 것을 들어 말하고 있다.【초_ ⑧은 사랑의 지분이다. 구사론에서는, "물건을 탐내고 음욕을 갖춘 사랑"이라 말하였다. 15, 16세 이후에 예쁜 물건을 탐내고 음욕의 사랑이 행해지지만 널리 추구하지는 않기에 '사랑'이라 말했을 뿐이다.】

九 取支

⑨ 취지

經

愛增長이 是取오

사랑이 더욱 커나가면 탐착이고,

● 疏 ●

雖攝餘惑이나 而愛潤이 勝故로 說是愛增이라 然上二支는 通現及種이니라 【鈔_ 九는 取支라 俱舍云 '遍馳求를 名取라하니 取는 謂貪也라 年旣長大에 貪五欲境하야 四方馳求하야 不憚勞倦이라 愛取別者는 初起를 名愛오 相續轉盛을 別立取名이니라 '雖攝餘惑'下는 卽唯識論이니 正是彼論이 會此經文이니라 '然上二支'者는 愛支初起 卽是現行이니 當念이 卽能熏識成種이라 依此愛種하야 而生於取니 取卽現行이라 是故로 經云 '愛增爲取'라하니라

下會四緣中에 愛望於取하야 有因緣者는 以愛種子 增成於取니 取는 卽愛種之現行故니라 故同一貪이나 初心爲愛오 轉盛名取라 卽此愛種이 便是取種일새 是故로 二支는 皆通種現이라】

비록 나머지 미혹을 포괄하고 있으나 사랑으로 종자를 촉촉이 적셔줌이 뛰어난 까닭에 "사랑이 더욱 커나간다."고 말하였다. 그

251

러나 위의 愛支와 取支 2가지는 현행과 종자에 모두 통한다.【초_
⑨는 탐착의 지분이다. 구사론에서, "두루 달려가 구함을 取라 말
한다."고 하였다. '취'함이란 탐욕을 말한다. 나이가 많이 들면 5욕
의 경계를 탐착해서 사방으로 달려가 추구하여 힘든 일이나 피곤
함도 꺼리지 않는다.

'사랑'과 '탐착'의 차이는 처음 일어난 생각을 '사랑'이라 하고,
뒤이어서 더욱 성해지는 것을 별도로 '탐착'이란 이름을 내세웠다.

'雖攝餘惑' 이하는 유식론의 문장이다. 유식론은 바로 이 경문
과 회통한 내용이다.

'然上二支'란 사랑이 처음 일어나는 것은 바로 현행이다. 그
사랑의 생각이 바로 식을 훈습해서 종자를 이룬 부분이다. 이런 사
랑의 종자에 의하여 탐착의 마음이 생겨나게 된다. 탐착은 곧 현행
이다. 이 때문에 경문에서 "사랑이 더욱 커나가면 탐착이다."고 하
였다.

아래의 4가지 조건 가운데, 사랑이 탐착과 상대로 인연이 있다
는 것은 사랑의 종자가 더욱 커나가면서 탐착을 이루는 것이다. 탐
착이란 사랑의 종자가 바로 행해지는 것이기 때문이다. 사랑과 탐
착은 똑같은 하나의 탐욕이긴 하지만 처음 일어나는 마음은 사랑
이라 하고, 더욱 갈수록 왕성해지는 것을 탐착이라 한다. 이런 사
랑의 종자가 바로 탐착의 종자이다. 이 때문에 사랑과 탐착 2가지
는 종자와 현행에 모두 통한다.】

十 有支

⑩ 유지

經

取所起有漏業이 爲有오

탐착으로 일으킨 유루업을 소유라 하며,

● 疏 ●

由四取心中이 所起諸業일새 故名有漏라 此業이 親能招當果로 故名之爲有라 此約三世일새 不同前段의 愛取合潤業等을 名有니 此前之業은 已隔現行名色等故니라

　4가지 탐착[欲取, 見取, 戒取, 我語取]의 마음속에서 일어나는 여러 가지 업으로 인한 까닭에 '유루'라고 말한다. 그 업이 직접 미래의 결과를 초래하기에 '소유'라 말하였다.

　이는 3세를 들어 말했기에 앞 단락의 사랑과 탐착이 하나가 되어 업을 성숙시켜 가는 등을 '有'라 말하는 것과는 다르다. 이는 앞의 업이 현행의 名色 등과 현격한 차이가 있기 때문이다.

十一 生支

⑪ 생지

從業起蘊이 爲生이오

유루업으로 5온의 몸을 일으키는 것을 생겨남이라 하고,

● 疏 ●

約增上緣하야 云從業起라 始從中有로 未衰變來를 皆名爲生이니라 【鈔_ 十一은 生支라 言'約增上緣'者는 以經云 '從業起蘊'을 名生故니라 業은 是善惡이오 生은 是無記異熟果故니라 若約因緣인댄 從二取種하야 親生於生이니 義如前說이니라】

增上緣을 들어서 '유루업으로 일으킨 것'이라 말하였다. 처음 중간 존재[中有]로부터 衰變의 늙음에 이르기 전까지를 모두 '생겨남'이라 말한다. 【초_ ⑪은 생겨남이다. '증상연을 들어 말한다.'는 것은 경문의 '업으로부터 5온'을 일으킨 것을 '생겨남'이라 말하기 때문이다. 업이란 선업과 악업이다. '생겨남'이란 無記의 이숙과이기 때문이다. 만약 원인과 조건[因緣]을 들어 말한다면 2가지 탐착의 종자로부터 직접 '생겨남'이 나온 것이다. 그 뜻은 앞에서 말한 바와 같다.】

十二 老死支

⑫ 노사지

蘊熟이 爲老오 蘊壞 爲死라

5온의 성숙을 늙음이라 하고, 5온이 무너짐을 죽음이라 한다.

● 疏 ●

卽諸衰變位니 名爲蘊熟이라 故上二支 體通五蘊이나 唯是現行이라 欲令生厭하야 合五成二하야 以顯三苦며 老非定有일새 附死立支라 別離等五는 餘時에 雖有나 死時에 多故로 偏就死說이니라【鈔_ '欲令生厭'下는 通妨이니 畧有三妨하니

一云 '未來生死는 卽現識等이어늘 何以現在立五하고 未來立二오 俱舍에 通此호되 但云 '畧果及畧因을 由中可比二라하니 現在五果를 未來에는 說二일새 故云畧果오 現在二惑을 過去에는 說一無明하니 故云畧因이라 由中已廣일새 故初後畧이니 比二可知라 過此更說하면 便爲無用이라하니 上卽論意니라

'若爾인댄 何不初後의 目所不覩에 廣說因果하야 可比於中고' 是故로 應言호되 '示迷本際일새 因을 合一惑하고 現所起惑은 明示始終하야 令其不行이오 當相辨差라 明示五位오 當果를 令厭하야 合爲老死니라 然唯識論에 雖約二世나 亦有此問하니 '論云 何緣所生에는 但立生老死하고 所引에는 別立識等五支오 答云 '因位難知差別相故로 依當果位하야 別立五支오 果位는 易了差別相故로 總立二支하야 以顯三苦라하니라

則今疏文은 含於二意니 '欲令起厭合立二支'는 卽是前意오 '合立

二支以顯三苦'는 卽唯識意니 謂生顯行苦오 老顯壞苦오 死顯苦苦니라 】

이는 모든 쇠퇴하고 변함의 지위이다. 이를 5온의 성숙이라 말한다. 그러므로 위의 有支와 生支 2가지의 체성은 5온에 통하지만 오직 현행일 뿐이다. 싫어하는 마음을 내도록 하기 위하여, 5가지 결과를 종합하여 2가지로 만들어 3가지 고통을 밝혔으며, 늙음은 일정하게 있는 것이 아니기에 죽음에 붙여서 지분을 세웠다.

이별 등 5가지[愁·嘆·苦·憂·惱]는 다른 때에도 있지만 죽을 때에 특히 많은 까닭에 죽음의 부분에서 이를 말하였다.【초_'欲令生厭' 이하는 비방과 논란에 대한 해명이다. 대략 3가지 논란이 있다.

① "미래에 태어나고 죽음은 곧 현재의 의식 등인데 어째서 현재에서는 5가지를 세우고 미래에서는 2가지를 세웠는가?"

구사론에서 이를 해명하면서 "결과를 생략하고 원인을 생략함은 현재에 그 2가지에 견줄 만하기 때문이다."고만 말하였다. 현재의 5가지 결과를 미래에는 2가지로 말하였기에 '결과를 생략한다.'고 말하였고, 현재의 2가지 미혹[愛·取]을 과거에는 무명 한 가지만을 말하였기에 '원인을 생략한다.'고 말하였다.

현재에 연유함을 이미 자세히 말하였기에 처음과 뒤를 생략한 것이다. '그 2가지에 견줄 만하다.'는 것은 말하지 않아도 알 수 있다. 이를 벗어나 다시 말하면 곧 작용이 없다고 하니 이상은 논에서 말한 뜻이다.

② "그렇다면 어째서 과거와 미래라는, 눈으로 볼 수 없는 대상에 대해 원인과 결과를 자세히 말하면서 현재에 견줄 만하다고 말하는가?"

이런 논란 때문에 당연히 이처럼 말해야 한다.

"근본 자리를 알지 못하기에 원인을 하나의 미혹에 합하여 보았고, 현재에 일으킨 미혹은 처음과 끝을 분명히 보여서, 사랑과 탐착 2가지를 행하지 못하도록 하였다. 미래 양상의 차이점을 밝혔기에 5지위를 분명하게 보여준 것이며, 미래의 결과를 싫어하도록 하고자 늙음과 죽음을 합하여 말한 것이다."

③ 그러나 성유식론에서 비록 2세를 들어 말했지만 또한 이런 질문이 있다.

"성유식론에서 말하기를, 어찌하여 '무엇을 반연하여 생겨난 것[所生支]인가'에 대해서는 태어남과 늙음과 죽음이라는 3支를 세우고, '무엇을 반연하여 이끌려진 것[所引支]인가'에 대해서는 별도로 識支 등 5가지를 세웠는가?"

이에 대해 답하였다.

"원인의 지위[因位]에서는 차별의 양상을 알기 어렵기 때문에 미래의 결과 지위에 의거하여 별도로 5支를 세웠고, 결과의 지위에서는 차별의 양상을 알기 쉽기에, 총체로 生支와 老死支를 세워 3가지 괴로움을 나타낸 것이다."

이 청량소의 문장에는 2가지 뜻을 포함하고 있다.

"싫어하는 마음을 내도록 하기 위하여, 5가지 결과를 종합하여

2가지로 만든다."는 것은 구사론의 논지이며,

"종합하여 2가지를 만들어 3가지 고통을 밝혔다."는 것은 유식론의 논지이다. 생겨남이란 行苦를, 늙음은 壞苦를, 죽음은 苦苦를 밝힌 것임을 말한다.】

然此一段 有支는 亦通一生에 前後建立이라 餘支는 可知오 唯生一種은 通取於前耳니 思之니라【鈔_ '然此一段'下는 以義重釋이니 謂卽於今生에 初는 迷諦理오 二는 卽作業이오 三은 業依初心爲識이니 如下一念緣生에 但通取一生長時일새 故云前後建立이라 言'唯生一種通取前'者는 謂有問言호되 '旣云一生인댄 生在初託胎時라 今居有後어늘 那言一生'고 故今答云 '通取前來諸增長位皆從有起니 此有 雖是過去之有나 但取所生하야 以成十二라 亦可有支之後에 所起五蘊을 卽名爲生이라 旣云義取하니 不可尅定이니라】

그러나 이 단락의 有支 또한 일생의 전후 건립에 모두 통한다. 나머지 지분은 말하지 않아도 알 수 있으나, 오직 '生支' 한 가지는 앞을 통틀어 취할 뿐이다. 이를 생각하기 바란다.【초_ '然此一段' 이하는 뜻으로 거듭 해석하였다. 금생에 있어서 첫째는 사성제의 이치를 알지 못하고, 둘째는 업을 지으며, 셋째는 업이 첫 마음[無明]을 의지하는 것이 識임을 말한다. 아래에서 말한 "한 생각의 찰나에 인연이 일어난다."는 것은 일생의 오랜 시간을 통틀어 취한 것이기에 '전후 건립'이라고 말하였다.

"오직 '生支' 한 가지는 앞을 통틀어 취할 뿐이다."고 말한 것은, 어떤 이가 물었다.

"이미 일생이라 말하면 '生支'란 처음 모태 속에 의탁할 때를 말한다. 여기에서는 有支의 뒤에 있는데 어떻게 일생이라 말할 수 있을까?"

이에 대해 답하였다.

"앞의 모든 增長位는 모두 有支에서 일어남을 통틀어 말한 것이다. 이 有支는 비록 과거의 존재이지만 다만 생겨난 것[所生支]만을 취하여 12支가 이뤄진 것이다. 또한 有支의 뒤에 일어난 5온을 바로 '生支'라 말한다. 이미 뜻으로 말한다고 하였기에, 딱히 결정지을 수는 없다."】

後 逆觀

(ㄴ) 거꾸로 살펴보다

經
死時離別에 **愚迷貪戀**하야
心胸煩悶이 **爲愁**오
涕泗咨嗟 爲歎이오
在五根이 **爲苦**오
在意地 爲憂오
憂苦轉多 爲惱니

如是但有苦樹增長이언정 無我無我所하며 無作無受者니라

復作是念호되 若有作者인댄 則有作事오 若無作者인댄 亦無作事어니와 第一義中엔 俱不可得이니라

 죽음을 맞아 이별할 적에 어리석음과 혼미와 탐착과 연연한 마음으로
  가슴이 답답하여 괴로움을 시름이라 하고,
  눈물 흘리며 슬퍼함을 탄식이라 하고,
  5근에 있어서는 고통이라 하고,
  뜻에 있어서는 근심이라 하고,
  근심과 고통이 더욱 많아짐을 고뇌라 한다.
 이와 같이 고통의 나무가 자라나지만, '나'라는 것도 없고 '나의 것'이라는 것도 없고, 이런 일을 만드는 이도 없고 받는 이도 없다."
 또 이런 생각을 하였다.
 '만약 이런 일을 만드는 이가 있다면 이런 일이 있을 것이고, 만드는 이가 없다면 또한 만드는 일도 없을 터지만, 으뜸가는 이치에는 이런 것들을 모두 찾아볼 수 없다.'

◉ 疏 ◉

逆觀中에 一은 結是苦樹니
謂無明·行이 引識至受는 爲苦芽오
愛緣이 引受至有는 是守養이오

生·老死는 爲苦樹오

從芽守養은 是增長義라

又於現法中에 無明造業이 爲小苦樹오 若愛取潤하면 則得增長이어니와 不潤이면 尙滅이어니 況更增耶아

又初二는 爲根이오 次二는 爲身이오 次三은 爲支오 次三은 爲華오 後二는 爲果라【鈔_ 後逆觀中에 初結成苦相有三節하니

一은 二世因果를 相望하야 唯取七苦하야 爲苦樹하고 惑業五因으로 爲苦緣이니 五種이 爲苦芽라 二果爲樹니 此는 瑜伽第十이라

二 又於下는 以因으로 爲果하야 云於現法中이니 現法之時는 亦是二世之義라 '若愛取潤則增長'者는 亦潤行種과 及識種耳라

三 又初二下는 通取十二緣이니 若因若果 爲一苦樹라 無明이 發業일세 故爲苦樹根이니 若不發業이면 不受後有果故니라 識與名色은 爲苦樹身이니 以識與名色從因至果히 互相依持하야 爲生死體故니라 次六入·觸·受는 依名色上하야 開顯增長이니 對境領受 如枝依身하야 而開別故니라

約二世說인댄 但是因中에 約果說耳니라 次愛取 合潤成有하야 決定當生일세 故喩如花니 上十은 爲因故오 後二는 是苦果라 上三은 皆依二世어니와 後之一釋은 可通三世라 依過二因하야 招識名色之體하야 而爲樹身이오 六入·觸·受의 現行開顯等이 爲枝니 已是苦樹竟하다

依上하야 復起當因일세 故三이 爲花오 感當二果 爲苦樹果라 則雖是一樹나 義有兩重이니라】

거꾸로 살펴보는 부분은 3가지로 끝맺고 있다.

⑴ 고통의 나무로 끝맺었다.

無明支와 行支가 識支를 이끎으로부터 受支에 이르기까지는 고통의 싹이며,

사랑의 반연으로 受支를 이끎으로부터 有支에 이르기까지는 고통의 싹을 지키고 길러감이며,

생겨나고 늙음과 죽음은 바로 고통의 나무이며,

싹에서부터 지키고 길러줌은 더욱 키워나가는 이치이다.

또한 현재의 법 가운데 무명으로 지은 업이 작은 고통나무가 되고, 만약 사랑과 탐착으로 촉촉이 적셔주면 더욱 커나가지만, 촉촉이 적셔주지 않으면 오히려 사라지게 된다. 하물며 다시 더욱 자라날 수 있겠는가.

또 앞의 無明支와 行支 2가지는 고통나무의 뿌리가 되고,

다음 識支와 名色支 2가지는 줄기가 되고,

다음 六入支, 觸支, 受支 3가지는 가지가 되고,

다음 愛支, 取支, 有支 3가지는 꽃이 되고,

뒤의 生支와 老死支는 열매가 된다.【초_ '(ㄴ) 거꾸로 살펴보는' 부분에 첫째, 고통의 양상에는 3부분이 있다.

① 2세의 원인과 결과를 서로 대조하여 오직 7가지 고통을 들어 고통의 나무로 삼았고, 미혹과 업의 5가지 원인으로 고통의 반연을 삼았다. 그러므로 5가지가 고통의 싹이 되고, 2가지 결과로 고통의 나무를 삼았다. 이는 유가사지론 권10의 논지이다.

② '又於現法' 이하는 원인으로 결과를 삼아서 '현재의 법 가운데'라 말하였다. 현재의 법이라는 때는 또한 2세의 이치이다. "만약 사랑과 탐착으로 촉촉이 적셔주면 더욱 커나간다."는 것은 또한 行의 종자와 識의 종자를 촉촉이 적셔주는 것이다.

③ '又初二爲根' 이하는 12가지 반연을 통틀어 취하였다.

원인과 결과가 모두 하나의 고통나무이다.

무명이 업을 일으키므로 고통나무의 뿌리이다. 만약 업을 일으키지 않으면 후세의 소유라는 결과를 받지 않기 때문이다.

識支와 名色支는 고통나무의 줄기이다. 識支와 名色支가 원인으로부터 결과에 이르기까지 서로서로 의지하면서 생사의 본체가 되기 때문이다.

다음 六入支, 觸支, 受支는 名色支를 의지하여 더욱 커나감을 밝혀주었다. 경계를 상대로 받아들이는 것이 마치 가지가 줄기에 의지하여 각기 따로 나뉘는 것과 같기 때문이다.

2세를 들어 말하면 다만 원인 중에 결과만을 말했을 뿐이다. 다음의 사랑과 탐착이 합하여 촉촉이 적셔주어 有支를 성취함으로써 반드시 미래에 태어나게 된다. 이 때문에 이를 고통나무의 꽃에 비유하였다. 위의 10支는 원인이 되기 때문이며, 뒤의 生支와 老死支 2가지는 고통의 결과이다.

위의 3가지는 모두 2세에 의한 논지이지만, 뒤의 한 가지 해석은 3세에 통하고 있다. 과거의 2가지 원인에 의하여 識支와 名色支의 본체를 초래하여 고통나무의 줄기가 되고, 六入支, 觸支, 受

支의 현행으로 밝히는 등이 가지이다.

이상은 고통나무의 비유를 끝맺었다.

위에 의지하여 다시 미래의 원인을 일으키기에 愛支, 取支, 有支 3가지는 꽃이 되고, 미래의 生支와 老死支 2가지 결과를 얻음이 고통나무의 열매이다.

이로 보면 고통의 나무는 하나이지만, 그 의의는 2중으로 쓰여 있다.】

'無我無我所'는 二結成無我요

'無作無受'는 三結成於空이라【鈔_ 結成於空者는 經有者字는 則似人空이나 人空은 卽上無我요 今無作受之體라 在因에 爲作이오 在果에 爲受니라 】

"'나'라는 것도 없고 '나의 것'이라는 것도 없다."는 것은 둘째, 無我를 끝맺음이며,

"이런 일을 만드는 이도 없고 받는 이도 없다."는 것은 셋째, '공'으로 끝맺음이다.【초_ "공으로 끝맺음"이란, 경문에 '者'라는 글자가 있는 것은 '人空'처럼 보이지만, '人空'은 곧 위의 無我이며, 여기에서는 이런 일을 만드는 자와 받는 자의 자체가 없다는 뜻이다. 원인의 자리에서는 이런 일을 만드는 자이고, 결과의 자리에서는 이런 일을 받는 자이다.】

'復作是念'下는 以我로 況法하야 結成勝義故니라【鈔_ 結成勝義者는 上顯無病에 所病이 有異요 今明空理에 一理無差일새 故異上空이니라 】

'復作是念' 이하는 '나'로써 법에 비유하여 뛰어난 이치를 끝맺었기 때문이다.【초_ "뛰어난 이치를 끝맺었다."는 것은 위에서는 질병이 없을 적에 질병의 대상이 되는 것과는 차이가 있음을 밝혔고, 여기에서는 '공'한 이치에 그 어떤 이치도 어긋남이 없음을 밝혔기에 위에서 말한 '공'과는 다르다.】

由前緣相이 皆是似義일세 故逆觀中에 直顯眞實하야 性相이 無礙일세 故爲甚深이니 緣起之觀이 正在於此니라

又無作作者는 卽顯緣生이오 非天人作이라 若佛出世커나 若不出世에 安住法性하야 法住法界故니라 於此一觀도 已爲甚深이온 況加後二아【鈔_ '又無作作者'下는 約法住智하야 結成甚深이니 故瑜伽云 '云何法住智오 謂如佛施設開示를 無倒而知라'하고

次重徵釋云 '如世尊言하사대 是諸緣起는 非我所作이오 亦非餘作이라 所以者何오 若佛出世커나 若不出世에 安住法性·法住·法界니라 云何法性等고'

答이라 '是諸緣起는 無始時來로 理成就性을 是名法性이오 如成就性하야 以無顚倒文句로 安立을 是名法住오 由此法住하야 以彼法性으로 爲因일세 是故로 說彼名爲法界라'하니라

釋曰 但觀論文이면 疏自明了니라 】

앞의 반연하는 모양이 모두 '근사한 이치'이기에 거꾸로 살펴보는 부분에서는 직접 진실을 밝혀 근본 자리의 성품과 현상의 모양이 걸림이 없기에 매우 깊다[甚深]고 하였다. 緣起를 살펴보는 법은 바로 여기에 있다.

또한 '이런 일을 지은 적도, 짓는 이도 없다.'는 것은 곧 반연으로 생겨난 것이지, 하늘 사람이 짓는 것이 아님을 밝혔다. 부처님이 세상에 나오거나 세상에 나오지 않거나 법성에 안주하여 법이 법계에 머물기 때문이다. 이 하나의 相諦差別觀만으로도 이미 매우 깊은 일인데, 하물며 여기에 2가지 관법[大悲隨順觀, 一切相智觀]을 더한다면 오죽하겠는가.【초_ '又無作作者' 이하는 법에 머무는 지혜에 들어서 매우 심오하다는 뜻을 끝맺음이다. 이 때문에 유가사지론에서 말하였다.

"어떤 것이 법에 머무는 지혜인가? 부처님이 베풀고 열어 보여 준 것들을 전도됨이 없이 아는 것이다."

다음에 거듭 묻고 해석하였다.

세존께서 말씀하셨다.

"이 모든 연기는 내가 만든 것이 아니며, 또한 다른 이가 만든 것도 아니다. 왜냐하면 부처님이 세상에 나오거나 세상에 나오지 않거나 法性과 法住와 法界에 안주하기 때문이다."

"그렇다면 무엇을 법성 등이라 하는가?"

이에 대해 답하였다.

"이 모든 연기는 시작도 없는 때로부터 진리로 성취한 성품을 '법성'이라 하고,

성취된 성품 그대로 전도됨이 없는 문구로 편안히 세운 것을 '법주'라 하며,

이러한 법주에 의하여 그 법성으로써 원인을 삼기에 그것을

'법계'라 말한다."

이에 대한 해석은 다음과 같다.

단 논의 문장만 살펴보면 청량소의 문장은 절로 분명히 알 수 있다.】

二 約大悲隨順觀者는 四觀之中에 此第一門이니 卽當第一愚癡顚倒觀이라 論에 總釋云 隨所著處하야 愚癡及顚倒니 此事觀故라하니 謂十二因緣은 是所著處오 癡迷性相하야 倒執我所니라

下別釋意하야 明癡隨所迷하야 立二顚倒하니

一은 從初로 至則無生處는 明迷緣性之無我하야 執我成倒니 以著我故니라 則世間生이 明是顚倒라 若離此著이면 則無生處는 反顯此著이 必是顚倒라

二復作下는 竟初一門하고 明愚緣相之緣으로 生疑惑顚倒니 謂無智故로 常求有無하야 滯斷常之二塗일세 故云疑惑이오 致緣相之相續이 明是顚倒니라 今菩薩이 順彼衆生愚倒之事하야 起悲觀察일세 名爲事觀이니라

(2) 대비의 마음으로 중생을 따르는 관법을 들어 말한 것은 4가지 관법 가운데 이것이 제1문이다. 이는 '① 어리석음으로 전도된 관'에 해당한다.

논에서 총체로 해석하기를, "집착한 곳에 따라 어리석고 전도되었다. 이런 일을 살펴보기 때문이다."고 하였다. 12인연은 '집착한 곳'이며, 근본 자리의 성품과 현상의 모양에 대해 어리석고 혼미하여 '나의 것'이라는 전도된 집착을 범하는 것이다.

아래는 개별로 그 의미를 분석하여 어리석음이 미혹한 바를 따라 2가지 전도된 견해를 세우게 됨을 밝혔다.

㉠ 처음부터 '則無生處' 구절까지는 반연의 성품이 '나'라는 것이 없음을 알지 못하여 '나'라는 생각에 집착하여 전도됨을 밝힌 것이다. 이는 '나'라는 생각에 집착한 까닭이다. 세간에 몸을 받아 태어남은 바로 이런 전도에 의한 것임을 밝히고 있다.

만약 이러한 집착을 여의면 다시는 태어나는 곳이 없다는 것은 이런 집착이 반드시 전도임을 반대로 밝힌 것이다.

㉡ '復作' 이하는 제1문을 끝마치고, 어리석어 모양을 반연하는 반연으로 의혹과 전도를 내게 됨을 밝혔다. 지혜가 없기 때문에 항상 있고 없음을 구해서 단견과 상견의 2길에 빠져 있기에 '의혹'이라 하고, 모양을 반연이 서로 이어지게 만드는 것이 '전도'임을 밝히고 있다. 여기에서는 보살이 중생의 어리석음과 전도된 일을 따라 대비의 마음을 일으켜 그들을 관찰하기에 '이런 일을 관찰함[事觀]'이라 말한다.

三 約一切相智觀은 九觀之中에 此門이 攝第一觀全과 及第二之半이라 謂初의 成答二文은 名染淨分別觀이라
此有二意하니 一은 著我爲染이오 離我爲淨이라 二는 著我故로 緣相生爲染이오 離我故로 緣相滅爲淨이라
後相經文은 卽屬第二依止觀이니 謂雖依第一義나 以不知故로 卽起諸緣이니 是爲染依오 見第一義면 諸緣則滅하니 便爲淨依니라
相諦觀中에 不知故로 成緣相이오 大悲觀中에 不知 便爲顚倒니라

然上의 相續一門은 經文이 無二나 隨義分三이니
初는 明倒惑起緣이 實無有我하야 成一切智觀이오
次는 順癡倒事하야 成道相智觀이오
後는 委究解惑染淨性相하야 成種智觀이라
又初는 順根本이오 次는 順後得이오 後는 卽無礙니라
雖無我所나 不壞相故로 而起大悲오 能所本空일새 悲而無著이오
雙窮性相하야 不滯自他오 三觀이 一心일새 成無礙智니 甚深般若
寧不現前이리오 一門도 尙然이온 況加餘九아

(3) 일체 양상과 지혜로 행하는 관법을 들어 말한 것은 9가지 관법 가운데 이 부문이 제1 染淨分別觀의 전체와 제2 依止觀의 절반에 속한다. 첫 부분의 '成'과 '答'의 2문장은 '제1 잡염과 청정을 구분하는 관법[染淨分別觀]'이라 말한다.

여기에는 2가지 뜻이 있다.

① '나'라는 생각에 집착하면 잡염이고, '나'라는 생각을 여의면 청정이다.

② '나'라는 생각에 집착한 까닭에 반연의 모양이 생겨남을 '잡염'이라 하고, '나'라는 생각을 여의었기에 반연의 모양이 사라짐을 '청정'이라 한다.

뒤의 '相'에 관한 경문은 제2 依止觀에 속한다.

비록 으뜸가는 이치에 의지하지만, 알지 못하기 때문에 모든 반연을 일으키니, 이는 '잡염에 의지함'이며, 으뜸가는 이치를 보면 모든 반연은 사라지니, 이는 곧 '청정에 의지함'이다.

'양상의 진리로 차별하는 관법[相諦差別觀]'을 알지 못한 까닭에 반연하는 모양을 이루고,

'대비의 마음으로 중생을 따르는 관법[大悲隨順觀]'을 알지 못한 까닭에 곧 전도되는 것이다.

그러나 위의 有支相續門은 경문에 2가지가 없지만 뜻을 따라 3부분으로 나뉜다.

① 전도와 미혹으로 일으킨 반연이 실로 '나'라는 것이 없음을 밝혀, '일체 지혜의 관법[一切智觀]'을 성취하고,

② 어리석고 전도된 일에 따라 '도의 모양의 지혜에 의한 관법[道相智觀]'을 성취하고,

③ 미혹을 이해하는 잡염과 청정의 체성과 모양을 자세히 궁구하여 '일체종지의 관법[種智觀]'을 성취하는 것이다.

또한 첫째의 '일체 지혜의 관법'은 근본지를 따르고,

다음 '도의 모양의 지혜에 의한 관법'은 후득지를 따르며,

뒤의 '일체종지의 관법'은 無礙智이다.

비록 '나의 것'은 없지만 현상의 일들을 무너뜨리지 않는 까닭에 대비의 마음을 일으키고,

주체와 대상이 본래로 '공'한 것이어서 중생을 가엾이 여기면서도 집착하지 않으며,

근본의 체성과 현상의 모양을 모두 궁구하여 나와 남에게 집착하지 않고,

3가지 관법이 하나의 마음이기에 '걸림 없는 지혜[無礙智]'를 성

취하니, 매우 깊은 반야가 어찌 나타나지 않겠는가. 하나의 부분을 성취한 것만으로도 오히려 이와 같은데, 하물며 나머지 아홉 부분을 더하면 오죽하겠는가.

第二 一心所攝門中이라 然此一門이 乃含多意나 且分二別이니
一은 攝末歸本門이오 二는 本末依持門이라
今은 初라

제2. 하나의 마음으로 받아들이는 법문

그러나 이 하나의 법문에는 많은 뜻을 포함하고 있으나 2가지로 나누고자 한다.

첫째, 지말을 거두어 근본으로 돌아가는 법문,

둘째, 근본과 지말이 의지하는 법문이다.

이는 첫 부분이다.

經
佛子여 此菩薩摩訶薩이 復作是念호되
三界所有 唯是一心이라

불자여! 이 보살마하살이 또 이런 생각을 하였다.

"삼계에 있는 바는 오직 하나의 마음일 뿐이다.

● 疏 ●

依論三觀에 初約相諦니 卽當第二 第一義諦觀이라 論生起云호되 云何第一義差別고 如是證第一義하면 則得解脫함이 彼觀故라하시니 此明修觀所以라 以第一義는 是緣生之性이니 若見緣性하면 則脫緣縛일새 故修彼觀이라 而論經에 雖云皆一心作이나 意取能作一心이니 故云第一義觀이니라【鈔_ 若取三界虛妄하면 卽是所作이오 便屬世諦어늘 今取能作하야 爲第一義니라】

(1) 논의 3가지 관법에 의하면, '양상의 진리로 차별하는 관법[相諦差別觀]'으로 말하였다. 이는 제2 으뜸가는 이치의 관법에 해당한다.

연기가 일어남을 논하여 말하기를, "무엇이 으뜸가는 이치로 차별함인가. 이와 같이 으뜸가는 이치를 증득하면 해탈을 얻음이 그 관법이기 때문이다."고 하였다. 이는 관법을 닦는 이유를 밝혔다.

으뜸가는 이치는 연기가 생겨나는 체성이다. 만약 연기의 체성을 발견하면 연기의 속박에서 벗어날 수 있기에 그 관법을 닦는 것이다. 논경에서 비록 "모두 하나의 마음으로 만들어진다."고 말했지만, 그 뜻은 만들어 내는 주체가 하나의 마음임을 취한 것이다. 이 때문에 '으뜸가는 이치의 관법'이라고 말한다.【초_ 만약 삼계가 허망하다는 것으로 말하면 이런 일이 만들어진 대상이며, 이는 세간의 이치에 속하지만, 여기서는 이런 일을 만든 주체를 취하여 으뜸가는 이치로 삼는다.】

論云 '但是一心者는 一切三界唯心轉故'라하니 此言이 則總이라 轉

者는 起作義며 亦轉變義니라【鈔_ 論云下는 引論釋經이오 從此言則總下는 疏釋論이라 上取觀名이 唯是能作이어늘 今云三界唯心轉故로 則通能所니라

然能所有二하니

若法性宗인댄 以第一義隨緣成有는 卽爲能作이오 所有心境은 皆通所作이니 以不思議熏과 不思議變이 是現識因故니라

若法相宗인댄 第一義心은 但是所迷오 非是能作이라 有三能變하니 謂第八等이라

故一卷唯識論云 又復有義하니 大乘經說하사대 三界唯心이라하니 唯是心者는 但有內心하고 無色香等外諸境界니라

此云何知오 如十地經에 說 三界虛妄은 但是一心作故니라

心·意與識과 及了別等 如是四法이 義一名異니 此依相應心說이오 非不相應心說이니라

心有二種하니

一은 相應心이니 所謂一切煩惱結使와 受想行等이 皆心相應이라 以是故로 言心·意與識과 及了別이 義一名異故니라

二는 不相應心이니 所謂第一義諦라 常住不變하야 自性淸淨心故니 言三界虛妄 但一心作은 是相應心이오 今依法性일세 故云第一義心을 以爲能作이라

言轉者는 起作義며 亦轉變義者는 卽唯識意니 彼論第二에 總釋三能變云호되 能變이 有二하니 一은 因能變이오 二는 果能變이라 하야 釋此二變에 皆云生起하니 故彼論云 一因能變이니 謂第八識

中의 等流와 異熟인 二因習氣니 等流習氣는 由七識中 善惡無記하야 熏令生長하고 異熟習氣는 由六識中 有漏善惡하야 熏令生長이라'하니라

釋曰'種子生現行이 名因習氣라

於中에 有二하니 先은 標오 後는 釋이라

等流는 卽七識中三性種子니 各生自現이라 唯除第八이니 不能熏故니라 異熟習氣는 唯除第七이니 七是無記일새 非異熟因이니 前是因緣이오 此增上緣이니라

論云'二果能變이니 謂前二種習氣力故로 有八識生하야 現種種相이라'하니라

釋曰'卽前二因의 所生現果니 謂有緣法이 能變現者를 名果能變이라 種種相者는 卽第八識相應心所인 相과 見分等이라

論別釋云'等流習氣 爲因緣故로 八識體相이 差別而生일새 名等流果니 果似因故라'하니라

釋曰'卽以現識三性種子로 各自生現이니라'

論云'異熟增上緣으로 感第八識의 酬引業力하야 恒相續故로 立異熟名이어니와 感前六識의 酬滿業者는 從異熟起하니 名異熟生이오 不名異熟이니 有間斷故니라 卽前異熟과 及異熟生을 名異熟果니 果異因故라'하니라

釋曰'八識은 是總果일새 故是異熟主이니 主引生餘感六識業을 名之爲滿業等이니라

以上論文이 皆以生起로 而釋變義니 故疏云'轉卽轉生이며 亦轉

變義라하니라

又下論中에 釋第二能變할새 依彼轉緣이니 彼云 '轉은 謂流轉이니 顯示此識이 恒依彼識하야 取所緣故라'하며 彼疏釋云 '流는 是相續義오 轉은 是生起義니 謂依第八하야 或種或現이 相續起義'라하니라

又彼論第一에 釋'由假說我法 有種種相轉'云 '轉은 謂隨緣施設有異'라하며

又云 '彼相은 皆依識所轉變而假施設'이라하며

又云 '變은 謂識體가 轉似二分'이라하니라

釋曰 言彼相者는 卽上我法이오 識體는 卽是自證分이니 此는 相·見이 俱依自證起故니라 上來正意는 爲證以起以變하야 釋論轉字라 然已具於能變之相이라 前後經疏 皆要此文이니라】

논에 이르기를, "단 하나의 마음이란 일체 삼계가 오직 마음이 전변하기 때문이다."고 하였다. 이 말은 총상이다.

'轉'이란 일으켜 만들어 낸다는 뜻이며, 또한 변하여 바뀐다는 뜻이다. 【초_ '論云' 이하는 논을 인용하여 경문을 해석하였고, '이 말은 총상이다[此言則總].'로부터 이하는 청량소에서 논을 해석하였다.

위에서는 관법의 명칭을 취함이 오직 이런 일을 만들어 내는 주체일 뿐이었는데, 여기에서는 "삼계가 오직 하나의 마음에 의한 전변이기 때문에 주체와 대상에 모두 통한다."고 하였다.

그러나 주체와 대상에는 2가지가 있다.

① 법성종으로 말하면, 으뜸가는 이치가 인연 따라 '유'를 이루는 것은 곧 주체이고, 소유한 마음의 경계는 모두 대상에 통한다.

불가사의한 훈습[眞如熏習]과 불가사의한 변화[無明熏習]가 현재 의식의 원인이기 때문이다.

② 법상종으로 말하면, 으뜸가는 이치의 마음은 미혹의 대상일 뿐, 주체가 아니다. 변화하는 3가지 주체가 있으니, 제8식 따위를 말한다.

그러므로 1권 유식론에서 말하였다.

"또한 하나의 뜻이 있다. 대승경전에서 '삼계가 오직 하나의 마음이다.'고 하였다."

'오직 하나의 마음'이란 내면의 마음만 있을 뿐, 色聲香 등 모든 외적 경계가 없다는 뜻이다.

이를 어떻게 알았는가? 십지경에서 "삼계는 허망하다. 단 하나의 마음이 만들어 내는 것이다."고 말하였기 때문이다.

마음, 생각, 의식과 경계를 아는 따위의 이런 4가지 법이 뜻은 하나이지만 명칭이 각기 다르다. 이는 상응하는 마음에 의하여 말한 것이지, 상응하지 않는 마음에 의하여 말한 게 아니다.

마음에는 2가지가 있다.

① 상응하는 마음이다. 이른바 일체 번뇌의 속박과 느낌, 생각, 행 등이 모두 마음과 상응한다. 이런 까닭에 "마음, 생각, 의식과 경계를 아는 따위의 이런 4가지 법이 뜻은 하나이지만 명칭이 각기 다르기 때문이다."고 말하였다.

② 상응하지 않는 마음이다. 이를테면 으뜸가는 이치가 항상 머물러 변화하지 않고, 자성이 청정한 마음이기 때문이다. "삼계는

허망하다. 단 하나의 마음이 만들어 낸다."는 것은 상응하는 마음이며, 여기에서는 법성종에 따른 것이기에 "으뜸가는 이치의 마음을 주체로 삼는다."고 말하였다.

"轉이란 일으켜 만들어 낸다는 뜻이며, 또한 변하여 바뀐다는 뜻이다."고 말한 것은 성유식론의 논지이다. 성유식론 제2에서 총체로 3가지 변화의 주체[能變]를 해석하기를, "변화의 주체에는 2가지가 있다. 첫째는 원인으로서의 변화의 주체, 둘째는 결과로서의 변화의 주체이다."고 하여, 이 2가지 변화의 주체를 해석하면서 모두 생겨난다[生起]고 말하였다.

이 때문에 성유식론에서 말하였다.

"첫째는 원인으로서의 변화의 주체이다. 제8식 중의 等流習氣와 異熟習氣의 2가지 원인(업의 종자)을 말한다.

등류습기는 7식 가운데 선·악·무기에 의해 훈습되어 생성하고 증장케 하고,

이숙습기는 6식 가운데 유루의 선·악에 의해 훈습되어 생성하고 증장케 한다."

이에 대한 해석은 다음과 같다.

"종자에서 생겨난 현행을 원인의 습기라고 말한다.

여기에는 2가지가 있다. 앞은 표장이고, 뒤는 해석이다.

등류습기란 7식 가운데 3가지 성품의 종자이다. 각기 자분의 현행을 내는데, 오직 제8식만 제외된다. 이는 훈습하지 못하기 때문이다.

이숙습기는 오직 제7식만 제외된다. 7식은 무기이므로 이숙의 원인이 아니다. 앞은 인연이요, 이는 증상연이다."

성유식론에서 말하였다.

"둘째는 결과로서의 변화의 주체이다. 앞서 말한 등류습기와 이숙습기의 힘에 의해 8식이 생겨나 가지가지 양상을 나타내는 것이다."

이에 대한 해석은 다음과 같다.

"앞서 말한 등류습기와 이숙습기 2가지 원인에서 생겨난 현행의 결과이다. 존재에서 반연한 법이 변화의 주체로 나타난 것을 결과로서의 변화의 주체라 말한다.

'가지가지 양상'이란 제8식과 상응한 心所인 相分·見分 등이다."

성유식론에서 개별로 해석하였다.

"등류습기를 인연으로 삼기 때문에 8식의 체성과 양상이 각기 다르게 생겨난다. 이를 '等流果'라고 말한다. 현재의 받은 결과가 예전에 지은 그 원인과 똑같기 때문이다."

이에 대한 해석은 다음과 같다.

"현재의 의식인 3가지 성품의 종자로 각기 자분의 현행을 내는 것이다."

성유식론에서 말하였다.

"이숙습기의 增上緣으로 제8식의 이끄는 업[引業]의 힘에 응하여 항상 이어짐을 불러들이기 때문에 이숙이라는 명칭을 세웠지만, 앞 6식의 원만케 하는 업[滿業]에 응함을 불러들이는 것은 이숙에서 일어나기에 '異熟生'이라 이름 붙인 것일 뿐, 이숙이라 부르지 않는다. 이는 간단이 있기 때문이다. 이는 앞의 이숙[제8식]과 이숙생을 '異熟果'라고 부른다. 결과가 원인과 다르기 때문이다."

이에 대한 해석은 다음과 같다.

"제8식은 총체의 결과이므로 이숙의 주체이다. 주체가 나머지 감득한 6식의 업을 이끌어 생겨나게 하는 것을 '원만케 하는 업[滿業]' 등으로 부른다."

이상의 성유식론의 논지는 모두 '생겨나는 것'으로 '변화'의 뜻을 해석하였다. 이 때문에 청량소에서 "轉이란 일으켜 만들어 낸다는 뜻이며, 또한 변하여 바뀐다는 뜻이다."고 말하였다.

또 아래의 논에서 '둘째, 변화의 주체'를 해석할 적에 그 전변하는 인연에 따랐다.

성유식론에서 말하였다.

"유식 30송의 제5송에서 '轉이란 流轉을 말한다. 이 의식은 항상 그 識에 의지하여, 인식 대상을 취함을 보여주기 때문이다.'고 하였다."

그 해당 부분의 청량소에서 다음과 같이 해석하였다.

"流는 서로 이어간다는 뜻이고, 轉은 생겨난다는 뜻이다. 제8식에 의지하여 종자와 현행이 서로 이어서 일어난다는 뜻을 말한다."

또한 성유식론 제1에서 "허망된 것[假]에 의하여 '나'와 법이 있다고 말하니, 가지가지 모양들이 생겨난다."는 부분을 해석하면서, "생겨난다는 轉이란 조건[緣]에 따라 베풀어지는 데에 차이가 있다."고 하였다.

또 말하였다.

"그 모양들은 모두 의식이 전변한 바[識所變]에 의하여 허망하게 만들어진 것이다."

또 말하였다.

"變이란 의식 자체[識體]가 전변함이 相分·見分으로 나타나는 듯한[似現] 것을 말한다."

이에 대한 해석은 다음과 같다.

"'그 모양'이라 말한 것은 위의 '나'와 법이며, '의식 자체'란 自證分이다. 이는 相分·見分이 모두 자증분에 의하여 일어나기 때문이다.

위에서 말한 바른 뜻은 '일어나고' '변화'한다는 것으로 논의 '轉' 자에 대한 해석을 증명한 부분이다. 그러나 이미 변화 주체의 모양을 갖추었으므로 앞뒤의 경문과 청량소는 모두 이 문장을 필요로 한다."】

然此一文을 諸敎同引하야 證成唯心이라
云何一心이 而作三界오 畧有三義하니
一은 二乘之人은 謂有前境이로되 不了唯心일세 縱聞一心이라도 但謂眞諦之一이라하며 或謂由心轉變이 非皆是心이라하며
二는 異熟賴耶을 名爲一心이니 揀無外境일세 故說一心이라하며
三은 如來藏性淸淨一心이니 理無二體일세 故說一心이라
此初一心을 菩薩의 不爲此觀이오 後二의 一心을 經意 正明이라 通

於三觀히 約淸淨一心하야 爲第一觀이오 通此二心이 爲後二觀이라 後二一心은 畧如問明하니라

그러나 이 문장을 여러 교파에서 모두 인용하여 오직 하나의 마음뿐임을 증명하고 있다.

어떻게 하나의 마음이 삼계를 짓는 것일까?

대략 3가지의 뜻이 있다.

① 2승의 사람은 앞에 경계가 있을지라도 오직 하나의 마음임을 깨닫지 못하므로, 아무리 하나의 마음이라는 말을 듣는다 해도 眞諦의 하나일 뿐이라 생각하고, 혹자는 마음으로 인하여 전변하는 것이 모두 마음이 아니라고 하였다.

② 이숙의 아뢰야식을 하나의 마음이라고 말한다. "바깥 경계가 없음을 구별하기 위해 하나의 마음을 말하였다."고 한다.

③ 여래장 본성의 청정한 한 마음은 이치가 2가지 체성이 없으므로 하나의 마음이라고 말한다.

여기에서 말한 첫째의 하나의 마음을 보살은 이처럼 보지 않으며, 뒤의 2가지에서 말한 하나의 마음을 경문에서 바로 밝히고 있는 뜻이다.

3가지 관법은 모두 청정한 하나의 마음을 가지고서 제1의 관법을 삼았고, 이런 2가지 마음으로 뒤의 2가지 관법을 삼은 것이다. 뒤의 2가지 '하나의 마음'은 대략 제10 보살문명품에서 말한 바와 같다.

廣開有十이니

初之一門은 假說一心이니 謂實有外法이며 但由心變動故니라 下之九門이 實唯一心이니라

하나의 마음을 자세히 나누면 10가지이다.

① 가설에 의한 하나의 마음이다. 실제로 외부의 법이 있으며, 다만 마음으로 인해 변동하기 때문이다.

아래의 9가지는 실제로 하나의 마음일 뿐이다.

二는 相見俱存일세 故說一心이니 此通八識과 及諸心所와 幷所變相分이니 本影이 具足이라 由有支等의 熏習力故로 變現三界依正等報니 如攝大乘과 及唯識等諸論에 廣說하나라【鈔_ 八識心王과 及諸心所에 皆有二分하니 當體는 卽見分이오 從'幷所變'下는 卽是相分이라

相有二義하니 一은 識所頓變이니 卽是本質이며 識等緣境은 唯變影緣이오 不得本質이라 '由有支'等者는 影變因果니라】

② 相分과 見分이 모두 존재하므로 하나의 마음이라고 말하였다. 여기서는 제8식과 모든 心所와 변화의 대상인 상분에 통한다. 본체와 그림자가 구족함을 뜻한다. '有支' 등[等取我執·名言二取習氣也]의 훈습하는 힘으로 인하여 삼계의 의보와 정보가 변하여 나타나게 된다. 이는 마치 섭대승론과 성유식론 등에서 자세히 설명한 바와 같다.【초_ 제8식의 심왕과 여러 심소에는 모두 상분과 견분 2가지가 있다. 그 자체는 견분이요, '幷所變' 이하는 상분이다.

상분에는 2가지 뜻이 있다.

㉠ 의식으로 단번에 변화할 대상이다. 이는 근본 바탕이다. 의

식 등이 경계를 반연함은 오직 그림자의 반연만 변화할 뿐, 근본 바탕을 얻지는 못한다.

ⓒ '由有支' 등은 그림자가 변화한 원인과 결과이다.】

三은 攝相歸見일세 故說一心이니 亦通王數라 但所變相分이 無別種生이오 能見識生호되 帶彼影起라하니 如解深密經과 二十唯識과 觀所緣緣論에 具說斯義하시니라

③ 상분을 거두어 견분으로 돌아가기에 하나의 마음이라 말한다. 이 또한 심왕과 心數에 통한다. 다만 변화의 대상인 상분이 종자에서 생겨나는 것과 차별이 없고, 의식에서 생겨남을 볼 수 있지만 '저 그림자와 동반하여 일어난다.'고 하였다. 이는 해심밀경, 유식 이십론, 관소연연론에서 구체적으로 이런 뜻을 말하고 있다.

四는 攝數歸王일세 故說一心이니 唯通八識이라 以彼心所가 依王無體며 亦心變故니라 如莊嚴論說이니라

④ 심수를 거두어 심왕으로 돌아가기에 하나의 마음이라 말하였다. 오직 8식에만 통한다. 그 심소가 심왕에 의지하여 체성이 없으며, 또한 마음이 전변하기 때문이다. 이는 장엄론에서 말한 바와 같다.

五는 以末歸本故로 說一心이니 謂七轉識이 皆是本識差別功能이오 無別體故니라 楞伽云 '藏識海常住어늘 境界風所動으로 種種諸識浪이 騰躍而轉生이라'하시며 又云 '譬如巨海浪이 無有若干相하야 諸識心도 如是하야 異亦不可得이라'하니라 旣云離水코 無別有浪하니 明離本識코 無別前七이로다

⑤ 지말을 거두어 근본으로 돌아가기에 하나의 마음이라 말하

였다. 7轉識이 모두 본식의 차별 기능일 뿐, 별개로 자체가 없기 때문이다.

능가경의 게송에서 말하였다.

"藏識의 바다가 상주하지만 경계의 바람이 뒤흔들어 가지가지 알음알이의 물결이 용솟음치며 끊임없이 생겨난다."

또한 게송에서 말하였다.

"비유하면 큰 바다의 물결에 어떤 모습도 없는 것처럼, 모든 알음알이의 마음도 이처럼 차이 또한 없어라."

앞서 물을 떠나서 별도로 파도가 있지 않다고 말한 바 있다. 근본식을 떠나서 별도로 앞의 7식이 있을 수 없음을 밝힌 것이다.

六은 攝相歸性일세 故說一心이니 謂此八識이 皆無自體하고 唯如來藏平等顯現이라 餘相皆盡이니 經云 '一切衆生이 卽涅槃相等이라하고 楞伽云 '不壞相有八이로대 無相亦無相이라하니 如是等文의 誠證非一이니라

⑥ 양상을 거두어 체성으로 돌아가기에 하나의 마음이라 말하였다. 제8식이 모두 자체의 성품이 없고, 오직 여래장과 평등하게 나타날 뿐이다. 나머지 모습은 모두 다하였다.

경문에 이르기를, "일체중생이 바로 열반의 모습과 평등하다."고 하였고, 능가경에서는 "무너지지 않는 모습이 8가지가 있는데, 모양 또한 모양이 없는 것도 아니다."고 하였다.

이와 같은 문장의 진실한 증명이 한둘이 아니다.

七은 性相俱融일세 故說一心이니 謂如來藏이 擧體隨緣하야 成辦

諸事로대 而其自性은 本不生滅이니 卽此理事 渾融無礙라 是故로 一心二諦 皆無障礙니라

起信云 '依一心法하야 有二種門하며 乃至不相離故'라하며

又密嚴云 '佛說如來藏이 以爲阿賴耶'라하며 及如金與指環喩等이라하며

又勝鬘云 '自性淸淨心이 不染而染을 難可了知며 染而不染도 亦難可了知'라하시니

皆明性淨이 隨染하야 擧體成俗이니 卽生滅門이오

染性常淨하야 本來眞淨이니 卽眞如門이라

斯則卽淨之染은 不礙眞而恒俗이오 卽染之淨은 不破俗而恒眞이라 是故로 不礙一心코 雙存二諦니 深思有味니라

⑦ 체성과 양상이 모두 원융하기에 하나의 마음이라 말하였다. 여래장의 전체가 인연을 따라 모든 일을 만들지만, 그 자체 성품은 본래 생겨나거나 사라짐이 없다. 이런 근본 진리와 현상의 일들이 모두 원융하여 걸림이 없다. 이 때문에 하나의 마음, 2가지의 진리가 모두 장애가 없다.

기신론에서 말하였다.

"하나의 마음이라는 법에 의지하여 2가지 법문이 있다. …이 2가지가 서로 떠나지 않기 때문이다."

또 밀엄경에서 말하였다.

"부처님께서 말씀하신 여래장이 아뢰야식이다. …금과 금반지와 같다는 비유 등을 말하였다."

또 승만경에서 말하였다.

"자성의 청정한 마음이 물들이지 않음에도 물든 것을 알기 어려우며, 물들여도 물들지 않음 또한 알기 어렵다."

이는 모두 청정한 성품이 물듦을 따라서 전체가 세속의 잡염을 이룬 것이다. 이는 곧 생멸문이다.

오염된 성품이 항상 청정하여 본래 진실하고 청정하다. 이는 곧 진여문이다.

그렇다면 청정함과 하나가 된 오염은 眞諦에 걸림 없이 항상 俗諦이며,

오염과 하나가 된 청정은 속제를 타파하지 않으면서도 항상 진제이다.

이 때문에 하나의 마음은 걸리지 않고 진제와 속제를 모두 간직하고 있다. 이를 깊이 생각하면 의미가 있다.

八은 融事相入일세 故說一心이니 謂由心性이 圓融無礙일세 以性成事며 事亦鎔融하야 不相障礙라 一入一切와 一中解無量等이라 一一塵內에 各見法界오 天人修羅 不離一塵이라 其文非一이니라

⑧ 현상의 일들을 융합하여 서로 들어가기에 하나의 마음이라 말하였다. 마음의 본성이 원융하고 걸림이 없기에 본성으로 현상을 이루고, 현상의 일 또한 융합하여 서로가 장애되지 않는다. 하나가 일체에 들어가고, 하나 가운데 한량없는 것을 아는 따위이다. 하나하나의 티끌 속에 제각기 법계를 볼 수 있고, 천상과 인간과 아수라가 하나의 티끌에서 떠나지 않는다. 그런 뜻으로 쓰인 문장

은 한둘이 아니다.

九는 令事相卽일세 故說一心이니 謂依性之事일세 事無別事라 心性이 旣無彼此之異오 事亦一切卽一이라 上文云 '一卽是多多卽一'等이라

⑨ 현상의 일들을 서로 하나가 되도록 하기에 하나의 마음이라 말하였다. 본성에 의지한 현상의 일이기에 현상의 일은 별개의 현상의 일이 없다. 마음의 체성이 이처럼 저것과 이것의 차이가 없으며, 현상의 일 또한 일체가 곧 하나이다.

제15 십주품에서, "하나가 곧 많은 것이며, 많음이 곧 하나이다."고 말한 따위이다.

十은 帝網無礙일세 故說一心이니 謂一中에 有一切하고 彼一切中에 復有一切하야 重重無盡이라 皆以心識과 如來藏性이 圓融無盡故니라

⑩ 인드라망처럼 걸림이 없기에 하나의 마음이라 말하였다. 하나 가운데 일체가 있고 그 일체의 가운데 또다시 일체가 있어, 거듭거듭 다함이 없다. 모두 마음과 의식과 여래장 본성이 원융하여 그지없기 때문이다.

上之十門에 初一은 小敎오 次三은 涉權이오 次三은 就實오 後三은 約圓中不共이라 若下同諸乘인댄 通十無礙라 一部大宗이 非獨此品이니라 隨一一門하야 成觀이 各異니 可以虛求니라【鈔_ 上之十門下는 約敎分別이니 卽具五敎라 涉權은 是始敎오 就實은 通二니 一은 卽終敎니 終敎를 亦名實敎故니라 其攝相歸性은 亦通頓敎오

以後三教는 皆同一乘이라 竝揀於權일세 故頓亦名實이라
後三圓融은 卽是圓敎어늘 而言'不共'者는 圓敎有二하니 一은 同敎오 二는 別敎라 別은 卽不共이니 不共實頓故니라 二 同敎者는 同頓同實故니라 今顯是別일세 故云不共이니라
'若下同諸乘'下는 約融通說이니 若下同同敎一乘인댄 卽收次三就實이오 若同於三乘인댄 亦收前四니 以其圓敎 如海包含하야 無不具故니라 】

위의 10가지 가운데,

첫째 하나[① 假說一心門]는 소승의 가르침,

다음 셋[② 相見俱存門, ③ 攝相歸見門, ④ 攝數歸王門]은 방편의 가르침,

다음 셋[⑤ 以末歸本門, ⑥ 攝相歸性門, ⑦ 性相俱融門]은 실법의 가르침,

뒤의 셋[⑧ 融事相入門, ⑨ 令事相卽門, ⑩ 帝網無礙門]은 圓敎 가운데 그 누구도 함께할 수 없는 법이다.

만약 아래의 여러 교법과 함께하면 걸림 없는 10가지에 모두 통한다.

화엄경의 큰 종지는 유독 십지품에만 있는 게 아니다. 하나하나의 법문을 따라 관법을 성취함이 각기 다를 뿐이니, 허심으로 이를 추구해야 한다. 【초_ '上之十門' 이하는 가르침에 따라 구분하였다. 이는 5가지의 가르침을 갖추고 있다.

'방편의 가르침'은 대승 始敎이며,

'실법에 입각한 가르침'이란 2가지에 모두 통한다.

① 대승 終敎이다. 종교를 또한 實敎라고도 부른다.

② 그 '양상을 거두어 체성으로 돌아간다.'는 것은 또한 頓敎에 통한다. 뒤의 3가지 가르침은 모두 一乘의 가르침에 해당한다. 이는 모두 방편의 가르침과의 차이를 구분하기 위해 頓敎 또한 實敎라 하였다.

'뒤의 3가지가 원융하다.'는 것은 圓敎인데 '그 누구도 함께할 수 없다.'고 말한 것은 원교에 2가지가 있기 때문이다.

① 가르침이 같은 일승[同敎一乘],
② 가르침이 다른 일승[別敎一乘].

'가르침이 다르다.'는 것은 '그 누구도 함께할 수 없다.'는 뜻이다. 실교나 돈교가 함께하지 못하기 때문이다.

다음 '가르침이 같다.'는 것은 돈교와 같고 실교와도 같기 때문이다. 여기에서는 가르침이 다름을 밝혔기에 '그 누구도 함께할 수 없다.'고 말하였다.

'若下同諸乘' 이하는 융통을 들어 말하였다. 만약 아래의 '가르침이 같은 일승'과 같다면 다음의 3가지는 '실법의 가르침'으로 묶고, 삼승과 같다면 이 또한 앞의 4가지를 모두 거둬 묶은 것이다. 그 원교가 바다처럼 모든 것을 포괄하여 갖춰져 있지 않은 게 없기 때문이다.】

第二 本末依持門
此下로 終於十門히 皆是世諦差別이니라

緣相本寂하니 但應觀眞이어늘 何以復觀世諦差別고 論云 '隨順觀
世諦하야 卽入第一義故라하니 俗爲眞詮이니 了俗無性하야사 方見
眞耳니라 中論云 '若不知世諦면 不得第一義故라하니라
此觀이 有六하니
一은 何者是染이며 染依止觀이니 卽雙辨能依所依니 攝此半門이오
二는 因觀이니 觀染因故니 攝次二門이라
三은 攝過觀이니 唯苦集故니라
四는 護過觀이니 護凡邪見故오
五는 不厭厭觀이니 防小慢故니라 上三의 次第로 各攝一門이라
六은 深觀이니 顯因緣之理가 妙過情取故니라 此는 攝後三門이니라
六中에 初二는 建立染相이오 次一은 就染觀過오 次二는 正觀防非
오 後一은 觀行深極이니라【鈔_ 此觀有六下는 依總開別이니 謂於
世諦八門半中에 爲六觀故니라
於中三이니
初는 列釋이오 一一觀中에 文皆有二하니 觀字已上은 依論標名이오
觀字向下는 是疏辨意라
因有自他일새 故須二門이니 卽染依止는 名爲他因이오 第二因觀은
名爲自因이라
染有四句라 故攝三門하니 他因은 卽第三自業助成이오 自因은 卽
第四不相捨離니 故皆染因이라
攝過는 卽第五三道不斷門이니 謂惑·業·苦니 惑·業은 集故니라
護過는 卽第六三際輪廻門이니 說此하야 能除外道三過라 三過는

如下라

'不厭厭觀'은 卽第七三苦集成門이니 凡小는 不厭이나 菩薩은 厭故니라

'深觀'은 卽後三門이라 四句로 求生不可得故며 無生而生일세 故曰 深觀이니 豈同情取아 】

둘째, 근본과 지말이 의지하는 법문

이 아래로 10문에 이르기까지 모두 세속 이치의 차별이다.

반연하는 모양은 고요하다. 당연히 근본 자리의 진실한 이치를 살펴봐야 하는데 어찌하여 세속 이치의 차별을 살펴보는가.

논에서 이르기를, "세속의 이치를 따라 관찰하여 곧 으뜸가는 이치에 들어가야 하기 때문이다."고 하였다. 세속의 이치가 진리의 표현이다. 세속의 이치가 체성이 없음을 알아야만 비로소 진실한 이치를 살펴볼 수 있기 때문이다. 중론에서는, "만약 세속의 이치를 알지 못하면 으뜸가는 이치를 얻을 수 없기 때문이다."고 하였다.

이 관법은 6가지가 있다.

① 어떤 것이 잡염이며, 어떤 것이 잡염의 의지처인지 살펴보는 것이다. 의지의 주체와 의지의 대상을 모두 함께 밝히는 것이다. 이는 一心所攝門의 절반에 속한다.

② 잡염의 원인을 살펴보는 것이다. 잡염의 원인을 살펴보기 때문에 다음의 自業助成門과 不相捨離門에 속한다.

③ 허물을 받아들이는 것을 살펴보는 것이다. 오직 고성제와 집성제이기 때문이다.

④ 허물을 막아내는 것을 살펴보는 것이다. 범부의 삿된 소견을 막기 위함이다.

⑤ 싫어하지 않음을 싫어하고자 살펴보는 것이다. 소승의 아만을 막기 위함이다.

위의 3가지는 차례로 각기 하나의 부분에 속한다.

⑥ 깊이 있게 살펴보는 것이다. 인연의 이치가 미묘하여 알음알이보다 뛰어남을 밝히기 위함이다. 이는 뒤의 因緣生滅門, 生滅繫縛門, 隨順無所有盡門 3가지에 속한다.

6가지 관법 가운데 앞의 染依止觀, 染因觀은 잡염의 모양으로 세움이며,

다음의 攝過觀은 잡염에 입각하여 허물을 살펴보는 것이며,

다음의 護過觀, 不厭厭觀은 바르게 관찰하여 잘못을 막음이며,

뒤의 深觀은 관찰하는 행이 심오하고 지극한 까닭이다.【초_'此觀有六' 이하는 총상에 의하여 별상을 나눈 것이다. 세속의 이치에 해당하는 8문 절반의 법문이 6가지 관찰하는 법이기 때문이다.

여기에는 3가지가 있다.

첫째, 나열하여 해석하였다. 하나하나의 觀마다 그에 따른 문장은 모두 2단락으로 구성되어 있다.

'觀' 자의 위[染依止'觀' 등]는 논에 따라서 명칭을 내세웠고, '觀' 자의 아래[染依止觀 '卽雙辨能依所依' 등]는 청량소로 논변한 뜻이다.

원인에는 자신에 의한 원인 그리고 다른 것에 의한 원인, 2가지가 있다. 즉 '잡염의 의지[染依止]'는 '다른 원인'이고, '因觀'은 자체

의 원인이다.

잡염에 4구가 있다. 이는 3문에 속한다.

다른 원인은 제3 自業助成門이고, 자체의 원인은 제4 不相捨離門이다. 이는 모두 잡염의 원인이다.

'③ 허물을 받아들이는 것을 살펴보는 것'이란 제5 三道不斷門이다. 三道란 미혹, 업, 고통을 말한다. 미혹과 업은 集諦이기 때문이다.

'④ 허물을 막아내는 것을 살펴보는 것'이란 제6 三際輪廻門이다. 이를 말하여 외도의 3가지 허물[餘處求解脫, 異道求解脫, 求求解脫]을 없애는 것이다. 3가지 허물은 아래에서 말한 바와 같다.

'⑤ 싫어하지 않음을 싫어하고자 살펴보는 것'이란 제7 三苦集成門이다. 범부와 소승은 싫어하지 않으나, 보살은 싫어하기 때문이다.

'⑥ 깊이 있게 살펴보는 것'이란 뒤의 제8 因緣生滅門, 제9 生滅繫縛門, 제10 隨順無所有盡門이다.

4구로 중생을 구제함이 불가능하기 때문이며, 태어남이 없는 것으로 태어나기에 '심오한 관법'이라고 말한다. 어찌 알음알이로 아는 것과 똑같겠는가.】

今此半門은 卽染依止觀이니 因緣有分은 爲染이니 而此染相이 依止一心이라 故論云 此是二諦差別이라하니 以純眞은 不生이오 單妄은 不成이라 一心之眞과 雜染之俗이 此二和合하야 有因緣集이니라

이의 둘째, 本末依持門 절반은 染依止觀이다. 인연이 있는 부분은 잡염이다. 이런 잡염의 모양이 하나의 마음을 의지하고 있다.

이 때문에 논에 이르기를, "이는 眞諦, 俗諦와 다르다."고 말하였다. 순수한 진리는 생겨나지 않으며, 하나의 허망만으로는 이뤄지지 않는다. 마음의 진실한 이치와 잡염의 세속 이치, 이 2가지가 한데 어우러져 인연이 모이게 된다.

經

如來於此에 **分別演說**하사대 **十二有支 皆依一心**하야 **如是而立**이라하시니

여래가 이를 분별하여 연설하실 적에 '12가지[有支]가 모두 하나의 마음을 따라서 이와 같이 세워진 것이다.'고 하셨다.

● 疏 ●

經中에 三이니
初는 總이니 謂依一心하야 分別十二이면 則十二 爲一心所持로되 而特言如來說者는 一心頓具는 非佛이면 不知故니라 謂顯如來 過去 覺緣性已에 展轉傳說故니라

경문은 3단락이다.

첫째는 총상이다. 하나의 마음에 따라 12가지의 인연 성립을 구분하면 12가지의 인연이 모두 하나의 마음을 의지처로 삼는다.

그러나 특별히 여래께서 말씀하셨다고 말한 것은, 하나의 마음에 모든 것이 갖춰져 있음이란 부처님이 아니고서는 알 수 없는 이치이기 때문이다. 여래께서 과거에 연기의 체성을 깨닫고 나서, 이

를 하나하나 들어서 말하였음을 밝힌 것이다.

次 徵釋

다음은 묻고 해석하다

> [經]
>
> 何以故오
> 隨事貪欲이 與心共生하나니
> 心是識이오 事是行이라
> 於行迷惑이 是無明이오
> 與無明及心共生이 是名色이오
> 名色增長이 是六處오
> 六處三分合이 爲觸이오
> 觸共生이 是受오
> 受無厭足이 是愛오
> 愛攝不捨 是取오
> 彼諸有支生이 是有오
> 有所起 名生이오
> 生熟이 爲老오
> 老壞 爲死니라
>
> 무엇 때문일까?

일을 따라서 탐욕이 마음과 함께 생겨나니,
마음은 식(識)이요, 일은 행(行)이다.
행에 미혹함이 무명이며,
무명과 마음이 함께 생겨나는 것은 이름과 물질이요,
이름과 물질이 더욱 커나가는 것은 6처(處: 六根)요,
6처의 육근, 육진, 육식 3가지가 하나로 합한 것이 감촉이요,
감촉과 함께 생겨나는 것이 받아들이는 느낌이요,
받아들이는 느낌이 만족할 줄 모르는 것이 사랑이요,
사랑으로 거두어 버리지 않음이 탐착[取]이요,
그 여러 가지 생겨나는 것이 나의 소유[有]요,
소유로 일으키는 것이 생겨남이요,
생겨나서 성숙함이 늙음이요,
늙어서 무너짐이 죽음이다."

● 疏 ●

徵意에 云 十二有支 三世行列하고 前後引生이어늘 何以今說皆依一心고 後釋中에 論無別解오 古來諸德이 但云 '離本識心하야는 一切不成'이라하나 而其釋相엔 '經生越世'라하니 此雖不失依持之義나 未爲得旨니라 今謂說主 巧示니 非唯三世 不離眞心이라 今一念心에 頓具十二니 彌顯前後 不離一心이라 此同俱舍第九에 明刹那十二因緣也라 故今에 不必依次오 意顯一心頓具니라

'隨事貪欲與心共生'者는 此則總指所行之事라 貪事非一일세 隨

取一事하야 於一念中에 則具十二니 謂行此貪事에 必依心起오 復
了別前境이라 故心卽識支니라
'事是行'者는 貪事卽是意業之行이니 若形身口면 亦是二行이오
不知貪過能招於苦를 名'於行迷惑'이니라
'與無明及心共生是名色'者는 名色이 是總이니 爲二所依를 名與
共生이라 故晉經云 '識所依處 爲名色'이라하니라 故俱舍云 '識俱三
蘊을 總稱名色'이라하니 意明以受蘊은 自是受支故니라
'名色增長是六處'者는 俱舍云 '住名色根을 說爲六處'라하니 謂六
根은 是別이니 以別依總하야 開成於六을 稱住名色이라
貪必對境이 爲觸이오 受必領觸이라 貪卽是愛니 名受無厭이라
'愛攝不捨'는 卽是欲取라
愛取 潤前六支하야 成有니 故但前諸有支生'이 卽是有義라
'有所起'者는 卽前諸法이니 起는 便是生義라
'生熟爲老'者는 物生에 卽異故오
'老壞爲死'者는 刹那滅故니라 又依大乘 當相壞故니라 故經云 '初
生卽有滅이나 不爲愚者說故'라하니라
此若不斷이면 則名連縛이오 十二支位五蘊을 皆名分位오 卽此順
後無始來有를 名爲遠續이니라 【鈔_ 論云 '連縛'者는 如品類足論
에 謂'徧有爲'라 十二支位의 所有五蘊은 皆分位攝이오 卽此懸遠
相續無始는 說爲遠續이라하니 上皆論文이라
釋曰 連縛은 要因果 無間相連起也니 若情非情이 皆有生滅하야
念念相續故니라 刹那·連縛은 徧一切有爲오 分位緣者는 要約順

297

生受業과 及不定業이니 三世十二支와 五蘊分位라 若遠續者는 卽前分位 遠相續耳라 】

물음의 뜻은 다음과 같다.

"12지분을 3세로 줄지어 나열하였고, 앞뒤로 서로 이끌어 냈는데, 어찌하여 여기서는 모두 '하나의 마음을 의지한다.'고 말하였는가?"

뒤의 해석 부분의 논에 별다른 해석이 없고, 옛적의 여러 스님이 "근본 의식의 마음을 떠나서는 그 모든 것을 이룰 수 없다."고 말했지만, 그 모양을 해석한 부분에서는 "생을 거치고 3세를 초월한다."고 하였다. 이는 비록 의지한다는 뜻을 잘못 말한 게 아니라 할지라도 종지를 얻지는 못하였다.

여기에서 설법의 주인이 아주 잘 보여주었다고 생각한다. 3세가 진실한 마음을 떠나지 못할 뿐 아니라, 지금 한 생각의 마음에 12가지 인연 모든 것을 한꺼번에 갖추고 있다. 앞뒤의 모든 것이 하나의 마음에서 떠나지 못함을 더욱 밝혀준 것이다.

이는 구사론 권9에서 "찰나의 사이에 12가지 인연을 모두 갖췄음"을 밝히고 있다. 따라서 여기에서는 굳이 차례를 따를 필요가 없다. 그 의도는 하나의 마음에 그 모든 것을 한꺼번에 갖추고 있음을 밝힌 것이다.

"일을 따라서 탐욕이 마음과 함께 생겨난다."고 말한 것은 행할 대상의 일을 총체로 가리키고 있다. 탐욕의 일은 한둘이 아니기에 하나의 일을 따라 한 생각 속에 12가지의 인연을 모두 갖추고 있다.

이런 탐욕의 일을 행할 적에는 반드시 마음에 의지하여 일어나고, 다시 앞의 경계를 분별하는 것이기에 '마음이 곧 識支'이다.

"일은 행이다."고 말한 것은 탐욕의 일이 바로 意業의 행이다. 만약 身業과 口業으로 말하면 이 또한 2가지 행이다.

탐욕의 허물이 고통을 부르는 줄 알지 못함을 "행에 미혹함"이라고 말한다.

"무명과 마음이 함께 생겨나는 것은 이름과 물질이다."고 말한 것은 이름과 물질이란 총상이다. 無明支와 識支 2가지의 의지 대상이 되는 것을 '함께 생겨남'이라고 말한다. 이 때문에 60권 화엄경에서는, "識의 의지처를 名色支라 한다."고 말하였다.

이 때문에 구사론에서는, "의식이 色·受·想 三蘊과 함께하는 것을 총괄하여 名色支라 칭한다."고 하였다. 이처럼 말한 뜻은, 受蘊이 바로 受支임을 밝혔기 때문이다.

"이름과 물질이 더욱 커나가는 것은 6처이다."고 말한 것은 구사론에서, "이름과 물질의 감각기관에 머무는 것을 六根이라 한다."고 하였다. 六根은 별상이다. 별상이 총상을 의지하여 6가지로 나뉘는 것을 名色에 머문다고 말한다.

탐욕은 반드시 六塵의 경계를 상대로 촉감이라 하고, 받아들이는 느낌은 반드시 촉감을 받아들이는 것이다. 탐욕이 바로 사랑이다. 사랑이란 "받아들이는 느낌이 만족할 줄 모르는 것"을 말한다.

"사랑으로 거두어 버리지 않음"이란 바로 '욕망의 탐착'이다.

사랑과 탐착이 앞의 6가지 지분을 촉촉이 적셔주어 '나의 소유'

를 이루는 것이다. 이 때문에 다만 앞의 여러 지분이 생겨남이 바로 '나의 소유'라는 뜻이다.

"나의 소유로 일으키는 것"이란 앞의 모든 법이다. '일으킴'이 곧 '생겨남'이라는 뜻이다.

"생겨나서 성숙함이 늙음"이란 모든 사물이 생겨나면 곧 변하여 달라지기 때문이다.

"늙어서 무너짐이 죽음"이란 찰나의 사이에 사라지기 때문이다. 또한 대승법에서 말한 당장에 모양이 무너진다는 말을 따랐기 때문이다.

능가경에서 말하였다.

"처음 생겨나면 바로 사라지는 것이지만, 어리석은 사람에게는 이 소식을 말해서는 안 되기 때문이다."고 하였다.

이를 끊지 못하면 '연달아 얽매임'이라 말하고,

12지분에 있는 5온은 모두 '지위로 구분함'이라 말하고,

이는 뒤를 따라 시작도 없는 이전 세월에 존재한 것을 '멀리 이어짐'이라 말한다.【초_ 구사론에서 말한 '연달아 얽매임'은 예컨대 品類足論에서 말한 "有爲에 두루 한다."는 뜻과 같다.

12지분의 지위에 있는 5온은 모두 '부분의 지위'에 속한다. 이는 아득히 먼 과거의 세월로부터 끊임없이 이어온 無始는 '멀리 이어지는 연기'라고 말한다. 위는 모두 구사론의 문장이다.

이에 대한 해석은 다음과 같다.

"'연달아 얽매임'은 요컨대 원인과 결과가 끊임없이 서로 이어

서 일어나는 것이다. 유정물이든 무정물이든 모두 생겨남과 사라짐이 있어 찰나와 찰나 사이에 서로 이어지기 때문이다.

　　刹那緣起와 連縛緣起는 일체 유위에 두루 존재하고,

　　分位緣起는 태어남을 따라서 받은 업과 일정하지 않은 업으로 말한다. 3세, 12지분, 5온의 지위를 구분한 것이다.

　　遠續緣起는 앞의 분위연기가 멀리 이어지는 것이다."】

大小理通이나 或六八識이 異耳라 非聖教量이면 孰信斯旨리오 論主 不解는 殆似疎遺로다【鈔_ '大小理通'者는 二, 總結이오 亦是釋妨이니 謂有問言호되 '今釋一乘에 唯一心法이어늘 何以卻引俱舍爲證고' 故爲此答호되 '一心之義는 小乘에 立六하고 大有八等은 則不同也로되 若一刹那에 具十二支은 則大小皆具니라
'非聖教量'者는 結示令信也라 自古로 不爲此釋이어늘 今總約一念에 十二일새 故以聖教量證이오 非臆說矣라
言'論主不釋殆似疎遺'者는 論主 造俱舍論에 非是不知로되 將爲易解일새 故不解釋이어늘 由論不釋하야 令後로 誤解 卽似疎遺라 殆者는 近也니 近似之言은 顯非失矣니라】

　　대승과 소승이 이치로는 통하지만, 혹은 6식이기도 하고 8식이라는 것이 다를 뿐이다. 성인의 가르침[聖教量]이 아니면 그 누가 이런 종지를 믿겠는가. 논주가 이를 해석하지 않은 것은 다소 엉성하고 누락된 부분이 있는 것 같다.【초_ "대승과 소승이 이치로는 통한다."고 말한 것은 둘째, 총체로 끝맺음이며, 또한 논란에 대한 해석이다.

어떤 이가 물었다.

"여기에서 일승을 해석할 적에 오직 하나의 心法이라 하였는데, 어찌하여 도리어 구사론을 인용하여 증명하였는가?"

이 때문에 이렇게 답하였다.

"한 마음의 이치는 소승에서는 6식을 세우고, 대승에서는 8식이 있다는 등은 똑같지 않지만, 한 찰나의 사이에 12지분을 갖추고 있다는 것은 대승과 소승이 모두 똑같이 가지고 있다."

"성인의 가르침이 아니면" 등은 결론을 보여주면서 믿도록 한 것이다. 예전에는 이에 대해 해석하지 않았는데, 여기에서는 총체로 한 생각의 찰나에 12지분을 갖춘다는 것을 들어서, 성인의 진실한 가르침으로 증명한 것이지, 근거 없는 억측이 아니다.

"논주가 이를 해석하지 않은 것은 다소 엉성하고 누락된 부분이 있는 것 같다."고 말한 것은 논주가 구사론을 지을 적에 이를 모른 것은 아니겠지만, 쉽게 이해할 줄 알고서 이를 해석하지 않은 것이다. 그러나 논에서 이를 해석하지 않음으로써 후학으로 하여금 잘못 이해하게 만든 것은 "다소 엉성하고 누락된 부분이 있다."는 뜻이다.

'殆'는 가까움이니, 近似하다는 말은 잘못이 아님을 밝힌 부분이다.】

此文은 正辨同時異體 十二有支어니와 若同時同體도 亦具十二니 謂迷第一義 卽是無明이오 有漏有取 便名爲行이오 體卽是識이오 亦卽名色이오 卽是意處오 對境名觸이오 領境名受오 染境名愛오

著境名取요 招報爲有요 體現名生이요 卽異滅은 爲老死니라
以此十二有支로 約時通說이면 總有六種하니
一은 依五世하야 說十二支니 謂過去의 無明과 行이 復從過去過去 煩惱生인댄 此則煩惱 生惑業이요 過去二因이 生現五果면 則惑業이 生苦요 若現生未來하고 未來에 更生未來인댄 則苦復生苦니라 此依三世하야 推因徵果하야 假說有五언정 非約展轉이니 不墮無窮이니라
二는 依三世요 三은 依二世요 四는 依一世前後建立이니 竝如初門中辨이라 五는 同時異體요 六은 同時同體니 卽如此文이라

이 문장은 바로 같은 시간에 체성이 다른 12지분을 밝혔는데, 같은 시간에 동일한 체성 또한 12지분을 갖추고 있다.

으뜸가는 이치에 미혹함이 곧 무명이고,

유루법으로 취함이 곧 行이라 하며,

본체는 곧 의식이고, 또한 이름과 물질이며, 곧 생각의 의지처이다.

육진경계를 상대하면 촉감이라 하고,

육진경계를 받아들임이 느낌이며,

육진경계에 물든 것을 사랑이라 하고,

경계에 집착하는 것을 탐착이라 하며,

과보를 불러들이는 것이 나의 소유가 되고,

몸이 나타남은 '생겨남'이라 하며,

모습이 달라지고 사라짐을 늙음과 죽음이라 한다.

이러한 12지분 인연으로 시간에 따라 전체로 말하면, 모두 6가지가 있다.

① 5세에 의지하여 12지분을 말하였다.

과거의 무명과 행이 다시 과거로부터 과거의 번뇌가 생겼다면 이는 번뇌가 미혹과 업을 내고,

과거의 2가지 원인이 현재의 5가지 결과를 내면 미혹과 업에서 고통이 생겨나며,

만약 현재에서 미래를 낳고, 미래가 다시 미래를 낳으면 고통은 다시 고통을 낳는다.

이는 3세에 의하여 원인으로 미루어 결과를 물어서 가설로 5세가 있다고 말한 것이지, 전전한 것으로 말한 게 아니다. 이는 끝없는 데에 떨어지지 않는다.

② 3세에 의한 해석,

③ 2세에 의한 해석,

④ 1세에 의하여 앞과 뒤를 세운 것이다. 이는 모두 有支相續門에서 밝힌 바와 같다.

⑤ 같은 시간에 다른 체성,

⑥ 같은 시간에 같은 체성이다. 이는 본 문장과 같다.

二는 約大悲隨順觀中인댄 即當第二餘處求解脫이라 謂是凡夫愚癡顚倒는 常應於阿賴耶識과 及阿陀那識中에 求解脫이어늘 反於餘處我我所中에 求解脫故니라

經明唯是一心이라 則心外에 無我法이니 當於一心中에 求니라 亦

同淨名에 '諸佛解脫은 當於衆生心行中求'니라

言阿賴耶는 此云藏識이니 能藏一切雜染品法하야 令不失故니 我見愛等執藏으로 以爲自內我故니라 此中은 惟在異生有學이니라

'阿陀那'者는 此云執持니 執持種子와 及色根故니라 此名은 通一切位라

此二는 卽心之別名이라 論主 意明心含染淨일세 故雙擧二名하니 釋一心義니라

求義 云何오 若有我執하면 成阿賴耶오 若我執이 亡하면 則捨賴耶名이오 唯阿陀那니 持無漏種이면 則妄心斯滅하고 眞心顯現이라 故下偈云 '心若滅者면 生死盡이라'하니 卽妄滅也오 非心體滅이니라

(2) 대비의 마음으로 중생을 따르는 관법으로 말하면, 이는 외도의 '제2 다른 곳에서 해탈을 구함'에 해당된다.

중생의 어리석음과 전도는 언제나 당연히 아뢰야식과 아타나식에서 해탈을 구해야 하는데, 도리어 다른 곳인 '나'와 '나의 것'에서 해탈을 구하기 때문이다.

경문에서는 오직 하나의 마음만을 밝혔다. 마음 밖에 '나'라는 것과 법이 없다. 마땅히 하나의 마음속에서 구해야 한다. 또한 유마경에서 말한 "모든 부처님의 해탈은 당연히 모든 중생의 마음 작용 속에서 찾아야 한다."는 것과 같다.

'아뢰야'는 중국에서는 '저장된 의식[藏識]'이라는 뜻이다. 일체 잡염의 법을 간직하여 잃지 않도록 하기 때문이다. '나'라는 소견과 '나'에 대한 애착 따위의 집착을 간직한 창고로 '자신의 내면적 자

아[自內我]'를 삼기 때문이다. '아뢰야'라는 명칭은 오직 異生凡夫의 有學(불교의 진리를 알고 있지만, 미혹을 끊지 못하여 아직 배워야 할 게 남아 있는 것을 말함.↔無學)에만 있다.

'아타나'는 '붙잡아 지니다.'의 뜻이다. 종자와 육신의 감각기관을 지니고 있기 때문이다. '아타나'라는 명칭은 모든 지위에 통한다.

아뢰야와 아타나 2가지는 마음의 또 다른 명칭이다. 논주가 이를 말한 뜻은 마음에 잡염과 청정을 포괄하고 있음을 밝히고자, 2가지 명칭을 모두 들어서 하나의 마음을 해석하고 있다.

여기에서 추구하고자 한 뜻은 무엇인가. 만약 '나'라는 생각에 대한 집착이 있으면 아뢰야를 이루고, '나'라는 생각에 대한 집착이 없으면 아뢰야의 명칭을 버리고 오직 아타나일 뿐이다.

무루의 종자를 간직하면 허망한 마음은 사라지고 진실한 마음이 나타나게 된다. 이 때문에 아래의 게송에서, "마음이 사라지면 태어남과 죽음이 없다."고 하였다. 이는 허망한 마음이 사라진 것이지, 마음의 본체가 사라졌다는 뜻이 아니다.

三은 約一切相智觀인댄 卽當第二依止觀이라

明此緣集이 依於二種하니

一은 依第一義니 已如前說이라

二는 依心識이니 卽是今文이라

前은 唯約淨이오 此는 通染淨이라 依義如前이니라

又前은 卽依眞起妄이오 此는 卽顯妄依眞이니라【鈔_ '卽當第二'者

는 疏有二釋하니 唯依第一義로 故唯約淨이오 此는 明有支依持일새 故通染淨이라

第二釋中에 '依眞起妄'者는 不了第一義諦를 名無明等故오 '顯妄依眞'者는 十二因緣이 皆依一心하야 如是而立故니라 】

(3) 일체 양상과 지혜의 관법으로 말하면, 이는 제2 의지하는 관법에 해당한다.

이런 인연의 모임이 2가지에 의한 것임을 밝혔다.

① 으뜸가는 이치에 의지함이다. 이는 이미 앞에서 말한 바와 같다.

② 마음과 의식에 의지함이다. 이는 이의 문장이다.

앞의 으뜸가는 이치는 오직 청정으로 말하였고,

뒤의 마음과 의식은 잡염과 청정에 모두 통한다. '의지'하는 의의는 앞의 부분과 같다.

또한 앞은 진심에 의지하여 망심을 일으킴이며,

이는 망심을 밝히기 위해 진심에 의지한 것이다.【초_ '卽當第二'란 청량소에 2가지 해석이 있다.

오직 제일의제만을 의지한 까닭에 청정으로만 말하였고, 이는 12지분의 인연에 의지함을 밝힌 까닭에 잡염과 청정에 모두 통한다.

위의 해석 부분에 "진심에 의지하여 망심을 일으킨다."는 것은 제일의제를 알지 못함을 무명 등이라 불렀기 때문이며, "망심을 밝히기 위해 진심에 의지한다."는 것은 12지분의 인연이 모두 하나의

마음에 의하여 이처럼 세워졌기 때문이다.】

第三 自業助成門
제3. 자체의 업으로 도와 이루는 법문

經

佛子여

此中無明이 有二種業하니 一은 令衆生으로 迷於所緣이오 二는 與行作生起因이며

行 亦有二種業하니 一은 能生未來報오 二는 與識作生起因이며

識 亦有二種業하니 一은 令諸有相續이오 二는 與名色作生起因이며

名色 亦有二種業하니 一은 互相助成이오 二는 與六處作生起因이며

六處 亦有二種業하니 一은 各取自境界오 二는 與觸作生起因이며

觸 亦有二種業하니 一은 能觸所緣이오 二는 與受作生起因이며

受 亦有二種業하니 一은 能領受愛憎等事오 二는 與愛作生起因이며

愛 亦有二種業하니 一은 染着可愛事오 二는 與取作生起因이며

取 亦有二種業하니 一은 令諸煩惱相續이오 二는 與有作生起因이며

有 亦有二種業하니 一은 能令於餘趣中生이오 二는 與生作生起因이며

生 亦有二種業하니 一은 能起諸蘊이오 二는 與老作生起因이며

老 亦有二種業하니 一은 令諸根變異오 二는 與死作生起因이며

死 亦有二種業하니 一은 能壞諸行이오 二는 不覺知故로 相續不絶이니라

> 불자여!
> 이 가운데 무명에는 2가지 업이 있다.
> 하나는 중생으로 하여금 반연한 경계를 미혹하게 함이며,
> 둘째는 행이 생겨나는 원인을 만들어 준다.
> 행에도 2가지 업이 있다.
> 하나는 미래의 과보를 내주는 것이며,
> 둘째는 식이 생겨나는 원인을 만들어 준다.
> 식에도 2가지 업이 있다.
> 하나는 모든 유(有)를 서로 이어가게 함이며,
> 둘째는 이름과 물질이 생겨나는 원인을 만들어 준다.

309

이름과 물질에도 2가지 업이 있다.

하나는 서로 도와서 이뤄주는 것이며,

둘째는 6처가 생겨나는 원인을 만들어 준다.

6처에도 2가지 업이 있다.

하나는 각각 자체의 경계를 취함이며,

둘째는 감촉이 생겨나는 원인을 만들어 준다.

감촉에도 2가지 업이 있다.

하나는 반연한 바에 부딪침이며,

둘째는 받아들이는 느낌이 생겨나는 원인을 만들어 준다.

받아들임에도 2가지 업이 있다.

하나는 사랑과 증오 등의 일을 받아들임이며,

둘째는 사랑이 생겨나는 원인을 만들어 준다.

사랑에도 2가지 업이 있다.

하나는 사랑스러운 일에 물듦이며,

둘째는 탐착이 생겨나는 원인을 만들어 준다.

탐착에도 2가지 업이 있다.

하나는 많은 번뇌를 서로 이어주는 것이며,

둘째는 나의 소유가 생겨나는 원인을 만들어 준다.

소유에도 2가지 업이 있다.

하나는 다른 갈래에 태어나게 함이며,

둘째는 태어남이 생겨나는 원인을 만들어 준다.

태어남에도 2가지 업이 있다.

하나는 여러 감관을 일으킴이며,

둘째는 늙음이 생겨나는 원인을 만들어 준다.

늙음에도 2가지 업이 있다.

하나는 육근이 변하여 다르게 함이며,

둘째는 죽음이 생겨나는 원인을 만들어 준다.

죽음에도 2가지 업이 있다.

하나는 모든 행을 무너뜨림이며,

둘째는 알지 못하므로 끊임없이 서로 이어지게 만든다.

● 疏 ●

文亦三이니

初는 約相諦觀者인댄 此下二門이 卽當因觀이라

因觀이 有二하니 一은 他因觀이오 二는 自因觀이라

他因者는 全賴前支하야 生後支故니 此揀自性이라 故大悲觀中에 揀於冥性이오 一切相觀에 名爲方便이라

唯從無明하야 生於行故로 名爲自因이니 此揀餘因이 能生於行이라 亦猶於酪이 定從乳生이오 不從石出이라 故大悲觀에 破於自在等因이오 一切相智에 顯因緣相故니라 三觀取意는 小異나 文旨는 大同이어늘 諸德이 不尋論文하고 妄爲異釋이니라【鈔_ 故大悲下는 引二觀爲證이라 大悲觀中冥性은 卽外道之自生이니 與自性義同일새 故以他因으로 破其自生이라 自在는 卽外道從他生義니 故以自因으로 破其他生이라

一切相智中他因은 乃前爲後之方便이오 自因은 卽爲因緣之相
이라 此義極顯일새 故擧酪喩하야 正喩自因이 亦與他因이라 酪不從
自生하고 必假乳爲因故니라 此則乳爲酪家他因이니 以乳非酪故
니라 要從乳生이오 不從蒱石等生이니 故乳爲酪家自因이라 以若不
要從乳生者인댄 因同非因故오 若無他義인댄 乳卽是酪하야 俱失
因果니라 三觀取意下는 總結이니 由大同故로 得引爲證이니라】

경문은 또한 3단락이다.

(1) 양상의 진리로 차별하는 관법에 의하면, 아래의 自業助成門과 不相捨離門 2가지는 '원인의 관법[因觀]'에 해당한다.

원인의 관법에는 2가지가 있다.

① 다른 원인의 관법,

② 자체 원인의 관법.

'다른 원인'이란 전적으로 앞의 지분 인연에 힘입어 뒤의 지분 인연이 생겨나기 때문이다. 이는 자체의 성품과 다른 점을 구분한 것이다. 이 때문에 '대비의 마음으로 중생을 따르는 관법'에서는 상카학파[僧佉師: 數論師]의 冥性[自性諦]과 다른 점을 구분하였다. 일체 양상과 지혜로 행하는 관법에서는 방편이라고 말한다.

오직 무명에서 행을 만들어 내기에 이를 '자체 원인'이라 말한다. 이는 나머지 원인이 행을 만들어 내는 것과 다른 점을 구분한 것이다. 이는 또한 타락[酥酪]은 반드시 우유에서 만들어진 것이지, 돌에서 나온 게 아님과 같다. 따라서 '대비의 마음으로 중생을 따르는 관법'에서 자재함 따위의 원인을 타파하고, 일체 양상과 지혜로 행하는 관법에서 인연의 양상을 밝혔기 때문이다.

　　3가지 관법에서 취한 뜻이 조금씩 다르지만 경문의 종지만큼은 크게는 똑같은데, 많은 스님이 논의 문장을 살펴보지 않고 부질없이 달리 해석한 것이다.【초_ '故大悲' 이하는 2가지 관법을 인용하여 증명하였다.

　　'대비의 마음으로 중생을 따르는 관법'에서의 '冥性'은 상카학파 외도들이 말한 '자체적으로 생겼다[自生].'는 말이다. 이는 自性이라는 뜻과 같다. 이 때문에 '다른 원인'으로 그들이 말한 '자체적으로 생겼다.'는 견해를 타파하였다.

　　'자재함'은 외도들이 말한 '다른 것에 의해 생겼다.'는 뜻이다. 이 때문에 '자체 원인'으로 그들이 말한 '다른 것에 의해 생겼다.'는 견해를 타파하였다.

　　'일체 양상과 지혜로 행하는 관법' 가운데 '다른 원인'은 곧 앞의 것이 뒤의 방편이 되고, '자체 원인'은 곧 인연의 양상이다. 이런 이치가 지극히 분명하기에 타락[酥酪]의 비유를 들어서 '자체 원인'이 또한 '다른 원인'을 만들어 줌을 비유하였다.

　　타락이란 그 자체로 만들어 내지 못한다. 반드시 우유를 빌려 원인으로 삼기 때문이다. 그렇다면 우유는 타락의 입장에서 '다른 원인'이다. 우유는 타락이 아니기 때문이다.

　　중요한 것은 우유에서 생겨난 것이지, 蒲石 등에서 생겨난 것이 아니므로, 우유는 타락의 입장에서 '자체 원인'이다.

　　만약 우유에서 생겨나지 않았다고 한다면 원인은 원인이 아닌 것과 같기 때문이다. 만약 다른 이치가 없다면 우유가 바로 타락인 터라, 이는 원인과 결과를 모두 잃게 된다.

'三觀取意' 이하는 총체로 끝맺음이다. 크게는 똑같기 때문에 이를 인용하여 증명하였다.】

今此一門은 卽他因觀이라 經明에 各有二業하니 則一은 是自業이오 二는 是助成이라 而並云他者는 特由無明이 迷於所緣하야 方爲行因이니 若了所緣하면 寧起妄行이리오
又初는 明自業이니 顯是他義오 二는 明生後니 顯是因義라 餘十一支는 倣此思準이니라【鈔_ 以自業之他로 助成後支之因이오】

이의 '자체의 업으로 도와 이룬 법문[自業助成門]'은 곧 다른 원인의 관법이다. 경문에서는 각기 2가지 업이 있음을 밝혔다. 첫째는 '자체의 업'이고, 둘째는 '도와서 이룬 업'이다.

그러나 다른 원인을 함께 말한 것은, 특별히 무명이 반연의 대상에 미혹함으로 인해 비로소 行의 원인이 되기 때문이다. 만약 반연의 대상을 알았다면 어떻게 헛된 행이 일어날 수 있겠는가.

또한 첫째는 자체의 업을 밝혔다. 이는 다른 원인이라는 뜻을 나타낸 것이다.

둘째는 뒤의 인연을 만들어 냄을 밝혔다. 이는 원인이라는 뜻을 나타낸 것이다.

나머지 11지분의 인연은 이와 같이 준하여 생각하면 된다.【초_ 자체 업의 다른 원인으로 뒤 지분의 원인을 도와 이룬 것이다.】

然生起之因이 卽增上緣이라 以緣으로 名因이니 從通義說이니라 於

四緣中에 諸支相望인댄 增上은 定有니 故緣起經과 及此文中에 唯明有一이라 餘之三緣은 有無不定일새 故畧不明이니라

謂愛望於取하고 有望於生에 有因緣義니 以愛增으로 爲取하고 識增으로 爲有故니라 若說識支 是業種者인댄 行望於識에 亦作因緣이오 餘支를 相望에 無因緣義라 無明을 望行하고 愛望於取하고 生望老死에 有餘二緣이라

竝以現行으로 相望에 無間引生故며 行等思心은 可反緣故니라 有望於生하고 受望於愛에 無等無間하고 有所緣緣이니 以種으로 望現故며 所生現行이 却緣種故오 餘支를 相望에 二俱非有니라【鈔 '無明望行'者는 二. 辨餘二緣이라 自有三義하니 初三位는 具二오 先은 擧論文이오 從竝以下는 疏釋이니 竝以現行으로 相望하야 總出有二緣所以라

言'無間引生'者는 明有等無間緣이니 要是現行心心所法이니 前念이 謝滅하야 引生後念故니라 無明心心所滅하야 引行思心하고 愛心所滅하야 引起取心이라 此中에 愛支는 亦約現行이라 生及老死는 但是識與名色이 增長衰變이니 增長心滅하야 引生衰變일새 故此三位에 有等無間이니라

言'行等思心可反緣故'者는 明有所緣緣이라 等者는 等於取及老死니 謂行之思는 可得反緣前無明支라 故無明支는 卽是行家의 所緣緣也라 二取 亦心所일새 故得緣愛니 愛是取家의 所緣緣也라 老死心所 可緣於生이니 生卽老死의 所緣緣也라 皆言'反緣'者는 後支緣前故니라】

그러나 생겨나는 원인이 곧 增上緣이다. 반연으로 원인이라 말하였다. 이는 일반적인 이치에 따라 말한 것이다. 4가지 반연 가운데 모든 지분을 서로 비춰보면 증상연은 반드시 있다. 이 때문에 연기경과 화엄경에서 오직 증상연 하나만 있음을 밝히고 있다. 나머지 3가지 반연은 '있고 없음'을 결정지을 수 없기에 이를 생략하여 밝히지 않았다.

사랑을 탐착과 비춰보고, 소유를 생겨남에 비춰보면 인연의 뜻이 있다. 사랑과 증오로 탐착을 삼고, 識의 증장으로 소유를 삼기 때문이다.

만약 識支를 업의 종자라 말한다면, 行을 識에 비춰보면 이 또한 인연이 되지만, 나머지 지분을 서로 비춰보면 인연의 뜻이 없다.

무명을 행에 비춰보고, 사랑을 탐착에 비춰보고, 생겨남을 늙음과 죽음에 비춰보면 나머지 2가지 반연[等無間緣, 所緣緣]이 있다. 아울러 현행으로 서로 비춰보면 끊임없이 이끌어 내기 때문이며, 行 등의 사유하는 마음은 반대로 반연하기 때문이다.

소유를 생겨남에 비춰보고, 느낌을 사랑에 비춰보면 等無間緣(samanantara-pratyaya)은 없고, 所緣緣(ālambana-pratyaya)은 있다. 이는 종자를 현행에 비춰보기 때문이며, 所生支인 현행이 도리어 반연의 종자가 되기 때문이다.

나머지 지분을 서로 비춰보면 2가지가 모두 있지 않다. 【초_ "무명을 행에 비춰본다."는 것은 나머지 2가지 반연에 대해 밝힌 것이다. 여기에는 자연히 3가지 뜻이 있다.

앞의 3지위는 2가지 반연을 갖추고 있다. 앞에서는 논의 문장을 들어 말하였고, '並以現行'으로부터 이하는 청량소의 해석이다. 아울러 현행으로 서로 비춰보면서 총체로 2가지 반연이 있게 된 이유를 내보였다.

"끊임없이 이끌어 낸다."는 것은 等無間緣이 있음을 밝힌 것이다. 등무간연은 현행하는 '심리작용의 주체인 心王'과 '심왕에 수반하여 생기는 다양한 심리작용[心所法]'을 필요로 한다. 앞의 생각이 사라지면서 뒤의 생각을 이끌어 내기 때문이다. 무명의 마음과 심리작용[心所]이 사라지면서 行을 사유하는 마음을 이끌어 내고, 애욕의 심리작용이 사라지면서 탐착의 마음을 일으킨다. 이 가운데 사랑의 지분은 또한 현행으로 말한다.

생겨남과 늙음과 죽음은 다만 의식과 이름과 물질이 커나가고 쇠퇴하고 변화하는 것이다. 더욱 커나가는 마음이 사라지면서 쇠퇴하고 변화하는 것을 이끌어 내기에 이 3지위에는 等無間緣이 있다.

"行 등의 사유하는 마음은 반대로 반연하기 때문이다."고 말한 것은 所緣緣이 있음을 밝힌 것이다. '行等'의 '等'이란 탐착과 늙음과 죽음을 평등하게 들어 말한 것이다. 行의 사유하는 마음은 앞의 무명지를 반대로 반연할 수 있다. 이 때문에 무명지는 바로 행의 입장에서는 '앞에 존재하는 인식 대상의 所緣緣'이다.

2가지의 탐착 또한 심리작용이기에 사랑을 반연하는 것이다. 사랑은 탐착의 입장에서 '앞에 존재하는 인식 대상'이다.

늙음과 죽음의 심리작용은 생겨남을 반연한다. 생겨남은 늙음과 죽음의 '앞에 존재하는 인식 대상'이다.

모두 "반대로 반연한다."고 말한 것은 뒤의 지분이 앞의 존재를 반연하기 때문이다.】

其十二支의 各初自業이 不異前之二門이라 論主는 唯解老死二業者는 以此難故니 舉一例諸니라 然無明은 無因이오 老死는 無果라 故前十一이 各與後支 爲生起因이라 老死는 無果어니 與誰爲因고 經文이 意顯與無明으로 爲因이니 則無明이 非無因이며 老死도 非無果라 故云不覺知故로 相續不絕이니 不覺知者 卽無明也니라 是以로 十二因緣이 猶如尋環하고 如汲井輪하야 無有斷絕이라 反顯若能覺知하면 則無復生死니라

論主 總以二業으로 爲後生因하니 故云 '壞五陰身이 能作後生因하고 以不見知로 故能作後生因'이라하니 意明前陰但滅이면 則後陰生일새 故初爲因이라 後意는 不知 卽是無明이니 無明爲因이면 則十二支 相續不絕이라 不見此意하고 徒自云云이로다【鈔_ 不見下는 結彈古釋이라 遠公云 '不知雖是無明이나 死支爲主니라 攝屬死支니 如似生時에 亦有結業이나 名爲生支라하니 卽是云云이 不見論意라 今明老死 能生無明일새 故爲此釋이라 諸德旣昧일새 故曰云云이니라 】

그 12지분의 각기 첫째의 자체 업이 앞의 有支相續門, 一心所攝門과 다르지 않다. 논주가 유독 늙음과 죽음 2가지 업만을 해석한 것은 이런 논란 때문이다. 하나를 들어 나머지 모든 것을 준하였다.

그러나 무명은 원인이 없고, 늙음과 죽음은 결과가 없다. 이 때문에 앞의 11지분이 각기 뒤 지분의 생겨나는 원인을 만들어 준다. 늙음과 죽음은 결과가 없는데, 그 어느 것의 원인이 될 수 있겠는가.

경문에서 말한 뜻은 무명이 원인이 된다는 점을 밝히려는 것이다. 무명은 원인이 없는 것이 아니며, 늙음과 죽음도 결과가 없는 것이 아니다. 그러므로 "깨닫지 못한 까닭에 끊임없이 서로 이어지는 것이다. 깨닫지 못함이 곧 무명이다."고 하였다.

이 때문에 12인연은 마치 고리의 끝을 찾을 수 없는 것처럼, 물 긷는 두레박처럼 끊임이 없다. 만약 이를 깨달아 알면 생겨나고 죽음이 다시는 반복하지 않음을 역으로 밝힌 것이다.

논주가 총괄하여 2가지 업으로 다음 생의 원인을 삼았다. 따라서 "五陰의 몸이 무너져 다음 생의 원인이 되고, 보지 못하고 알지 못한 까닭에 다음 생의 원인을 만드는 것이다."고 하였다.

여기에서 말한 뜻은, 앞의 오온의 몸이 사라지면 뒤의 몸이 생겨나기에 앞의 몸은 원인이 됨을 밝히고자 함이다.

뒤 구절의 뜻은 모르는 것이 바로 무명이다. 무명이 원인이 되면 12지분이 끊임없이 서로 이어지게 된다. 이런 의미를 보지 못하고 부질없이 운운한 것이다.【초_ '不見此意' 이하는 옛사람의 해석을 비판하면서 끝맺음이다.

혜원 법사가 말하였다.

"알지 못함이 비록 무명이긴 하지만, 죽음의 지분이 주가 된다. 그래서 죽음의 지분에 소속되니, 마치 살아 있을 때에도 업으로 맺어진 듯하지만, 이를 生支라 말한다."

이처럼 운운한 말들은 논에서 말한 뜻을 제대로 보지 못하였기 때문이다. 여기에서는 늙음과 죽음이 무명을 일으키는 까닭에 이처럼 해석하였음을 밝혔다. 많은 옛사람이 이처럼 제대로 이를 알지 못한 까닭에 운운한 것이다.】

二는 約大悲隨順觀이니 四觀之中에 此下四段은 明第三異道求解脫이라 論云 '顚倒因이 有三種하니 性因과 自在因과 苦行因과 及無因이라'하니라 此有四因을 如次四門破之니 前三은 是邪因일세 故併云顚倒니라【鈔_ '顚倒因有三種'이라하고 後列乃四하야 或欲合前二하야 以應前三하니 不知上三이 是邪因일세 故併云顚倒오 後一은 自是無因이라 邪因無因이 合成四過耳니라 】

(2) 대비의 마음으로 중생을 따르는 관법이다.

4가지 관법 가운데, 이 아래의 4단락은 '제3 외도로 해탈을 구함'에 대해 밝혔다.

논에서 말하였다.

"전도의 원인에 3가지가 있다.

① 본성의 원인,

② 자재의 원인,

③ 고행의 원인.

그리고 원인이 없는 것이다."

이런 4가지 원인을 4문으로 차례대로 논파하고자 한다.

앞의 본성, 자재, 고행 3가지는 삿된 원인이기에, 이를 모두 아울러서 '전도의 원인'이라 말한다.【초_ "전도의 원인에 3가지가 있다."고 말하고, 뒤에서 4가지를 나열하여, 혹은 앞의 '본성, 자재의 원인' 2가지를 합하여 앞의 3가지에 맞추려 하였다. 이는 위의 '본성, 자재, 고행의 원인' 3가지가 삿된 원인임을 알지 못한 까닭에 "이를 모두 아울러서 '전도의 원인'이라 말한다."고 하였고, 뒤의 無因 하나는 그 자체가 원인이 없다. 삿된 원인과 원인이 없는 것을 합하여 4가지 허물로 본 것이다.】

一'性'은 卽冥性이니 謂僧佉 計此하야 爲所知因하니 謂知此冥性이면 卽得解脫故니라 前云'異處求解脫'은 顯其理非어니와 此中에 雖云所知나 意取行非니라

二는 卽迦羅鳩馱 計自在天하야 爲所求因이니 謂自在天이 瞋이면 衆生受苦오 自在天이 喜면 衆生受樂이라하야 求其喜故일세니라

三은 刪闍夜 計苦行하야 爲所修因이니 但修苦行하야 以酬往業이면 則得脫故니라

四는 無因이니 卽耆多 計衆生이 不由因得이오 萬法自然이니 若知此者는 便得解脫이라하니라

衆生이 於上邪因과 無因異道中에 求하니 經欲以正折邪일세 故擧四門하사 令於中求오 不應於上邪見中求니라

此門은 卽破冥性이니 謂因緣有支 各二種業으로 而能生彼因緣事이언정 不由冥性이라 故斷前支緣이면 則後支不續하야 一生之中에 便得解脫이라 汝之冥性을 縱八萬劫知라도 亦無脫期리라

첫째, '性'이란 冥性이다. 상카학파에서 이를 '알아야 할 원인'

으로 잘못 생각하였다. 그들이 이 冥性을 알면 곧 해탈을 얻을 수 있다고 말하였기 때문이다.

앞에서 "다른 곳에서 해탈을 구한다."고 말한 것은 그 이치가 잘못임을 밝혔다. 여기서는 비록 '알아야 할 대상'이라 말했지만, 그 뜻은 '잘못된 행[行非]'을 취한 것이다.

둘째, 과거칠불 가운데 제4 가라구타 가전연은 자재천을 '추구해야 할 원인'으로 잘못 생각하였다. 자재천이 성을 내면 중생이 고통을 받고, 자재천이 기뻐하면 중생이 즐거움을 받는다고 생각하여 그런 기쁨을 추구하였기 때문이다.

셋째, 제37존 비라지자 존자는 고행을 '수행해야 할 원인'으로 잘못 생각하였다. 이는 "단 고행을 닦아서 과거의 업을 갚으면 해탈할 수 있다."고 생각하였기 때문이다.

넷째, 원인이 없음이다. 아기타 케샤캄발라(Ajitakeśakambala)는 "중생이 원인으로 인해 얻어진 게 아니다. 모든 법은 地·水·火·風 四元素의 자연이다. 이를 아는 자는 바로 해탈을 얻는다."고 잘못 생각하였다.

중생이 위의 3가지 삿된 원인과 원인 없는 외도에게서 추구하고 있다. 경문에서 바른 견해로 삿된 견해를 꺾고자, 4가지 법문을 들어 그 가운데서 추구하도록 함이며, 위의 삿된 견해에서 구하지 못하도록 하였다.

이 법문은 상카학파의 冥性을 논파한 부분이다. 인연의 지분이 각기 2가지 업으로 저 인연의 일을 만들어 내는 것이지, 冥性으로 연유하지 않는다.

　이 때문에 앞 지분의 반연을 끊으면 뒤의 지분이 이어지지 않아서, 한 생에서 바로 해탈을 얻을 수 있다. 상카학파의 冥性은 설령 8만 겁 동안 알았다 할지라도 또한 해탈할 기약이 없을 것이다.

三은 約一切相智觀이라 卽當第三方便觀이니 謂因緣有支 各有二業이 爲起後方便이라 若滅前前에 卽不生後後니 是解脫方便이니라

　(3) 일체 양상과 지혜로 행하는 관법이다. 이는 제3 방편관에 해당한다.

　인연의 지분이 각기 2가지 업이 있어서 뒤의 방편을 일으킴을 말한다. 만약 앞의 앞을 없앨수록 뒤의 뒤는 생겨나지 않는다. 이것이 바로 해탈의 방편이다.

第四 不相捨離中에 三門이 同前하니
初는 約相諦니 卽當自因觀이라 自因之義는 已見上文이라
又論云 自因觀者는 無明等自生因으로 觀緣事故라하니 謂離前支하면 無後支故니 如不離無明코 有行等하면 則無明은 唯是行自因也라 以是自故로 令行不斷이언정 以是因故로 但云助成이니라
若唯不離無明하고 有行하면 則成太卽이니 不應言無明이 緣行이오
若全離無明하고 有行하면 則成太離니 無明이 則非行因이라 故論云 異則不成이라하니라【鈔_ 若唯不離下는 反釋이라 太卽은 則無

明이 卽行이니 不得言無明이 與行爲緣이오 太離는 則無明이 不干於行이니 何殊色於行耶아】

제4. 서로 떨어지지 않는 법문

이 가운데 3가지 관법의 법문은 앞과 같다.

⑴ 양상의 진리로 차별하는 관법이다.

이는 '자체 원인'의 관법에 해당한다. 자체 원인의 뜻에 대해서는 위의 문장에 이미 보인다.

또 논에서 말하였다.

"자체 원인의 관법이란 무명 등이 자체로 원인을 내는 것으로 반연의 현상을 살피기 때문이다."

이는 앞의 지분을 여의면 뒤의 지분이 없기 때문이다. 만약 무명을 여의지 않고 行 등이 있으면, 무명은 행의 자체 원인일 뿐 아니라, 자체인 까닭에 행을 끊지 못할 뿐이다. 이는 원인이기에 '도와서 이룬다.'고 말하였다.

만약 무명을 여의지 않고 행이 있으면 크게 하나가 됨을 성취한다. 이는 '무명이 행을 반연한다.'고 말하지 못할 것이다.

만약 완전히 무명을 여의고 행이 있으면 크게 여읨을 성취한다. 이는 무명이 곧 행의 원인이 아니다. 그러므로 논에서, "달리하면 성립하지 못한다."고 하였다.【초_ 若唯不離' 이하는 거꾸로 해석하였다.

"크게 하나가 됨"은 무명이 바로 행이다. 따라서 무명이 행의 인연을 만들어 준다고 말할 수 없다.

"크게 여읨"은 무명이 행에 관계하지 않으니, 어찌 물질이 행과 다르겠는가.】

不卽·不離를 則名自因이니 亦二義 成矣라 故論主 引中論偈云

'衆因緣生法은 是則不卽因이며 亦復不異因이며 非斷亦非常이라'니라

初句는 汎擧也오

次句는 以是所生이 非能生故니라

'亦復不異因'者는 從於能生하야 生所生故니라

'非斷亦非常'者는 不卽故로 不常이오 不異故로 不斷이라

하나가 되지 않고, 여의지 않음을 자체 원인이라 말한다. 이 또한 2가지 뜻을 가지고 있다. 그러므로 논주가 중론의 게송을 인용하여 말하였다.

"많은 인연으로 생겨나는 법은

이것이 원인이 아니며,

또한 원인과 다른 것도 아니며,

단견도 아니고 상견 또한 아니다."

첫 구절은 범칭으로 들어 말하고,

다음 구절은 생겨난 대상이 생겨나게 하는 주체가 아니기 때문이다.

"또한 원인과 다른 것도 아니다."는 것은 생겨나게 하는 주체가 생겨날 대상을 생겨나게 하기 때문이다.

"단견도 아니고 상견 또한 아니다."는 것은 하나가 되지 않은

까닭에 常見이 아니고, 다르지 않기에 斷見도 아니다.

文中에 先은 順이오 後는 逆이라

今은 初라

경문의 앞은 ㈀ 차례대로 살펴봄이요, 뒤는 ㈁ 거꾸로 살펴봄이다.

이는 첫 부분이다.

經

佛子여 此中無明緣行으로 乃至生緣老死者는 由無明乃至生爲緣하야 令行乃至老死로 不斷助成故오

불자여! 이 가운데 무명은 행을 만들어 내는 인연이라는 것으로부터 생겨나는 것은 늙음과 죽음을 만들어 내는 인연까지는, 무명이 생겨나게 하는 인연으로 연유하여 행이 이뤄지고, 내지 늙음과 죽음을 끊임없이 도와서 이뤄주기 때문이다.

◉ 疏 ◉

順中에 而論云 '無明 有二種하니 一은 子時오 二는 果時라'하니

是中에 子時者는 令行不斷이 有二種義故니라

緣事示現者는 子是種子오 果是現行이니 現行之果 雖前이나 已謝일세 故不取之니 種子 續故로 令行不斷하야 能助成行일세 故取子時니라

亦可初起無明을 名之爲子오 遷至行時를 名之爲果니 由前等引

326

之力하야 令行不斷하야 助成行故로 偏取子時라 餘十一支에 皆有二時하니 例此可了니라

'㈀ 차례대로 살펴본' 부분의 논에서, "무명에는 2가지가 있다. ① 종자일 때이고, ② 과보일 때이다."고 하였다.

여기에서 말한 '종자일 때'란 행으로 하여금 끊이지 않게 함에 2가지 이치가 있기 때문이다. '일을 반연하여 보여준다.'는 데에서 말한 子는 종자를, 果는 현행이다. 현행의 결과는 비록 앞에 있지만 이미 사라졌기에 이를 취하지 않는다. 그러나 종자는 이어지기 때문에 행을 끊이지 않게 하여, 이를 도와 행을 이뤄주는 것이다. 이 때문에 '종자일 때'만을 취하였다.

또한 처음 일어난 무명을 종자라 말하고, 옮겨가면서 행에 이르는 때를 결과라 말한다. 앞의 평등하게 이끄는 힘으로 인하여 행을 끊어지지 않게 하여, 이를 도와 행을 이뤄주는 것이다. 이 때문에 '종자일 때'만을 취하였다.

나머지 11지분에 모두 종자일 때와 과보일 때 2가지가 있으니, 이러한 예로 유추하면 말하지 않아도 알 수 있다.

◉ 論 ◉

此一段은 明無明等十二有支 皆總由迷根本智하야 以妄心成識하야 更相助成이라
於一一緣中에 皆有十二하야 以互體更相助成하야 有一百四十四어든 於三世上에 各有一百四十四하야 總共爲

四百三十二니 總由迷本眞智하야 號曰無明이오
於無明中에 因根境識三事하야 而生五蘊하고
以五蘊이 對六根緣하야 生一切觸이니
總以意識爲主하야 而隨根境識하야 能作種種生死業緣하며 乃至
八萬四千一切塵勞 從此而起라 但自了根境識三事一性이라
一性者는 所謂無性이니 達自性理하야 以普光明智로 普印諸境이면
妙用恒寂하야 無明成智 名爲一切種智海라하니라

이 단락은 무명 등 12有支가 모두 근본지를 알지 못함으로 말미암아 허망한 마음으로써 識을 이루어 서로서로 조성하는 것을 밝힌 부분이다.

하나하나의 인연마다 모두 12유지가 있어 서로의 본체로써 서로서로 조성하여 144유지가 있다. 이렇게 하여 三世마다 각각 144유지가 있어 총 432유지이다.

이는 모두 근본 진여의 지혜를 알지 못함에 따라 그 이름을 '무명'이라 부른다.

무명의 가운데 육근, 육진, 육식 3가지 일로 인하여 오온이 생겨나고,

오온이 육근의 인연을 상대로 모든 감촉을 만들어 내는 것이다.

이 모두가 의식으로 주를 삼아 육근, 육진, 육식을 따라서 갖가지 生死業의 인연을 만들어 내고, 나아가 8만 4천 일체 번뇌가 여기에서 일어난다.

다만 스스로 육근, 육진, 육식 3가지 일이 '하나의 자성[一性]'임

을 알 수 있다.

'하나의 자성'이란 이른바 성품이 없는 것이다. 자성의 이치를 깨달아 寶光明智로 모든 경계를 널리 인증하면 묘용이 항상 고요하여 무명이 밝은 지혜를 이루게 된다. 이를 一切種智海라 한다.

後 逆觀

(ㄴ) 거꾸로 살펴보다

經

無明滅則行滅로 **乃至生滅則老死滅者**는 **由無明乃至生不爲緣**하야 **令諸行乃至老死**로 **斷滅不助成故**니라

무명이 사라지면 행이 사라지고, 내지 생겨남이 사라지면 늙음과 죽음이 사라진다는 것은, 무명이 만들어 내는 인연이 되지 않음으로 말미암아 모든 행, 내지 늙음과 죽음을 끊어주고 사라지게 하여, 이를 돕거나 이뤄주지 않기 때문이다.

◉ 疏 ◉

論云 '先際後際滅이며 中際亦無'라하니라 【鈔_ 論云先際後際滅 中際亦無者는 意云 若前際無明行이 無면 中際五果則無하고 後際愛取有無하면 中際苦果 後更不生이니 總顯無因이면 則無果義라 而謂愛取有하야 爲後際者는 卽次 第六段 三際輪廻門中에 將

愛取有하야 以因從果하야 名後際니라】

논에 이르기를, "과거와 미래의 무명이 사라지고, 현재 또한 없다."고 하였다.【초_ '論云先際後際滅 中際亦無'라는 의미는 만약 과거의 무명과 행이 사라지면 현재의 5가지 결과가 없으며, 미래의 애욕과 탐착과 소유가 없으면 현재의 괴로운 과보가 후생에 다시는 생겨나지 않음을 말한다. 원인이 없으면 결과도 없음을 총괄하여 밝힌 것이다.

그러나 애욕과 탐착과 소유를 미래로 말한 것은 다음의 '제6 삼제윤회의 법문'에서 애욕과 탐착과 소유를 들어서 원인이 결과를 따르는 것으로 '미래'라고 말하였다.】

'是故不說'者는 十二因緣이 不出三際라 過未旣無이니 中豈得有리오 是故로 不說有不斷助成義라
又 '不說'者는 滅則滅前諸義일세 故不假說子果等殊니라【鈔_ 前約經明일세 故云不斷助成이오 後約論意일세 故云不說子果니라】

"이런 까닭에 말하지 않는다."고 말한 것은 12인연이 과거·현재·미래에서 벗어나지 않는다. 과거와 미래가 이미 없는데, 어찌 현재가 있을 수 있겠는가. 이 때문에 '끊임없이 도와서 이뤄준다.'는 뜻을 말하지 않았다.

또한 말하지 않는다는 것은 사라지면 앞의 모든 이치가 사라지는 것이기에, 종자와 과보 따위의 다른 점을 빌려 말하지 않는다.【초_ 앞에서는 경문을 들어 설명한 까닭에 "끊임없이 도와서 이뤄준다."고 말하였고, 뒤에서는 논의 뜻을 들어 말한 까닭에 "종

자와 과보를 말하지 않는다."고 하였다.】

二는 約大悲隨順觀이라 破顚倒因中에 以自在天으로 爲衆生因이라 今以無明等으로 爲行等因이오 尙不從於餘支온 豈得從乎自在아

(2) 대비의 마음으로 중생을 따르는 관법이다.

전도의 원인을 논파한 부분에서, 가라구타 가전연은 자재천으로 중생의 원인을 삼았다. 여기에서는 무명 등으로 행 등의 원인을 삼았을 뿐, 오히려 나머지 지분도 따르지 않았는데 어찌 자재천을 따르겠는가.

三은 約一切相智觀이니 卽當第四因緣相觀이라 '有支無作故'者는 旣由前前하야 令後後不斷하야 助成後後면 則後後無性이어늘 何有前前이 能作後後리오 卽以無作으로 爲緣之相이 是種智境이니라
【鈔_ 約一切下는 三種緣生中의 無作緣生也라 三種緣生者는 如十藏中이니 謂是事有故로 是事有는 是無作緣生이오 是事起故로 是事起는 是無常緣生이오 無明이 緣行은 是勢用緣生이라 今前二觀은 是無常義오 今是無作이라 又無常義는 初門에 已明이오 勢用一門은 偏於前後며 亦廣在初門이니라 】

(3) 일체 양상과 지혜로 행하는 관법이다. 이는 제4 인연 양상의 관법에 해당한다.

'지분은 있고 지음은 없기 때문'이라 말한 것은 이미 앞의 앞 지분으로 인해 뒤의 뒤가 끊이지 않고 뒤의 뒤 지분을 도와 이룬다면 뒤의 뒤는 체성이 없는데, 어떻게 앞의 앞 지분이 뒤의 뒤 지분을 만들어 낼 수 있겠는가. 곧 만들어 냄이 없는[無作] 것으로 반연

의 양상을 삼음이 일체종지의 경계이다.【초_ '約一切' 이하는 3가지 緣生 가운데 無作緣生이다.

3가지 연생은 제22 십무진장품에서 말한 바와 같다. 이런 일이 있었기에 이런 일이 있음은 지음 없는 연생[無作緣生]이며, 이런 일이 생겼기에 이런 일이 생겨남은 무상의 연생[無常緣生]이며, 무명이 행을 만들어 내는 반연은 세력을 쓰는 연생[勢用緣生]이다.

앞의 相諦差別觀과 大悲隨順觀 2가지는 무상 연생의 뜻이며, 이의 一切相智觀은 무작의 연생이다.

또한 무상 연생의 뜻은 제1 有支相續門에서 이미 밝혔고, 세력을 쓰는 연생은 앞뒤에서 두루 말하였으며, 또 제1 유지상속문에 자세한 설명이 있다.】

십지품 제26-9 十地品 第二十六之九

화엄경소론찬요 제68권 華嚴經疏論纂要 卷第六十八

화엄경소론찬요 제69권
華嚴經疏論纂要 卷第六十九

●

십지품 제26-10
十地品 第二十六之十

第五三道不斷門

一依論相諦中의 六觀之內에 名攝過觀이니 謂以三道로 攝十二支면 則顯有支 但攝於苦의 因果過患이니 業과 惑은 是因이오 苦는 卽是果라 亦有順逆하니【鈔_ '名攝過觀'者는 卽唯識論에 惑苦相攝門이니라 】

제5. 3가지 길이 끊이지 않는 법문

(1) 논에 의한 '양상의 진리로 차별하는 관법' 부분의 6가지 관법 내에서 그 이름을 '허물을 포괄한 관법[攝過觀]'이라 말한다. 3가지 길로 12지분을 포괄하면 有支가 다만 고통의 인과 허물과 환난을 포괄함을 말한다. 업과 미혹은 원인이고, 고통은 과보이다.

이 또한 順觀과 逆觀이 있다.【초_ '名攝過觀'은 유식론에서 말한 '미혹과 고통이 서로 포괄하는 문'이다.】

經

佛子여
此中에 **無明愛取不斷**은 **是煩惱道**오
行有不斷은 **是業道**오
餘分不斷은 **是苦道**라

불자여!
이 가운데서 무명과 사랑과 탐착이 끊이지 않음은 번뇌의 길이요,

335

행과 유가 끊이지 않음은 업의 길이요,
나머지 지분이 끊이지 않음은 고통의 길이다.

◉ 疏 ◉

初順觀中에 文含二義하니

一은 約三世면 則過去無明과 現在愛取를 名爲煩惱라 雖同煩惱나 過去는 迷於本際일세 與無明名이오 現在는 牽生後果 由於愛取일세 從其本末하야 隱顯互彰이라

行·有 是業者는 宿業을 名行이오 現業을 名有니 雖同是業이나 過去는 已定하니 當相名行이오 未來는 未有니 業能有之라 功能立稱이라

現在五果와 未來二果 同皆是苦나 現報는 已定하니 當相受名이오 未來는 未起하니 從過患立이니라

若約二世인댄 前十同世라 則煩惱有二하니 能發과 能潤이라 雖諸煩惱 皆能發潤이나 於發業位에 無明力增하고 潤業受生에 愛·取力勝이니 各偏受名이라 以無熏發일세 唯一無明이라가 數數漑灌일세 故分愛取니라 【鈔_ '從其本末'下는 本末分別이니 無明是本은 過去說之오 愛取是末은 現在說之니 前則約用이오 此則約體니 此亦俱舍以畧攝廣中에 云'三煩惱二業과 七事도 亦名苦오 畧果及畧因은 由中可比二'라하니라

釋曰 上二句는 正以惑業苦로 攝十二오 下二句는 解妨이라

謂有問云'一種是惑이어늘 何以前際에 唯一無明이라가 中際에 分成愛取며 一種是苦어늘 何以後際에 唯二라가 中具五耶아 故爲此

通이니 後際二는 是룜果오 前際一은 是룜因이오 由中之五로 比知後二며 由中之二로 比前之一이라 若更廣說하면 便爲無用이라 】

앞의 차례대로 살펴보는 부분의 경문에는 2가지 뜻을 포함하고 있다.

① 3세로 말하면, 과거의 무명, 현재의 애욕·탐착을 번뇌라 말한다. 비록 번뇌와 같으나, 과거는 근본 자리를 알지 못하여 무명이라는 이름을 붙였고, 현재는 후생의 과보를 이끌어 내는 것이 애욕과 탐착에서 유래한 것이다. 그 근본과 지말을 따라서 숨기고 나타냄을 번갈아 밝혔다.

'行支와 有支가 업의 길'이라 말한 것은 숙세의 업을 行支라 하고, 현재의 업을 有支라 말한다. 비록 똑같은 업이지만, 과거는 이미 정해진 것이니 해당 양상을 行支라 하고, 미래는 아직 있는 것이 아니고 업이 이를 있게 만들기에, 그 공능으로 명칭을 세운 것이다.

현재의 5가지 결과와 미래의 2가지 결과가 모두 똑같이 고통이지만 현재의 결과는 이미 정해져 있으니 해당 양상으로 이름을 붙였고, 미래는 아직 일어나지 않았기에 허물과 환난을 따라 그 이름을 붙였다.

② 만약 2세로 말하면, 앞의 10지분은 같은 1세이다. 번뇌에는 2가지가 있다.

'업을 일으키는 주체'와 '업을 성숙시키는 주체'이다.

모든 번뇌가 모두 업을 일으키고 업을 성숙시키는 주체이지만,

업을 일으키는 단계에서는 무명의 힘이 증가하고, 업을 성숙시켜서 태어나게 하는 단계에서는 애욕과 탐착의 힘이 뛰어나다. 각기 한쪽 부분을 들어 이름을 붙인 것이다. 훈습으로 업을 일으킴이 없을 적에는 오직 하나의 무명이었다가, 자주자주 물을 부어줬기에 사랑과 탐착으로 나뉜 것이다.【초_'從其本末' 이하는 근본과 지말의 분별이다. 無明이 근본임은 과거로 말한 것이며, 사랑과 탐착이 지말임은 현재로 말한 것이다. 앞에서는 작용으로, 여기에서는 본체로 말하였다.

이 또한 구사론의 "간략함으로 광대함을 받아들인[以略攝廣]" 부분의 게송에 이르기를, "3가지 번뇌[三煩惱: 無明·愛·取], 2가지 업[二業: 行·有], 7가지 事 또한 苦라 말하고, 略果 및 略因은 중간의 2가지에 비교된다."고 하였다.

이에 대해 다음과 같이 해석하였다.

위의 2구는 바로 惑業苦로써 12가지를 포괄하고, 아래 2구는 논란에 대한 해석이다.

어떤 사람이 물었다.

"하나의 미혹인데 어찌하여 앞에서는 오직 하나의 무명이었다가 중간에 사랑과 탐착으로 나뉘며, 하나의 苦인데 어찌하여 뒤에서는 2가지뿐이었다가 중간에 5가지가 된 것일까?"

이 때문에 이런 말로 통한 것이다. 뒤의 2가지는 略果이며, 앞의 1가지는 略因이다. 중간의 5가지로 뒤의 2가지를 비교하여 알 수 있으며, 중간의 2가지로 앞의 1가지를 비교할 수 있다. 만약 이

를 다시 자세히 말한다면 쓸모가 없다.】

業亦有二하니 未潤과 已潤이라 未潤을 名行이니 初造作故오 已潤名有니 近生當有故니라 若總取識等種爲所潤인댄 則亦苦攝이라 故唯識云 '有支一分은 是業所攝이라 就苦七中이면 五約種說이오 二約現行이니 種位는 難知일새 依當果位하야 別顯爲五오 果位는 易了일새 故唯立二'라하니 並如前說이라

三道에 皆言不斷者는 謂從三煩惱하야 生於二業이오 從彼二業하야 復生七苦오 七復生三이니 故如輪轉이라 如淨意菩薩十二因緣論에 廣明하니라 【鈔_ 三道皆言下는 亦是釋於始終之難하야 顯無始終이니 先은 正釋이오 後는 引證이라 前中에

'從三煩惱 生於二業'者는 從一無明하야 生一行業하며 從愛取二하야 生一有業이라

'二業 生七苦'者는 從一行業하야 生識等五오 從一有業하야 生生老死故니라

'七復生三'者는 識等五苦 生愛取二오 生死二苦 生無明故로 上云 不了知故로 生死流轉이니라

'如淨意菩薩'者는 彼論偈 與此相應하니 偈云 '煩惱는 初와 八과 九오 業은 二及與十이오 餘七은 說爲苦니 三攝十二法이라 從三故로 生二하고 從二故로 生七하며 從七復生三이라 是故로 如輪轉이니라 一切世間法이 唯因果無人이니 但從諸法空이오 還生於空法이라'하니라 】

업 또한 2가지이다.

'성숙하기 이전'과 '성숙한 이후'이다.

업이 성숙하기 이전은 行支라 한다. 처음으로 짓기 때문이다.

업이 성숙한 이후는 有支라 한다. 가까이 미래의 소유를 낳아주기 때문이다.

만약 識支 등의 종자를 성숙할 대상을 총괄하여 취하면 또한 고통에 속한다.

이 때문에 성유식론에서는, "有支의 일부분은 업에 속한다. 7가지 고통에 입각하여 말하면, 5가지는 종자를 들어 말하였고, 2가지는 현행을 들어 말하였다. 종자의 단계는 알기 어려우므로 그 과보의 단계에 의하여 별도로 5가지를 밝혔고, 과보의 단계는 알기 쉬우므로 오직 2가지만 세웠다."고 하였다. 이는 모두 앞에서 말한 바와 같다.

번뇌, 업, 고통의 3가지 길에 대해 모두 '끊이지 않는다.'고 말한 것은 3가지 번뇌[無明·愛·取支]로부터 2가지 업[行·有支]이 생겨나고,

2가지 업에서 다시 7가지 고통[識·名色·六入·觸·受·生·老死支]이 생겨나며,

7가지 고통은 다시 3가지 번뇌[無明·愛·取支]를 낳는다. 마치 수레바퀴가 도는 것과 같다. 이는 淨依보살의 '십이인연론'에서 자세히 밝힌 바와 같다.【초_ '三道皆言' 이하는 또한 시작과 끝의 어려움을 해석하여, 시작과 끝이 없음을 밝혔다.

앞에서는 바로 해석하였고, 뒤에서는 인용하여 증명하였다.

앞에서 "3가지 번뇌로부터 2가지 업이 생겨난다."고 말한 것은

하나의 무명으로부터 하나의 行業이 생겨나고, 사랑과 탐착 2가지로부터 하나의 '有支' 업이 생겨난다.

"2가지 업에서 다시 7가지 고통이 생겨난다."는 것은 하나의 行業으로부터 識支 등 5가지가 생겨나고, 하나의 有支 업으로부터 生支와 老死支가 생겨나기 때문이다.

"7가지 고통은 3가지 번뇌를 낳는다."는 것은 識支 등 5가지 고통에서 愛支와 取支 2가지가 생겨나고, 生支와 老死支 2가지 고통이 無明支를 낳는다. 이 때문에 위에서 "알지 못한 까닭에 생사의 바다에서 윤회한다."고 말하였다.

"정의보살의 십이인연론에서 밝힌 바와 같다."는 것은 십이인연론의 게송이 이와 상응하기 때문이다.

게송은 다음과 같다.

"번뇌는 제1 無明支, 제8 愛支, 제9 取支이고,

업은 제2 行支, 제10 有支이며,

나머지 7지[識·名色·六入·觸·受·生·老死支]는 고통에 속한다.

번뇌, 업, 고통 3가지가 12지 인연법을 모두 포괄한다.

번뇌의 3지에서 업의 2지가 생겨나고,

업의 2지에서 고통의 7지가 생겨나며,

고통의 7지에서 다시 번뇌의 3지가 생겨난다.

마치 수레바퀴가 도는 것과 같다.

일체의 세간법이

오직 인과일 뿐, 만든 자가 따로 없다.

모든 법이 '공'한 것을 따를 뿐인데
다시 '공'한 법에서 생겨난다."】

經

**前後際 分別이 滅하면 三道斷이니
如是三道 離我我所하야 但有生滅이 猶如束蘆니라**

　앞의 무명과 뒤의 사랑·탐착의 인연을 분별하는 마음이 사라지면 번뇌·업·고통 3가지 길이 끊어지게 된다.

　이처럼 3가지 길이 '나'와 '나의 것'에서 떠나 근본 원인이 사라짐으로써, 다만 생겨나고 사라짐의 인연은 마치 묶어 세워놓은 갈대[束蘆]처럼 홀로 이뤄지지 않을 것이다.

● 疏 ●

後는 逆觀이라 分二니

初는 明對治斷이니 謂斷前際無明行과 及後際愛取有면 則七苦不生이라

後如是三道下는 明自性斷이라 故淨意云 '一切世間法이 唯因果無人이니 但從諸法空이오 還生於空法이라'하니 是則生滅因果 如二束蘆하야 互相依立하고 不能獨成이니 則知無性이라 二我 俱空이라【鈔_ 如二束蘆'者는 謂因果互依니 初門에 已有라 但約識與名色이 互依니 今通十二因緣이라 然要云束蘆者는 又取中空이니 十二因緣이 相有名生이오 虛無名滅이니 生滅假集이 亦如束蘆니라】

뒤는 거꾸로 살펴보는 부분이다.

이는 2단락으로 나뉜다.

① 다스려서 끊음을 밝혔다. 과거의 무명행과 미래의 사랑·탐착·소유의 행을 끊으면 7가지 고통이 생겨나지 않는다.

② '如是三道' 이하는 번뇌·업·고통 3가지 자성이 끊어짐을 밝혔다. 이 때문에 정의보살이 게송에서 말하였다.

"일체의 세간법이

오직 인과일 뿐, 만든 자가 따로 없다.

모든 법이 '공'한 것을 따를 뿐인데

다시 '공'한 법에서 생겨난다."

이는 생겨나고 사라지는 원인과 결과는 마치 두 다발의 갈대 묶음처럼 서로 의지할 적에 성립될 수 있을 뿐, 생멸의 그 자체가 홀로 성립할 수 없다. 이는 생멸이란 그 자체의 체성이 없는 터라, '나'와 '나의 것'이라는 원인의 인연이 모두 '공'하기에 생멸의 결과가 절로 끊어짐을 알 수 있다.【초_ '두 다발의 갈대 묶음과 같다.'는 것은 원인과 결과가 서로 의지함을 말한다. 이는 有支相續門에서 이미 인용한 바 있다. 앞에서는 다만 識支와 名色支가 서로 의지한다는 데에 입각하여 말했지만, 여기에서는 12인연에 모두 통한다.

그러나 굳이 '갈대 묶음'이라 말한 것은 또 중도의 '공'을 취한 만큼, 12인연이 서로 존재함을 '생겨남'이라 말하고, 공허하여 없는 것을 '사라짐'이라 말한다. 생겨나고 사라짐이 임시 서로 모임이 또한 갈대 묶음과 같다.】

二는 約大悲觀中에 卽當破異道求中의 苦行因計니 謂以業惑으로 而爲苦因하니 欲求脫苦인댄 當斷業惑이어늘 反修苦行하니 是起妄業이라 計苦行心이 卽是煩惱라 如是妄想이 寧是解脫樂因이리오

(2) 대비의 마음으로 중생을 따르는 관법 부분은 외도(제37존 비라지자 존자)가 해탈을 구함에 있어 고행이 열반의 원인이라 잘못 생각한 부분을 타파한 것이다. 이는 외도가 업과 미혹으로 고통의 원인을 삼았음을 말한다. 고통에서 해탈을 구하고자 한다면 당연히 업과 미혹을 끊어야 함에도 반대로 고행으로 닦고자 하니, 이는 그릇된 업을 일으킨 것이다. 고행을 닦으려고 생각하는 그 마음 자체가 바로 번뇌이다. 이러한 망상이 어떻게 해탈의 즐거움의 원인이 될 수 있겠는가.

三 一切相智觀中에 卽第五入諦觀이니 三道는 苦集諦故니 謂業惑은 皆集故니 瑜伽云 '生老死現法이 爲苦오 識等五가 當來爲苦'者는 五를 約種說故니라
唯識云 '十二 皆苦諦攝은 取蘊性故오 五亦集諦니 業煩惱性故'라하니 此則業惑이 通於二諦라 約其逆觀이면 卽滅道諦니 滅分別心이 亦卽道故니라 又體三道 卽性淨三德이니 涅槃佛性이 一實諦故니라【鈔_'又體三道'下는 卽天台意니라】

(3) 일체 양상과 지혜로 행하는 관법 부분은 제5 진리에 들어가는 관법이다. 번뇌·업·고통 3가지 길은 苦諦와 集諦이기 때문이다.

업과 번뇌는 모두 集諦이기 때문이다. 유가사지론에서 "생겨

남과 늙음·죽음인 현재의 법이 고통이고, 識支 등 5가지가 미래의 고통이다."고 말하였다.

이는 識支 등 5가지를 종자로 들어 말하였기 때문이다.

성유식론에서 말하였다.

"12支 모두 苦諦에 속한 것은 '탐착 무더기[取蘊]'의 성품이기 때문이다. 5가지 또한 集諦에 속한다. 업과 번뇌의 성품이기 때문이다."

이는 업과 미혹이 2가지 聖諦에 통한다. 그 거꾸로 살펴보는 것으로 말하면, 滅諦와 道諦이다. 분별심이 사라진 것 또한 道諦이기 때문이다. 또한 번뇌·업·고통 3가지 길을 체득함은 본성이 청정한 3가지 덕이다. 열반과 불성이 하나의 참된 진리이기 때문이다.【초_ '又體三道' 이하는 천태대사의 논지이다.】

第六 三際輪廻門

제6. 삼제로 윤회하는 법문

經

復次無明緣行者는 是觀過去오
識乃至受는 是觀現在오
愛乃至有는 是觀未來라
於是以後에 展轉相續하나니

또한 무명이 행을 반연한다는 것은 과거를 살펴봄이며,

의식으로부터 받아들이는 느낌에 이르기까지는 현재를 살펴봄이며,

사랑으로부터 소유에 이르기까지는 미래를 살펴봄이다.

이 뒤로부터 차츰차츰 서로 이어지는 것이다.

● 疏 ●

初는 約相諦라 名護過觀이니 謂說三際하야 護三過故니라
三際不同일세 諸教三說하니
一은 依唯識인댄 合能所引하야 開能所生이니 故前十은 現在오 後二는 未來라
十因·二果는 定不同世니 因中에 前七이 與愛等三으로 或同或異니 謂生報는 定同이오 後報는 便異니라
若二·三·七인댄 各定同世니 如是一重因果에 足顯輪轉과 及離斷常이라 此則但以二世로 具十二支일세 不許三世의 兩重因果니라 若爾인댄 云何三際오 今之二果 乃是前際十因之果일세니라【鈔_唯識은 分四니 一은 敘意니 合能所引者는 初二는 能引이오 次五는 所引이니 要一世故니라
'十因'下는 正立이니 直至斷常이 皆是論文이오 其生報定同後報便異는 是義釋耳니라
'此則'下는 結成論意니 故彼論에 次云 '施設兩重이 實爲無用이니 或應過此면 便致無窮이라하니라

【釋曰 言'無窮'者는 若愚前際에 說過二因이어든 更有愚於前前際者면 二因이 猶少일세 應更多說이오 若謂愚於後際라하야 說二果者어든 亦有愚於後後際者면 二果도 猶少일세 應更說多니라
'若爾'下는 會通彼論하야 成三際義니라 】

(1) 양상의 진리로 차별하는 관법이다. 이는 그 이름을 '허물을 막는 관법'이라고 한다. 과거·현재·미래를 말하여, 과거·현재·미래의 3가지 허물을 막기 때문이다. 과거·현재·미래가 똑같지 않기에 여러 교파에서 3가지로 말한다.

① 유식론으로 말하면, 이끌어 내는 주체의 지분[能引支]과 이끌어 낼 대상의 지분[所引支]을 종합하여, 생겨나게 하는 주체의 지분[能生支]과 생겨나게 할 대상의 지분[所生支]으로 나누었다. 이 때문에 앞의 10支는 현재이고, 뒤의 生支와 老死支 2가지는 미래이다.

12支 가운데 10支의 원인과 2支의 결과[生, 老死]는 반드시 같은 세상이 아니다. 10지의 원인 가운데 앞의 7지는 사랑·탐착·소유의 세상과 혹 다르기도 하고 같기도 하다.

'현세에서 지은 선업, 악업에 따라 내세에서 받는 과보[順生報]'는 반드시 같은 세상이어야 하고,

'현세에서 지은 선업, 악업에 따라 三生 이후에 받는 과보[順後報]'는 다를 수도 있음을 말한다.

제2 行支, 제3 識支, 제7 受支는 각기 반드시 같은 세상이다. 이처럼 12지의 한 겹의 인과[一重因果]로써 윤회와 그리고 斷見과 常見에서 벗어났음을 밝혀주고 있다. 이는 2세만으로 12지를 갖추

었기에, 3세의 2중 인과[三世兩重因果]는 용납하지 않았다.

그렇다면 어째서 과거·현재·미래라 하였는가? 여기에서의 生支와 老死支 2가지 결과는 바로 과거 10支 원인의 결과이기 때문이다.【초_ 유식론에서 말한 뜻은 4부분으로 나뉜다.

㉠ 의미를 밝혔다. "이끌어 내주는 주체의 지분과 이끌어 낼 대상의 지분을 종합하였다."는 것은 앞의 제1 무명지와 제2 행지는 이끌어 내주는 주체이고, 다음 제3 識支, 제4 名色支, 제5 六入支, 제6 觸支, 제7 受支 5가지는 이끌어 주는 대상이다. 반드시 같은 세상이어야 하기 때문이다.

㉡ '十因二果' 이하는 바로 논지를 세웠다. '十因'에서 '離斷常'까지는 모두 논지의 문장이며, 그 "順生報는 반드시 같아야 하고, 順後報는 다를 수도 있다."고 말한 것은 그 의의를 해석하였다.

㉢ '此則' 이하는 논지를 끝맺었다. 따라서 그 논에서 다음으로 말하였다.

"2중의 인과를 마련한 것은 실로 쓸모가 없다. 혹 여기에서 더 지나가면 끝없는 데 이르게 된다."

이에 대한 해석은 다음과 같다.

'끝없음'이란 것은 과거에 대한 어리석음으로 2가지 원인보다 더 많이 말하는데, 다시 과거의 과거에 대해 어리석은 이가 있다면 2가지 원인도 오히려 적다고 생각한 나머지, 당연히 더 많이 말할 것이다. 만약 미래에 대한 어리석음으로 2가지 결과를 말한 것인데, 또한 미래의 미래에 어리석은 이가 있다면 2가지 결과도 오히려 적다고 생각한 나머지, 당연히 더 많이 말할 것이다.

㉣ '若爾' 이하는 유식론을 회통하여, 과거·현재·미래의 뜻을 끝맺었다.】

二는 依智論·俱舍하야 生引을 俱開니 初二는 過去오 次八은 現在오 後二는 未來일새 故成三世라 現八之中에 前五는 是果니 酬於過去오 後三은 是因이니 復招未來라 則二重因果에 各具三道니 可得抗行이니라

② 지도론과 구사론에 의하여 생겨나게 하는 것과 이끌어 내는 것을 모두 나누어 말하였다. 앞의 무명지, 행지 2가지는 과거이고, 다음 識支~有支 8가지는 현재이고, 뒤의 生支, 老死支 2가지는 미래이다. 이렇게 삼세를 삼았다.

현재의 8가지 가운데 앞의 '제3 識支, 제4 名色支, 제5 六入支, 제6 觸支, 제7 受支' 5가지는 결과로서 과거에 대한 과보이고, 뒤의 '제8 愛支, 제9 取支, 제10 有支' 3가지는 원인으로서 다시 미래를 불러들인다. 2중의 인과에 각기 '번뇌·업·고통 3가지 길'이 갖춰져 있다. 이는 서로 비등하게 같은 논지이다.

三은 依此經하야 意明三世故로 開能所引하야 爲前中際하니 爲遮前七이 定同世故며 復示無明迷本際故니라 二屬過去며 合能所生하야 總爲後際는 爲遮愛等이 但是潤故며 示因招果하야 令厭因故로 以因從果하야 五屬未來라 則能所引生과 及所發潤에 皆容互有라 經無生死者는 同許爲果일새 畧不明之오 論經에 具也라 明文이 昭然이어늘 何爲唯取二世하고 不受三耶아【鈔_ '依此經'者는 卽

349

第三釋이니 卽是大乘이 有三世義라 唯識에 判三爲小乘者는 特違至敎라

言'爲遮前七定同世'者는 卽上唯識이라

言'爲遮愛等 但是潤故'者는 所遮는 亦是唯識論意니 今明愛等이 同無明行하야 具發潤等이니라

示因招果者는 正說以因從果所以니 示果過患이 由愛等因하야 應厭因故니라 亦通妨難이니 謂有問言호되 '前之二世에 當世以明인댄 何得未來에 以因從果오' 答意可知니라

'則能所'下는 結示本義니 謂能引之二에 許有能生인댄 能生之三에 必有能引이오 所引之五 通其所生이라 而言'容有'者는 以大乘中에 雖說三世나 而於五果 通種及現이라 約爲種邊하야 但爲所引이오 約現行邊에 卽是所生이오 未潤之二는 但名能引이오 已潤之二는 卽名能生이오 發業愛等은 但名能引이오 已潤愛等은 卽名能生이니 故皆容互有니라

'明文昭然'者는 結彈唯識이니 非不許其立二世義나 取二非三일세 故爲非耳니라】

③ 본 화엄경에 의하여 삼세를 밝히려는 데에 그 뜻이 있다. 따라서 이끌어 내는 주체와 이끌어 낼 대상을 나누어서 과거와 현재로 삼았다.

"앞의 제1 無明支~제7 受支 7가지는 반드시 같은 세상이다."는 뜻을 막기 위함이며, 또한 무명이란 근본 자리를 알지 못한 것임을 보여주고자 한 까닭이다.

앞의 무명지, 행지 2가지는 과거에 속하며, 생겨나게 하는 주체와 생겨난 대상을 종합하여 총체로 미래를 삼은 것은, 愛支 등이 단 업의 종자를 촉촉이 적셔준다는 뜻을 막기 위함이며, 원인이 결과를 초래한다는 것을 보여서 그 원인을 싫어하도록 하고자 한 까닭에 원인이 결과를 따름으로써 '제3 識支, 제4 名色支, 제5 六入支, 제6 觸支, 제7 受支' 5가지는 미래에 속한다.

이끌어 내고 생겨나게 하는 주체와 대상, 그리고 일으키고 성숙시키는 바에 모두 서로 함께하고 있다.

본 화엄경에서 '나고 죽음이 없다.'는 것은 똑같이 과보임을 허용하였기에 이를 생략하고 밝히지 않았고, 논경에서 구체적으로 언급하였다. 경문이 이처럼 뚜렷한데 어찌하여 2세만을 취하고 3세를 받아들이지 않는 것일까?【초_ '依此經'이란 셋째 해석이다. 이는 대승에 삼세의 뜻이 있음을 말한다. 그러므로 유식론에서 삼세에 관한 설을 소승이라 판단한 것은 특히 지극한 가르침에 어긋난다.

"앞의 7支는 반드시 같은 세상이라는 뜻을 막기 위함이다."고 말한 것은 위의 유식론의 주장을 말한다.

"愛支 등이 단 업의 종자를 촉촉이 적셔준다는 뜻을 막기 위함이다."고 말한 것은 막을 대상은 이 또한 유식론의 주장이다. 여기에서는 愛支 등이 無明支·行支와 함께 업을 일으키고 성숙시킴을 갖추고 있다는 등을 밝힌 것이다.

"원인이 결과를 초래한다는 것을 보였다."는 것은 바로 원인이 결과에서 나온 바임을 말한 부분이다. 결과의 허물과 우환이 사랑 등의 원인으로 연유함을 보여줌으로써 당연히 원인을 싫어하도록 하기 위함이며, 또한 비방과 논란을 밝힌 것이다.

어떤 이가 물었다.

"앞의 2세에서 현세로 밝혔는데, 어찌하여 미래에서는 원인이 결과에서 나온다고 말했는가?"

이에 대한 답의 뜻을 말하지 않아도 알 수 있다.

'則能所引生' 이하는 본경의 의미를 끝맺어 보여줌이다. 이끌어 내는 주체의 지분이 2가지인데, 생겨나게 하는 주체의 지분을 허용한다면, 생겨나게 하는 주체의 3가지인 愛支 등에 반드시 이끌어 내는 주체의 지분이 있고, 이끌어 낼 대상의 5가지 지분은 그 생겨난 대상의 지분과 통한다.

그러나 '혹 있을 수 있다.'고 허용한 것은 대승법에서 비록 삼세를 말하였지만 5가지 결과가 종자와 현행에 통한다.

종자의 측면에서 말하면 단 이끌어 낼 대상일 뿐이지만, 현행의 측면에서 말하면 바로 생겨난 대상이며,

업을 성숙시키기 전의 2가지는 이끌어 내는 주체라 말할 뿐이지만, 업을 성숙시킨 뒤의 2가지는 생겨나게 하는 주체라 말하며,

업을 일으키는 愛支 등은 단 이끌어 내는 주체라 말할 뿐이지만, 이미 성숙시킨 애지 등은 생겨나게 하는 주체라 말한다. 이 때문에 '모두 서로 함께하고 있음을 용납'하는 것이다.

"경문이 이처럼 뚜렷하다."는 유식론을 비판하면서 끝맺은 것

이다. 그 2세를 건립한 의의를 허용하지 않는 것은 아니지만, 2세만을 취하고 3세를 부정하기에 이를 잘못이라고 말한 것이다.】

已知大意하니 次正釋文호리라

文有順逆하니

順中有二하니

先은 明一往三世오 後於是下는 明流轉三世라

今初에 云'無明緣行是觀過去'者는 觀有二義하니

一은 觀現在生이 是過去二因所作이오

二는 則知識等이 是彼過去當來之果니 因果相屬하야 反覆相成이라 如是하야사 方名見過去因義하야 能防三過니라

言'識乃至受 是觀現在'者도 亦有二義하니

一은 觀現在識等이 由過業得이오

二는 復知識等이 能得未來果報니 以不得對治하야 依起愛等故니라 現在目覩를 故分兩向하야 明其二義니라

言'愛乃至有 是觀未來'者는 此未來因이 決得來果하야 一往定故니라【鈔_ 今之現在는 非獨酬於過去之因이라 復依現招未來果일세 故兩向明之니라】

이미 대체의 뜻을 알았으니, 다음으로 경문을 해석하겠다.

경문에는 차례대로 살펴보는 부분과 거꾸로 살펴보는 부분이 있다.

차례대로 살펴보는 부분은 2단락이다.

첫째, 단번에 삼세가 정해짐으로 밝혔고,

둘째, '於是' 이하는 삼세에 유전함을 밝혔다.

첫 구절에서 "무명이 행을 반연한다는 것은 과거를 살펴봄이다."고 말한 '살펴봄[觀]'에는 2가지 뜻이 있다.

① 현재의 생이 과거의 2가지 원인에 의해 만들어졌음을 살펴보는 것이다.

② 識支 등이 저 과거와 미래의 결과임을 아는 것이다. 원인과 결과가 서로 이어오면서 반복적으로 서로 이루는 것이다.

이처럼 보아야 바야흐로 과거 원인의 이치를 보고서 3가지 허물을 막는다고 말할 수 있다.

"의식으로부터 받아들이는 느낌에 이르기까지는 현재를 살펴봄이다."는 것 또한 2단락이다.

① 현재의 識支 등이 과거의 업에 의해 얻었음을 살펴보는 것이다.

② 또한 識支 등이 미래의 과보를 얻게 됨을 아는 것이다. 다스리지 못하여 이를 의지하여 사랑 등을 일으키기 때문이다.

현재 직접 볼 수 있는 것을 고의로 2방향으로 나누어 2가지 이치임을 밝혔다.

"사랑으로부터 소유에 이르기까지는 미래를 살펴봄이다."고 말한 것은 미래의 원인이 반드시 미래의 결과를 얻어 단번에 정해져 있기 때문이다.【초_ 지금의 현재는 과거의 원인에 대한 보답일 뿐 아니라, 다시 현재에 의하여 미래의 결과를 초래하기에 2방향으로 밝힌 것이다.】

二流轉三世者는 謂不得對治애 復有後世하고 於後世上애 轉生後世하야 後後無窮이니라
已知三際하니 云何護過오 謂外與內 因緣之法이라
立三種過하니
一者는 一切身一時生過니 何以故오 無異因故라하니 此過는 從前自因而生이니 謂旣無自在等이 而爲異因이오 唯無明과 行이 爲識等因이라 行有多種이어늘 何以不得六道齊生고
二者는 自業無受報過니 何以故오 無作者故라하니 此過는 從於無作緣生이니 作者卽我라
三者는 失業過니 何以故오 未受果報애 業已謝故라하니 此過는 從於無常緣生이니라
此上은 辨過라 云何護耶아 若見三際하면 則能護之라 然過去業이 有三種義일새 故不得報니
一은 未作이오 二는 作已未潤이오 三은 得對治라
今無明이 緣行은 則顯已作이오 現識等五는 則顯已潤已受오 愛取有三은 則知未得對治라 於已作業애 旣有潤·未潤殊하니 斯爲異因이라 已潤則受生報오 未潤則受後報라 潤·未潤殊이니 豈得六道一時齊受리오 此爲異因이라 何用自在리오
旣自造異因하야 自招二報오 非他身受어니 何言自業이 無受報耶아 假者 自造면 何用我耶아 若已作業하고 不得對治면 潤則便生이니 知業不失이라 因雖先滅이나 勢力續故로 現見得報라 不可言失이니 三過度矣로다

355

둘째, '삼세에 유전함'이란 다스리지 못하면 다시 후세가 있고, 후세에도 다시 후세가 생겨나 뒤의 뒤로 가면서 끝이 없음을 말한다.

이미 과거·현재·미래를 알았으니, 이제는 어떻게 허물을 막아야 하는가? 외부와 내면의 인연법을 말한다.

이에 대해 3가지 허물을 세웠다.

"① 일체의 몸이 일시에 생겨나는 허물이다. 무슨 까닭일까? 다른 인연이 없기 때문이다." 이 허물은 앞의 자체 원인에 의해 생겨난 것이다. 이미 자재함이 없는 등으로 다른 원인을 삼았고, 오로지 무명과 행이 識支 등의 원인이 된 것이다. 行에는 여러 종류가 있다. 어떻게 육도에 똑같이 태어나지 않은 것일까?

"② 자신이 지은 업으로 과보를 받지 않는 허물이다. 무슨 까닭일까? 만들어 주는 자[作者]가 없기 때문이다." 이 허물은 '만든 자가 없이 반연에 의해 생긴[無作緣生]'데서 나온 것이다. 짓는 주체가 바로 '나'이기 때문이다.

"③ 업을 잃는 허물이다. 무슨 까닭일까? 과보를 받기도 전에 업이 이미 사라졌기 때문이다." 이 허물은 '떳떳함이 없이 반연에 의해 생긴[無常緣生]' 데서 나온 것이다.

이상 3가지는 허물을 밝힌 부분이다. 그렇다면 이를 어떻게 막아야 하는가? 과거·현재·미래를 보면 이를 막을 수 있다. 그러나 과거의 업이 3가지 뜻이 있으므로 과보를 받지 않는다.

① 잘못을 범하지 않음이며,

② 범했을지라도 성숙되지 않음이며,

③ 이를 다스린 것이다.

지금 무명이 행을 반연함은 벌써 잘못을 범했음을 밝힌 것이며,

현재의 識支 등 5가지는 이미 업이 성숙되고 이미 과보로 받았음을 밝힌 것이며,

愛支, 取支, 有支 3가지는 다스리지 못했음을 알 수 있다.

이미 지은 업에는 성숙됨과 성숙되지 않음의 차이가 있다. 이를 '다른 원인'이라 한다.

이미 현세에서 지은 선업, 악업이 성숙되었으면 이를 따라 '내세에서 과보[順生報]'를 받고, 현세에서 지은 선업, 악업이 성숙되지 않았으면 '三生 이후에 과보[順後報]'를 받는다. 업의 성숙과 성숙되지 않음이 이처럼 다른데, 어떻게 육도를 한꺼번에 함께 받을 수 있겠는가.

이것이 다른 원인이다. 어찌 자재할 수 있겠는가. 이미 자신이 다른 원인을 지어서 스스로 2가지 과보를 초래한 것이지, 다른 몸으로 받은 것이 아닌데, 어떻게 자신이 지은 업으로 과보를 받지 않는다고 말할 수 있겠는가.

잠시 빌린 것[假者]이 스스로 지었으면 어떻게 '나'라고 할 수 있겠는가. 만약 이미 업을 짓고서도 이를 다스리지 않으면 업이 성숙되어 바로 태어나게 된다. 업이 없어지지 않았음을 알 수 있다. 원인이 비록 앞서 사라졌을지라도 그 세력은 이어지기 때문에 현재에 얻은 과보를 볼 수 있다. 따라서 과보를 잃었다고 말할 수 없다. 이렇게 하면 3가지 허물이 구제된다.

無明滅行滅者는 是觀待斷이니라

무명이 사라지면 행이 사라진다는 것은 상대로 살펴봄이 끊어진 것이다.

● 疏 ●

後 逆觀이니 卽得對治義라 此滅則彼滅이 是觀待斷이라 又因觀能滅은 揀自性滅일새 故云觀待라 然十二緣이 三世에 竝備나 但隨化迹하야 隱顯分三하야 令知過去因이 招今苦器니 今斷愛等하야 當果不生이면 則愚癡는 絕命於慧刃이오 愛水는 焦乾於智火오 高羅는 四開於六趣오 無生은 超逸於八極矣리라

뒤는 거꾸로 살펴보는 부분이다. 이는 다스리는 뜻이다.

이것이 사라지면 저것이 사라진다는 것은 상대로 살펴봄이 끊어진 것이다.

또한 현상의 관법에 의해 없애는 것은 내면 자체의 성품이 사라진 것과는 차별이 있기에 '상대로 살펴봄[觀待]'이라 말한다. 그러나 12연기가 3세에 모두 갖춰져 있지만, 단 변화의 자취를 따라 보이거나 보이지 않음을 3부분으로 구분 지어, 과거의 원인이 오늘날의 고통스러운 몸을 초래한 것인 줄을 알도록 하려는 것이다.

오늘날 사랑 등을 끊어서 미래의 결과가 생겨나지 않으면, 어리석음은 지혜의 칼날에 목숨을 잃고, 애욕의 물은 지혜의 불에 메마르고, 질 좋은 비단은 6취의 4면에 펼쳐지고, 無生은 팔방의 세

계를 초탈할 것이다.

二는 約大悲隨順觀이니 治異道求中無因之見하야 示三際因果라 旣先際 二일새 是中際五因이오 中際之三이 是後際二因이라 若無如是等事면 衆生이 亦無니 斯因이 有矣라 何得言無리오

(2) 대비의 마음으로 중생을 따르는 관법이다.

다른 외도에서 해탈을 구하는 부분에 원인 없는 소견을 다스려, 삼제의 원인과 결과를 보여주었다.

이미 과거의 無明支와 行支 2가지는 현재의 '識支, 名色支, 六入支, 觸支, 受支' 5가지 원인이 되고, 현재의 '愛支, 取支, 有支' 3가지는 미래의 2가지 원인이 된다.

만약 이런 등등의 일이 없으면 중생도 없다. 그러나 이런 원인이 있는데, 어떻게 중생이 없다고 말할 수 있겠는가.

三은 約一切相智中에 當力無力信入依觀이니 論云 先中後際化勝故라하니 謂此三際가 爲因義邊에는 皆名有力이오 爲果義邊에는 名爲無力이라

若約三世인댄 前際는 於現五에 有力이오 於當二에 無力이오 中際愛等은 於當有力이오 於現에 無力이라 以斯三際로 化彼凡夫하야 令信入依行이 化中之勝이라 如是窮究 爲種智境이니라

(3) 일체 양상과 지혜로 행하는 관법 부분 가운데 '세력과 세력 없는 믿음으로 들어가 의지하는 관법'에 해당한다.

논에 이르기를, "과거·현재·미래에 변화가 뛰어나기 때문이다."고 하였다. 이처럼 과거·현재·미래가 원인의 측면에서는 모두

세력이 있다고 말하고, 결과의 측면에서는 세력이 없다고 말한다.

만약 삼세를 들어 말하면, 과거는 현재의 5가지 결과에 대해 세력이 있고, 미래의 2가지 결과에 대해서는 세력이 없으며, 현재의 사랑 등은 미래의 2가지 결과에 대해서 세력이 있고, 현재의 5가지 결과에 대해서는 세력이 없다.

이처럼 과거·현재·미래로 저 범부들을 교화하여, 믿음으로 들어와 의지하여 행하도록 하는 것이 교화 중에서도 뛰어난 부분이다. 이처럼 궁구하는 것이 일체종지의 경계이다.

第七 三苦聚集門
初約相諦는 卽當六觀之中의 第五 不厭厭觀이라
論云 '厭種種微苦이니 分別所有受 皆是苦故'라하니 此는 約微細行苦오
又云 '及厭種種麤苦故'라하니 此는 約壞及苦苦니 皆凡夫 不厭을 菩薩厭故며
又初微苦를 二乘이 不厭을 菩薩이 亦厭이라
二乘은 雖知捨受行苦나 不窮委細有無量相과 及變易苦일세 故云不知니라

제7. 3가지 고통이 모여 이루는 법문
(1) 양상의 진리로 차별하는 관법은 6가지 관법 중에 제5 싫어하지 않음을 싫어하는 관법이다.

논에 이르기를, "가지가지 작은 고통을 싫어함이니 분별로 받아들이는 느낌이 모두 고통이기 때문이다."고 하였다.

또 이르기를, "가지가지 거친 고통을 싫어하기 때문이다."고 하였다.

이는 모두 범부들이 싫어하지 않는 것을 보살은 싫어하기 때문이다.

또한 앞의 작은 고통을 이승은 싫어하지 않는데 보살은 또한 싫어한다.

이승은 비록 괴롭지도 즐겁지도 않은 느낌[捨受]이 行苦인 줄 알지만, 한량없는 모양과 변화하는 고통을 자세히 궁구하지 못한 까닭에 '알지 못한다.'고 말하였다.

經

復次十二有支 名爲三苦니
此中無明行으로 乃至六處는 是行苦오
觸受는 是苦苦오
餘是壞苦니
無明滅行滅者는 是三苦斷이니라

또한 12인연을 3가지 괴로움이라 한다.

이 가운데서 무명과 행으로부터 6처까지는 변해가는 괴로움이며,

감촉과 받아들이는 느낌은 괴로움의 괴로움이며,

나머지는 무너지는 괴로움이다.

무명이 사라지면 행이 사라진다 함은 3가지 괴로움이 끊어짐이다.

● 疏 ●

文中에 亦有順逆이라 順中에 從相增說하야 以配三苦니 前五는 遷流相顯일새 名爲行苦오 觸·受 二支는 觸對生苦일새 故云苦苦오 餘는 但壞樂일새 故名壞苦라 老死壞生이 亦名壞苦라 逆觀可知라

경문에는 또한 차례대로 살펴보는 부분과 거꾸로 살펴보는 부분이 있다.

차례대로 살펴보는 부분에 현상의 모습이 더해가는 말을 따라 3가지 고통에 짝지어 말하였다.

① 앞의 5支는 변해가는 모양을 밝혔기에 변해가는 괴로움이라 하였고,

② 감촉과 느낌 2가지는 감촉의 상대로 고통이 생기므로 괴로움의 괴로움이라 하였으며,

③ 나머지 5支[愛~老死]는 단 즐거움이 무너지므로 무너지는 괴로움이라 하였다. 늙음과 죽음으로 '생겨남'을 무너뜨리기에 이 또한 무너지는 괴로움이라 하였다.

뒤의 거꾸로 살펴보는 부분은 말하지 않아도 알 수 있다.

二는 約大悲隨順觀이라 此下四段은 當第四求異解脫이니 謂不識眞解脫하고 求三界苦等하야 爲解脫故로 名之異求니라

眞解脫者는 有四種相하니 一은 離一切苦相이오 二는 無爲相이오 三은 遠離染相이오 四는 出世間相이니
此四는 卽涅槃의 樂常淨我故니라 涅槃云 '於世間法에 自在遠離를 名爲我故라'하니라 故下四段經에 明其但有四妄하고 而無四德이라 今此는 明其有苦無樂이라

(2) 대비의 마음으로 중생을 따르는 관법이다.

아래 4단락은 제4 별다른 해탈을 구함에 해당한다.

참다운 해탈을 알지 못하고 삼계의 고통 등을 추구하여 해탈을 삼기 때문에 '다른 것을 구한다.'고 말한다.

참다운 해탈에는 4가지 모양이 있다.

① 일체 고통을 여읜 모양,

② 하염없는 모양,

③ 오염을 멀리 여읜 모양,

④ 세간을 벗어난 모양이다.

이런 4가지 양상은 곧 열반의 즐거움, 떳떳함, 청정함, '나'이다.

열반경에서 말하였다.

"세간법을 자재하게 멀리 여읜 것을 '나'라고 말하기 때문이다."

그러므로 아래 4단락의 경문[7. 三苦集成門, 8. 因緣生滅門, 9. 生滅繫縛門, 10. 隨順無所有盡門]에서는 4가지 허망한 것만 있고 4가지 덕이 없음을 밝혔다.

여기에서는 고통만 있고 즐거움이 없음을 밝혔다.

三은 約一切相智인댄 此當第七增上慢非增上慢信入觀이라 不

如實知하는 微苦我慢은 卽增上慢이라 若知微苦인댄 非增上慢이니 不知令知를 名爲信入이니라

(3) 일체 양상과 지혜로 행하는 관법이다. 이는 제7 잘난 체하고 잘난 체하지 않는 믿음으로 들어가는 관법에 해당한다.

실상대로 알지 못하는 미세한 고통이나 '나'라는 것에 대한 거만함은 곧 잘난 체하는 거만함[增上慢]이다. 만약 작은 고통을 안다면 그것은 잘난 체하는 거만함이 아니다. 모르는 것을 알게 하는 것을 '믿음으로 들어간다.'고 말한다.

第八 因緣生滅門
亦名從緣無性이라
初는 約一切智觀인댄 此下三門은 皆明深觀이라 謂四句求緣은 皆無有生이니 無生而生일새 故曰深觀이니라 此門은 明不自生不他生이오 第九門은 明不共生이라 第十門은 明不無因生이라
釋此四句하면 畧有二意하니 一은 破邪오 二는 顯理라 理外妄計를 曰邪라하니 邪亡則理顯이오 理顯則惑亡이라 反覆相順인댄 然自他等四는 是計是依오 不之一字는 是藥是理라 窮生之理하면 不出自等이니 自等若無하면 生將安寄리오 故以不로 不之면 則惑亡理顯이리라

제8. 인연으로 생겨나고 사라지는 법문
이 또한 '인연에 따라 체성이 없다.'고 말한다.

(1) 일체 지혜의 관법으로 말하면, 아래의 3문은 모두 '심오한 관법[6. 深觀]'임을 밝힌 부분이다. 4구로 연기를 구함은 모두 '생겨남'이 없음을 말한다. 생겨남이 없이 생겨난 까닭에 '심오한 관법'이라 말한다.

제8 因緣生滅門은 자신이 생겨남도 없고 남을 생겨나게 함도 없음을 밝혔고,

제9 生滅繫縛門은 함께 생겨나지 않음을 밝혔고,

제10 隨順無所有盡門은 원인 없이 생겨나지 않음을 밝혔다.

이 4구를 해석하면 대략 2가지 뜻이 있다.

(ㄱ) 삿됨을 타파하고,

(ㄴ) 진리를 밝힘이다.

(ㄱ) 진리에서 벗어나 헛된 생각으로 헤아리는 것을 '삿됨'이라고 말한다. 삿됨이 없으면 진리가 밝혀지고, 진리가 밝혀지면 번뇌가 사라진다.

반복하여 서로 따르면, '나'와 '남' 등 4가지는 잘못된 생각이자 의지함이며, '그런 일을 하지 않는다.'는 '不' 자는 약이자 진리이다. 태어나는 이치를 궁구하면 '나'의 자신 등에서 벗어나지 않는다. '나'의 자신 등이 없으면 태어남이 장차 그 어디에 의탁하겠는가. 그러므로 '그런 일을 하지 않는다.'는 '不' 자로 그런 일을 하지 않으면 번뇌는 사라지고 진리가 밝혀질 것이다.

然其所計에 畧有三類니

一者는 外道니 謂冥性爲自오 梵天爲他오 微塵和合爲共이오 自然

爲無因이라

　　그런데 그 잘못 생각하는 데는 대략 3가지가 있다.

　　첫째, 외도의 견해이다.

　　冥性을 自生이라 하고,

　　범천을 他生이라 하며,

　　미세한 티끌의 화합을 共生이라 하고,

　　자연을 無因生이라 한다.

二 小乘은 同類因을 爲自라하고 異熟因을 爲他라하며 俱有因은 爲共이라하고 計無明支 託虛而起를 亦曰無因이라 上計는 亦通大乘執相之者니라【鈔_ '同類因'者는 因果相似니 如善五蘊이 與善五蘊으로 展轉相望에 爲同類因이라
'異熟因'者는 唯諸不善과 及有漏善을 相望故也라
'俱有因'者는 如四大種을 更互相望이 爲俱有因이니라】

　　둘째, 소승은 同類因을 自生이라 하고,

　　異熟因을 他生이라 하고

　　俱有因을 共生이라 하고,

　　無明支가 공허한 데 의탁하여 일어나는 것을 또한 無因生이라 한다.

　　위의 잘못된 생각은 또한 대승의 모양에 집착한 이들의 견해와도 통한다.【초_ '同類因'이라 말한 것은 원인과 결과가 비슷한 것이다. 이는 善法의 5온이 선법의 5온과 돌려가면서 서로 비춰봄을 동류인이라 한다.

‛異熟因'이란 오직 모든 不善의 법과 유루의 선법을 서로 비춰 보기 때문이다.

‛俱有因'이란 四大의 종자를 서로 번갈아 비춰봄이 구유인이다.】

三은 約大乘인댄 果法爲自라하고 衆緣爲他라하며 合此爲共이오 離此에 爲無因이라하니라

又賴耶自種이 爲自오 衆緣爲他오 合此爲共이오 離此爲無因이라하니라

又法從眞起 爲自오 從妄起 爲他오 合此 爲共이오 離此 爲無因이니라【鈔_ 三約大乘에 自有三義하니 前二는 通法相과 及無相宗이오 後一은 是法性宗이니 皆執法成病일세 故俱爲所破라 至顯理中하야 當知其相이니라 】

셋째, 대승으로 말하면,
결과의 법을 자생이라 하고,
여러 반연을 타생이라 하며,
이를 합하면 공생이라 하고,
이를 여의면 無因生이라 한다.
또한 아뢰야식 자체 종자를 자생이라 하고,
여러 반연을 타생이라 하며,
이를 합하면 공생이라 하고,
이를 여의면 무인생이라 한다.
또한 법이 진심에서 일어난 것을 자생이라 하고,

망념에서 일어난 것을 타생이라 하며,

　　이를 합하면 공생이라 하고,

　　이를 여의면 무인생이라 한다.【초_ "셋째, 대승으로 말하면" 그 나름 3가지 이치가 있다. 앞의 2가지는 法相宗과 無相宗에 모두 통하고, 뒤의 하나는 法性宗이다. 모두가 법에 집착하여 병통을 이뤘기에 모두 타파의 대상이다. 진리를 밝힌 부분에서 그 양상을 알 수 있다.】

所計雖衆이나 但顯正理하면 諸計自亡이니라

　　잘못 생각한 바가 비록 많지만, 단 바른 진리만 밝히면 수많은 잘못된 생각은 절로 사라지게 된다.

顯理 復二니 一은 約無生하야 以顯深觀이오 二는 約生無生無礙하야 以顯深觀이라

先中에 畧爲二解니

一은 約展轉釋이니 法從緣故로 不自生이라 旣無有自어니 對誰說他리오

又一切法이 總爲自故며 又他望於他에 亦是自故니라

旣無有他일세 故不他生이라 自他不立이어니 合誰爲共이리오 有因도 尙不生이어늘 無因이 何得生이리오【鈔_ 憑公云 以自破他에 凡有三種이니 一總. 二卽. 三相待니라 今疏에 卽全有此三이라

初云 '旣無有自 對誰爲他'는 卽第三相待破니 無自可待對故니 如無長일세 故無短이니라

次云 '又一切法 總爲自故'는 卽第一總義니 萬法皆自니 如百人

一處에 皆用已爲自라 則他亦是自니 今破一自면 則他亦破矣니라 次云 又他望於他 亦是自故者는 卽第二卽義니 謂如兩人이 二互相望에 此言自면 指彼爲他오 他亦自言이면 我卽是自오 指此爲他라 故其兩人이 皆有於自니 破此人自면 他人之自도 亦已亡故니라 從 自他不立 下는 卽雙用自他하야 破共生義니 如二盲人이 離不見色이면 合豈見耶아

從 有因尙不生 者는 卽以三作破無因耳라 此中非謂非是無因而立有因이오 擧況以釋因緣和合이라 合是生義나 尙不得生이온 豈用無因而立生義리오 故四句는 求生이니 生不可得이면 無生之理를 顯然可覩라 正理旣顯이면 計何由生가】

(ㄴ) 진리를 밝힌 부분은 다시 2단락으로 나뉜다.

첫째, 무생을 들어 심오한 관법을 밝혔고,

둘째, 生과 無生에 걸림이 없는 것으로 심오한 관법을 밝혔다.

첫째, '무생을 들어 심오한 관법을 밝힌 부분'은 간추려 2가지 견해가 있다.

① 점차적인 해석으로 말하였다. 법이 반연 따라 일어나기에 스스로 생겨남[自生]이 아니다. 이미 자기 자체가 없는데 그 누구를 상대로 '남[他]'이라고 말하겠는가.

또한 일체 법이 모두 자아 그 자체이기 때문이며,

또한 다른 것이 또 다른 것을 상대로 비춰보면 그 역시도 '자아'의 그 자체이기 때문이다.

이미 他 자체가 없기에 他生이 아니다. '나'와 '남'이 성립될 수

없는데, 그 누구와 합하여 공생이라 하겠는가.

　원인이 있는 것도 오히려 생겨나지 않는데 원인조차 없는 것이 어떻게 일어날 수 있겠는가.【초_ 빙공이 말하였다.
　"자아로써 타를 타파하는 데에 모두 3가지가 있다.
　㉠ 총체의 논파, ㉡ 모두 하나라는 논파, ㉢ 상대의 논파이다."
　이의 청량소에서는 3가지 모두 가지고 있다.
　첫 부분에서 "이미 자기 자체가 없는데 그 누구를 상대로 '남'이라 말하겠는가."라는 것은 곧 '㉢ 상대의 논파'이다. 이는 자아의 상대가 없기 때문이다. 예컨대 긴 것이 없기에 짧은 것도 없음과 같다.
　다음으로 "또한 일체 법이 모두 자아 그 자체이다."는 것은 곧 '㉠ 총체의 논파'이다. 모든 법이 모두 자아의 자체이다. 예컨대 1백 사람이 한곳에 있을 적에 모두가 그 자신을 자기라 말하는 것과 같다. 남들 역시 자기이다. 여기에서 하나의 자아를 타파하면 남들 또한 타파되는 것이다.
　다음으로 "또한 다른 것이 또 다른 것을 상대로 비춰보면 그 역시도 '자아'의 그 자체이다."는 것은 '㉡ 모두 하나라는 논파'이다. 예컨대 두 사람이 서로 바라보면서 이 사람이 '자기'라 말하면 상대를 가리켜 남이라 말하고, 타인 또한 '자기'라 말하면 자아는 곧 '자기'이고 이 사람을 남이라고 말한다. 이 때문에 그 두 사람에게 모두 자기가 있다. 이 사람의 자기를 타파하면 타인의 자기 또한 이미 사라지기 때문이다.

'自他不立' 이하는 나와 남을 모두 인용하여 함께 발생한다[共生]는 의의를 타파하였다. 예컨대 두 사람의 맹인이 떨어져 있을 적에 색깔을 보지 못하면 두 사람이 서로 만난다 한들 어찌 볼 수 있겠는가.

"원인이 있는 것도 오히려 생겨나지 않는다." 이하는 곧 '총체의 논파, 모두 하나라는 논파, 상대의 논파' 3가지로써 원인조차 없음을 타파한 것이다. 여기에서는 '원인조차 없다가 원인이 있는 것으로 성립되는 것이 아님'을 말하려는 게 아니다. 비유를 들어 '인연의 화합'을 해석한 것이다.

인연의 화합이 생겨나는 뜻이지만, 오히려 이마저도 생겨나지 않는데 어떻게 원인조차 없이 생겨나는 뜻을 성립할 수 있겠는가. 이 때문에 4구[自他不立 合誰爲共 有因尙不生 無因何得生]는 생겨남을 추구함이니, 생겨남을 추구할 수 없으면 無生의 이치를 뚜렷이 볼 수 있다. 바른 진리가 이미 뚜렷하면 그 무엇으로 연유하여 생겨남을 꾀할 수 있겠는가.】

二 約因緣形奪釋이라 故對法云 '自種有故로 不從他오 待衆緣故로 非自作이오 無作用故로 不共生이오 有功能故로 非無因이라'하니 論解同此니라【鈔_ '二 約因緣'者는 卽就前計하야 以因爲自하고 以緣爲他하야 而顯理也라 然對法初散釋에 亦以破自로 爲先이라 故云 '又有差別하니 謂待衆緣일세 故非自作이오 雖有衆緣이나 無種子면 不生일세 故非他作이오 彼俱無作用일세 故非共作이오 種子와 及衆緣이 皆有功能일세 故非無因生이니 是故로 如是說自種有

故로 不從他等이라하니 一如今疏니라

釋曰 初句는 以自破他니 如於外法에 以穀子爲自하고 水等爲他하며 內法에 識種이 爲自오 業種增上緣이 爲他라 若無種子면 決不生果니 故不他生이라

次句는 以他破自일세 故云待衆일세 故非自作이니라

次는 無作用故로 不共生이니 卽以和合無性으로 破共이니라

次는 有功能故로 非無因者는 以共破無因言이라

'論解同此'者는 今取論解 同對法也니 如下釋文中辨이라 彼論結云호되 '若緣起理 非自非他로 遣雙句者라도 猶爲甚深이온 況總亡四句아 是故로 緣起가 最極甚深이라'하니라】

② 인연의 형상을 뺏음으로 해석하였다. 이 때문에 對法論(大乘阿毘達磨雜集論의 별칭)에서 말하였다.

"자체 종자가 있기 때문에 남을 따르지도 않고,

많은 인연을 필요로 하기에 나 스스로 만들어 내는 것도 아니며,

작용이 없는 까닭에 자타가 함께 발생하는 것도 아니고,

공능이 있는 까닭에 원인이 없는 것도 아니다."

논의 해석도 이와 같다.【초_"인연의 형상을 뺏음"이란 앞의 잘못된 생각에 입각하여, 원인으로 自를 삼고, 반연으로 他를 삼아 이치를 밝혔다. 그러나 대법론의 산문 해석에서도 자체를 타파함으로 앞세우고 있다.

"또한 차별이 있다.

많은 반연을 필요로 한 까닭에 스스로 만들어 내는 것도 아니고,

비록 많은 반연이 있을지라도 종자가 없으면 생겨나지 않으므로 타에 의해서 만들어지는 것도 아니다.

그들은 모두 작용이 없기에 공통으로 함께 만들어 낼 수 있는 것도 아니고,

종자와 많은 반연이 모두 공능이 있기에 원인 없이 생겨나는 것도 아니다.

이 때문에 자체의 종자가 있으므로 다른 것 등에 의해서 생겨나는 것도 아니다."

이는 하나같이 이의 청량소에서 말한 바와 같다.

이에 대한 해석은 다음과 같다.

첫 구절은 자아로 타를 타파하였다.

마치 바깥 현상법에서 곡식의 씨앗으로 자체를 삼고, 물과 햇빛 등으로 다른 것을 삼으며,

내부의 교법으로는 의식의 종자로 자체를 삼고, 업의 종자와 증상연으로 다른 것을 삼는다.

만약 종자가 없으면 반드시 결과를 낳지 못하므로 다른 것은 생겨나지 않는다.

다음 구절은 타로써 자아를 타파하였다. 이 때문에 많은 반연을 필요로 하기에 자아 스스로 만들어 내는 것이 아니다.

다음 구절은 작용이 없는 까닭에 공통으로 함께 만들어 내는 것도 아니다. 화합하여 자성이 없는 것으로 共生을 타파하였다.

다음 구절의 "공능이 있는 까닭에 원인이 없는 것도 아니다."는

것은 共生으로써 원인이 없다는 말을 타파하였다.

"논의 해석도 이와 같다."는 것은 논의 해석이 대법론에서 말한 바와 같음을 말한다. 아래의 해석 부분에서 논변한 바와 같다.

대법론에서 다음과 같이 끝맺었다.

"연기의 이치는 자아도 아니고 타도 아니라는 것으로, 2구를 떨쳐버리는 것만으로도 오히려 매우 심오한 일인데, 하물며 4구 전체를 떨쳐버림이야 오죽하겠는가. 이 때문에 緣起는 가장 지극히 심오한 것이다."】

若爾인댄 自種有故가 則是自生이어니 豈曰無生고 此乃假自하야 破他연정 非立於自니라 次句는 假他遣自니 故中論云 如諸法自性하야 不在於緣中也라하니라 下二句도 例然이니 惟審詳之니라【鈔_ 若爾下는 釋妨揀濫이니 古人이 多以非無因이 是從因生일세 故爲此問答하고 引中論證하야 唯證假他破自라 以自로 破他等이니 已如前說故니라 此論은 難見이니 意云 汝立自性而能生者는 不合更假其餘因緣이오 若有自性호되 而復假緣인댄 則此自性이 應在緣中이러니 今水土緣中에 無穀自性하니 明不自生이로다 下二句者는 卽以無作用으로 破共이언정 非立無作用生이오 以共으로 破無因이언정 非因立也라 此는 別顯無生義니 故令審詳하야 使物莫濫이라 若顯甚深인댄 次下에 當說하리라 】

만약 그렇다면 자체 종자가 있는 까닭에 자체적으로 생겨나는 데 어째서 남이 없다고 하였는가? 이것은 自作을 빌려서 他作을 타파한 것이지 새롭게 자작을 세운 것은 아니다. 다음 구절은 타작을 빌려서 자작을 떨쳐버린 내용이다. 그래서 중론에서는, "모든 법의 제 성품은 인연 속에 있지 않나니"라고 하였다. 아래 2구절도 그러한 예이다. 오로지 이러한 점을 자세히 살펴보아야 한다.【초_ '若爾' 이하는 비방을 해명하고 잘못을 밝힌 것이다. 옛 어른들이 대부분 원인 없음이 아니라는 것을 원인에서 생겨남으로 잘못 알기 때문에 질문과 대답을 하였고, 중론을 인용하여 他作을 빌려서 自作을 타파한 것을 증명하였다. 자작으로 타작 따위를 타파한 것은 앞에서 이미 설명한 내용과 같다. 이 논리는 알기 어려워 의미로 말하면, "네가 자체 성품을 생기는 주체로 건립한 것은, 다시 그 나머지 인연을 빌린 것은 합당하지 않고, 만약 자체 성품이 있으되 다시 반연을 빌리면 이 자체 성품이 응당 반연 속에 있을 것이니, 지금의 물이나 흙의 반연 속에 곡식의 자체 성품은 없으니 자체적으로 생기지 않음을 밝힌 것이다. 아래 2구절은 곧 작용이 없는 것으로 공통적으로 지음을 타파한 것이지 작용이 없으므로 생겨남을 건립한 것은 아니며, 공통적으로 지음으로 원인 없음을 타파한 것이지 공통적으로 지음을 세운 것은 아니다. 이것은 별도로 남이 없음을 드러낸 부분이므로 자세히 살피게 하여 중생들이 잘못 알지 않도록 한 내용이다. 만약 매우 깊음을 밝히려면 다음 아래에 가서 설명하리라.】

二約無礙者는 但因緣生果에 各有二義하니 謂全有力과 全無力이라 緣望於果에 若全有力인댄 則因全無力일새 故云因不生이니 緣生故로 云不自生이라

二는 因望果에 全有力도 亦然일세 故云緣不生이니 自因生故로 故不他生이라

三은 二力不俱일세 故不共生이오

四는 二無力이 不俱일세 故不無因이니라【鈔_ '二約無礙'下는 此門을 更二니 先은 明事理無礙니 無力故로 無生이오 有力故로 不礙生이라 則生이 不礙無生이오 無生이 不礙生이니라】

둘째, '생과 무생에 걸림이 없음'으로 말한 것은 다만 원인과 반연으로 생긴 결과에 각기 2가지 이치가 있다.

하나는 완전히 세력이 있음과 하나는 완전히 세력이 없음을 말한다.

① 반연을 결과에 비춰봄에 완전히 세력이 있다면 원인은 완전히 세력이 없다. 이 때문에 '원인은 생겨나지 않는다.'고 말하니, 반연으로 생겨나는 까닭에 '자체로 생겨나지 않는다.'고 말한다.

② 원인을 결과에 비춰봄에 완전히 세력이 있는 것도 마찬가지이다. 그러므로 '반연으로 생겨나지 않는다.'고 말하니, 원인으로부터 생겨난 까닭에 다른 것에서 생겨나지 않는다.

③ 두 세력이 함께하지 않으므로 공통으로 생겨나게 하지 않는다.

④ 둘이 모두 세력이 없으면 함께하지 못하므로 '원인이 없는 것도 아니다.'고 하였다.【초_ '二約無礙' 이하는 이 부분은 다시 2부분으로 나뉜다.

앞은 현상의 사법계와 근본 진리의 이법계에 걸림이 없음을

밝혔다. 세력이 없기 때문에 생겨남이 없고, 세력이 있기 때문에 생겨남에 걸리지 않는다. 생겨남은 無生에 걸리지 않고, 무생은 생겨남에 걸리지 않는다.】

此復二義니
一은 約用이면 則力用交徹하야 有相入義니 謂有力이 攝無力故니라 故十忍品云 '菩薩이 善知緣起法하야 於一法中에 解衆多하고 衆多法中에 解了一等이라'하니라
二는 據體면 有空不空하야 有相卽義니 謂非但因力歸緣이라 亦乃因體 由緣而顯하야 全攝同緣호되 因如虛空이라 故上文云 '一은 卽是多며 多卽一等이라'하니라 力無力이 必俱일새 故常相卽入이니 是爲無盡大緣起甚深之觀이니라【鈔 '此復二義'下는 依此力無力하야 成於事事無礙法門이니 謂成相入과 及相卽義니 如前玄中하니라】

여기에는 또한 2가지 뜻이 있다.

① 작용으로 말하면, 세력과 작용이 서로 통하여 서로 받아들이는 뜻이 있다. 세력이 있는 것이 세력이 없는 것을 받아들이기 때문이다.

제29 십인품에서, "보살이 인연으로 일어나는 법을 잘 알고서, 하나의 법에서 수많은 법을 이해하고, 수많은 법에서 하나의 법을 이해한다."는 등으로 말하였다.

② 체성에 근거하여 말하면, '空'과 '不空'이 서로 하나가 된다는 뜻이다.

원인의 힘이 반연에 들어갔을 뿐 아니라, 또한 원인의 체성이

반연으로 인하여 나타나 완전히 같은 반연을 포괄하되, 원인이 허공과 같다.

이 때문에 위의 제15 십주품 경문에서, "하나가 곧 많은 것이며, 많음이 곧 하나이다." 등으로 말하였다.

세력이 있음과 세력이 없음이 반드시 함께하기 때문에 언제나 서로 하나가 되어 들어가는 것이다. 이것이 그지없는 대연기[無盡大緣起]의 매우 심오한 관법이다. 【초_ '此復二義' 이하는 이런 세력이 있음과 세력이 없음에 의하여, 현상의 사법계와 사법계가 걸림 없는 법문을 이뤘다. 서로가 서로의 속으로 들어가고, 서로가 하나가 되는 이치를 이뤘다. 이는 앞의 玄談에서 말한 바와 같다.】

經

復次無明緣行者는 無明因緣이 能生諸行이오
無明滅行滅者는 以無無明에 諸行亦無니
餘亦如是니라

또한 무명이 행의 반연이 된다는 것은 무명의 인연이 많은 행을 낳음이며,

무명이 사라지면 행이 사라진다는 것은 무명이 없으므로 많은 행 또한 없는 것이다.

나머지 다른 것 또한 이와 같다.

● 疏 ●

文中에 亦有順逆하니

初는 順觀中에 經云 '無明緣行'者는 牒也오 '無明因緣能生諸行'者는 釋也라

論云 有分非他作이오 自因生故라하니 此는 以不他生으로 釋經因字니 謂如行支 唯從無明일새 故云自因이니 即上의 自因觀也라

二者는 非自作이오 緣生故라하니 此는 以不自生으로 釋經緣字니 謂行支 但假無明하야 爲緣이오 非有行自體 在無明中하야 從自而生이니 即他因觀이니 但取揀餘不親生故로 名因이오 顯前非後일새 疎故名緣이언정 非謂四緣之因緣也라 餘立可知로다【鈔_ 中論云有 '分'者는 分은 即支義라 '此以不他生' 下는 是疏釋論이라 '二非自作'者는 亦是論文이오 餘皆疏釋이라 後例餘者는 謂其餘支와 及與逆觀이라 謂順觀도 尚即自他不生이어늘 逆觀에 豈有自他可滅이리오】

　　경문에는 또한 '차례대로 살펴보는 부분'과 '거꾸로 살펴보는 부분'이 있다.

　　차례대로 살펴보는 부분의 경문에서 "무명이 행의 반연이 된다."고 말한 것은 앞의 문장을 이어 쓴 것이며, "무명의 인연이 많은 행을 낳는다."는 말은 해석이다.

　　① 논에서, "지분을 다른 이가 짓는 것이 아니다. 자체 원인으로 생겨나기 때문이다."고 하였다. 이는 다른 것이 내주지 않는다는 것으로 경문의 '因' 자를 해석한 부분이다. 예컨대, 行支가 오직 무명에서 일어나기에 '자체의 원인'이라 말한다. 이는 위에서 말한

自業助成門의 자체 원인의 관법[自因觀]이다.

② "자체로 만들어 내는 것도 아니다. 반연으로 생기기 때문이다."고 하였다. 이는 자체로 생겨나지 않는다는 것으로 경문의 '緣'자를 해석한 부분이다. 行支는 다만 무명만을 빌려 반연을 삼은 것이지, 행지 자체가 무명 속에 있으면서 자체로 생겨난 것이 아니다. 이는 다른 원인의 관법[他因觀]이다.

다만 나머지 직접 생겨나지 않음과 다름을 구분한 까닭에 '원인'이라 말하고,

앞은 뒤가 아님을 나누어 밝히고자 한 까닭에 '반연'이라 말한 것이지, 4가지 반연 중의 인연을 말한 게 아니다. 나머지는 모두 말하지 않아도 알 수 있다.【초_ '中論云有分'의 分은 支의 뜻이다.

'此以不他生' 이하는 疏에서 논을 해석한 부분이며, '二非自作'은 또한 논의 문장이며, 나머지는 모두 疏의 해석이다.

뒤의 나머지의 예는 그 나머지 지분과 逆觀을 말한다. 順觀도 오히려 自他가 생겨나지 않는데, 逆觀에 어찌 자타가 사라지겠는가.】

二는 約大悲觀이니 卽異求中에 計非想等하야 以爲涅槃이며 又計妙行하야 爲解脫者니 非是常德이오 但是生滅일세 故可悲之니라【鈔_ '又計妙行'者는 以六行伏惑으로 爲解脫者의 解脫因故니라 旣有欣厭心하니 亦生滅耳니라】

(2) 대비의 마음으로 중생을 따르는 관법이다. 이는 특별한 해탈을 구하는[求異解脫] 중에 비상비비상천 따위를 열반이라 잘못

생각하고, 또한 미묘한 행을 해탈로 잘못 생각하니, 이는 영원한 덕이 아니다. 다만 생겨나고 사라지는 것일 뿐이기에 그들을 가엾이 여기는 것이다.【초_ "또한 미묘한 행을 해탈로 잘못 생각한다."는 것은 6가지 행으로 미혹의 조복을 해탈로 삼는 이단의 해탈 원인이기 때문이다. 이미 좋아하고 싫어하는 마음이 있기에 이 또한 생겨나고 사라질 뿐이다.】

三은 約一切相智觀이니 此와 及後門은 名無始觀이라

此有二意하니

一은 若約俗說인댄 因緣이 爲生滅之本이오 生死無際일세 故因緣無始라

二는 約眞說인댄 見法緣集하야 無有本性可依일세 故名無始라 卽淨名云 '從無住本하야 立一切法이라'하니라 故染淨眞性이 皆無始終이나 顯染可除일세 但云無始라 餘如別說하니라

論云 '中際因緣生일세 故後際生이라'하니 卽擧此第八門이오 隨順縛故는 卽第九門이니 謂但一念從緣生이 卽是不生이니 故無始也라 不言初際生者는 意顯無初故니 今不起妄에 卽不生故니라

(3) 일체 양상과 지혜로 행하는 관법이다. 여기의 제8 因緣生滅門과 다음의 제9 生滅繫縛門은 無始觀이라 말한다.

無始觀에는 2가지 뜻이 있다.

① 속제를 들어 말하면, 인연이 생멸의 근본이며, 생사는 끝이 없기에 인연은 시작이 없다.

② 진제를 들어 말하면, 법은 반연이 모여, 본성의 의지처가 없

음을 볼 수 있기에 시작이 없다고 말한다.

유마경에서는, "머물지 않는 근본으로부터 모든 법을 세웠다."고 하였다. 이 때문에 잡염과 청정의 참된 성품은 모두 시작과 끝이 없지만, 제거해야 할 잡염을 밝히고자 다만 시작이 없다고 말했을 뿐이다. 나머지는 개별로 말한 바와 같다.

논에서, "현재의 인연이 생기는 까닭에 미래가 생겨난다."고 하였다. 이는 제8 인연생멸문을 들어 말한 것이다.

'따라서 속박하기 때문'이란 제9 생멸계박문이다. 다만 한 생각이 반연을 따라 생겨남이 곧 생겨나지 않은 것이므로 시작이 없다는 뜻이다.

'처음에 생겨났다.'고 말하지 않은 까닭은 처음이 없다는 뜻을 밝히려는 것이다. 지금 망상을 일으키지 않으면 생겨나지 않기 때문이다.

第九 生滅繫縛門

제9. 생겨나고 사라짐에 얽매이는 법문

經
又無明緣行者는 是生繫縛이오
無明滅行滅者는 是滅繫縛이니
餘亦如是니라

또한 무명이 행을 반연한다는 것은 얽매임이 생겨남이며,
무명이 사라지면 행이 사라진다는 것은 얽매임이 사라짐이다.
나머지 또한 이와 같다.

⊙ 疏 ⊙

生滅繫縛者는 亦名似有若無라 初의 一切智觀中에 明不共生이라 文中에 三이니

初는 順觀이라 經中에 但明無明爲緣縛行하야 令行으로 繫屬無明하나니 斯則緣生 而爲不共者라 論云 '非二作이니 但隨順生故며 無知者故며 作時不住故'라하니 意謂但行이 順無明緣하야 不得不生이언정 互無知者니 故非二作이라 若爾인댄 但隨順生이 卽是共生이어니 何要知者리오 故末句云 '旣從緣生'인댄 則念念不住어니 誰爲共耶아 此同對法의 無作用故니라 又中論云 '和合이 卽無性이니 云何和合生'고하니라

次 無明滅下는 逆觀이니 謂滅은 但滅於繫縛이라 旣無共生이어니 安有共滅이리오 言有生滅이 皆是繫縛이라

三은 類餘면 可知니라

'生滅繫縛'이란 또한 '있는 것 같기도 하고 없는 것 같기도 한 법문[似有若無門]'이라 말한다.

(1) 일체 지혜의 관법 가운데 공통으로 생겨나지 않음을 밝혔다. 경문은 3부분이다.

① 차례대로 살펴보는 부분이다. 경문에서는 다만 무명이 반연

이 되어 행을 속박하여, 행으로 하여금 무명에 속박됨을 밝혔을 뿐이다. 그렇다면 이는 반연으로 생겨난 것이지, 공통으로 생긴 것이 아니다.

논에 이르기를, "둘이 짓는 것이 아니다. 다만 따라서 생겨났기 때문이며, 아는 주체가 없기 때문이며, 짓는 때가 머물지 않기 때문이다."고 하였다. 그 뜻은 다만 行이 무명을 따라 반연하여 어쩔 수 없이 생겨난 것일 뿐, 서로 아는 주체가 없다. 이 때문에 둘이 짓는 것이 아님을 말한다.

그렇다면 다만 따라서 생겨남이 곧 공통으로 생겨난 것인데, 어찌 아는 주체를 필요로 하겠는가. 이 때문에 마지막 구절에서 '이미 반연하여 생겼다.'고 한다면, 한 생각 한 생각의 찰나에 머물지 않을 터인데, 어느 것이 공통으로 생겨나겠는가. 이는 대법론에서 말한 "작용이 없기 때문"이다.

또한 중론에서는, "화합은 체성이 없다. 어떻게 화합하여 생겨나겠는가."라고 하였다.

② '無明滅' 이하는 거꾸로 살펴보는 부분이다. 滅이란 속박이 사라졌을 뿐이다. 이미 공통으로 생겨남이 없는데, 그 어디에 함께 사라짐이 있겠는가. 생겨나고 사라짐이 모두 속박이다.

③ 나머지도 유추하면 말하지 않아도 알 수 있다.

二는 約大悲觀이니 謂彼外道 異求非想天等하야 爲解脫者라 菩薩觀之호대 但是染縛이오 非是涅槃眞淨之德이라하니라

(2) 대비의 마음으로 중생을 따르는 관법이다. 저 외도들이 별

다르게 비비상처천 등을 구하여 해탈로 삼음을 말한다. 보살이 그런 그들을 관찰하기를, "잡염의 속박일 뿐, 열반의 진실하고 청정한 덕은 아니다."고 하였다.

三. 約一切相智觀하야 明無始觀中에 隨順縛故而生연정 非有本也니라

(3) 일체 양상과 지혜로 행하는 관법이다. 시작도 없는 관법 가운데 속박을 따라 생겨났을 뿐이지, 근본이 있는 것은 아니다.

第十無所有盡觀
亦名泯同平等이라

제10. 아무것도 없이 다함을 따르는 법문
이는 또한 사라져 모두 평등한 법문이라고도 말한다.

經
又無明緣行者는 是隨順無所有觀이오
無明滅行滅者는 是隨順盡滅觀이니
餘亦如是니라

또한 무명이 행을 반연한다는 것은 아무것도 없는 바를 따라 관찰함이며,

무명이 사라지면 행이 사라진다는 것은 모두 사라짐을 따라 관찰함이다.

나머지 또한 이와 같다.

● 疏 ●

三觀之中에 初는 一切智觀이니 卽深觀中에 顯非無因이라 經亦三節이니

初는 順觀中에 由行從無明緣生하니 緣生이 卽無性일새 故云隨順無所有오

次는 逆觀中에 滅亦緣滅이오 緣滅無滅이라야 方順盡滅之理니라 然論經順觀云 '是隨順有者는 顯無性緣生이니 故不能不有'라하니 二經이 雖殊나 同明緣生일새 故非無因이라 無因이 何失고 若無因生인댄 生應常生이오 非不生也라 何以故오 無定因故니라 此卽縱破라 亦可常不生이니 何以故오 無因生故니 此卽奪其生義라 故無因生이 非佛法所樂이니 以無因能生이 大邪見故니라【鈔_ 中論云 '無因은 乃成大過니 謂布施持戒하야도 應墮地獄이오 殺生偸盜하야도 則應生天이오 諸修妙行에도 無涅槃等이니라'】

　3가지 관법 가운데, (1) 일체 지혜로 살펴보는 것이다. 이는 심오한 관법 가운데 원인이 없는 것이 아님을 밝혔다.

　경문은 3부분이다.

　앞의 차례대로 살펴보는 부분 가운데, 行이 무명의 반연을 따라 생겨남으로 말미암아, 반연으로 생겨남이 곧 체성이 없는 것이기에 "아무것도 없는 바를 따른다."고 하였다.

　뒤의 거꾸로 살펴보는 부분 가운데, 사라지면 또한 반연이 사

라지고, 반연이 사라져 사라질 것조차 없어야 비로소 모두 사라진 이치를 따를 수 있다. 그러나 논경의 '차례대로 살펴보는 부분'에서 "有를 따른다는 것은 체성이 없으나 반연하여 생겨남을 밝힌 것이기에 어쩔 수 없이 있는 것이다."고 하였다.

두 경전의 논지가 비록 다르지만 모두 반연으로 생겨남을 밝힌 것이기에 원인이 없는 게 아니다. 원인이 없다는 게 그 무슨 잘못이겠는가. 만약 원인 없이 생겨났다면 생겨남은 항상 생겨나야 한다. 이는 생겨나지 않음이 아니다. 무엇 때문인가? 일정한 원인이 없기 때문이다. 이는 놓아서 타파[縱破]한 논리이다.

또한 항상 생겨나지 않을 수도 있다. 무엇 때문인가? 원인 없이 생겼기 때문이다. 이는 그 생겼다는 이치를 뺏은 논리[奪破]이다. 그러므로 원인 없이 생겨나는 것은 불법에서 좋아하는 바가 아니다. 원인 없이 생길 수 있다는 것은 크나큰 삿된 소견[大邪見]이기 때문이다.【초_ 중론에서 말하였다.

"원인이 없다는 것은 큰 허물을 이룰 것이다. 보시나 지계를 해도 지옥에 떨어질 것이며, 살생과 도둑질을 저지르더라도 천상에 태어날 수 있을 것이며, 미묘한 수행을 많이 닦을지라도 열반을 얻지 못하는 등이다."】

二는 約大悲隨順觀이니 卽求異解脫中에 外道는 計非想과 無所有處等하야 爲涅槃하니 以順有故며 非是出世故니라 無我德이어늘 而妄計解脫하니 故可悲之니라

(2) 대비의 마음으로 중생을 따르는 관법이다. 특별한 해탈을

구하는 부분에서 외도는 비상비비상처천과 무소유처천 등을 잘못 생각하여 열반으로 삼는다. 이는 '有'를 따르기 때문이며, 출세간이 아니기 때문이다. 무아의 공덕인데, 이를 해탈로 잘못 생각하기에 그들을 가엾게 여기는 것이다.

三은 約一切相智觀이니 當第九種種觀이라 此卽世諦觀이니 由隨順有故로 有欲色無色愛等之殊일새 故云種種이니 卽眞順有하야 未失順無니라【鈔_ '此卽世諦觀'者는 以論經云 '隨順有故'니라 從'卽眞順有'下는 會論經同今經이니 謂雖順有나 虛相都盡하고 惟第一義諦일새 故云未失順無니라】

(3) 일체 양상과 지혜로 행하는 관법이다. 제9 가지가지 관법에 해당한다. 이는 세속 진리의 관법이다. '有'를 따르기 때문에 욕계·색계·무색계의 애욕 등이 각기 다르기에 '가지가지'라 말한다. 眞諦와 하나가 되어 俗諦의 '有'를 따라서 '無'를 따름을 잃지 않음이다.【초_ "이는 세속 진리의 관법"이라 말한 것은 논경에서 "有를 따르기 때문이다."고 하였다.

'卽眞順有'로부터 이하는 논경이 본 화엄경과 같은 뜻으로 말했음을 회통한 것이다. 비록 '有'를 따르지만, 공허한 모양이 모두 다하고, 오직 으뜸가는 이치뿐이기에 "無를 따름을 잃지 않는다."고 하였다.】

上來 別釋十門 竟하다

위의 개별로 10가지 법문을 해석한 부분을 끝마치다.

自下는 第三 總結十名이라

3) 10가지 법문의 명칭을 끝맺다

經

佛子여 菩薩摩訶薩이 如是十種順逆으로 觀諸緣起하나니 所謂有支相續故며 一心所攝故며 自業差別故며 不相捨離故며 三道不斷故며 觀過去現在未來故며 三苦聚集故며 因緣生滅故며 生滅繫縛故며 無所有盡觀故니라

불자여! 보살마하살이 이처럼 열 가지의 모든 연기를 차례대로, 그리고 거꾸로 살펴보았다.

이른바 12인연이 서로 이어지기 때문이며,

하나의 마음에 모두 포괄되기 때문이며,

스스로 지은 업이 다르기 때문이며,

서로 여의지 않기 때문이며,

세 길이 끊이지 않기 때문이며,

과거·현재·미래를 살펴보았기 때문이며,

세 가지 괴로움이 모이기 때문이며,

인연으로 생겨나고 사라지기 때문이며,

생겨나고 사라짐이 속박하기 때문이며,

아무것도 없이 다함을 살펴보았기 때문이다.

◉ 疏 ◉

旣云逆順觀察이라하나니 則前二門에 闕逆觀者는 乃文畧耳니라
【鈔_ '則前二門'者는 卽一心所攝과 及自業助成門也라 所以無者는 但是畧故니라】

이미 '거꾸로 살펴보는 부분과 차례대로 살펴보는 부분으로 관찰한다.'고 말하였다. 앞의 2문에서 거꾸로 살펴보는 부분이 빠진 것은 문장을 생략하였기 때문이다.【초_ '앞의 2문'이란 일심소섭문과 자업조성문이다. 이 부분이 없는 이유는 생략하였기 때문이다.】

言諸緣起者는 十二非一曰諸니 前前이 爲緣하야 令後後起라 又由煩惱繫縛하야 往諸趣中하야 數數生起일세 故名緣起라하며 亦云緣生이라 生卽起義니 亦約果說이니라

'모든 연기'라 말한 것은 12지분이란 하나가 아니기에 '모든'이라 말하였다. 앞의 앞이 반연이 되어 뒤의 뒤를 일으키는 것이다.

또한 번뇌의 속박에 의해 여러 갈래의 세계에서 자주 태어나기 때문에 반연으로 일어난다[緣起]고 말하며, 반연으로 생겨난다[緣生]고도 말한다. 생이란 곧 일어난다는 뜻이다. 이 또한 결과를 들어 말하였다.

◉ 論 ◉

十二緣生者는 是一切衆生이 逐妄迷眞하야 隨生死流轉하야 波浪不息之大苦海니 其海 廣大甚深無際라 亦是一切諸佛衆聖賢

寶莊嚴大城이오 亦是文殊普賢常遊止之華林園苑이라 常有諸佛이 出現於中하고 普賢菩薩이 恒對色身하야 在一切衆生前教化하사 無有休息하니라

文殊師利 告善財호되 云 不厭生死苦라야 乃能具足普賢行이라하니 一切諸佛功德海 參暎重重하야 充滿其中하야 無有盡極이오 與一切衆生으로 猶如光影而無障礙어늘 以迷十二有支를 名一切衆生이오 悟十二有支를 即是佛故로 衆生及以有支는 皆無自性이니라

若隨煩惱·無明·行·識·名色하야 六根相對면 生觸受愛取有하야 成五蘊身일세 即有生老死하야 常流轉故니라 若以戒定慧觀照하고 方便力으로 照自身心體相이면 皆自性空하야 無內外有라 即衆生心이 全佛智海니라

如是十度逆順觀察十二有支하야 成般若波羅密門하고 三空自在 智慧現前이로되 以大慈大悲爲首故로 不盡諸行이니라

又以空慧로 入諸行海하야 長養大慈大悲하야 入生死海는 如蓮華 處水而無染汙오 如阿修羅處海에 纔沒半身이오 像大悲菩薩이 以空智隨流하야 處纏不沒이어늘 若厭十二緣生하야 別求解脫智海者는 如捨冰而求水며 逐陽燄以求漿이니라 若以止觀力照之면 心境總忘하야 智日 自然明白하리니 如貧女宅中寶藏이 不作而自明이오 如窮子衣中珠無功而自現하리라

12가지 반연으로 생겨난다는 것은 일체중생이 망상을 따라 眞性을 알지 못하여 생사를 따라 물결이 그치지 않는 大苦海를 헤매

는 것이다.

그 고해는 워낙 광대하고 매우 깊어서 끝이 없다. 이는 또한 일체 모든 부처님과 뭇 성현이 보배로 장엄한 큰 성이며, 또한 문수와 보현보살이 항상 왕래하면서 머물던 華林園 동산이다. 언제나 모든 부처님이 그 가운데서 몸을 나타내고, 보현보살이 항상 색신을 나타내어 일체중생 앞에서 교화하느라 멈출 때가 없다.

문수사리가 선재동자에게 말하였다.

"생사의 괴로움을 싫어하지 않아야 마침내 보현행을 두루 갖출 수 있다."

일체 모든 부처님의 공덕 바다에 겹겹으로 사무치게 비춰 그 가운데 충만하여 다함이 없다. 일체중생과 함께 또한 그림자처럼 장애가 없지만, 12연기를 알지 못하면 일체중생이라 말하고, 12연기를 깨달으면 바로 부처이다. 이 때문에 중생과 12연기는 모두 자성이 없다.

만약 번뇌·무명·행·식·명색을 따라서 육근을 상대하면 감촉·느낌·사랑·탐착·소유가 생겨나 오온의 몸을 이루게 된다. 이는 곧 생로병사로 항상 유전하기 때문이다. 만약 계정혜로써 관조하고, 방편력으로 자기의 몸과 마음의 體相을 비춰보면 모두 자성이 공하여 안팎의 소유가 없다. 이는 중생의 마음이 모두 부처 지혜의 바다이다.

이와 같이 역순으로 12연기를 열 차례 관찰하여 반야바라밀법문을 성취하고, 三空의 자재한 지혜가 앞에 나타나지만, 대자대비를 으뜸으로 삼기에 모든 행을 다하지 않는다.

또한 空慧로써 모든 행의 바다[行海]에 들어가 대자대비를 키워 생사의 바다에 들어가는 것이다.

이는 마치 연꽃이 물에 있으면서도 또한 더럽혀지지 않음과 같고,

아수라가 깊은 바다에 있을지라도 겨우 몸의 절반만 물에 잠기는 것과 같으며,

대비보살이 空智로 세속의 흐름을 따라 저잣거리에 살아도 빠져들지 않음과 같다.

그러나 12연기로 태어남을 싫어하여 별개로 解脫智海를 구하는 자는 마치 얼음을 버리고 물을 찾으며, 아지랑이를 좇아 마실 것을 구하는 것과 같다. 만약 止觀의 힘으로 비춰보면 마음과 경계를 모두 잊고서 지혜의 태양이 절로 밝아질 것이다. 마치 빈한한 아낙 집안의 보배 창고를 만들지 않아도 절로 빛나고, 또한 걸인의 옷 속에 구슬이 하는 일 없이 절로 나타나는 것과 같다.

● 疏 ●

然各攝三觀하야 體勢星羅하니 今重以十門本意로 收攝호리라 初門은 明染淨因起오 二는 明緣起本源이오 三은 因果有空이오 四는 相成無作이오 五는 陳其諦理오 六은 力用交徹이오 七은 窮苦慢除오 八은 形奪無寄오 九는 有無無本이오 十은 眞俗無違니라【鈔_ '然各攝'下는 以義總收니 恐難領會十門義故니라

於中有四하니 一은 總出十門之意오 於上三觀에 相參而用이니 謂 三觀小異는 論取不同이오 就其經文일새 故可爲一이니라

一'染淨因起'者는 相諦觀中에 明成答相이니 答於外難하야 成無 我義니 無我卽淨이니라 故大悲觀에 名愚癡顚倒는 以著我故니 則 生爲染이오 無我則得無生爲淨이니라 一切相智를 名染淨分別은 染淨이 正是第三觀名이니 今此中義理 通於三觀이라 因起之字는 定通三處니라

二'緣起本源'者는 直就經說故니라 初觀을 名第一義諦는 是一心 本이니 世諦一心이 依本起末이라 第二觀中에 阿陀那識을 迷執爲 我는 卽染淨本이오 悟卽是解脫根本이라 故一切相智에 名依止觀 이니 故爲本源이니라

三'因果有空'者는 相諦觀中에 名他因觀이라 由無明故로 方得有 行이니 斯則有矣라 旣從緣有하니 斯則空矣라 大悲觀中에 破於冥 性하니 斯有因緣이라 一切相智를 觀名方便觀이니 以各二業이 爲 後方便이라 亦卽有卽空義耳니라

四'相成無作'者는 卽不相捨離니 相諦觀中에 名自因觀이니 謂離 前支하면 無後支일새 故云相成이니 相成故로 無作이라 大悲觀中에 破於自在하니 故須因緣相成이라 無別作者는 一切相智觀에 名因 緣相이니 有支無作故니라

五'陳其諦理'者는 卽三道不斷이니 相諦에 名攝過는 但攝苦集故 니라 大悲에 名破苦行因은 亦由唯苦集故니라 一切相智에 名爲入 諦는 兼取逆觀이니 卽滅道故니라

六'力用交糸'者는 卽三際輪廻라 初名護過觀이니 三際因果 爲因 有力이며 爲果無力하야 能護失業等三過故니라 大悲觀中에 治異 道求中無因之見이니 因有力故오 一切相智觀에 力無力信入이니 竝是力用交糸이니라

七'窮苦慢除'는 卽三苦聚集이라 初名不厭厭觀이니 令厭微苦 卽 窮苦義오 大悲觀中에 名破求異中이니 謂三界有涅槃이 但是苦故 니라 今能窮之오 一切相智中에 名增上慢信入이니 亦窮微苦일새 非 增慢矣니라

八'形奪無始'者는 卽因緣生滅이라 初卽深觀이니 名不自不他니 以 他奪自하고 以自奪他오 大悲觀中에 明無常德이니 以形奪故오 一 切相智觀에 名無始觀이니 因緣無初故니라

九'有無無本'者는 卽生滅繫縛이라 初卽深觀中에 明不共生하야 明 非二作이라 互無知者일새 故有나 無本이며 無作用故로 不能生이니 則無亦無本이오 大悲觀에 旣無有淨德하니 安有本耶아 一切相智 觀에 旣明無始하니 始卽是本이라 二諦 無始일새 故有無無本이니라

十'眞俗無違'者는 卽無所有盡이라 初深觀中에 顯非無因은 眞不 違俗이오 無所有盡은 俗不違眞이라 大悲觀中에 以順有故로 無有 我德이오 一切相智에 種種觀故는 亦不違俗이라 故其三觀이 取文 小異나 大旨多同이니 故以本意로 收爲一致니라】

그러나 각기 3가지 관법을 포괄하여 문맥이 별처럼 나열되어 있다. 여기에서는 거듭 10가지 법문의 본의로 이를 정리하고자 한다.

(1) 유지상속문은 잡염과 청정의 원인으로 일어남을 밝혔고,

⑵ 일심소섭문은 연기의 근본 연원을 밝혔으며,

⑶ 자업조성문은 인과의 '有'와 '空'을 밝혔고,

⑷ 불상사리문은 서로 이뤄 작위가 없음을 밝혔으며,

⑸ 삼도부단문은 사성제의 이치를 말하였고,

⑹ 삼제윤회문은 세력과 작용이 서로 함께함을 밝혔으며,

⑺ 삼고집성문은 고통이 다하면 아만이 없어지고,

⑻ 인연생멸문은 형상을 빼앗음이 시작도 없으며,

⑼ 생멸계박문은 '有'와 '無'는 근본이 없음을 밝혔고,

⑽ 수순무소유진문은 진제와 속제가 어긋남이 없음을 밝혔다.

【초_ '然各攝' 이하는 뜻에 따라 총괄하여 묶은 것이다. 이는 10문의 이치를 알기 어렵기 때문이다.

여기에는 4가지가 있다.

첫째, 10문의 의미를 총괄하여 말하였다. 위의 3가지 관법을 서로 함께 쓰는 것이다. 3가지 관법이 조금씩 다른 점은 논에서 같지 않은 점을 취했지만, 그 경문에 입각하여 말한 까닭에 하나로 삼을 수 있다.

"⑴ 잡염과 청정의 원인으로 일어난다."는 것은 둘째, 一切智觀에서 成·答·相으로 밝혔다. 이는 외도의 논란에 답하여 無我의 이치를 이뤘다. 無我가 곧 청정이다.

그러므로 셋째, 大悲隨順觀에서 '어리석고 전도되었다.'고 말한 것은 '나'라는 생각에 집착한 까닭이다. 태어남이 잡염이며, '나'라는 것이 없으면 태어남이 없음으로 청정이라 한다.

넷째, 一切相智觀을 '잡염과 청정으로 구분한다.'고 말한 것은 잡염과 청정이 바로 제3 관법의 명칭이다.

여기에서 말한 뜻이 3가지 관법에 모두 통한다. 因起라는 글자는 반드시 3곳에 통하는 개념이다.

"(2) 연기의 근본 연원"이란 직접 경문으로 말한 까닭이다.

① 一切智觀을 '으뜸가는 이치'라고 말한 것은 한 마음이 근본이다. 세속 이치의 한 마음이 근본에 의해 지말을 일으켰다.

② 大悲隨順觀 가운데 아타나식을 알지 못하여 '나'라고 집착한 것은 잡염과 청정의 근본이며, 깨달으면 해탈의 근본이다.

그러므로 ③ 一切相智觀에서는 이를 '의지하는 관법'이라 말하였다. 본원이라 하기 때문이다.

"(3) 인과의 有와 空"은 ① 상제차별관에서 '다른 원인의 관법'이라 말하였다. 무명으로 인하여 바야흐로 행이 있는 것이다. 이것이 '有'이다. 이처럼 반연에 의해 있기에 이것이 '공'이다.

② 대비수순관에서 명제의 체성을 타파하였으니 이것이 '유'의 인연이다.

③ 일체상지관에서 '방편의 관법'이라 말하였다. 각기 2가지 업이 뒤의 방편이 된다. 또한 '有'와 하나가 되고 '공'과 하나가 되는 이치일 뿐이다.

"(4) 서로 이뤄 작위가 없다."는 것은 서로 버리거나 여의지 않는다는 뜻이다.

① 상제차별관에서 '자체 원인의 관법'이라 말하였다. 앞의 지

분을 여의면 뒤의 지분이 없으므로 서로 이룬다고 말한다. 서로 이루기에 짓는 이가 없다.

② 대비수순관에서 자재천을 타파하였기에 반드시 인연으로 서로 이루는 것이 필요하다.

별도로 짓는 이가 없는 것은 ③ 일체상지관에서 '인연의 모양'이라 하였다. 연기의 지분은 있으나 지은 것이 아니기 때문이다.

"(5) 사성제의 이치를 말한다."는 것은 삼도가 끊어지지 않음이다.

① 첫째는 '양상의 진리로 차별하는 관법'에서 '허물을 포괄한 관법'이라 말하였다. 다만 苦諦와 集諦만 포괄하기 때문이다.

② 대비관에서 '고행의 원인을 타파하는 관법'이라 말한 것 또한 고제와 집제만을 연유한 까닭이다.

③ 일체상지관에서 '진리에 들어가는 관법'이라 말하였다. 이는 거꾸로 살펴보는 부분을 겸하여 취하였다. 이는 滅諦와 道諦이기 때문이다.

"(6) 세력과 작용이 서로 함께한다."는 것은 과거·현재·미래를 윤회하는 것이다.

① 상제관에서는 '허물을 막는 관법'이라 말하였다. 과거·현재·미래의 인과가 원인에 있어서는 세력이 있고, 결과에 있어서는 세력이 없어, 업을 잃는 따위의 과거·현재·미래 3가지 허물을 막을 수 있기 때문이다.

② 대비관에서는 다른 외도에서 해탈을 구하는 가운데 '원인이 없다는 소견'을 다스리는 것이다. 원인이란 세력이 있기 때문이다.

③ 일체상지관에서는 세력이 있고 없음에 관계없이 믿음으로 들어가는 것이다. 모두 세력과 작용을 서로 함께하는 것이다.

"(7) 고통이 다하면 아만이 없어진다."는 것은 3가지 고통이 모였기 때문이다.

① 상제관에서 '싫어하지 않음을 싫어하는 관법'이라 하였다. 작은 고통을 싫어하게 함이 곧 고통을 다함의 뜻이다.

② 대비관에서 '특별한 해탈을 구함을 타파한다.'고 하였다. 삼계에 열반이 있지만 고통일 뿐이다. 여기에서 이를 다하는 것이다.

③ 일체상지관에서 '증상만과 증상만이 아닌 믿음으로 들어가는 관법'이라 말하였다. 이 또한 작은 고통을 다했기에 증상만이 아니다.

"(8) 형상을 빼앗음이 시작도 없다."는 것은 인연으로 생겨나고 사라짐이다.

① 상제관에서는 '심오한 관법'이니 '자체 원인도 아니고 다른 원인도 아니다.'고 말하였다. 다른 원인으로 자체 원인을 뺏고, 자체 원인으로 다른 원인을 뺏는 것이다.

② 대비관에서는 '영원한 덕이 없다.'고 하였다. 형상으로 빼앗기 때문이다.

③ 일체상지관에서는 '시작도 없는 관법'이라 하였다. 인연은 처음이 없기 때문이다.

"(9) '有'와 '無'는 근본이 없다."는 것은 생겨나고 사라짐에 속박된다는 뜻이다.

① 상제관의 '심오한 관법'에서는 함께하여 생겨남이 아님을 밝혔다. 둘이 짓는 것이 아님을 밝혔다. 서로 알지 못하기에 '有'이지만 근본이 없으며, 작용이 없기에 내어주는 주체가 없다. '無' 또한 근본이 없는 것이다.

② 대비관에서 이미 청정한 덕이 없으니, 어찌 근본이 있겠는가.

③ 일체상지관에서 이미 시작이 없음을 밝혔다. 시작이 바로 근본이다. 진제와 속제 2가지는 시작이 없기에 有와 無는 근본이 없다.

"⑩ 진제와 속제가 어긋남이 없다."는 것은 아무것도 없어 다함이다.

① 상제관의 '심오한 관법'에서 원인이 없는 게 아님을 밝힌 것은 진제는 속제와 어긋나지 않음이며, 아무것도 없어 다함은 속제가 진제와 어긋나지 않음을 뜻한다.

② 대비관에서 有를 따르기 때문에 '나'라는 덕이 없으며,

③ 일체상지관에서 '가지가지 관법'이라 말한 것 또한 속제와 어긋나지 않음이다. 그러므로 그 3가지 관법이 취한 경문은 조금씩 다르지만 큰 요지는 대부분 같다. 이 때문에 본의로 정리하면 한 가지이다.】

復收十門이 不出五意하니 初門은 迷理成事오 次門은 理事依持오 次六은 成事義門이오 第九는 事理雙泯이오 後一은 事理無礙니라 故唯四門이 不出事理니라

다시 10문을 거둬 묶으면 5가지 의미에서 벗어나지 않는다.

⑴ 有支相續門은 이치를 알지 못하여 현상의 일을 이룸이며,

⑵ 一心所攝門은 이치와 현상이 서로 의지함이며,

⑶ 自業助成, 不相捨離, 三道不斷, 三際輪廻, 三苦集成, 因緣生滅 6門은 현상의 이치를 이룬 부분이며,

⑷ 生滅繫縛門은 현상과 이치를 함께 부정함이며,

⑸ 隨順無所有盡門은 현상과 이치에 걸림이 없다.

그러므로 오직 4문은 현상과 이치에서 벗어나지 않는다.

若從事理無礙交徹인댄 則涉入重重이오 若依事理逆順雙融인댄 則眞門寂寂이니 故法性緣起 甚深甚深이니라 卽此因緣을 名因佛性이오 觀緣之智는 卽因因性이오 因因至果는 成菩提性이오 因性至果는 成涅槃性이오 因果無礙는 是緣起性이라 惟虛己而思之니라

만약 현상과 이치가 걸림 없이 서로 통하면 거듭거듭 거쳐 들어가고, 현상과 이치를 거꾸로 살펴보거나 차례대로 살펴보는 부분을 모두 원융하게 따르면 진제의 문이 고요하고 고요하기에 법성의 연기가 매우 깊고 깊다.

이런 인연을 '부처의 원인이 되는 체성'이라 말하고,

인연을 살펴보는 지혜는 '원인의 원인이 되는 체성'이라 하고,

원인으로 인하여 결과에 이르는 것은 '보리의 체성'을 이루고,

체성으로 인하여 결과에 이르는 것은 '열반의 체성'을 이룬다.

원인과 결과에 걸림이 없는 것이 곧 연기의 체성이다.

오직 자신의 마음을 비우고 이를 생각해야 한다.

自下大文은 第三 明彼果勝이라

亦前은 攝正心住니 故知緣生이오 此下는 攝善現行이니 故三空等 現前이니라

依論云 果者는 有五種相하니

一은 得對治行勝과 及離障勝이오

二는 得修行勝이오

三은 得三昧勝이오

四는 得不壞心勝이오

五는 得自在力勝이라하니라

各有佛子로 以爲揀別호되 唯第二段에 有二佛子라

初中에 二니 先은 明對治勝이오 後菩薩如是下는 明離障勝이라

今初는 卽三解脫門이니 亦名三三昧라 三昧는 卽當體受名이오 解脫은 依他受稱이라 此三이 能通涅槃解脫일새 故名爲門이라

文中에 二니

初는 牒前이오 後는 正顯이라

今은 初라

3. 그 과덕이 뛰어나다

앞은 제6 正心住를 포괄한 까닭에 반연으로 생겨나게 하는 도리를 알았고,

이 아래는 제6 善現行을 포괄한 까닭에 3가지 '공' 등이 앞에 나타나는 것이다.

논에 의하면, 다음과 같다.

"결과에는 5가지 모양이 있다.

1) 다스리는 행이 뛰어남과 장애를 여읨이 뛰어남을 얻었고,

2) 수행이 뛰어남을 얻었으며,

3) 삼매가 뛰어남을 얻었고,

4) 무너지지 않는 마음이 뛰어남을 얻었으며,

5) 자재한 힘이 뛰어남을 얻었다."

단락마다 각기 '佛子'로 구분했는데, 오직 제2단락[修行勝]만큼은 '佛子'를 2차례 쓰고 있다.

'1) 다스리는 행이 뛰어나고 장애를 여읨이 뛰어난' 부분은 다시 2단락으로 나뉜다.

⑴ 다스림이 뛰어남을 밝혔고,

⑵ '菩薩如是' 이하는 장애를 여읨이 뛰어남을 밝혔다.

'⑴ 다스림이 뛰어남'은 3가지 해탈문이다. 또한 '3가지 삼매'라고도 부른다.

삼매는 해당 자체에 의해 붙여진 명칭이며,

해탈은 타에 의해 붙여진 명칭이다.

이 3가지는 열반과 해탈에 통하므로 '문'이라 말한다.

경문은 2부분이다.

㈀ 앞의 경문을 이어서 말하였고,

㈁ 바로 3가지 공을 밝혔다.

이는 첫 부분이다.

經

佛子여 菩薩摩訶薩이 以如是十種相으로 觀諸緣起하야

불자여!
보살마하살이 이러한 10가지 모양으로 모든 연기를 관찰하여,

◉ 疏 ◉

意通五果는 由前十觀하야 得此三空等果故니

謂以三空觀緣으로 得第一第三果오

三悲觀緣으로 得第二第四果라

三望於初에 初是能治며 三是所成이오

四望於二에 二是能修며 四是堅固라

第五는 通從二觀而生이라 【鈔_ '今初意通五果'者는 正擧經中牒前之意니 意明十門으로 通成五果故니라 遮於古人이 別配屬故니 謂遠公云 一'對治와 及離障勝'은 是勝慢對治果니 前修十種法平等觀하야 而爲對治어니와 此地滿中에 更以甚深三脫로 爲治하니 名對治勝이라 前治五地染淨慢障이오 今此文에는 更除微細我心과 及有無等일세 名滅障勝이라

二'修行勝'은 是前不住道行勝果니 依前不住하야 更起勝修일세 名修行勝이라

三'得三昧勝'은 望前治勝하야 以說果也니 前修三脫하야 而爲對治하야 彼治가 轉增일세 名三昧勝이라

四'得不壞心勝'者는 望前滅障하야 以說其果니 由滅障故로 三昧

之心이 不可壞일세 名不壞心이라

五自在力勝은 望前修行하야 以說果也니 依前修行하야 上進無礙일세 名自在力이라하니라

釋曰 此意 明前二果는 從前文生이오 後三果는 從前二果生이라 今明十門하야 通成五果라 】

이는 '앞의 경문을 이어서 말한' 첫 부분이다.

그 뜻은 모두 5가지 결과가 앞의 10가지 관법에 의하야, 3가지 '공' 등의 결과를 얻기 때문이다.

3가지 '공'한 관법의 반연으로 제1 對治勝과 제3 三昧勝을 얻고,

3가지 대비 관법의 반연으로 제2 修行勝과 제4 不壞心勝을 얻는다.

제3 삼매승을 제1 대치승에 비춰보면 제1 대치승은 다스림의 주체이고, 제3 삼매승은 성취의 대상이며,

제4 불괴심승을 제2 수행승에 비춰보면 제2 수행승은 수행의 주체이고, 제4 불괴심승은 견고한 마음이다.

제5 자재력승의 결과는 통틀어 2가지 관법에서 생겨난다.【초_ '첫 부분의 뜻은 5가지 결과에 통한다.'는 것은 바로 경문의 '앞 문장을 이어서 말한 뜻'을 거론하였다. 그 뜻은 10문으로 5가지 결과를 모두 성취하기 때문이다.

이는 옛사람들이 다르게 배속함을 막기 위함이다.

혜원 법사가 말하였다.

"(1) 다스림이 뛰어남과 장애를 여읨이 뛰어남'은 뛰어나다고

생각하는 아만을 다스린 결과이다. 앞에서는 10가지 법의 평등한 관법을 닦아서 다스림을 삼았는데, 제6 현전지의 원만함 가운데 다시 매우 깊은 3가지 해탈로 다스림을 삼았다. 이 때문에 '다스림이 뛰어남'이라 말한다.

앞에서는 제5 난승지의 잡염과 청정하다는 아만의 장애를 다스렸는데, 여기에서는 다시 미세한 '나'라는 마음, 있고 없다는 마음 등을 없애는 것이기에 '장애를 여읨이 뛰어남'이라 말한다.

'(2) 수행이 뛰어남'은 앞의 머물지 않는 도행이 뛰어난 결과이다. 앞의 머물지 않는 도에 의하여 다시 뛰어난 수행을 일으켰기에 '수행이 뛰어남'이라 말한다.

'(3) 삼매가 뛰어남을 얻음'은 앞의 다스림이 뛰어남에 비춰 결과라 말하였다. 앞에서 3가지 해탈을 닦아서 다스림을 삼아, 그 다스림이 더욱 더하기에 '삼매가 뛰어남'이라 말한다.

'(4) 무너지지 않는 마음이 뛰어남을 얻음'이란 앞의 장애를 없앰에 비춰 그 결과를 말하였다. 장애를 없앰으로 인하여 삼매의 마음이 무너지지 않기에 '무너지지 않는 마음'이라 말한다.

'(5) 자재한 힘이 뛰어남'은 앞의 수행에 비춰 그 결과를 말하였다. 앞의 수행에 의하여 위로 닦아 나아감에 걸림이 없기에 '자재한 힘'이라 말한다."

이에 대한 해석은 다음과 같다.

여기에서 말한 뜻은 앞의 勝慢對治觀과 不住道行勝果 2가지는 앞의 문장에서 생긴 결과이고, 뒤의 三昧勝果, 不壞心勝果, 自

在力勝果 3가지는 앞의 2가지 결과에 따라 생겨난 것이다. 여기에서는 10가지 문을 밝혀 모두 5가지 결과를 끝맺었다.】

亦可展轉而生이니 由有治故로 離障하고 離障故로 行勝하고 有治故로 三昧勝하고 三昧勝故로 心不壞하고 心不壞故로 得自在也니라

    또한 이는 차례차례 생겨난 것이다.
    다스림이 있는 까닭에 장애를 여의고,
    장애를 여읜 까닭에 수행이 뛰어나며,
    다스림이 있는 까닭에 삼매가 뛰어나고,
    삼매가 뛰어난 까닭에 마음이 무너지지 않으며,
    마음이 무너지지 않은 까닭에 자재함을 얻는다.

二. 正顯三空

    (ㄴ) 바로 3가지 공을 밝히다

經

知無我無人無壽命하며 **自性空**하며 **無作者無受者**하면 **卽得空解脫門現在前**하며

    내가 없고 사람이 없고 수명이 없으며, 자기의 성품이 공하고, 짓는 자가 없고 받는 자가 없음을 알면, 곧 공한 해탈문이 앞에 나타나게 된다.

407

◉ 疏 ◉

三空에 各有別顯과 總結이라

初空門中에 別顯이 有三하니

初三句는 明衆生空이오

次'自性空'은 明法空이니 此上二句는 明二我體空이라

三'無作受'는 顯二我作用空이니 由體空故로 竝不能作因受果라

結云'現前'者는 智與境冥故니라【鈔_ 顯二我下는 意明人法이 俱有能作之義일새 故皆名作者니 非約人我 獨爲其空이니라】

　3가지 '공'에 각기 개별로 밝힘과 총체로 끝맺음이 있다.

　첫째, '공' 해탈문 가운데 개별로 밝힌 부분은 3가지이다.

　① 3구는 중생의 '공'을 밝혔고,

　② '자성의 공'은 법이 '공'함을 밝혔다.

　위의 2구는 人我와 法我의 본체가 공함을 밝혔다.

　③ "짓는 이가 없고 받는 이가 없다."는 것은 人我와 法我의 작용이 '공'함을 밝혔다. 본체가 '공'한 까닭에 아울러 원인을 짓거나 결과를 받지 않는다.

　결론에서 "앞에 나타난다."고 말한 것은 지혜가 경계와 함께 은연중 하나가 되기 때문이다.【초_ '顯二我' 이하의 뜻은 사람과 법이 모두 짓는 주체라는 이치를 밝혔기에, 모두 '짓는 자'라 말하였다. 나와 남이 유독 그 '공'함이 아니다.】

觀諸有支 皆自性滅하야 畢竟解脫하야 無有少法相生하면 卽時에 得無相解脫門現在前하며

모든 인연이 모두 자기의 성품이 없음을 관찰하여, 완전한 해탈로 조그만 법의 모양도 생겨남이 없으면, 곧 모양 없는 해탈문이 앞에 나타나게 된다.

● 疏 ●

二 無相門中에 亦三이니

一者는 滅障이니 卽觀諸支 皆自性滅이니 謂若入空門커나 不得空이라도 亦不取空相이면 則事已辦이오 若見法先有하고 後說爲空커나 及取空相하면 非眞知空이니 故名爲障이라 故修無相하야 了自性滅이면 則不取空障이니라【鈔_ 謂若入空門下는 二擧正顯非라 智論云 是三解脫은 摩訶衍中에 但是一法이나 以行因緣故로 說有三種하니 觀諸法空은 是名空門이오 空中에 不可取相이니 是時에 空門을 轉名無相이오 無相中에 不應有所作하야 爲三界生이니 是時에 無相을 轉名無作이라 如城三門에 一人之身이 不得一時從三門入이라 諸法實相은 是涅槃城이라 城有三門하니 若入空門이면 不得空이라도 亦不取相이면 是人은 直入이라 事已辦故로 不須二門이니라

若見法 下는 三擧非顯修니 智論云 若取諸法空相하야 生憍慢 言호되 我知實相이라하면 應學無相門하야 以滅空相이라하니라

故修無相 下는 結成修意니 爲滅障故니라】

둘째, 무상 해탈문 또한 3가지이다.

① 첫 구절은 장애를 없앰이다. 여러 인연이 모두 자성이 없음을 관찰하는 것이다.

만약 '공' 해탈문에 들어가거나, '공'을 얻지 못했을지라도 또한 '공'한 모양을 취하지 않으면 일은 이미 끝난 것이며,

만약 법이 먼저 '유'임을 보고서 뒤에 '공'이라고 말하거나 '공'한 모양을 취하면 참으로 '공'을 아는 게 아니다. 이 때문에 이를 '장애'라고 말한다.

그러므로 모양이 없는 것을 닦아서 자성이 없음을 깨달으면 '공'의 장애를 취하지 않는다.【초_ '謂若入空門' 이하는, ② 바른 도를 들어서 그릇됨을 밝혔다.

대지도론에서 말하였다.

"3가지 해탈은 마하연에서는 단 하나의 법이지만 수행의 인연에 따라 3가지가 있다고 말한다.

모든 법이 공하다고 관찰함은 '空門'이라 말하고,

공 가운데 모습을 취할 수 없다. 이럴 때의 空門은 도리어 '모양이 없다.'고 말한다.

모양이 없는 가운데, 어떤 작위가 있어 삼계에 태어날 일이 있어서는 안 된다. 이럴 때에 모양 없음을 도리어 '작위가 없다.'고 말한다.

이는 마치 3곳의 성문을 한 사람의 몸으로 한꺼번에 모두 3곳의 성문을 들어갈 수 없는 것과 같다. 모든 법의 實相은 열반의 성

이다. 열반성에 3개의 성문[空門, 모양이 없는 문, 지음이 없는 문]이 있다.

만약 空門으로 들어가면, 공을 얻지 못했을지라도 공의 모양에 집착하지 않으면 그 사람은 곧장 들어간 터라, 일이 이미 끝난 것이다. 이 때문에 나머지 2문은 필요로 하지 않는다."

'若見法' 이하는, ③ 그릇됨을 들어서 닦음을 밝혔다.

대지도론에서 말하였다.

"만약 모든 법의 공한 모양을 취하여 교만한 마음을 내어, '나는 모든 법의 실상을 아노라.'고 말하면, 그는 마땅히 無相門을 배워서 공의 모습을 취하려는 마음을 없애야 한다."

'故修無相' 이하는 수행의 뜻을 끝맺었다. 장애를 없애기 위함이다.】

二 所以不取者는 得對治故니라 謂知空도 亦復空이라야 名畢竟解脫이라야

三은 旣有能治하야 治於所治이면 則念想不行일세 故云無有少法相生이니 能所斯寂이면 則無相이 現前이니라【鈔_ 遠公云 '三中에 一滅障이니 卽取性心亡이오 二得對治니 卽得理爲治오 三念想不行이니 卽取相心滅이라 亦初一은 異凡夫오 後二는 異二乘이니라'】

제2구[畢竟解脫]에서 취하지 않는 바는 다스림을 얻었기 때문이다. '공'이라는 것도 또한 '공'한 줄 아는 것을 '완전한 해탈[畢竟解脫]'이라 말한다.

제3구[無有少法相生]에서 이미 다스림의 주체가 있어 다스릴 대상을 다스리면, 생각이 행하지 않으므로 "조그만 법의 모양도 생겨

남이 없다."고 말한다. 주체와 대상이 고요하면 모양 없음이 앞에 나타나게 된다.【초_ 혜원 법사가 말하였다.

"3가지 가운데, ① 장애를 없앰이다. 탐착의 체성 마음이 사라진 것이다.

② 다스림을 얻음이다. 이치를 얻어 다스린 것이다.

③ 생각이 행하지 않음이다. 모양을 취하려는 마음이 사라진 것이다.

또한 첫째 하나는 범부와 다르고, 뒤의 2가지는 이승과 다르다."】

經

如是入空無相已에 無有願求호되 唯除大悲爲首하야 敎化衆生하면 卽時에 得無願解脫門現在前하나니

이와 같이 공하여 모양 없는 데 들어가면 원하거나 구하는 바가 없지만, 오직 대비를 으뜸으로 삼아 중생을 교화하면 곧바로 원함이 없는 해탈문이 앞에 나타나게 된다.

◉ 疏 ◉

三은 無願門이라 亦有三種相하니

一은 依止니 謂依前入空無相이라야 方得無願故니라

二는 體니 卽無有願求하야 不求三界等故니라

三은 勝이니 卽大悲化生이 勝二乘故니라

又上三空이 通緣諸法實相이니 觀於世間은 卽涅槃相이니 故亦不同二乘이라

餘如智論二十二說이니라

    셋째, 원함이 없는 해탈문이다. 이 또한 3가지 양상이 있다.

    ① 의지하는 모양이다. 앞의 '공'과 모양 없음에 의해야 비로소 원함이 없음을 얻기 때문이다.

    ② 체성의 모양이다. 원하거나 구함이 없어서 삼계 등을 구하지 않기 때문이다.

    ③ 뛰어난 모양이다. 大悲의 마음으로 중생을 교화함이 이승보다 뛰어나기 때문이다.

    또 위의 3가지 '공'[衆生空·法空·作用空]이 모든 법의 실상을 공통으로 반연한다. 세간이 곧 열반의 모습임을 살펴보는 것이다. 따라서 이 또한 이승과는 다르다.

    나머지는 대지도론 권22에서 말한 바와 같다.

第二. 明離障勝

    (2) 장애를 여읨이 뛰어남을 밝히다

經

菩薩이 如是修三解脫門하야 離彼我想하며 離作者受者想하며 離有無想이니라

보살이 이와 같이 세 해탈문을 닦아 남과 나라는 생각을 여의고, 짓는 자와 받는 자라는 생각을 여의고, 있다 없다 하는 생각을 여의는 것이다.

◉ 疏 ◉

離障勝中에 先은 牒前修니 由修得離故니라
初 離三想은 是空門所離오
次'離有無想'은 是無相門所離며 亦無願門所離니 不見有可求故니라
已知離障하니 云何爲勝고
經中三句는 次第勝五四地와 及此地方便故니 謂於五地中에 以十平等深淨心으로 遠離四地의 身淨我慢이로되 此用深空하야 滅離二我일새 故此勝也라
二는 四地中에 以道品으로 治三地中의 正受出沒等慢이로되 此用空觀하야 以離作受일새 故勝이라
三은 此地方便은 但用十平等하야 破顯有無어니와 今此地滿하야 用深無相하야 破遣有無하야 一切蕩盡일새 故此勝也니라

장애를 여읨이 뛰어남을 밝힌 부분에서 앞은 이전의 수행을 뒤이어 말하였다. 수행으로 인하여 여읨을 얻었기 때문이다.

첫째, 3가지 생각을 여읨은 '공' 해탈문에서 여읠 대상이며,

둘째, '有'나 '無'라는 생각을 여읨은 모양 없는 해탈문에서 여읠 대상이며, 또한 원함이 없는 해탈문에서 여읠 대상이다. 구할

게 있음을 볼 수 없기 때문이다.

이미 장애를 여읜 줄 알았으니 무엇이 뛰어난 것인가?

① 경문의 3구는 차례로 제5 난승지와 제4 염혜지와 제6 현전지의 방편보다 뛰어나기 때문이다. 제5지에서 10가지 평등하고 깊고 청정한 마음으로, 제4 염혜지에서의 몸의 청정하다는 생각, '나'라는 거만한 생각을 완전히 여의었지만, 이 제6 현전지에서는 심오한 공 도리로 人我와 法我 2가지를 없애고 여의었기에 이 지위는 보다 뛰어난 것이다.

② 제4 염혜지에서는 보리의 부분법으로 제3 발광지의 삼매[正受]에서 나오고 없어지는 따위의 거만함을 다스렸지만, 이 제6 현전지에서는 '공'의 관법으로 짓는 자와 받는 자를 여의었기에 뛰어난 것이다.

③ 제6 현전지의 방편은 다만 10가지 평등한 마음만으로 '유'와 '무'를 타파하여 밝혔지만, 지금에 와서는 제6 현전지가 원만하여, 심오한 無相의 도리로 '유'와 '무'를 타파하여 떨쳐버림으로써 그 일체 모든 것을 털어버렸기에 뛰어난 것이다.

◉ 論 ◉

此段에 明作前十種逆順觀十二有支已하고 達諸緣起의 性自無生하야 便得三解脫門現前이라
三解脫門者는
一은 觀十二緣自性이 空無作하야 皆自性滅이라 畢竟解脫하야 得

空解脫門이오

二는 無有少法可得하야 卽得無相解脫門이오

三은 得前空及無相二門하야 更無餘願求호되 唯有大悲로 敎化一切衆生하야 皆令畢竟解脫하야 得無願解脫門이라

　이 단락에서는 앞의 10가지 逆觀과 順觀으로 12유지를 살펴보고 모든 연기의 자성이 스스로 생겨남이 없음을 통달하여, 문득 3가지 해탈문이 앞에 나타남을 얻음에 대해 밝힌 것이다.

　3가지 해탈문이란 다음과 같다.

　① 12연기 자성이 공하여 조작이 없어 모두 자성이 사라짐을 관찰한 터라, 완전히 해탈하여 '공' 해탈문을 얻음이며,

　② 작은 법도 얻을 것이 없어 곧 모양이 없는 해탈문을 얻음이며,

　③ 앞의 '공'과 '모양이 없는' 2가지 해탈문을 얻어 더 이상 그 밖의 원하거나 구함이 없지만, 오직 큰 자비의 마음으로 일체중생을 교화하여, 그들을 모두 완전한 해탈로 원함이 없는 해탈문을 얻도록 하는 것이다.

第二 修行勝

中에 二니

先은 總明修心이라

　2) 수행이 뛰어나다

　이는 2단락이다.

(1) 수행의 마음을 총체로 밝히다

經

佛子여 此菩薩摩訶薩이 大悲轉增하야 精勤修習하나니 爲未滿菩提分法을 令圓滿故니라

불자여! 이 보살마하살이 대비의 마음이 점점 더하여서 부지런히 닦는다.

이는 아직 원만하지 못한 보리의 부분법을 원만케 하고자 위함이다.

◉ 疏 ◉

修心이니 悲增心中에 修故로 是利他心이라 '爲未滿菩提' 下는 兼於自利니 亦修所爲라 言'悲增'者는 前觀十平等하야 已起三悲하고 今十門觀緣하야 彌悲衆生이 纏於妄法이니라

마음을 닦음이다. 대비의 마음이 점점 더한 가운데서 마음을 닦은 까닭에 이는 利他의 마음이다.

"아직 원만하지 못한 보리의 부분법" 이하는 自利의 마음을 겸하였고, 또한 마음을 닦는 목적이다.

"대비의 마음이 점점 더한다."고 말한 것은 앞에서는 10가지 평등한 마음을 살펴서 이미 3가지 대비의 마음을 일으켰고, 여기에서는 10문으로 연기를 관찰하여 중생이 헛된 법에 얽혀 있음을 더욱 가엾이 여긴 것이다.

後別顯
於中二니
先은 明修行이오 後는 明修勝이라
今은 初라

(2) 개별로 밝히다

이는 2단락이다.

(ㄱ) 수행을 밝혔고,

(ㄴ) '而恒' 이하는 수행이 뛰어남을 밝혔다.

이는 첫 부분이다.

經
作是念호되 一切有爲 有和合則轉하고 無和合則不轉하며 緣集則轉하고 緣不集則不轉하나니 我如是知有爲法이 多諸過患인댄 當斷此和合因緣이나 然爲成就衆生故로 亦不畢竟滅於諸行이라하나니라
佛子여 菩薩이 如是觀察有爲 多諸過惡호되 無有自性하야 不生不滅하고

이런 생각을 하였다.

'세간의 일체 유위법은 서로 화합하면 생겨나고, 화합하지 않으면 생겨나지 않으며, 반연이 모이면 생겨나고, 반연이 모이지 않으면 생겨나지 않는다.

내가 유위법이란 허물이 이렇게 큰 줄을 알았다면, 마땅히 이러한 화합과 반연을 끊어야 할 일이지만, 중생의 성취를 위해서 또한 끝까지 모든 행을 버리지 않을 것이다.'

　불자여! 보살이 이처럼 유위법이란 허물이 크지만, 자체의 성품이 없어 생겨나지도 않고 멸하지도 않음을 살펴보고서,

● 疏 ●

文二니 先은 發勇猛修行이니 謂勵志始修故니라 後'佛子'下는 明丈夫志修行이니 果決終成故니라

又初則悲智勇修오 後는 則窮證性相이라

今初에 先은 智오 後는 悲라

智中에 先은 知오 後는 厭이라

初中에 上二句는 明緣有合離니 謂業惑相資하야 有爲方生이 如無明이 緣行等이라

後二句는 明緣有具闕이라 集은 卽是具니 謂業·惑이 隨闕이면 必不轉生이니 如雖有行이나 無愛潤等이라

後'我如是'下는 厭이니 旣知有爲苦過일새 必斷和合集因이라

'然爲'下는 修悲益物하야 不盡有爲니라

二는 丈夫志修中에 初는 厭相이니 見彼有爲多過 是對礙法일새 故厭之라

後'無有'下는 證性이니 由了有爲自性이 同相이오 本無生滅하야 便能滅於對礙而與理冥이니라【鈔_ 初厭相者는 前勇修中에 先은

知오 後는 厭이라 今丈夫志修도 先은 厭이오 後는 證이니 明漸勝也라】

이의 첫 부분은 2단락이다.

첫째 [一切有爲… 滅於諸行], 용맹정진의 수행을 일으킴이다. 의지를 북돋워 수행을 시작하였기 때문이다.

둘째, '佛子'[佛子菩薩… 不生不滅] 이하는 대장부의 의지로 수행함을 밝힌 것이다. 결과가 반드시 끝까지 성취할 수 있기 때문이다.

또한 첫째는 자비와 지혜를 용맹스럽게 닦고, 둘째는 체성과 양상을 끝까지 증득함이다.

'첫째, 용맹정진의 수행'은, ① 앞에서는 지혜를, ② 뒤에서는 대비를 말하고 있다.

'① 지혜' 부분[一切有爲… 和合因緣]에서, ㉠ 앞은 아는 것이고, ㉡ 뒤는 싫어함이다.

㉠ 부분에서 위의 2구절[一切有爲 有和合則轉, 無和合則不轉]은 반연에 합함과 여읨이 있음을 밝혔다. 이는 업과 미혹이 서로 도와 유위법이 비로소 생겨나는 것이 마치 무명이 行을 반연함과 같은 따위를 말한다.

뒤의 2구절[緣集則轉, 緣不集則不轉]은 반연에 구족함과 빠뜨림이 있음을 밝혔다. 集은 곧 갖춤이다. 업과 미혹 그 어느 하나라도 빠뜨리면 반드시 생겨나지는 않는다. 예컨대 비록 행이 있을지라도 애욕이 성숙됨이 없음과 같다.

㉡ '我如是' 이하[我如是知有爲法 多諸過患 當斷此和合因緣]는 싫어함이다. 이미 유위법이 고통의 허물인 줄 아는 까닭에 반드시 화합

하여 모이는 원인[集因]을 끊어야 한다.

② '然爲' 이하[然爲成就衆生故 亦不畢竟滅於諸行]는 대비를 닦아 중생의 이익을 위하여 유위법을 다하지 않는다.

'둘째, 대장부의 의지로 수행한 부분'은 2단락으로 나뉜다.

① [佛子 菩薩如是觀察有爲 多諸過惡], 싫어하는 모양이다. 저 유위법에 허물이 큰 것이 '상대하여 장애하는 법'임을 보았기 때문에 이를 싫어하는 것이다.

② '無有' 이하[無有自性 不生不滅]는 체성을 증득함이다. 유위법의 자체 성품이 모두가 함께하는 모양[同相]이요, 본래 생겨나고 사라짐이 없음을 깨달음으로 인하여, 바로 '상대하여 장애하는 법'을 없애고, 이치와 그윽이 계합되기 때문이다.【초_"① 싫어하는 모양"이란 '첫째, 용맹정진의 수행' 가운데 ㉠ 앞은 아는 것이고, ㉡ 뒤는 싫어함이며, '둘째, 대장부의 의지로 수행한 부분'에서도 ① 싫어하는 모양과 ② 체성을 증득함이니 점차 뛰어나게 됨을 밝힌 것이다.】

第二 修勝

㈝ 수행이 뛰어남을 밝히다

經
而恒起大悲하야 **不捨衆生**하야

卽得般若波羅蜜現前하나니 **名無障礙智光明**이라
成就如是智光明已하야는 **雖修習菩提分因緣**이나 **而不住有爲中**하며 **雖觀有爲法自性寂滅**이나 **亦不住寂滅中**하나니 **以菩提分法**을 **未圓滿故**니라

대비심을 항상 일으켜 중생을 버리지 않고서

바로 반야바라밀다가 앞에 나타나니, 그 이름을 '장애 없는 지혜 광명'이라 한다.

이러한 지혜 광명을 성취한 후에는 비록 보리의 부분인 인연을 닦을지라도 유위법에 머물지 않으며, 비록 유위법의 자성이 적멸함을 살펴볼지라도 또한 적멸한 가운데도 머물지 않는다. 보리의 부분법이 아직 원만하지 못하기 때문이다.

● 疏 ●

修勝者는 謂不住勝相現前故니라
有三種勝하니
一은 初二句는 明般若因勝이니 以是不住所以로 躡前大智而起悲故니라
二 '卽得' 下는 般若體現勝이니 般若는 是通名이오 無障礙智는 是別稱이라 無礙佛智를 雖未成就나 今般若로 能照此智라 此智前相을 名曰光明이니 光明이 卽門也라
三 '成就如是' 下는 明般若用勝이니 亦是不住之相이라 謂上二句는 涉事不失理일새 故不住有爲오 後二句는 見理不壞事일새 故不住

422

無爲니 卽有爲와 涅槃을 平等證故니라

以菩提下는 不住所爲니 智慧助道 未滿足故로 不住有爲오 功德助道 未滿足故로 不住無爲라 又俱未滿故로 俱不住니 廣如淨名下卷하다

大品中에 亦云 菩薩念言호되 今是行時오 非證時故라하나니 卽此所爲며 亦是所以니라【鈔_ 又俱未滿者는 卽淨名第三의 菩薩行品이니

衆香菩薩이 欲歸本國하야 白佛求法云호되 唯然世尊이시여 願賜少法하야사 還於彼土하면 當念如來하리이다

佛告諸菩薩하사대 有盡無盡解脫法門이니 汝等은 當學하라 何謂爲盡고 謂有爲法이니라 何謂無盡고 謂無爲法이니라

如菩薩者인댄 不盡有爲하고 不住無爲니라 何謂不盡有爲오 謂不離大慈며 不捨大悲하고 發一切智心하야 而不忽忘이라하며 乃至云 以大乘敎로 成菩薩僧하야 心無放逸하고 不失衆善하야 行如此法하면 是名菩薩不盡有爲니라

何謂不住無爲오 謂修學空호되 不以空 爲證하고 修學無相·無作호되 不以無相·無作爲證이라하며 乃至云하사대 觀諸法虛妄하야 無我無人이며 無主無相이나 本願未滿일세 而不虛福德禪定智慧하고 修如此法하나니 是名菩薩不住無爲니라

又具福德故로 不住無爲하며 具智慧故로 不盡有爲하며 大慈悲故로 不住無爲하며 滿本願故로 不盡有爲하며 集法藥故로 不住無爲하며 隨授藥故로 不盡有爲하며 知衆生病故로 不住無爲하며 滅衆生

病故로 不盡有爲하나니라

釋曰 然淨名意는 但揀二乘이니 謂二乘은 盡有住無하니 有爲三相일세 故名爲盡이오 無爲無相일세 故名爲住라 若盡若住면 卽是有礙오 不盡不住면 爲無礙法이라 然是一法을 就事相分일세 故爲二別이니 盡有는 卽無起行修德之地오 住無는 卽絶慈悲化導之能이라 是故로 大士는 竝不爲也니라

而彼經文에 先正釋不住不盡하고 後 '又具福德' 下는 釋不住不盡所以라 謂夫德之積也 必涉有津이라 若住無爲면 則功德不具니라 具智慧故로 不盡有爲者는 智之明也라 必由廣博이어니와 若廢捨有爲면 則智慧不具라 故大悲不盡이니라

然彼文廣일세 故指其文이어니와 若望此經이면 但是不住無爲之義耳오 闕於不住有爲之義니라 今疏에 向云 '功德助道不滿足故로 不住無爲'는 卽全同淨名文意오 言 '智慧助道未滿足故로 不住有爲'者는 則側用淨名이라 彼具智慧 不盡有爲는 以盡有爲 不成廣智일세 故不盡矣어니와 今以住有爲 不成深智일세 故不住矣니라 則是具智慧故로 不住生死하고 具大悲故로 不住涅槃義耳라

言 '又俱未滿故로 俱不住'者는 謂應反上이니 智慧助道 未滿足故로 不住無爲하고 功德助道 未滿足故로 不住有爲니 謂若住無爲면 不成種智니 是爲不入生死大海면 則不能生一切智寶니라 若住有爲면 自淪生死니 安能成就諸佛功德이리오 亦是具大智故로 不住涅槃하고 具大悲故로 不住生死니 謂若住涅槃이면 非是亡緣之智오 若住生死면 非無愛見之悲니라 餘義는 至下當釋이라

【'大品中'下는 亦成上義니 若是證時인댄 住無爲也라 故七地云 雖行實際나 而不作證이라하니라
'卽此所爲'者는 所爲成智慧하야 不住有爲等이오
'所以'者는 何오 以有智慧故로 不住有爲也라 餘可例知니라】

수행이 뛰어남이란 뛰어나다는 모양에 머물지 않음이 앞에 나타남을 말한다.

여기에는 3가지 뛰어남이 있다.

① 첫 2구는 반야의 원인이 뛰어남을 밝혔다. 머물지 않는 이유로 앞의 큰 지혜를 이어서 대비의 마음을 일으켰기 때문이다.

② '卽得般若' 이하는 반야의 본체가 나타남이 뛰어남이다.

반야는 공통의 명칭이며, 장애 없는 지혜는 개별의 명칭이다.

장애 없는 부처의 지혜를 아직 성취하지 못했지만, 여기에서는 반야로 이런 지혜를 비출 수 있다. 이 지혜 이전의 모양을 '광명'이라 말하니, 광명이 바로 문이다.

③ '成就如是' 이하는 반야의 작용이 뛰어남을 밝혔다. 이 또한 머물지 않는 모양이다.

위의 2구는 현상의 사법계에 관계하면서도 근본 진리를 잃지 않기에 유위법에 머물지 않고,

뒤의 2구는 근본 진리가 현상의 사법계를 무너뜨리지 않음을 보았기 때문에 무위법에도 머물지 않는다. 유위법과 열반을 똑같이 증득했기 때문이다.

'以菩提' 이하는 목적하는 대상에 머물지 않음이다.

지혜를 돕는 보리분법이 아직 원만하지 못한 까닭에 유위법에 머물지 않으며,

공덕을 돕는 보리분법이 아직 원만하지 못한 까닭에 무위법에도 머물지 않는다.

또한 2가지 모두 원만하지 못한 까닭에 모두 머물지 않는다. 자세한 설명은 유마경 하권에서 말한 바와 같다.

대품반야경에서도 말하였다.

"보살이 생각하였다.

지금은 수행할 때이지, 증득할 때가 아니기 때문이다."

이는 목적의 대상이며, 또한 원인이기도 하다.【초_ '又俱未滿' 이란 유마경 제3 보살행품에서 말한 내용으로 다음과 같다.

衆香國에서 온 보살이 본국으로 돌아가고자 부처님께 가르침을 구하며 아뢰었다.

"세존이시여, 아무쪼록 적은 가르침이라도 베풀어 주십시오. 우리나라로 돌아가면 당연히 여래를 기억할 것입니다."

부처님께서 많은 보살에게 말씀하셨다.

"다함이 있는 해탈법문과 그지없는 해탈법문이 있다. 그대들은 이를 배우도록 하라.

무엇을 다함이 있는 해탈법문이라고 하는가?

인연의 화합으로 만들어진 有爲法을 말한다.

무엇을 그지없는 해탈법문이라고 하는가?

인연에 의하여 만들어지지 않은 영원불변의 無爲法을 말한다.

보살이라 하는 것은 인연에 의하여 만들어진 유위법도 버리지 않고, 영원불변의 무위법에도 머물지 않는다.

무엇을 유위법을 버리지 않는다고 하는가?

이익을 베푸는 큰 사랑을 여의지 않고, 가엾게 여기는 마음을 버리지도 않으며, 일체를 깊이 아는 지혜를 일으켜 한순간도 잊지 않는다. …대승의 가르침으로 보살의 승가를 이룩하고, 방종한 마음이 없고, 모든 선을 잃지 않으면서 이런 법을 행하면 이를 보살이 유위법을 버리지 않았다고 말한다.

무엇을 무위법에 머물지 않음이라고 하는가?

'공'을 닦고 배우지만 '공'을 깨달음으로 삼지 않으며, 차별의 모습이 없고 바라는 일도 없음을 닦고 배우지만, 차별의 모습이 없고 바라는 일도 없는 것을 깨달음으로 생각지 않으며, …모든 법이 허망하여 '나'라는 것도 없고 '남'이라는 것도 없으며, 주체도 없고 모양도 없음을 보았지만, 본래 서원이 아직 원만하지 못하여, 복덕을 쌓고 선정에 들고 지혜를 닦는 것을 무의미하다고 생각하지 않는다. 이와 같이 수행하는 법을 보살이 무위법에도 머물지 않음이라고 말한다.

또한 보살은 복덕을 갖추고 있기에 무위법에도 머물지 않고,
지혜를 갖추고 있기에 유위법을 버리지도 않으며,
광대한 자비를 가지고 있기에 무위법에도 머물지 않고,
본래 서원이 원만한 까닭에 유위법을 버리지도 않으며,
가르침의 약을 모으기에 무위법에도 머물지 않고,

따라서 그 약을 전수해주기에 유위법을 버리지도 않으며,

중생의 병을 알고 있기에 무위법에도 머물지 않고,

중생의 병을 없애기 위해서 유위법을 버리지도 않는다."

이에 대한 해석은 다음과 같다.

그러나 유마경에서 말한 뜻은 이승과의 차이를 구분했을 뿐이다. 이승은 유위법을 버리고 무위법에 머무는 것을 말한다.

유위법이 3가지 모양인 까닭에 버린다고 말하고, 무위법은 모양이 없으므로 머문다고 말한다. 버리거나 머물면 이는 장애가 있는 것이며, 버리지 않고 머물지 않으면 장애가 없는 법이라 한다. 그러나 이 하나의 법은 현상 사법계의 모양 부분에서 말하기에 2가지로 구분하였다.

'유위법을 버리는 것'은 수행을 일으켜 복덕을 닦음이 없는 곳이고, '무위법에 머무는 것'은 자비로 중생 교화의 공능이 단절된 것이다. 이런 까닭에 보살은 모두 그처럼 하지 않는다.

그러나 유마경에서는 먼저 머물지 않고 버리지 않음을 바로 해석하였고, 뒤의 '又具福德' 이하는 머물지 않고 버리지 않는 이유를 해석하였다. 덕을 쌓아가는 데에는 반드시 津筏이 있어야 한다. 만약 無爲에 머물면 공덕이 구족하지 못하다. 지혜가 구족한 까닭에 有爲를 버리지 않는 자는 지혜가 밝은 것이다. 반드시 광대함으로 연유하지만 만약 유위를 버리면 지혜가 구족할 수 없다. 이 때문에 大悲가 극진하지 못하다.

그러나 유마경은 자세히 서술되어 있기에 그 경문의 뜻만을

말했지만, 이 화엄경과 대비하여 보면 무위에 머물지 않는다는 뜻을 말했을 뿐, 유위에 머물지 않는다는 뜻은 생략된 것이다. 이의 청량소에서 앞서 "공덕이 도에 도움 됨이 만족스럽지 못한 까닭에 무위에 머물지 않는다."는 뜻은 전체가 유마경에서 말한 뜻과 같고, "지혜가 도에 도움 됨이 만족스럽지 못한 까닭에 유위에 머물지 않는다."는 말은 측면으로 유마경을 인용한 것이다.

유마경에서 "지혜가 구족하여 유위를 버리지 않는다."는 것은, 유위를 버림이란 광대한 지혜를 성취하지 못한 것이라 생각한 까닭에 버리지 않은 것이지만, 화엄경에서는 유위에 머문 것은 심오한 지혜를 성취하지 못한 것이라 생각한 까닭에 머물지 않는다. 이는 "지혜가 구족한 까닭에 생사에 머물지 않고, 大悲가 구족한 까닭에 열반에 머물지 않는다."는 뜻이다.

"또한 지혜와 대비가 모두 원만하지 못한 까닭에 생사와 열반에 모두 머물지 않는다."는 것은 위의 경문과 반대가 됨을 말한다. 지혜의 助道가 원만하지 못한 까닭에 무위에 머물지 않고, 공덕의 助道가 원만하지 못한 까닭에 유위에 머물지 않는다. 만약 무위에 머물면 일체종지를 이루지 못함이니, 이는 생사의 큰 바다에 들어가지 않으면 一切智 보배를 얻을 수 없기 때문이다.

만약 유위에 머물면 스스로 생사에 빠진 것이다. 어떻게 제불공덕을 성취할 수 있겠는가. 이 또한 大智가 구족한 까닭에 열반에 머물지 않고, 大悲가 구족한 까닭에 생사에 머물지 않는다. 만약 열반에 머물면 이는 반연이 사라진[亡緣] 지혜가 아니며, 생사에 머물면 愛見이 없는 大悲가 아님을 말한다.

나머지 뜻은 아래 해당 부분에서 해석할 것이다.

'大品中 亦云' 이하는 또한 위 경문의 뜻을 끝맺었다. 만약 증득한 때라면 무위에 머문 것이다. 이 때문에 제7 원행지에서 말하기를, "비록 실제의 근본 자리를 행할지라도 증득하였다고 생각지 않는다."고 하였다.

'卽此所爲'란 하는 일마다 지혜를 성취하여 유위에 머물지 않는 등이다. '所以'란 무엇을 말하는가? 지혜가 있기 때문에 유위에 머물지 않는 것이다. 나머지는 유추하면 알 수 있다.】

第三 明三昧勝
中에 二니
先은 明空定이오 後는 如是十無相下는 例顯餘二라
今은 初라

3) 삼매가 뛰어나다

이는 2단락이다.

(1) 공의 선정을 밝혔고,

(2) '如是十無相' 이하는 예로 나머지 2가지를 밝혔다.

이는 첫 부분이다.

佛子여 菩薩이 住此現前地하야 得入空三昧와 自性空三昧와 第一義空三昧와 第一空三昧와 大空三昧와 合空三昧와 起空三昧와 如實不分別空三昧와 不捨離空三昧와 離不離空三昧하나니
此菩薩이 得如是十空三昧門爲首에 百千空三昧 皆悉現前하며

불자여! 보살이 이 현전지에 머물면서

들어감이 공한 삼매, 자성이 공한 삼매, 으뜸가는 이치의 공한 삼매, 으뜸가는 공의 삼매, 광대한 공의 삼매, 합함이 공한 삼매, 일어남이 공한 삼매, 실상과 같이 분별이 없는 공의 삼매, 여의지 않음이 공한 삼매, 여읨과 여의지 않음이 공한 삼매를 얻는다.

이 보살이 이와 같은 열 가지 공한 삼매문을 얻음이 머리가 되어, 백천 가지 공한 삼매가 모두 앞에 나타나며,

● 疏 ●

前中에 復二니 先은 擧十上首오 後'此菩薩'下는 總結多門이라
今初十中에 論分爲四니
一은 除第四코 前五는 名觀이오 二는 以第四로 名不放逸이오 三은 以第七로 名得增上이오 四는 以餘三으로 名爲因事니라
今初니 觀은 是觀解라 前三은 就相觀空이라
一 入空者는 是人空이니 亦是總句라

二는 卽法空이오

三은 卽取前二空하야 爲第一義니 觀之亦空이라

後二는 就實觀空이니

謂四는 觀本識空如來藏이 包含無外니 故云大空이오

五는 觀七轉識이 不離如來藏코 和合而起에 皆無自體니 故云合空이라 楞伽云 '七識亦如是하야 心俱和合生'이라하며 又云 '不壞相이 有八이니 無相亦無相也'라하니라

二 '不放逸'者는 依解起行하야 行修究竟일세 故名第一이니 論云 '分別善修行故'는 自分第一也오 '修行無厭足故'는 勝進第一也라

三 '得增上'者는 因修成德하야 功德起故니라

四 '因事'者는 依德起用故로 有三種用하니

初一은 自利라 名智障淨因事니 謂分別이 是智障이라 今得如實空하야 能淨分別이니라

後二는 利他니

一은 敎化衆生因事니 依空起悲일세 故不捨離오

二는 願取有因事니 由得空故로 故離染이오 隨順有故로 不離諸有라 上依論解니 已爲深妙라 又此十空이 與涅槃十一空으로 多同少異하니 更依釋之호리라

前八은 證實空이오 後二는 起用空이라

故入空은 卽彼內空과 外空이니 內外十二入故니라

自性은 卽性空이니 非今始無故니라

第一義空은 名義全同이라

第一空者는 彼名空空이니 謂前空은 但空第一義오 今明은 若有若無가 本來自空이라 故彼經云 '是有와 是無를 是名空空이오 是是가 非是是를 是名空空이니 謂是非도 亦當體空故니라 如是空空은 乃是二乘의 所迷沒處라 十地菩薩이 通達少分일세 故名第一이라'하나니 今亦約少分也라

大空은 名同이니 彼名般若波羅密이라

合은 卽內外空也니 合無合故니라

起는 卽有爲空이라

八은 卽無爲空이니 如實은 卽無爲故니 不捨等二는 名義俱別이니라

若欲會者인댄 九는 卽無始空이니 無始 不離生死而卽空故니라

十卽無所有空이니 謂離與不離 皆無所有故라【鈔_ 又此十者는 經當第十六이오 南經十五오 疏當第六이니 爲答修捨果故니라 迦葉菩薩이 白佛言호되 '世尊이시여 云何名空이닛고' 佛言하사대 '善男子여 空者는 所謂內空과 外空과 內外空과 有爲空과 無爲空과 無始空과 性空과 無所有空과 第一義空과 空空과 大空이라'하니 彼疏釋云 '前十은 相空이오 後一은 眞空이니 就彼妄情所取法中하야 以明空義일세 名爲相空이오 就眞實中하야 以辨空義일세 名曰眞空이라'하니라】

'공의 선정을 밝힌' 첫 부분은 다시 2부분으로 나뉜다.

㈀ 10가지 가장 우두머리를 들어 말하였고,

㈁ '此菩薩' 이하는 여러 문으로 총괄하여 끝맺었다.

'㈀ 10가지 우두머리' 부분을 논에서 4단락으로 구분하였다.

첫째, 제4 第一空三昧를 제외한 앞의 5가지는 관법이라 말하고,

둘째, 제4 제일공삼매는 방종하지 않음이라 말하며,

셋째, 제7 起空三昧는 增上心을 얻음이라 말하고,

넷째, 나머지 제8 如實不分別空三昧, 제9 不捨離空三昧, 제10 離不離空三昧로 인연의 일[因事]이라 말한다.

이는 첫 관법이다. 觀이란 '살펴보고서 이해한다.'는 뜻이다.

앞의 3가지는 모양의 측면에서 '공'을 살펴본 것이다.

① 제1 삼매, '들어감이 공하다.'는 것은 사람이 공함이니 또한 총상 구절이다.

② 제2 삼매, '자성이 공하다.'는 것은 법이 공함이다.

③ 제3 삼매, '으뜸가는 이치가 공하다.'는 것은 앞의 人空과 法空 2가지를 취하여 으뜸가는 이치가 되었다. 이를 살펴보는 것 또한 '공'함이다.

뒤의 2가지 삼매는 실상의 측면에서 '공'을 살펴본 것이다.

④ 제5 삼매[大空]는 根本識 '공'여래장이 모든 것을 포함하여 밖이 없음을 살펴보는 것이다. 이 때문에 '크게 공하다.'고 말한다.

⑤ 제6 삼매[合空]는 제7 轉識이 여래장을 여의지 않고 화합하여 일어날 적에 모두 자체가 없음을 살펴보기에 '합함이 공하다.'고 말한다.

능가경에서 말하였다.

"7식도 이와 같아 마음과 함께 화합하여 생겨난다."

"무너지지 않는 모습이 8가지가 있다. 모양이 없다는 것 또한

모양이 없다."

'둘째, 제4 제일공삼매는 방종하지 않음'이란 견해에 의지하여 수행을 일으켜 행을 닦음이 완전하기에 '제일'이라 말하였다. 논에서, "잡염과 청정을 잘 분별하여 수행하였기 때문이다."고 말한 것은 자분행이 제일이고, "수행에 만족함이 없기 때문이다."고 말한 것은 승진행이 제일이다.

'셋째, 증상심을 얻음'이란 수행으로 인하여 덕을 성취해서 공덕이 생겼기 때문이다.

'넷째, 인연의 일'이란 공덕에 의하여 작용을 일으킨 까닭에 3가지 작용이 있다.

① 제8 如實不分別空三昧는 자리행이다. '지혜 장애가 말끔히 다한 인연의 일'이라고 말한다. 분별의식은 지혜의 장애이다. 여기에서는 진여실상의 '공'을 얻어 분별의식을 말끔히 다함을 말한다.

뒤의 2가지는 이타행이다.

② 제9 不捨離空三昧는 중생을 교화하는 인연의 일이다. '공'에 의하여 대비를 일으키기에 중생을 버리거나 여의지 않는다.

③ 제10 離不離空三昧는 '有'를 바라고 취하는 인연의 일이다. '공'을 얻음으로 인하여 잡염을 여읨이며, '有'에 따르는 까닭에 모든 '有'를 여의지도 않는다.

위는 논에 따른 해석이다. 이미 심오하고 미묘하다.

㈎ 또한 이 10가지 '공'이 열반경의 11가지 '공'과 대부분 같고 조금 다른 점이 있다. 이를 따라 다시 해석하고자 한다.

앞의 8가지는 진여실상을 증득한 '공'이며, 뒤의 2가지[不捨離空三昧, 離不離空三昧]는 작용을 일으키는 '공'이다.

제1 삼매, 入空은 열반경의 '제1 內空'과 '제2 外空'에 해당한다. 안팎으로 12處에 들어가기 때문이다.

제2 삼매, 自性空은 열반경의 '제7 性空'이다. 지금 시작이 없는 게 아니기 때문이다.

제3 삼매, 第一義空은 열반경의 '제9 第一義空'으로 그 명칭과 뜻이 모두 같다.

제4 삼매, 第一空은 열반경의 '제10 空空'이다. 앞의 第一義空은 다만 으뜸가는 이치만 공한 것이지만, 여기에서는 '유'와 '무'가 본래 자체가 공함이다.

이 때문에 열반경에서 다음과 같이 말하였다.

"'유'와 '무'를 공한 '공'이라 말한다. 이것은 이것이요, 이것은 이것이 아닌 것을 공한 '공'이라 말한다.

이것과 아닌 것 또한 그 자체가 '공'하기 때문임을 말한다. 이처럼 공한 '공'은 이승이 이를 알지 못하고 허우적대는 부분이며, 십지보살은 이를 조금 알았기에 제일이라고 말한다."

십지품의 제6 현전지 역시 조금 아는 것으로 말한다.

제5 삼매, 大空은 명칭이 같다. 열반경의 '제11 大空'이다. 열반경에서는 '반야바라밀다'라 하였다.

제6 삼매, 合空은 열반경의 '제3 內外空'이다. 합하되 합함이 없기 때문이다.

제7 삼매, 起空은 열반경의 '제4 有爲空'이다.

제8 삼매, 如實不分別空은 열반경의 '제5 無爲空'이다. 진여실상은 곧 무위법이기 때문이다. 유위와 무위 2가지를 똑같이 버리지 않는 것은 명칭과 의미가 모두 다르기 때문이다.

만약 이를 회통하면,

제9 삼매, 不捨離空은 열반경의 '제6 無始空'이다. 시작도 없음은 생사를 여의지 않고 '공'과 하나이기 때문이다.

제10 삼매, 離不離空은 열반경의 '제8 無所有空'이다. 여읨과 여의지 않음이 모두 있지 않기 때문이다.【초_"또한 이 10가지 공"은 열반경 권16, 남본 권15, 열반경소 권6에 해당한다. 수행에 답하여 과보를 버리기 위한 까닭이다.

가섭보살이 부처님께 여쭈었다.

"세존이시여, 어떤 것을 '공'하다 하나이까?"

부처님께서 말씀하셨다.

"선남자여, '공'이라는 것은 내면의 공, 외면의 공, 내외의 공, 유위의 공, 무위의 공, 성품의 공, 무소유의 공, 제일의의 공, 공의 공, 큰 공이다."

열반경의 소에서 다음과 같이 해석하였다.

"앞의 10가지 '공'은 모양이 '공'함이며, 뒤의 하나[大空]는 진여의 '공'이다. 저 허망한 생각으로 취한 바의 법에 입각하여 '공'의 이치를 밝힌 까닭에 모양이 '공'함이라 하였고, 진실한 가운데에 입각하여 '공'의 이치를 밝혔기에 참된 '공'이라 말하였다."】

二. 例顯餘二

(2) 예로 나머지 2가지를 밝히다

經

如是十無相十無願三昧門爲首에 百千無相無願三昧門이 皆悉現前이니라

이와 같이 열 가지 모양 없는 삼매문과 열 가지 서원이 없는 삼매문이 머리가 되어, 백천 가지 모양 없고 서원이 없는 삼매문이 모두 앞에 나타나게 된다.

◉ 疏 ◉

餘結等은 可知니라

나머지 결론 등은 말하지 않아도 알 수 있다.

第四 不壞心果

4) 무너지지 않는 마음이 뛰어나다

經

佛子여 菩薩이 住此現前地에 復更修習하야 滿足不可壞心하야 決定心과 純善心과 甚深心과 不退轉心과 不休息

心과 廣大心과 無邊心과 求智心과 方便慧相應心을 皆
悉圓滿하나니라

　불자여! 보살이 이 현전지에 머물 적에 다시 닦고 익혀서 무너지지 않는 마음을 만족케 하여, 결정한 마음, 순전하게 선한 마음, 매우 깊은 마음, 물러서지 않는 마음, 쉬지 않는 마음, 광대한 마음, 그지없는 마음, 지혜를 구하는 마음, 방편지혜에 상응하는 마음을 모두 원만하게 하는 것이다.

◉ 疏 ◉

此下二段이니 亦卽攝隨順堅固一切善根廻向이니
此爲進善이오
後는 起大行이라
今初 不壞心 者는 由障滅行成하야 若智若悲 皆不退壞라
文有十句하니
初는 總이오 餘는 別이라
別有九種不壞하니 一은 信理決定이오 二는 行堪調柔오 三은 不怖甚深이오 四는 自乘不退오 五는 勝進無息이오 六은 泯絕自他오 七은 利生無邊이오 八은 上求地智오 九는 巧化衆生이라
亦可對前十三昧心하야 以明不壞나 恐厭繁文하노라 九竝堅固일세 皆云不壞오 十皆具足일세 名悉圓滿이니라

　이 아래의 2단락 또한 제6 수순견고일체선근회향을 포괄하고 있다.

이의 첫 단락은 선근으로 나아감이며,

뒤 단락은 큰 행을 일으킴이다.

이의 첫 단락에 '무너지지 않는 마음'이란 장애가 사라지고 행이 성취됨으로 인하여 지혜와 자비가 모두 물러서거나 무너지지 않음이다.

경문은 10구이다.

첫 구절은 총상이고, 나머지 구절은 별상이다.

별상에는 9가지의 무너지지 않는 마음이 있다.

(1) [決定心], 진리에 대한 믿음이 결정됨이며,

(2) [純善心], 수행이 조련과 부드러움을 감당함이며,

(3) [甚深心], 두려워하지 않음이 매우 깊음이며,

(4) [不退轉心], 자기의 교법에서 물러서지 않음이며,

(5) [不休息心], 잘 닦아나가 멈추지 않음이며,

(6) [廣大心], 나와 남이라는 생각을 없애고 끊음이며,

(7) [無邊心], 중생의 이익을 끝없이 베풂이며,

(8) [求智心], 위로 십지의 지혜를 구함이며,

(9) [方便慧相應心], 중생을 잘 교화함이다.

또한 앞의 10가지 삼매의 마음과 상대하여 무너지지 않는 마음을 밝힐 수도 있지만, 문장이 번거로움을 싫어할 것이라 생각된다.

9가지 마음이 모두 견고하기에 모두 무너지지 않는다고 말하며, 10가지 마음이 모두 구족하기에 모두 원만하다고 말한다.

第五 自在力勝

5) 자재한 힘이 뛰어나다

經

佛子여 菩薩이 以此十心으로
順佛菩提하야
不懼異論하며
入諸智地하며
離二乘道하며
趣於佛智하며
諸煩惱魔 無能沮壞하며
住於菩薩智慧光明하며
於空無相無願法中에 皆善修習하며
方便智慧로 恒共相應하며
菩提分法을 常行不捨니라
佛子여 菩薩이 住此現前地中하야 得般若波羅蜜行增上하며 得第三明利順忍하나니 以於諸法如實相에 隨順無違故니라

　　불자여! 보살이 이 열 가지 마음으로
　　부처님의 보리를 따라서
　　외도의 말을 두려워하지 않고,

지혜의 지위에 들어가며,

이승의 도를 여의고,

부처님의 지혜로 나아가며,

많은 번뇌의 마군이 저해하지 못하고,

보살의 지혜 광명에 머물며,

공하여 모양 없고 원함이 없는 법 가운데서 모두 잘 닦아 익히고,

방편의 지혜로 언제나 상응하며,

보리의 부분법을 항상 행하여 버리지 않는다.

불자여! 보살이 이 현전지에 머물면서 반야바라밀다행이 더욱 향상됨을 얻고, 제3의 밝고 예리하게 따르는 법인을 얻는다. 모든 법의 진여실상을 따라서 어기지 않기 때문이다.

● 疏 ●

自在力勝中에 二니

初는 顯其相이오

後'佛子'下는 結其分齊라

前中에 十句니 初는 總이오 '不懼'下는 別이라

總云 '此心'者는 此前十心이라 '順佛菩提'者는 能深入趣向故니라

論云 '得般若波羅密行力勝하야 能深入故'라하니 則知此前十心이 皆是般若現前心也니라

別中에 九句는 依上十不壞心하야 而得自在趣向이니

一 '不懼異論'은 即能伏他力이오

二上入智地는 名斷疑力이니 得法空故오

三은 自乘不動力이니 以離小故오

四는 密處決信力이니 趣鏡智故니 此與前二로 前卻者는 此二 相成故니라

五는 諸魔不壞力이니 精進故니라

六은 治惑堅固力이니 住智明故니라

七은 徧治力이니 具三空故니 處有不染故니라

八은 化生力이니 卽前第九方便相應이라

九는 智障淨力이니 卽前上求智地라 前智 居中은 導二悲故오 此智 居後는 顯悲智相異故니라【鈔_ 卽能伏者는 是論釋義니 對前總句의 不可壞心과 及決定心이라

下諸力名은 皆是論文이라

二云得法空故者는 對純善心이니 以前純善이 對法空三昧故니라 然初句는 全牒經이오 第二句는 義牒經이오 下七句는 不牒經하고 直擧論文이라 三은 對前第四不退轉心하고 四는 對前第三甚深心하니 故此與前二로 前卻이라 以不動故로 入甚深이오 入甚深故로 不動하니 故云相成이라 五는 對不休息이오 六은 對廣大오 七은 對無邊이오 八은 對第九오 九는 對第八이라 會其前後는 如疏具之니라】

자재한 힘이 뛰어난 부분은 2단락이다.

(1) 그 모양을 밝힘이며,

(2) '佛子' 이하는 그 범주를 끝맺음이다.

'(1) 그 모양을 밝힌 부분'은 10구이다.

첫 구절은 총상이며,

'不懼異論' 이하는 별상이다.

총상 구절에서 '이 마음'이라 말한 것은 앞의 10가지 마음이다. "부처님의 보리를 따른다."는 것은 깊게 들어가 향하기 때문이다. 논에서는, "반야바라밀행의 능력이 뛰어남을 얻어 깊이 들어갈 수 있기 때문이다."고 하였다. 앞의 10가지 마음이 모두 반야가 앞에 나타나는 마음임을 알 수 있다.

별상의 9구는 위의 10가지 무너지지 않는 마음에 의하여 자재하게 나아감을 얻은 것이다.

제1구의 "외도의 말을 두려워하지 않는다."는 것은 그들을 조복하는 힘이다.

제2구의 "위로 지혜의 지위에 들어간다."는 것은 '의심을 끊는 힘'이라 말한다. 법이 공함을 얻었기 때문이다.

제3구[離二乘道]는 자기 교법에서 흔들리지 않는 힘이다. 소승을 여의었기 때문이다.

제4구[趣於佛智]는 은밀한 곳에서 확고한 믿음의 힘이다. 大圓鏡智로 나아가기 때문이다.

이는 앞의 2가지와 순서가 뒤바뀐 것은 이 2가지[斷疑力, 自勝不動力]가 서로 이뤄주기 때문이다.

제5구[諸煩惱魔 無能沮壞]는 모든 마군이 무너뜨리지 못하는 힘이다. 정진하기 때문이다.

제6구[住於菩薩智慧光明]는 미혹을 다스리는 견고한 힘이다. 지혜 광명에 머물기 때문이다.

제7구[於空無相無願法中 皆善修習]는 두루 다스리는 힘이다. 3가지 '공'을 갖췄기 때문이다. '有'에 머물면서도 물들지 않기 때문이다.

제8구[方便智慧 恒共相應]는 중생을 교화하는 힘이다. 앞의 '제9 방편과 상응한 마음'이다.

제9구[菩提分法 常行不捨]는 지혜의 장애를 말끔히 없애는 힘이다. 앞의 '제8 위로 지혜의 경지를 구하는 마음'이다.

앞의 지혜가 중간에 있는 것은 2가지 대비를 이끌기 때문이고, 이 지혜가 뒤에 있는 것은 大悲와 大智가 서로 다름을 밝히기 위함이다.【초_"그들을 조복한다."는 것은 논에서 해석한 뜻이다. 앞의 총상 구절 '무너지지 않는 마음'과 '決定心'을 상대로 한다.

아래의 모든 힘의 명칭은 모두 논의 문장이다.

제2구에서 "법이 공함을 얻었기 때문"이라 말한 것은 '純善心'을 상대로 한다. 앞의 純善心이 법이 공한 삼매를 상대로 말했기 때문이다. 그러나 첫 구절은 완전히 경문을 뒤이어서 말했고, 제2구[上入智地]는 뜻으로 경문을 이어 말한 것이며, 아래 7구는 경문을 따르지 않고 직접 논을 들어 말한 것이다.

제3구[自乘不動力]는 앞의 '제4 不退轉心'을 상대로 한다.

제4구[密處決信力]는 앞의 '제3 甚深心'을 상대로 한다. 그러므로 소에서 "이는 앞의 2가지로 순서가 바뀌었다."고 말하였다. 흔들리지 않기에 '매우 깊은 마음'에 들어가고, '매우 깊은 마음'에 들어가기에 흔들리지 않는다. 이 때문에 서로 이뤄준다고 하였다.

제5구[諸魔不壞力]는 앞의 '제5 不休息心'을 상대로 한다.

제6구[治惑堅固力]는 앞의 '제6 廣大心'을 상대로 한다.

제7구[徧治力]는 앞의 '제7 無邊心'을 상대로 한다.

제8구[化生力]는 앞의 '제9 方便慧相應心'을 상대로 한다.

제9구[智障淨力]는 앞의 '제8 求智心'을 상대로 한다.

그 앞뒤 부분을 회통한 것은 청량소에서 구체적으로 말하고 있다.】

第二, 結中에 由般若現前일세 故順忍明利라 言'第三'者는 三品忍中에 爲最上故니라

(2) 그 범주를 끝맺은 부분에서 반야가 앞에 나타났기에 법인을 따라 밝고 예리한 것이다. '第三'이라 말한 것은 3품의 법인 가운데 가장 뛰어나기 때문이다.

◉ 論 ◉

'離二乘地'者는 二乘은 斷煩惱而證空이어니와 菩薩은 達煩惱而成智海라 故云'趣於佛智'오

'諸煩惱魔 無能沮壞'者는 明煩惱魔는 是生死因也며 陰魔死魔는 是生死果也며 天魔는 生死緣也라

"이승의 도를 여읜다."는 것은 이승이란 번뇌를 끊고 空을 증득하지만, 보살은 번뇌를 통달하여 지혜의 바다를 이룬다. 이 때문에 "부처님의 지혜로 나아가는" 것이다.

"많은 번뇌의 마군이 저해하지 못한다."는 것은 번뇌의 마군은

생사의 원인이며, 陰魔와 死魔는 생사의 결과이며, 天魔는 생사의 반연임을 밝힌 것이다.

第二大科 位果에 三果는 同前이라

就調柔中하야 分四니

初는 調柔行이오 二는 教智淨이오 三은 別地行相이오 四는 結說地名이라

今은 初라

[2] 제6 현전지의 지위와 결과

3가지 결과는 앞에서 말한 바와 같다.

1. 조련과 부드러움의 결과는 4부분으로 나뉜다.

⑴ 조련과 부드러움의 행,

⑵ 가르침의 지혜가 청정함,

⑶ 제6 현전지의 행상을 구분함,

⑷ 제6 현전지의 명칭을 끝맺음이다.

이는 첫 부분이다.

經

佛子여 菩薩이 住此現前地已에 以願力故로 得見多佛하나니 所謂見多百佛하며 乃至見多百千億那由他佛하야 悉以廣大心深心으로 供養恭敬하고 尊重讚歎하야 衣服

飮食과 臥具湯藥과 一切資生을 悉以奉施하며 亦以供養
一切衆僧하야 以此善根으로 廻向阿耨多羅三藐三菩提
하며 於諸佛所에 恭敬聽法하고 聞已受持하야 得如實三
昧智慧光明하야 隨順修行하야 憶持不捨하며 又得諸佛
甚深法藏하야
經於百劫하며 經於千劫과 乃至無量百千億那由他劫토
록 所有善根이 轉更明淨하나니
譬如眞金이 以毘瑠璃寶로 數數磨瑩에 轉更明淨인달하야
此地菩薩의 所有善根도 亦復如是하야 以方便慧로 隨逐
觀察에 轉更明淨하고 轉復寂滅하야 無能暎蔽하며

　불자여! 보살이 이 현전지에 머물 적에 서원의 힘으로 많은 부처님을 친견하는 것이다. 이른바 수많은 1백 부처님을 친견하며, 내지 수많은 백천 억 나유타 부처님을 친견하여,

　모두 광대한 마음과 심오한 마음으로 공양하고 공경하며, 존중하고 찬탄하면서 의복·좌보·음식·탕약, 그리고 일체 살림살이를 모두 받들어 이바지하며, 또한 일체 모든 스님에게 공양하여, 이런 선근으로 아뇩다라삼먁삼보리에 회향하며,

　부처님이 계신 도량에서 공경하는 마음으로 법을 듣고서 받아지니며, 실상과 같은 삼매와 지혜의 광명을 얻어 따라 수행하며, 기억하고 간직하여 버리지 않으며, 또한 부처님의 매우 깊은 법장을 얻어, 백 겁을 지내고, 천 겁을 지내고, 내지 한량없는 백천 억 나유타 겁이 다하도록 모든 선근이 더욱 밝고 청정하게 한다.

마치 진금을 비유리로 자주자주 갈고닦으면 더욱 맑고 깨끗한 것처럼, 이 현전지에 있는 보살의 선근 또한 그와 같다. 방편의 지혜로 따르고 관찰하므로 더욱 맑고 청정하며, 더욱 다시 적멸하여 가려짐이 없다.

◉ 疏 ◉

有法·喩·合하니

法中에 三이니

初는 鍊行緣이오

次'悉以'下는 能鍊行이라 於中 '聞已受持'下는 是得義持요 三昧慧光은 是所持義라 隨順修行이어니와 此句에 示現得義持因이니 因何事耶아 謂因依前三昧勝故로 得如實奢摩他等이라 '憶持不捨'는 正顯能持요 '又得已'下는 亦是所持니라

三 '經於'下는 明所鍊淨이라 轉更明淨者는 解脫彼障故니라 又由前證하야 得彼佛法藏義故니라

　　법과 비유와 종합이다.

　　법에는 3가지가 있다.

　　① 조련하는 행의 인연,

　　② '悉以' 이하는 조련하는 주체의 행법이다.

　　그 가운데 "듣고서 받아 지닌다." 이하는 이치를 얻어 간직함이며,

　　삼매와 지혜의 광명은 간직할 대상의 이치이다. 따라서 수행하

449

지만 이 구절에서 이치를 얻어 간직할 원인을 나타내 보여주고 있다. 원인은 어떤 일일까? 앞의 삼매가 뛰어남에 의지함으로 인하여, 실상과 같은 사마타 등을 얻었음을 말한다.

"기억하고 간직하여 버리지 않는다."는 것은 간직의 주체를 바로 밝혀줌이며,

'又得諸佛' 이하는 또한 간직할 대상이다.

③ '經於百劫' 이하는 조련의 대상이 청정함을 밝혔다. "더욱 맑고 깨끗하다."는 것은 그 장애를 해탈하였기 때문이다. 또 앞의 증득으로 인해 그 부처님의 법장 진리를 얻었기 때문이다.

喻中에 眞金은 喻證이오 亦喻信等이라 瑠璃는 喻方便智니 由方便智數磨하야 令出世證智로 發敎智光하야 轉勝前也니라

비유 부분에서 말한 '진금'은 증득을 비유하였고, 또한 믿음 등을 비유하였다.

'유리'는 방편의 지혜를 비유하였다. 방편의 지혜는 여러 번 갈고닦아야만 출세간의 증득한 지혜로 하여금 가르침의 지혜 광명을 쏟아내게 하여 이전의 지위보다 더욱 뛰어나게 된다.

合中에 '方便慧'는 卽上不住道니 合前瑠璃오 '隨逐觀察'은 合數磨瑩이라 '轉更明淨'者는 般若現前故오 '轉復寂滅'者는 證智脫彼障故니라

종합 부분에서 말한 '방편의 지혜'는 위에서 말한, 머물지 않는 도이다. 이는 앞의 유리와 합하고, '따르고 관찰함'은 자주자주 갈고닦음에 합하였다.

"더욱 맑고 청정하다."는 반야가 앞에 나타났기 때문이며, "다시 적멸하다."는 지혜를 증득하여 그 장애에서 벗어났기 때문이다.

二 明教智淨
(2) 가르침의 지혜가 청정하다

經

譬如月光이 照衆生身에 令得淸凉하고 四種風輪의 所不能壞인달하야 此地菩薩의 所有善根도 亦復如是하야 能滅無量百千億那由他衆生의 煩惱熾火하고 四種魔道의 所不能壞니라

　마치 달빛이 중생의 몸에 비춰 시원하게 하여, 4가지 바람으로도 깨뜨릴 수 없는 것처럼, 제6 현전지에 있는 보살의 선근 또한 그와 같다. 한량없는 백천 억 나유타 중생의 거센 번뇌 불길을 잡아 주어 4가지 마군의 도로도 깨뜨릴 수 없다.

◉ 疏 ◉

以月光寬大勝於前地니 但取月輪하야 爲喩也라
'四種風輪'者는 出現品에 有能持等四種風輪이어니와 非今四輪이니 以彼는 不是壞散風故니라 有散壞風호되 復無四種이오 未見經論이니 不可定斷이로다 且就義釋인댄 卽四時之風이니 春日和風은

喻煩惱魔 順愛心故오 夏日炎風이니 喻於蘊魔 多熱惱故오 秋日涼風이오 亦曰金風이니 喻於死魔 果熟收殺故오 冬日寒風이니 喻於天魔 敗藏人善故니라 行四魔行이 卽是魔道라 餘文可知니라

달빛이 드넓고 커서 앞의 제5 난승지보다 뛰어나다. 다만 보름달을 들어 비유하였다.

'4가지 바람[風輪]'은 제37 여래출현품에서 세계를 부지해주는 주체 등의 4가지 풍륜이 있지만, 여기에서 말한 4가지 風輪이 아니다. 여래출현품에서 말한 풍륜의 뜻은 무너뜨리거나 흩어버리는 바람이 아니기 때문이다. 무너뜨리고 흩어버리는 바람이 있긴 하지만 또한 4가지가 없으며, 경문과 논서에 보이지 않으니, 이를 확정 지어 단언할 수 없다.

우선 뜻에 따라 해석하면, 이는 사계절의 바람이다.

봄의 온화한 바람은 번뇌의 마군이 사랑의 마음을 따름을 비유하였고,

여름의 무더운 바람은 5온의 마군에게 심한 고뇌가 많음을 비유하였으며,

가을의 서늘한 바람, 또는 하늬바람은 죽음의 마군이 열매를 익혀서 거둬 죽임에 비유하였고,

겨울의 찬바람은 하늘의 마군이 사람들의 선근을 부숴버리고 감춘 것에 비유하였기 때문이다.

4가지 마군의 행동을 행함이 바로 마군의 도이다.

나머지 문장은 말하지 않아도 알 수 있다.

三 別地行相
四 結說地名

   (3) 제6 현전지의 행상을 구분하고,
   (4) 제6 현전지의 명칭을 끝맺다

經

此菩薩이 十波羅蜜中에 般若波羅蜜이 偏多하니 餘非不修로대 但隨力隨分이니라 佛子여 是名略說菩薩摩訶薩의 第六現前地니라

제6 현전지에 있는 보살이 십바라밀다 가운데 반야바라밀이 유독 많다. 나머지 바라밀을 닦지 않은 것은 아니지만 힘을 따르고 분수를 따를 뿐이다.

불자여! 이를 보살마하살의 제6 현전지를 간략히 말함이라고 한다.

二攝報 三願智 二果

   2. 인행의 보답으로 거둔 결과
   3. 서원과 지혜의 결과

經

菩薩이 住此地에 多作善化天王하야 所作自在하야 一切
聲聞의 所有問難이 無能退屈하며 能令衆生으로 除滅我
慢하고 深入緣起하야 布施愛語利行同事하나니 如是一
切諸所作業이 皆不離念佛하며 乃至不離念具足一切種
과 一切智智니라

復作是念호되 我當於一切衆生中에 爲首며 爲勝이며 乃
至爲一切智智依止者라하나니

此菩薩이 若勤修精進하면 於一念頃에 得百千億三昧하
며 乃至示現百千億菩薩로 以爲眷屬이니라

若以願力으로 自在示現인댄 過於此數하야 乃至百千億
那由他劫에도 不能數知니라

　보살이 이 현전지에 머물 적에 흔히 선화천의 천왕이 되어, 하는 일마다 자재하여 일체 성문이 묻거나 논란하는 데에 물러서거나 굴복하는 일이 없으며, 중생으로 하여금 '나'라는 교만한 마음을 없애주고 연기법에 깊이 들어가 보시하고 사랑스러운 말을 하고 이익되는 행을 하고 일을 함께하도록 하였다.

　이처럼 일체 모든 일이 모두 부처님을 생각한 데서 떠난 적이 없으며, 내지 일체 가지가지 지혜와 일체 지혜의 지혜를 두루 원만히 하려는 생각에서 떠난 적이 없다.

　또 이런 생각을 하였다.

　'나는 당연히 일체중생 가운데, 머리가 되고 나은 이가 되며, 내

지 일체 지혜의 지혜에 의지한 자가 될 것이다.'

이 보살이 만약 부지런히 정진하면 한 생각의 찰나에 백천 억 삼매를 얻으며, 내지 몸을 나타낸 백천 억 보살로 권속을 삼을 것이다.

만약 서원의 힘으로 자재하게 몸을 나타낸 것으로 말하면 이 수효보다 훨씬 뛰어나 백천 억 나유타 겁에도 그 수를 헤아려 알 수 없을 것이다."

◉ 疏 ◉

攝報中에 言聲聞難問無能屈者는 已知二乘緣諦等故니라 願智는 可知니라

'인행의 보답으로 거둔 결과' 부분에 성문의 문난으로는 굴복시킬 수 없다고 말한 것은 이미 2승의 연기의 이치 등을 알았기 때문이다.

'서원과 지혜의 결과'는 말하지 않아도 알 수 있다.

第三 重頌

제3. 금강장보살의 게송

爾時에 金剛藏菩薩이 欲重宣其義하사 而說頌曰

그때, 금강장보살이 이 뜻을 다시 밝히고자 게송으로 말하였다.

菩薩圓滿五地已에　　　　**觀法無相亦無性**하며
無生無滅本淸淨하며　　　　**無有戱論無取捨**하며

　　보살이 제5 난승지를 원만히 닦은 후에
　　법을 살펴보니 모양도 없고 성품도 없으며
　　생겨남도 사라짐도 없이 본래 청정하여
　　희론이나 취사선택할 자체도 없어라

體相寂滅如幻等하며　　　　**有無不二離分別**하고
隨順法性如是觀하야　　　　**此智得成入六地**로다

　　본체, 형상 고요하여 요술과 같고
　　있고 없음 둘 아니라 분별 여의고
　　법성 따라 이처럼 관찰하고서
　　이 지혜로 제6 현전지에 들어가노라

明利順忍智具足하야

　　밝은 수순 법인과 지혜가 두루 원만하여

◉ 疏 ◉

二十二頌을 分三이니
初 十七偈는 頌位行이오

次四는 頌位果오

後一은 結說이라

前中에 三이니

初二頌一句는 頌勝慢對治라

二有十偈三句는 頌不住道行勝이오

三有四偈는 頌彼果勝이라

  22수 게송은 3단락으로 나뉜다.

  첫째, 17수 게송은 6지의 행상을 노래하였고,

  다음 4수 게송은 6지의 결과를 노래하였고,

  뒤의 1수 게송은 결론하여 말하였다.

  '첫째, 17수 게송'은 다시 3부분으로 나뉜다.

  ⑴ 첫 2수와 1구 게송은 '뛰어나다는 거만함을 다스림'에 대해 읊었고,

  ⑵ 10수와 3구 게송은 '머물지 않는 도행이 뛰어남'을 읊었으며,

  ⑶ 4수 게송은 '그 결과가 뛰어남'을 읊었다.

經

觀察世間生滅相하니

  세간 생멸 모양 살펴보니

◉ 疏 ◉

二中에 有三하니 初一句는 頌總顯心境이라

'⑵ 10수와 3구 게송'은 다시 3부분으로 나뉜다.

㈀ 첫 1구는 마음 경계를 총괄하여 밝힘을 읊었다.

經

以癡闇力世間生이라　　**若滅癡闇世無有**로다

　　무명의 힘으로 세간에 태어나니

　　무명이 사라지면 세간도 없어라

觀諸因緣實義空이나　　**不壞假名和合用**하며
無作無受無思念이나　　**諸行如雲徧興起**로다

　　인연법 살펴보니 실상 이치 공이지만

　　무너지지 않은 가명들이 화합한 작용

　　짓는 이도 받는 이도 생각함도 없으나

　　모든 행이 구름처럼 일어나노라

不知眞諦名無明이오　　**所作思業愚癡果**오
識起共生是名色이니　　**如是乃至衆苦聚**로다

　　참 이치 모름을 무명이라 하고

　　생각으로 지은 업은 어리석음의 과보

　　식이 일어나 함께 생긴 것은 이름과 물질

　　이처럼 결국 고통 덩이를 만들어 낸다

● 疏 ●

次九偈一句는 頌別明觀相이라
卽爲十段이니
第一有二偈半은 頌有支行列이라

 (ㄴ) 9수와 1구 게송은 관법의 양상을 개별로 밝힘을 읊었다.
 이는 10단락이다.
 ① 2수 반의 게송은 제1 유지상속문을 읊었다.

經

了達三界依心有하며   十二因緣亦復然이라
生死皆由心所作이니   心若滅者生死盡이로다

 마음으로 삼계가 생김을 알고
 12인연 또한 그러하다
 생사는 모두 마음으로 짓는 것
 마음이 사라지면 생사도 다하리라

● 疏 ●

二一偈는 頌攝歸一心이라
旣云心滅則生死盡이라 故知不可唯約眞心이오 以眞妄和合이
니 是說依心이라 卽眞之妄이 旣滅에 卽妄之眞이 不無라 故起信云
但心相滅이언정 非心體滅이라하니라【鈔_ 故起信者는 論有問云
若心滅者인댄 云何相續이며 若相續者인댄 云何說究竟滅고

459

答曰 所言滅者는 唯心相滅이언정 非心體滅이니 如風依水而有動相이라 若水滅者인댄 則風相이 斷絕하야 無所依止이어니와 以水不滅일새 風相이 相續이라 唯風이 滅故로 動卽隨滅이언정 非是水滅이니 無明亦爾하야 依心體而動하니 若心體 滅하면 則衆生이 斷絕하야 無所依止이어니와 以體不滅일새 心得相續이니 唯癡滅故로 心相이 隨滅이언정 非心智滅이라하니라

釋曰 現文可知니라 楞伽亦云 若心體滅이면 則本識滅이오 本識이 滅者는 不異外道斷見戲論이라하니라 】

② 1수 게송은 제2 일심소섭문을 읊었다.

이미 "마음이 사라지면 생사도 다한다."고 하였다. 이 때문에 오직 진심으로 말함이 아닌 줄 알 수 있다. 진여와 망념이 화합하였다는 것은 마음에 의하여 말하였다.

진여와 하나가 된 망상이 이미 사라지면 망상과 하나가 된 진여가 없지 않다. 이 때문에 기신론에서는, "다만 마음의 모양이 사라진 것이지, 마음의 본체가 사라진 것이 아니다."고 하였다.【초_ '故起信'이란 기신론에서 말하였다.

어떤 이가 물었다.

"만약 마음이 사라진다면 어떻게 서로 이어지며, 서로 이어진다면 어떻게 마침내 사라진다고 말할 수 있겠는가?"

답하였다.

"사라졌다고 말한 바는 오직 마음의 모양만 사라진 것이지, 마음의 본체가 사라졌다는 것은 아니다. 이는 바람이 바닷물에 의하

여 움직이는 모양이 있는 것과 같다.

만약 바닷물이 없으면 바람의 모양이 끊어져 의지할 바 없지만, 바닷물이 사라지지 않았기에 바람의 모양이 서로 이어지는 것이다. 오직 바람이 사라졌기 때문에 움직이는 모양이 따라서 사라지게 되지만, 바닷물이 멸함은 아닌 것과 같다.

무명 또한 그와 같다. 마음의 본체에 의해 움직이는 것이다. 만약 마음의 본체가 사라지면 중생이 단절되어 의지할 바 없지만, 마음의 본체가 사라지지 않기에 마음의 양상이 서로 이어지는 것이다. 오직 어리석음이 사라졌기 때문에 마음의 모양이 따라서 사라질 뿐이지, 마음의 지혜가 사라짐은 아니다."

이에 대한 해석은 다음과 같다.

위의 문장은 말하지 않아도 알 수 있다. 능가경에서도 다음과 같이 말하였다.

"만약 마음의 본체가 사라지면 근본식이 없는 것이다. 근본식이 없다는 것은 외도의 단견 희론과 다를 바 없다."】

經

無明所作有二種하니 　　**緣中不了爲行因**이라
如是乃至老終歿하야 　　**從此苦生無有盡**이로다

　　무명으로 짓는 업은 2가지가 있다
　　반연을 알지 못해 행의 인이 된다
　　이처럼 결국 늙어 죽는 날까지

이로부터 고통 생겨 다함이 없다

● 疏 ●

三 一偈는 頌自業差別이라

③ 1수 게송은 제3 자업조성문을 읊었다.

經

無明爲緣不可斷이어니와　**彼緣若盡悉皆滅**이라

무명이 연이 되어 끊지 못하나
저 반연 다하면 모두 사라지리라

● 疏 ●

四 半偈는 頌不相捨離라

④ 반수 게송은 제4 불상사리문을 읊었다.

經

愚癡愛取煩惱支오　**行有是業餘皆苦**로다

무명, 사랑, 탐착은 번뇌이고
행과 유는 업이요, 나머진 모두 고통이어라

● 疏 ●

五 半偈는 頌三道不斷이라

⑤ 반수 게송은 제5 삼도부단문을 읊었다.

經

癡至六處是行苦오　　**觸受增長是苦苦**오
所餘有支是壞苦니　　**若見無我三苦滅**이로다

　무명에서 6처까지는 행의 고통
　감촉과 느낌이 자라남은 고통의 고통
　나머지는 무너지는 고통이다
　무아를 알면 3가지 고통 사라지리라

● **疏** ●

六一偈는 **越頌第七三苦聚集**이라

　⑥ 1수 게송은 건너뛰어서 제7 삼고집성문을 읊었다.

經

無明與行爲過去오　　**識至於受現在轉**이오
愛取有生未來苦니　　**觀待若斷邊際盡**이로다

　무명과 행은 과거이고
　식에서 받아들임까지는 현재의 전변이며
　사랑, 탐착, 소유는 미래의 고통
　살피고 기다리면서 끊어지면 삼제 고통 다하리라

● 疏 ●

七 一偈는 卻頌第六三際輪環이라

　⑦ 1수 게송은 뒤로 제6 삼제윤회문을 읊었다.

經

無明爲緣是生縛이라　　於緣得離縛乃盡이며

　무명이 반연되어 속박 생긴 터라
　반연 여의면 속박도 다하리라

● 疏 ●

八 半偈는 越頌第九生滅繫縛이라

　⑧ 반수 게송은 건너뛰어 제9 생멸계박문을 읊었다.

經

從因生果離則斷이니　　觀察於此知性空이로다

　원인으로 생긴 과보 여의면 인연이 끊기나니
　이를 살펴보면 체성이 공한 줄 알리라

● 疏 ●

九 有半偈는 卻頌因緣生滅이라

　⑨ 반수 게송은 뒤로 제8 인연생멸문을 읊었다.

經

**隨順無明起諸有오　　若不隨順諸有斷이며
此有彼有無亦然이라**

　　무명을 따라 유지(有支) 생겨나니
　　무명 따르지 않으면 모든 유지 끊길 터
　　이 유지 저 유지 사라짐도 그와 같으리

● **疏** ●

十有三句는 頌無所有盡觀이라
　　⑩ 3구 게송은 제10 무소유진문을 읊었다.

經

十種思惟心離著이니
　　열 가지 생각으로 마음 집착 여의니

**有支相續一心攝과　　自業不離及三道와
三際三苦因緣生과　　繫縛起滅順無盡이로다**

　　12인연 이어짐과 한 마음의 포괄
　　자기 업과 서로 여의지 않음과 3가지 길
　　삼세, 3가지 고통, 인연의 생멸
　　속박이 생겨나고 사라짐이 다함을 따르노라

◉ 疏 ◉

第三 '十種'下의 有五句는 頌總結十名이라

㈐ '十種' 이하의 5구 게송은 10문의 명칭을 총체로 끝맺음을 읊었다.

經

如是普觀緣起行의　　　無作無受無眞實이
如幻如夢如光影하며　　亦如愚夫逐陽焰이로다

　　이처럼 연기법을 두루 살펴보니
　　짓는 이, 받는 이 없고 진실도 없다
　　요술, 꿈, 그림자와 같고
　　또한 바보가 아지랑이 따라다니듯

如是觀察入於空하며　　知緣性離得無相하며
了其虛妄無所願호되　　唯除慈愍爲衆生이로다

　　이처럼 관찰하여 공에 들어가고
　　반연 성품 여의어 모양이 없고
　　허망한 줄 알고 보니 원하는 바 없으나
　　오직 자비로 중생 제도뿐이어라

◉ 疏 ◉

三 '如是'下는 頌彼果勝이라

中에 初二는 頌對治勝이라

(3) '如是' 이하는 그 결과가 뛰어남을 읊었다.
그 가운데 첫 2수 게송은 다스림이 뛰어남을 읊었다.

經

大士修行解脫門하야　　**轉益大悲求佛法**하며
知諸有爲和合作하야　　**志樂決定勤行道**로다

보살이 해탈문을 닦아 행하니
대비심 더욱 더하여 불법 구하며
모든 유위법이 화합으로 생긴 줄 알고
즐거운 마음으로 반드시 부지런히 도를 행하네

● 疏 ●

次一은 頌修行勝이라

다음 1수 게송은 수행이 뛰어남을 읊었다.

經

空三昧門具百千하니　　**無相無願亦復然**이라

공한 삼매문 백천 갖추니
모양 없고 원함 없음도 그와 같아라

◉ 疏 ◉

次 半偈는 頌三昧勝이라

    다음 반수 게송은 삼매가 뛰어남을 읊었다.

經

般若順忍皆增上하야   **解脫智慧得成滿**이로다

    반야와 수순 법인 모두 더욱 향상되어
    해탈 지혜 원만 성취하였어라

◉ 疏 ◉

後 二句는 通頌後 二勝이니 以義通故니라

    뒤의 2구는 뒤의 2가지가 뛰어남을 전체로 읊었다. 이치가 통하기 때문이다.

經

復以深心多供佛하고   **於佛敎中修習道**하야
得佛法藏增善根하니   **如金瑠璃所磨瑩**이로다

    깊은 마음으로 부처님께 많은 공양 올리고
    부처님 가르침으로 도를 닦아
    부처님의 법장 얻어 선근 키워가니
    진금을 비유리로 연마하듯 하여라

如月淸凉被衆物에　　　四風來觸無能壞인달하야
此地菩薩超魔道하야　　亦息群生煩惱熱이로다

　　밝은 달이 시원하게 중생 비춰주어
　　4가지 바람으로 깰 수 없듯이
　　6지 보살, 마군의 도 초월하여
　　중생의 많은 번뇌 잠재워 주었어라

此地多作善化王하야　　化導衆生除我慢하니
所作皆求一切智라　　　悉以超勝聲聞道로다

　　6지에선 선화천왕 되는 이 많아
　　중생을 교화하여 아만 없애주니
　　하는 일 모두 일체 지혜 구한 터라
　　모두 성문의 도 뛰어넘네

此地菩薩勤精進하야　　獲諸三昧百千億하며
亦見若干無量佛하니　　譬如盛夏空中日이로다

　　6지 보살 부지런히 정진하여
　　백천 억 많은 삼매 이미 얻었고
　　한량없는 부처님 또한 친견하니
　　무더위 허공의 햇살 같아라

甚深微妙難見知라　　　聲聞獨覺無能了니

如是菩薩第六地를　　我爲佛子已宣說이로다

　　매우 깊고 미묘한 법 보기 어려워

　　성문 독각은 알 수 없는 도

　　이러한 보살의 제6 현전지를

　　나는 불자 위해 이미 말했노라

◉ 疏 ◉

位果等은 可知니라

　　제6 현전지의 지위와 과덕 등은 말하지 않아도 알 수 있다.

六地 竟하다

　　제6 현전지를 끝마치다.

―

第七 遠行地

　　제7. 원행지

初明大意

　　첫 부분은 대의를 밝히다

◉ 疏 ◉

所以來者는 已說緣起相應慧住하야 寄於緣覺하니 次說有加行
有功用無相住하야 寄菩薩地일새 故次來也니라 瑜伽云 '前地는 雖

能多住無相作意나 而未能令無相作意로 無間無缺히 多修習住일새 爲令滿故라하니 次有此來라 又前은 功用이 未滿이오 今令滿故니라

이를 쓰게 된 바는 앞서 연기법에 상응하는 지혜에 머물면서 연각에 붙여 말하였다. 따라서 다음으로 加行의 無相과 功用의 無相에 머물면서 보살의 지위에 붙여 말하기 위하여 다음으로 이를 쓴 것이다.

유가사지론에서 말하였다.

"앞 지위에서는 無相作意에 머문 바 많지만, 무상작의로 하여금 간단이 없고 부족함이 없이 자주 머무름을 닦고 익히지 못하여, 이를 원만하게 하고자 한 까닭이다."

이 때문에 다음으로 이를 쓴 것이다.

또한 앞의 6지는 功用이 원만하지 못했기에, 여기에서 원만하게 하고자 한 까닭이다.

言遠行者는 通有二意하야 立遠行名하니
一은 從前遠來하야 至功用邊이오
二는 此功用行邊에 能遠去後位라
故로 十住論云 '去三界遠이며 近法王位일새 故名遠地라하니라
仁王에 名遠達地者도 亦通二義니라 然其能遠去行이 正是無相이니 故所離障은 離細相現行障이라 謂六地에 執生滅細相現行故니 此生滅相이 卽是二愚라
一은 細相現行愚니 謂執有緣生流轉細生相故오

二는 純作意求無相愚니 即執有細還滅相故니라 以純作意로 於無相에 勤求하고 未能空中에 起有勝行이라가 至此地中하야사 方能斷之니라

'遠行'이라 말한 것은 통틀어 2가지 뜻이 있어 '원행'이라는 이름을 붙였다.

⑴ 앞 지위로부터 멀리 와서 공용의 끝자락에 이르렀음이며,

⑵ 이 공용의 끝자락이 다음 지위로 멀리 갈 수 있다.

이 때문에 십주론에서는 다음과 같이 말하였다.

"삼계와 멀리 떨어져 있으며, 법왕의 지위에 가깝기에 '멀리 간 지위[遠地]'라 말한다."

인왕경에서 말한 '멀리 도달한 지위[遠達地]'라 이름 붙인 것 또한 통틀어 2가지 뜻이 있다. 그러나 멀리 갈 수 있는 것은 바로 無相 때문이다. 따라서 여윌 대상의 장애는 미세한 양상이 현행하는 장애를 여의는 것이다. 제6 현전지에서의 生滅에 집착한 미세한 양상의 현행이기 때문이다. 이러한 생멸의 모양이 바로 2가지 어리석음이다.

⑴ 미세한 모양이 현행하는 어리석음이다. 인연으로 생겨나 유전하면서 생겨나는 미세한 모양을 집착하기 때문이다.

⑵ 순전히 억지로 無相을 구하는 어리석음이다. 이는 미세하게 다시 사라지는 모양을 집착하기 때문이다. 순전히 억지로 부지런히 無相을 구하고, '공'의 속에서 뛰어난 행을 일으키지 못하다가 제7 원행지에 이르러서야 비로소 이를 끊을 수 있다.

以常在無相일새 故不執生이오 更不作意勤求無相일새 故能證得法無差別眞如이니 以了種種敎法이 同眞無相故니라【鈔_ 以了種種敎法同眞無相者는 謂雖諸敎法이 隨機種種이나 不失平等一味之相이라 故中邊論云 第七地中에 所證法界를 名種種法無差別이라 由通達知此法無相하야 不行契經等의 種種法相中故라 하니라】

항상 無相에 있기에 생겨남에 집착하지 않고, 다시는 억지로 무상을 부지런히 구하지도 않는다. 이 때문에 '법에 차별이 없는 진여'를 증득할 수 있다. 가지가지 가르침이 진여의 無相과 같음을 알기 때문이다.【초_ "가지가지 가르침이 진여의 무상과 같음을 알기 때문이다."고 말한 것은 비록 여러 가르침이 중생의 가지가지 근기를 따르지만 평등하여 하나의 모양을 잃지 않는 것이다.

이 때문에 중변론에서 말하였다.

"제7 원행지에서 증득한 법계를 '가지가지 법이 차별이 없다.'고 부른다. 통달하여 이 법에 모양이 없음을 앎으로 인하여 契經 등에서 말하는, 가지가지 법의 모양을 행하지 않기 때문이다."】

以能空中에 起有勝行일새 故成方便度하야 二行을 雙行하며 乃至 亦得無相之果니 故知以純無相으로 不礙起行이 爲此地別義니라

'空'에서 뛰어난 행을 일으킨 까닭에 방편바라밀을 성취하여, 2가지 행을 동시에 행하며, 나아가 또한 모양이 없는 과덕을 증득하기에 이르렀다. 그러므로 순전히 모양이 없는 것으로 행을 일으키는 데에 걸림이 없다는 것이 제7 원행지의 또 다른 의미임을 알

473

아야 한다.

● 論 ●

何故로 名爲遠行地오 以此地에 行方便波羅密하야 以六地之中 三空三昧로 現無量無作智慧門하야 能入無量衆生界하며 入無量敎化衆生業하며 入無量世界網 以無作智慧로 入一切世間하야 等衆生行普令徧周일새 故名遠行地니 爲入世間行이 徧周廣大故로 名遠行地라

무슨 까닭에 그 이름을 '원행지'라 하였는가?

이 지위에서 방편바라밀을 행하여, 제6 현전지의 三空三昧로 한량없고 作爲 없는 지혜의 문을 나타내어, 한량없는 중생계에 들어가며, 한량없는 중생의 업을 교화함에 들어가며, 한량없는 세계 그물에 들어가 작위 없는 지혜로써 일체 세간에 들어가 衆生行과 같이 널리 두루 행하는 것이다. 이 때문에 그 이름을 '원행지'라 한다. 세간에 들어가는 행이 두루 광대한 까닭에 그 이름을 '원행지'라 한다.

次正釋文
亦有三分하니
初는 讚請이라

다음은 경문의 해석이다.

이 또한 3부분으로 나뉜다.

제1. 찬탄하며 법을 청한 부분

經

是時天衆心歡喜하야　　散寶成雲在空住하고
普發種種妙音聲하야　　告於最勝淸淨者호되

　이때, 하늘에 있는 대중이 환희의 마음으로
　흩뿌린 보배, 구름 되어 공중에 머물고
　가지가지 미묘한 음성 모두 내어
　가장 청정한 이에게 여쭈었다

了達勝義智自在하고　　成就功德百千億하니
人中蓮華無所着하사　　爲利群生演深行이로다

　좋은 이치 통달하고 자재한 지혜
　백천 억 공덕을 성취하시니
　사람 속에 연꽃으로 집착이 없어
　중생 이익 위해 깊은 수행 연설하시네

● 疏 ●

讚請中에 有十二頌하니
前十은 讚이오 後二는 請이라
前中에 分四니 初二는 天衆讚說主라

찬탄하며 법을 청하는 부분은 12수 게송이다.
앞의 10수 게송은 찬탄이고,
뒤의 2수 게송은 설법을 청함이다.
'앞의 10수 게송'은 4부분으로 나뉜다.
첫 2수 게송은 하늘 대중이 설법주를 찬탄함이다.

經
自在天王在空中하야　　**放大光明照佛身**하고
亦散最上妙香雲하야　　**普供除憂煩惱者**로다

자재천왕이 허공중에서
큰 광명 쏟아내어 부처님 몸에 비추고
가장 미묘한 향기 구름 널리 흩어서
근심 번뇌 없는 분께 널리 공양하여라

 疏 ●

次一은 天主光雲供佛이니 表智契法身故니라

'앞의 10수 게송' 가운데, 다음 1수 게송은 자재천왕이 광명 구름으로 부처님께 공양 올림이다. 지혜가 법신과 계합함을 밝혔기 때문이다.

經
爾時天衆皆歡喜하야　　**悉發美音同讚述**호되

我等聞斯地功德하니　　　**則爲已獲大善利**로다

　　그때, 하늘 대중이 모두 기쁜 마음에

　　아름다운 음성으로 다 같이 찬탄하였다

　　저희들이 이 지위 공덕 듣고서

　　아주 좋은 이익을 얻었나이다

● 疏 ●

三有一頌은 天衆이 慶聞이라

　'앞의 10수 게송' 가운데, 셋째 1수 게송은 하늘 대중이 기쁜 마음으로 법문 들음을 읊었다.

經

天女是時心慶悅하야　　　**競奏樂音千萬種**하니
悉以如來神力故로　　　　**音中共作如是言**호되

　　천상 여인도 그때 기쁜 마음으로

　　온갖 음악 앞다투어 연주하니

　　모두 부처님의 신통력으로

　　음악 속에서 이런 말씀 울려 나왔다

● 疏 ●

四有六頌은 天女樂音讚佛이라

於中에 初一은 顯聲因緣이오

'앞의 10수 게송' 가운데, 넷째 6수 게송은 천상의 여인들이 음악으로 부처님을 찬탄함이다.

그 가운데 첫 1수 게송은 부처님 음성의 인연을 밝혔다.

經

威儀寂靜最無比하사 **能調難調世應供**이
已超一切諸世間하사대 **而行於世闡妙道**로다

    위의 고요하시고 가장 비길 데 없어
    왈패들을 조복하며 세간 중생의 공양 받을 이여
    진즉 일체 세간 초월했으나
    세상에 다니시며 미묘한 도 밝히노라

雖現種種無量身이나 **知身一一無所有**하시며
巧以言辭說諸法하사대 **不取文字音聲相**이로다

    한량없는 여러 몸 나타내지만
    낱낱 몸이 없는 줄 이미 아시고
    여러 말씀으로 모든 법 연설하시나
    문자와 음성에 집착 없어라

往詣百千諸國土하야 **以諸上供供養佛**하사대
智慧自在無所着하사 **不生於我佛國想**이로다

    백천 세계 여러 국토 두루 나아가

좋은 공양 부처님께 올리지만
지혜 자재하고 집착한 바 없어
나의 부처, 나의 국토 생각지 않노라

雖勤教化諸眾生이나　　**而無彼己一切心**하며
雖已修成廣大善이나　　**而於善法不生着**이로다

모든 중생 부지런히 교화하여도
나와 남이라 분별하는 마음 없으며
많은 선근 이미 닦아 이뤘지만
선법에 집착하는 일 없어라

◉ 疏 ◉

餘五는 **正顯讚詞**라
於中에 **初四**는 **讚寂用無礙**요

'넷째 6수 게송' 가운데, 나머지 5수 게송은 바로 찬탄의 말을 밝혔다.

그 가운데 앞의 4수 게송은 적정과 묘용에 걸림 없음을 찬탄하였다.

經
以見一切諸世間에　　**貪恚癡火常熾然**하고
於諸想念悉皆離하야　　**發起大悲精進力**이로다

일체 세간 중생 살펴보니
삼독의 불길 언제나 거세고
여러 가지 생각 모두 여의고
대자비로 정진의 힘 내시노라

◉ 疏 ◉

後一은 明起用所由니 卽悲智無礙라 將說雙行일세 故承力讚此니라

'나머지 5수 게송' 가운데, 뒤의 1수 게송은 묘용을 일으킨 이유를 밝혔다. 이는 大悲와 大智에 걸림이 없음이다.

아래에 장차 '止觀 雙行'을 말하기 위해, 부처님의 위신력을 받들어 이처럼 찬탄하였다.

經

一切諸天及天女　　種種供養稱讚已하고
悉共同時黙然住하야　瞻仰人尊願聞法이로다

　모든 천상 대중과 천상 여인이
　가지가지 공양하고 찬탄하고서
　일시에 모두 고요히 머물면서
　보살 우러러 법문 듣고자 원하였다

時解脫月復請言호되　此諸大衆心清淨하니
第七地中諸行相을　唯願佛子爲宣說하소서

그때, 해탈월이 다시 청하되
이 모든 대중의 마음 청정하오니
제7 원행지의 모든 행상을
불자여, 저희에게 말해주소서

◉ 疏 ◉

後는 請이니 可知로다

맨 끝의 2수 게송은 설법을 청함이다. 이는 말하지 않아도 알 수 있다.

▬▬

第二 正說分
中에 二니
先은 行이오 後는 果라
行中에 有五種相差別하니
一은 樂無作行對治差別이오 二는 彼障對治差別이오 三은 雙行勝差別이오 四는 前上地勝差別이오 五는 彼果差別이라
五中에 初一은 是趣地方便이니 卽當入心이오 餘四는 爲住오 出心은 在果라
又住中에 初는 卽初住地오 次一은 正住地오 次一은 說雖在後나 義該始終이오 後一은 地滿이니라
初 言樂無作者는 樂著般若觀空故니 卽細相現行障이라 此地에

隨有不著으로 爲能對治라

二는 謂向雖能治前地樂空之心이나 以其有量有功用이 卽復是障이니 故修無量無功用行하야 以爲對治라

三은 垢障旣盡일새 故로 止觀雙行이라

四는 明此地功用이 過前六地하야 勝後三地니 上은 卽後也라

五는 由地滿故로 說雙行果니라

今初分中에 有四하니

初는 結前標後요 二'何等'下는 徵顯其相이오 三'菩薩以如是'下는 結行功能이오 四'入已'下는 彰其分齊라

今은 初라

제2. 바로 설법하는 부분

이 부분은 2단락이다.

[1] 제7 원행지의 행상,

[2] 제7 원행지의 과덕.

'[1] 행상 부분'은 5가지 양상의 남다른 점[差別]이 있다.

1. 작위가 없음을 좋아하는 행으로 다스리는 차별,

2. 그 장애[細相現行障]를 다스리는 차별,

3. 止觀을 모두 행함이 뛰어난 차별,

4. 앞의 6지나 뒤의 3지보다 뛰어난 차별,

5. 그 無相果의 차별이다.

5가지 양상의 차별 가운데 첫째[樂無作行對治差別]는 제7 원행지에 나아가는 방편이다. 이는 入心에 해당하고, 나머지 4가지[彼

障對治, 雙行勝, 前上地勝, 彼果差別]는 住心에 해당하고, 出心은 과덕에 포함되어 있다.

또한 住心 부분의 4가지 차별에 있어,

첫 '彼障對治'는 처음 제7 원행지에 안주함이며,

다음 '雙行勝'은 완전히 제7 원행지에 안주함이며,

다음 '前上地勝'은 설법은 뒤에 있지만 이치는 처음과 끝을 모두 갖춤이며,

끝의 '彼果差別'은 제7 원행지가 원만함이다.

1. '작위가 없음을 좋아하는 행'이란 반야를 좋아하고 집착한 나머지, 空을 살펴보기 때문이다. 이는 '미세한 모양이 현행하는 장애'이다. 제7 원행지에서는 '有'를 따라 집착하지 않는 것으로 이를 다스린다.

2. [彼障對治], 앞에서는 비록 앞의 6지에서 '空'을 좋아하는 마음을 다스렸으나, 한량의 제한이 있고 공용이 있는 행이 다시 장애가 된다. 이 때문에 한량이 없고 공용이 없는 행을 닦아 이를 다스린다.

3. [雙行勝], 번뇌와 장애가 이미 다했으므로 止·觀이 함께 행해지는 것이다.

4. [前上地勝], 제7 원행지의 공용이 앞의 6지보다 뛰어나고, 뒤의 3지보다 뛰어남을 밝혔다. '前上地'의 上이란 뒤의 지위이다.

5. [彼果差別], 제7 원행지의 원만함으로 止觀을 모두 행한 과덕을 말하였다.

'1. 樂無作行對治差別' 부분은 4단락이다.

⑴ 앞의 문장을 끝맺고, 뒤 문장의 주된 뜻을 내세웠다.
⑵ '何等爲十' 이하는 물음으로 그 행상을 밝혔다.
⑶ '菩薩以如是' 이하는 행상의 공능을 끝맺었다.
⑷ '入已此行' 이하는 그 행상의 범주를 밝혔다.

이는 첫 부분이다.

經

爾時에 **金剛藏菩薩**이 **告解脫月菩薩言**하사대
佛子여 **菩薩摩訶薩**이 **具足第六地行已**에 **欲入第七遠行地**인댄 **當修十種方便慧**하야 **起殊勝道**니

그때, 금강장보살이 해탈월보살에게 말하였다.

"불자여! 보살마하살이 제6 현전지의 수행을 두루 갖춘 뒤에 제7 원행지에 들어가고자 한다면, 열 가지 방편지혜를 닦아 뛰어난 도를 일으켜야 한다.

◉ 疏 ◉

具足六地行已는 卽是結前이니 義含所治無相行故니라 以般若無相行滿에 於此生著하면 非增上行故니라
次'欲入'下는 明其標後니 十種方便이 卽是能治라 謂前樂無作하니 不名方便이오 不能起增上行일세 非殊勝道라 今以十種의 不捨衆生法無我智로 以爲能治하야 治前樂心하니 名方便慧오 便能

攝取增上行故로 名起殊勝道니라 是則卽有修空일새 故不住空이니 是空中의 方便慧오 卽空涉有일새 故不住有니 是는 有中殊勝道라 道는 卽行也니 所行이 殊勝일새 故名增上이니라 於何에 增上고 謂前所寄世出世中이니 卽空故로 勝於世間이오 卽能涉有故로 勝出世間이니라 前六地中에 雖亦修悲하야 不住於無나 而在寂에 不能하고 出空하야사 方作하니 故로 不得方便殊勝之名이오 雖行空行有나 而多著空일새 但名樂無作治니라

이의 첫 부분에서 "제6 현전지의 수행을 두루 갖춘 뒤"란 앞의 문장을 끝맺음이다. 그 뜻은 다스릴 대상인 모양 없는 행[無相行]을 함축하고 있다. 반야의 모양 없는 행이 원만할 적에 이런 집착을 내면 더욱 뛰어난 행이 아니기 때문이다.

다음 '欲入第七' 이하는 뒤 문장의 주된 요지를 내세움이다. 10가지 방편이 바로 다스림의 주체이다. 앞의 제6 현전지에서는 '작위가 없는 행[無作行]'을 좋아하니, 이를 방편이라 말할 수 없고, 더욱 뛰어난 행을 일으키지 않았으므로 '뛰어난 도[殊勝道]'가 아니다.

여기에서는 10가지의 "중생을 버리지 않으면서도 법에 '내'가 없는 지혜[不捨衆生法無我慧]"로 다스림의 주체를 삼아, 앞 제6 현전지에서의 '無作行'을 좋아하는 마음을 다스렸으므로 '방편의 지혜'라 말하고, 더욱 뛰어난 행을 포괄하여 취하였으므로 "뛰어난 도를 일으킨다."고 말한다.

이는 '유'와 하나가 되어 '공'을 닦으므로 '공'에 머물지 않는다. 이는 '공' 가운데 방편지혜이며,

'공'과 하나가 되어 '유'와 관계하므로 '유'에도 머물지 않는다. 이는 '유' 가운데 '뛰어난 도'이다. '殊勝道'의 道란 곧 행을 말한다. 행하는 바가 뛰어나므로 '增上'이라 말한다.

어디보다 더욱 뛰어나는가? 앞의 제6 현전지에서 의탁한 세간과 출세간을 말한다. '공'과 하나이므로 세간보다 뛰어나고, '유'와 관계하므로 출세간보다 뛰어나다.

앞의 제6 현전지에서도 大悲를 닦아 '무'에 머물지는 않지만, 고요한 경계에 능하지 못하고, 공에서 벗어나야만 비로소 할 수 있는 일이다. 이 때문에 제6 현전지는 '방편이 뛰어나다.'는 이름을 얻지 못하였다. 비록 '공'을 닦고 '유'를 닦긴 하지만 대체로 공에 집착하므로, '작위가 없음을 좋아하는 행[樂無作行]으로 다스린다.'고 말했을 뿐이다.

二 徵顯

(2) 물음으로 그 행상을 밝히다

經
何等이 爲十고
所謂雖善修空無相無願三昧나 而慈悲不捨衆生하며
雖得諸佛平等法이나 而樂常供養佛하며
雖入觀空智門이나 而勤集福德하며

雖遠離三界나 而莊嚴三界하며
雖畢竟寂滅諸煩惱焰이나 而能爲一切衆生하야 起滅貪瞋癡煩惱焰하며
雖知諸法이 如幻如夢하고 如影如響하고 如焰如化하고 如水中月하고 如鏡中像하야 自性無二나 而隨心作業이 無量差別하며
雖知一切國土 猶如虛空이나 而能以淸淨妙行으로 莊嚴佛士하며
雖知諸佛法身이 本性無身이나 而以相好로 莊嚴其身하며
雖知諸佛音聲이 性空寂滅하야 不可言說이나 而能隨一切衆生하야 出種種差別淸淨音聲하며
雖隨諸佛하야 了知三世 唯是一念이나 而隨衆生의 意解分別하야 以種種相과 種種時와 種種劫數로 而修諸行이니라

무엇을 열 가지 방편지혜라 하는가?

이른바 공하고 모양 없고 원함이 없는 삼매를 잘 닦았지만 자비의 마음으로 중생을 버리지 않으며,

여러 부처님의 평등한 법을 얻었지만 항상 부처님 공양을 좋아하며,

공함을 관찰하는 지혜의 문에 들었지만 부지런히 복덕을 모으며,

삼계를 멀리 여의었지만 삼계를 장엄하며,

모든 번뇌의 불꽃을 완전히 없앴지만 일체중생을 위하여 탐하고 성내고 어리석은 번뇌의 불꽃을 한 차례 일으켜 없애주며,

모든 법이 요술 같고 꿈과 같고 그림자 같고 메아리 같고 아지랑이 같고 변화와 같고 물속의 달과 같고 거울 속의 영상 같아서 성품이 둘이 없는 줄 알지만 마음을 따라 하는 일이 한량없이 다르며,

일체 국토가 허공과 같은 줄 알지만 청정하고 미묘한 행으로 부처님 국토를 장엄하며,

부처님의 법신은 본성이 몸이 없는 줄 알지만 훌륭한 몸매와 용모로 몸을 장엄하며,

부처님의 음성은 성품이 적멸하여 말할 수 없는 줄 알지만 일체중생을 따라서 가지가지 각기 다른 청아한 음성을 내며,

부처님을 따라서 삼세가 오직 한 생각인 줄 알지만 중생들의 뜻으로 이해하는 분별을 따라서 여러 가지 모양, 여러 가지 시기, 여러 가지 겁으로 모든 행을 닦는다.

● 疏 ●

徵顯中에 所以勝行이 得增上無勝者는 由下十義故니라 義各二句니 皆上句는 觀空이오 下句는 涉有라 上句 得下句면 卽成空中方便慧오 下句 得上句면 卽成有中殊勝行이라 不滯空有일새 竝致雖言이니라

論主攝十하야 爲四種功德이니 謂前三이 各一이오 後七이 爲一故니라

一 初句는 卽護惡行因事라 菩薩惡行이 有其二種하니 一은 不樂利樂이오 二는 起愛見이라 今由上句故로 無愛見이오 由下句故로 能利樂이라 若二中에 互闕이면 皆有惡行이나 今由二句護之니 爲無愛見之悲因事니라

물음을 통해 방편지혜를 밝힌 부분에서, 뛰어난 행이 더할 수 없이 뛰어난 것은 아래 10가지 의의에 의한 까닭이다.

그 의의는 각기 2구이다. 모두 위 구절은 '空'을 관찰함이며, 아래 구절은 '有'와의 관련이다.

위 구절이 아래 구절을 얻으면 '空' 가운데 방편지혜를 이루고, 아래 구절이 위 구절을 얻으면 '有' 가운데 뛰어난 행법을 이루게 된다. '空'과 '有'에 막히지 않으므로 아울러 모두 '비록[雖: 雖善修, 雖得 등]'이라는 말을 하였다.

논주는 10가지 방편지혜를 포괄하여 4가지 공덕으로 삼는다. 앞의 3가지는 각기 하나의 공덕에 해당하고, 뒤의 7가지는 하나의 공덕이기 때문이다.

첫째, 제1구[雖善修空無相無願三昧…]는 악행의 원인 현상을 막음이다.

보살의 악행에는 2가지가 있다.

① 중생의 이익과 안락을 좋아하지 않음이며,

② 愛見大悲를 일으킴이다.

여기에서는 위 구절에 의하여 애견이 없으며, 아래 구절에 의하여 중생의 이익과 안락을 베푸는 것이다.

만약 2가지 가운데 그 어느 하나를 빠뜨리면 모두 악행이 있지만, 여기에서는 위아래 2구로 이를 막은 것이다. 愛見大悲의 원인 현상을 없애기 위함이다.

◉ 論 ◉

'雖修空無相無願三昧 慈悲不捨一切衆生'者는 明二乘은 修空하야 自惑已滅에 無悲利生하며 淨土菩薩은 修三空法門하야 自惑已滅에 隨願生於淨土하야 聞佛敎化하고 自力成已에 方還穢國하야 方便利生이라 然有淨穢二障하야 往來彼此니 如三乘經中에 餘方菩薩이 來此娑婆하야 聞法已하고 還歸本土者是어니와 如此一乘敎中菩薩은 明從迷入法이 名爲他方佛刹而來集會라 悟已에 不云還歸本土니 明身土가 無二性故니라

"공하고 모양 없고 원함이 없는 삼매를 잘 닦았지만 자비의 마음으로 중생을 버리지 않는다."는 것은, 이승은 空을 닦아서 자신의 미혹이 사라지면 자비의 마음으로 중생의 이익을 생각함이 없지만, 정토보살은 三空法門을 닦아서 자신의 미혹이 사라지면 원하는 바를 따라 정토에 태어나 부처의 가르침을 듣고 스스로의 힘이 이뤄지면 바야흐로 사바세계로 되돌아와 방편으로 중생의 이익을 베푸는 것이다.

그러나 정토와 사바세계라는 2가지 장애가 있어 이곳저곳으로 오가는 것을 밝혔다. 예컨대 삼승경에 의하면, "나머지 다른 곳의 보살이 사바세계에 와서 법을 듣고 본토로 돌아간다."는 것이 이를

말하지만, 이와 같은 일승교에서의 보살은 혼미한 데서 법으로 들어감을 '다른 국토에서 찾아와 법회에 모임'이라고 말한다. 깨달음을 얻은 후에는 본토로 돌아갔다[還歸本土]고 말하지 않는다. 몸과 국토가 2가지 자성이 없음을 밝혔기 때문이다.

● 疏 ●

二는 卽財及身勝因事니 由供佛故로 獲財及身이오 由得平等故로 二事 皆勝이니 勝財는 則隨物所須오 勝身은 隨意하야 取其何類라

둘째, 제2구[雖得諸佛平等法…]는 재물과 몸이 뛰어나게 되는 원인의 현상이다. 부처님께 공양함으로 인하여 재물과 몸을 얻게 되고, 평등함을 얻음으로 인하여 재물과 몸 2가지 현상이 모두 뛰어나게 된다.

'훌륭한 재물'은 중생이 필요로 하는 바를 따르는 것이며,

'훌륭한 몸'은 보살의 뜻에 따라 그 어떤 부류를 취하는 것이다.

三은 護善根因事니 善根은 卽勤集福德하야 爲菩提資糧이라 今以卽空智로 而集하니 是得彼勝因增上하야 令所集功德法으로 皆成增上波羅密行을 名之爲護라 雖有慈悲나 但是增上意樂일새 故三이 皆自利니라【鈔_ 後'雖有'下는 通妨結成이니 謂第一句에 雖有慈悲나 但是意樂이오 未正利他일새 故三이 自利니라 然疏釋文이 皆先釋下句涉有勝行이오 後釋上句以導下句라 二皆互資니 例如初門이니라】

셋째, 제3구[雖入觀空智門…]는 선근을 얻는 원인의 현상을 보호

함이다. 선근은 곧 복과 덕을 부지런히 모아 깨달음의 양식을 삼는 것이다. 여기에서는 '空'과 하나인 지혜로 모으니, 이는 그 뛰어난 원인이 더욱 향상되어 모은 바의 공덕으로 모두 더욱 향상된 바라밀행의 성취를 보호한다[護]고 말하였다.

비록 자비의 마음이 있긴 하지만, 다만 더욱 향상된 마음의 즐거움일 뿐이다. 이 때문에 위의 3구는 모두 자리공덕에 해당한다. 【초_ 뒤의 '雖有' 이하는 비방과 논란을 해명하여 끝맺음이다. 제1구에 비록 자비가 있지만 다만 마음으로 좋아할 뿐이지, 이타공덕은 아니기에 3구 모두 자리공덕이다.

그러나 청량소에서 해석한 문장에는, 모두 앞 구절은 아래 구절의 有와 관련된 뛰어난 행을 해석하였고, 뒤 구절은 위 구절이 아래 구절을 이끌고 있음을 말하고 있다. 이처럼 상하 2구는 서로 의뢰하고 있다. 예컨대 제1 부분에서 말한 바와 같다.】

後七은 同是利他니 合爲第四攝衆生因事라
卽爲七種하니
初一은 隨物受生이오 次二는 化令離障이오 後四는 攝令住善이라
初中에 願力受生이 爲作衆生上首일세 故須莊嚴三界오 但是願生이오 非由業惑일세 故云遠離니라
二는 說對治故니 謂示起煩惱니 欲令治斷하야 而知性寂하사 方爲第一義治니 令見常自寂故니라

뒤의 7구는 모두가 이타공덕이다. 이는 넷째, '중생을 받아들이는 원인의 현상'으로 종합된다.

따라서 이는 7가지이다.

첫 구절[제4구 雖遠離三界…]은 중생을 따라 몸을 받아 태어남이며,

다음 2구[제5구 雖畢竟寂滅…, 제6구 雖知諸法如幻如夢…]는 중생을 교화하여 장애를 여의게 함이며,

뒤의 4구[제7구 雖知一切國土…, 제8구 雖知諸佛法身…, 제9구 雖知諸佛音聲…, 제10구 雖隨諸佛了知三世…]는 중생을 받아들여 선근에 머물게 함이다.

① 제4구는 원력으로 몸을 받아 태어남이 중생의 우두머리가 되기 위함이다. 그러므로 반드시 삼계를 장엄하고,

다만 중생 제도의 서원으로 태어난 것일 뿐, 업혹으로 인해 태어남이 아닌 까닭에 멀리 여의었다[遠離]고 하였다.

② 제5구[雖畢竟寂滅…]는 다스림을 말한 까닭이다. 보살이 번뇌가 일어남을 보여주는 것은 중생으로 하여금 번뇌를 다스려서 단절하게 하여, 본성이 고요해야 비로소 제일가는 진리임을 알게 하고, 나아가 항상 자성이 고요함을 보도록 하기 위함이다.

◉ 論 ◉

'雖畢竟寂滅諸煩惱燄 而能爲一切衆生 起滅貪瞋癡煩惱燄'者는 如一乘菩薩은 從十信으로 信自分別心이 從如來智起하야 十住初心上에 卽同初地며 至第六住에 卽同第六地하야 得入寂滅定神通이니 卽如十住中第六海幢比丘 是也라

大意는 前之十住十行十廻向三位가 總同十地升進次第하야 總

493

一切如來不動智로 爲體하고 所有煩惱를 以禪定力으로 起無作智力하야 一時普印하야 頓同智體일새 過去未來三世一際라 無有短長延促之相이니 下文更明호리라
大意는 於一念之際에 若見自心이 有成佛有未成佛하야 作延促時分限量者인댄 當知此人은 不成正見하야 如來智體가 未現前故니라

"모든 번뇌의 불꽃을 완전히 없앴지만 일체중생을 위하여 탐하고 성내고 어리석은 번뇌의 불꽃을 한 차례 일으켜 없앤다."는 것은 예컨대 일승보살은 十信으로부터 자신의 분별심이 여래 지혜로부터 일어남을 믿고서, 십주의 제1 發心住가 곧 십지의 제1 환희지와 같으며, 제6 正心住에 이르러서는 제6 현전지와 같아서 적멸한 선정의 신통에 들어가게 된다. 이는 십주 가운데 제6 해동비구가 바로 이를 말한다.

대의는 앞의 十住, 十行, 十廻向 3階位는 모두 십지에서의 위로 올라가는 차례로 똑같다. 모두 일체여래부동지로 본체를 삼고, 소유한 번뇌를 선정의 힘으로써 작위 없는 지혜의 힘을 일으켜, 일시에 널리 인증하여 한꺼번에 지혜의 본체가 똑같기에 과거·현재·미래의 삼세가 하나이다. 길거나 짧은 양상이 없다. 이는 아래 문장에서 다시 밝히고자 한다.

이의 대의는 한 생각의 사이에 자기 마음에 성불이 있고 성불하지 못함을 보고서 길고 짧은 시간의 한계를 생각하는 자라면, 그는 正見을 이루지 못하여 여래 지혜의 본체가 앞에 나타나지 않았기 때문임을 알아야 한다.

◉ 疏 ◉

三은 爲滅智障故니라 障有四種하니 如五地隨世智中說이니 令隨衆生心하야 作書論等無量事業而爲能治니라【鈔_ 障有四種下는 前論云 是中書等이 有四種障對治하니 四種障者는 一은 所用事中忘障이오 二는 邪見軟智障이오 三은 所取物中에 不守護障이오 四는 取與生疑障이라 以書로 治初障이오 因·聲 二論으로 治第二障이오 印으로 治第三障이오 算數로 治第四障이라 今文書는 是第一治오 論은 是第二니 等은 即等取印算數等인 無量事業하야 總以結之하야 而爲能治니 通上四也니라】

③ 제6구[雖知諸法如幻如夢…]는 지혜의 장애를 없애기 위함이다. 지혜의 장애에는 4가지가 있다. 제5 난승지의 '세간을 따르는 지혜 부분'에서 말한 바와 같다. 중생의 마음에 따라서 글이나 논 등의 한량없는 사업을 지어 다스림의 주체로 삼는다.【초_ '지혜의 장애 4가지' 이하는 앞의 논에서 다음과 같이 말하였다.

여기에서 말한 '글이나 논 등'에는 4가지 장애를 다스림이 있다.

4가지 장애는 다음과 같다.

㉠ 일을 하던 중에 잊어버리는 장애,

㉡ 삿된 견해로 연약해지는 지혜의 장애,

㉢ 가진 물건을 지키지 못하는 장애,

㉣ 물건을 주고서도 의심하는 장애이다.

글로써 '일을 하던 중에 잊어버리는 장애'를 다스리고,

因明論과 聲明論 2가지로 '삿된 견해로 연약해지는 지혜의 장

애'를 다스리며,

印璽로 '가진 물건을 지키지 못하는 장애'를 다스리고,

산수법[算計]으로 '물건을 주고서도 의심하는 장애'를 다스린다.

여기에서 말한 '글'은 '일을 하던 중에 잊어버리는 장애'를 다스리고,

논은 '삿된 견해로 연약해지는 지혜의 장애'를 다스리며,

等은 印璽와 산수법 등의 한량없는 사업을 평등하게 취하여, 총체로 끝맺으면서 다스림의 주체를 삼았다. 위의 4가지 장애에 모두 통한다.】

四는 於大法에 衆會集故로 爲物하야 起嚴土行이니 此는 明依報오 下三은 明正報니 三輪으로 益物이니라【鈔_ 此上은 明望益修因이니 淨土之中에 聖賢集會라하며 諸上善人이 俱會一處며 與諸菩薩로 同一志行하야 無有怨嫉하니 令物修因하야 當獲淨土는 人寶爲嚴하야 而集會故니라】

④ 제7구[雖知一切國土…]는 큰 법회에 많은 대중이 모여 있으므로 중생을 위하여 국토를 장엄하는 행을 일으킨 것이다. 이는 依報를 밝혔고, 아래의 3가지는 正報를 밝혔다. 이는 3가지 법륜으로 중생에게 이익을 베푸는 것이다.【초_ 이상은 중생의 이익을 바라보면서 인행을 닦음에 대해 밝혔다. "정토에서 성인과 현자들이 법회에 모인다."고 하였다. 수많은 가장 뛰어난 선지식이 모두 한 곳에 모였으며, 여러 보살과 동일한 생각과 행동으로 원한이나 질투가 없다. 중생으로 하여금 인행을 닦아 미래에 정토에 나게 하는

것은 사람의 보배로 장엄하여 법회에 모였기 때문이다.】

五는 卽身業이니 無身現身者는 令生五福이니 謂見과 聞과 親近과 供養과 修行故니 自身無身이 同佛法身故니라 下二도 亦然하니라
【鈔_ '令生五福'下는 見은 唯約眼이오 聞은 但約耳오 親近은 約身이오 供養은 捨財오 修行은 通三業이니라
言'自身無身同佛法身故'者는 '佛以法爲身하사 淸淨如虛空이라 所現衆色形으로 令入此法中'이라하니 今菩薩이 亦無身現身은 登地已上에 分證法身하야 同佛身故니라
'下二亦然'者는 卽總例니 口意도 同身하야 皆卽體起用이니 無言에 現言하며 無知而知라 竝如經文이니라 】

⑤ 제8구[雖知諸佛…]는 신업이다. '몸이 없이 몸을 나타낸다.'는 것은 중생으로 하여금 5가지 복을 얻도록 하기 위함이다. 보고, 듣고, 가까이하고, 공양 올리고, 수행하기 위함을 말한다.

자신의 몸이 없음은 부처님의 법신과 같기 때문이다. 아래의 2구도 마찬가지이다.【초_ '令生五福' 이하는, ㉠ '보는 것'이란 눈으로 말하고, ㉡ '듣는 것'이란 단지 귀로 말하고, ㉢ '가까이함'은 몸으로 말하고, ㉣ '공양 올림'은 재물의 희사로 말하고, ㉤ '수행함'은 3업에 모두 통하여 말한다.

"자신의 몸이 없음은 부처님의 법신과 같기 때문"이라 말한 것은 제2 여래현상품의 게송에서 "부처는 법으로 몸을 삼아 청정함은 허공과 같다. 나타난 모든 형상을 이 법 가운데 들게 하였다."고 말하였다.

지금 보살이 또한 "몸이 없이 몸을 나타낸다."는 것은 십지에 오른 이상, 부분적으로 법신을 증득하여 부처님의 몸과 같기 때문이다.

"아래 2구도 마찬가지"란 총체의 예이다. 구업과 의업이 신업과 마찬가지로 모두 본체와 하나가 되어 작용을 일으킨 것이다. 말 없이 말을 표현하고, 아는 것 없이 아는 것이다. 모두 경문에서 말한 바와 같다.】

六은 卽口業이니 轉法輪故오
七은 卽意業이니 於無長短中에 隨問善釋하야 記三世事하거나 起三世行故니라【鈔_ 三世는 是長이오 一念은 是短이라 今明三世卽一念이라 是實是空이니 則無長短이나 不礙能知種種時節과 長短劫事니라】

⑥ 제9구[雖知諸佛音聲…]는 구업이다. 법륜을 굴리기 때문이다.

⑦ 제10구[雖隨諸佛了知三世…]는 의업이다. 길고 짧은 세월 속에 물음에 따라 잘 해석하여 3세의 일을 授記하거나 3세의 행을 일으키기 때문이다.【초_ 삼세는 오랜 세월이요, 한 생각[一念]은 짧은 시간이다. 여기에서는 삼세가 곧 한 생각이다. 이는 실상이며 '空'이다. 따라서 길고 짧음이 없지만 가지가지 시절과 길고 짧은 세월의 현상에 걸림이 없다.】

◉ 論 ◉

雖隨諸佛 了知三世 唯是一念 而隨衆生意解分別 以種種相

種種時種種劫數 而修諸行者는 明法身智體가 無時無劫하고 無三世體로대 爲隨一切衆生業差別하야 有一切時劫差別일새 而爲衆生하야 分別時劫差別하야 而修行諸行이니 卽如說三祇劫과 及三生一生一念과 及六十劫等이 是라

"부처님을 따라서 삼세가 오직 한 생각인 줄 알지만 중생들의 뜻으로 이해하는 분별을 따라서 여러 가지 모양, 여러 가지 시기, 여러 가지 겁으로 모든 행을 닦는다."는 것은 법신의 지혜 본체가 시간도 없고 세월도 없고 삼세의 자체가 없지만, 일체중생의 각기 다른 업을 따라서 일체 시간과 세월의 차별이 있기에, 중생을 위하여 시간과 세월의 차별을 분별하여 모든 행을 수행함을 밝힌 것이다. 이는 3아승기겁, 三生, 一生, 一念, 60겁 등이 바로 이를 말한다.

第三 總結勝能

(3) 행상의 공능이 뛰어남을 총체로 끝맺다

經

菩薩이 以如是十種方便慧로 起殊勝行하야 從第六地로 入第七地하나니

보살이 이처럼 열 가지 방편지혜로 뛰어난 행을 일으켜, 제6 현전지로부터 제7 원행지에 들어가는 것이다.

◉ 疏 ◉

總結勝能中에 論釋云 '此十種發起殊勝行이 共對攝取라하며 對治攝取者는 皆上下二句相對를 名爲共對니 由此上下 各能對治니라 皆上句는 治凡이오 下句는 治小라 隨治不同은 義如前說이라 由二攝取하야 名殊勝行이니 對治前障이니라

　'행상의 공능이 뛰어남을 총체로 끝맺은 부분'의 논에서 "이런 10가지 방편지혜로 일으키는 뛰어난 행은 모두 상대로 다스려서 섭취한다."고 해석하였다.

　다스려서 섭취한다는 것은, 모두 상하 2구가 상대한 것을 '모두 상대[共對]'라 말하였다. 이는 상하의 구절에 각기 다스릴 수 있는 주체에 의한 것이다. 모두 위 구절은 범부를 다스림이고, 아래 구절은 소승을 다스림이다.

　상대에 따라 다스림이 똑같지 않은 의의는 앞에서 말한 바와 같다. 2가지의 섭취에 의하여 '뛰어난 행'이라 말한다. 이는 앞의 장애를 다스려주기 때문이다.

四 彰分齊

　(4) 행상의 범주를 밝히다

經

入已에 此行이 常現在前이 名爲住第七遠行地니라

들어간 뒤에, 이런 행이 항상 앞에 나타나는 것을 제7 원행지에 머문다고 말한다.

◉ 疏 ◉

彰分齊者는 明無相無間故니 無相地名이 從此而立이라 此亦卽攝前不退住오 不同前六이니 前六은 得住地已에 捨入地心하고 以修解入이오 非以行入이어니와 此以行入일새 故常行不捨하니 名不退住니라【鈔_ 言'此以行入故常行不捨'者는 七地는 功用行滿하야 方便涉有일새 故得行入之名이니라 】

행상의 범주를 밝힌다는 것은 모양 없고 간단이 없음을 밝히기 때문이다. '모양 없는 지위[無相地]'라는 명칭은 이에 의해 세워진 것이다. 이 또한 앞의 제7 不退住를 포괄하며, 앞의 6지와는 같지 않다.

앞의 6지에서는 지위에 머문 뒤에 지위에 들어간 마음[入心]을 버렸고, 이해를 닦음으로 인해 들어간 것이지, 행으로 들어간 것이 아니지만, 제7 원행지에서는 행으로 인해 들어간 것이다. 그러므로 항상 행하여 버리지 않으니 이를 '不退住'라 말한다.【초_ "제7 원행지에서는 행으로 인해 들어간 것이다. 그러므로 항상 행하여 버리지 않는다."고 말한 것은 제7 원행지는 하는 일[功用行]이 원만하여 방편으로 '有'와 관계하므로 '행으로 들어간다.'는 명제를 얻게 된 것이다.】

一 樂無作行對治差別 竟하다

1. 작위가 없음을 좋아하는 행으로 다스리는 차별을 끝마치다.

一

第二 彼障對治
卽攝無著行이니 有量과 功用에 皆不著故니라
言對治者는 有二種相하니
一은 修行無量種하야 治前有量障이오
二 此菩薩作是念下는 修行無功用行하야 治前有功用障이라
今은 初라

2. 그 장애[細相現行障]를 다스리는 차별

이는 제7 무착행에 속한다. 한량의 제한이 있음과 하는 일의 공용에 모두 집착하지 않기 때문이다.

다스린다는 말에는 2가지 양상이 있다.

(1) 한량없는 종류의 행을 닦아, 앞의 '한량의 제한이 있는 장애'를 다스린다.

(2) '此菩薩作是念' 이하는 공용이 없는 행을 닦아서 앞의 '공용이 있는 장애'를 다스린다.

이는 첫 부분이다.

經

**佛子여 菩薩摩訶薩이 住此第七地已에
入無量衆生界하고 入無量諸佛敎化衆生業하며**

불자여! 보살마하살이 제7 원행지에 머물 적에,
한량없는 중생계에 들어가고,
한량없는 부처님의 중생 교화의 업에 들어가며,

● 疏 ●

有二十句를 攝成十對니 一一對中에 皆上句는 明境界無量이 爲所知所化오 後句는 明佛德業無量이 爲能知能化라 菩薩이 入彼佛化하야 以用化生에 要則攝十爲五니 卽五無量界라【鈔_ '爲所知所化'者는 所知卽智境이오 所化卽悲境이라

'要則攝十爲五'者는 所以更爲此攝者는 以此說無量으로 要治於有量에 要唯有五일새 故爲此攝이니 如前頻釋이라 卽一은 衆生界無量이오 二는 世界無量이오 三은 法界無量이오 四는 調伏界無量이오 五는 調伏方便界無量이라

然此五界는 唯佛窮證하나니 能化德業을 用於五界니라 菩薩修入에 能化德業이 趣入五界라 又此五中에 初一은 所化오 次二는 化處오 後二는 化法이라 】

'(1) 한량없는 종류의 행을 닦은 부분'은 20구를 10對句로 포괄하였다.

하나하나의 대구 가운데 모두 위 구절은 경계가 한량없음이 알아야 할 대상이자 교화할 대상임을 밝혔고, 뒤 구절은 부처님의 한량없는 공덕이 알아야 할 주체이자 교화의 주체임을 밝혔다.

보살이 부처님의 교화에 들어가 이로써 중생을 교화할 적에

10가지를 거두어 5가지로 요약하였다. 이는 5가지 한량없는 세계[五無量界]이다.【초_ "알아야 할 대상이자 교화할 대상이다."는 것에서 '알아야 할 대상'이란 大智의 경계이고, '교화할 대상'은 大悲의 경계이다.

"10가지를 거두어 5가지로 요약했다."는 것은, 다시 이처럼 섭수한 이유는 여기서 말한 한량없음으로 한량 있음을 다스리고자 할 적에 이를 요약하면 오직 5가지일 뿐이다. 이 때문에 이처럼 섭수하였다. 이는 앞에서 여러 차례 해석한 바와 같다.

① 중생계가 한량없고, ② 세계가 한량없고, ③ 법계가 한량없고, ④ 조복할 세계가 한량없고, ⑤ 중생을 조복하는 방편 세계가 한량없다.

그러나 이 5가지 세계는 오직 부처님만이 모두 증득할 수 있다. 교화의 주체인 덕업을 5가지 세계에 쓰는 것이다. 따라서 보살이 닦아 들어가면 교화의 주체인 덕업이 5가지 세계로 향하여 들어가게 된다.

또 이런 5가지 가운데, '① 중생계가 한량없음'은 교화의 대상이고,

다음의 '② 한량없는 세계', '③ 한량없는 법계'는 교화할 곳이며,

뒤의 '④ 한량없는 조복의 세계', '⑤ 한량없는 조복 방편의 세계'는 교화하는 법이다.】

初一對는 衆生無量이니 論云 '隨所化何等衆生'이라하니라
此對爲總이니 十對皆爲利衆生故니라 言'何等'者는 類非一故니

釋經'無量'之言이라 '隨所'者는 隨多類宜하야 而以無量化衆生業
而化故니라

첫째, 제1 對句는 중생이 한량없음이다. 논에서는 "교화할 대상이 어떤 중생인가에 따른다."고 하였다.

이 대구는 총상이다. 10대구가 모두 중생의 이익을 위함이기 때문이다.

'어떤 중생[何等衆生]'이라 말한 것은 중생의 부류가 하나가 아니기 때문이다. 경문의 '한량없는 중생[無量衆生]'을 해석한 부분이다.

'교화할 대상을 따른다[隨所化].'는 많은 부류의 적절한 근기에 따라서 한량없이 중생의 업을 교화하는 것으로 교화하기 때문이다.

經

入無量世界網하고 入無量諸佛淸淨國土하며

한량없는 세계 그물에 들어가고,
한량없는 부처님의 청정한 국토에 들어가며,

◉ 疏 ◉

二 有一對는 衆生이 住何等處니 謂住世界無量하야 以淨土行으로
化故니라

둘째, 제2 대구는 '중생이 어떤 곳에 머무르는가?'를 말한다. 중생이 머무는 세계가 한량없어 정토행으로 교화하기 때문이다.

經

入無量種種差別法하고 入無量諸佛現覺智하며
入無量劫數하고 入無量諸佛覺了三世智하며

  한량없이 가지가지 다른 법에 들어가고,
  한량없는 부처님의 현재 깨달음의 지혜에 들어가며,
  한량없는 겁에 들어가고,
  한량없는 부처님의 삼세를 깨달은 지혜에 들어가며,

◉ **疏** ◉

三有二對는 以何等智慧化니 初對는 橫窮諸法智요 後對는 豎窮三世智라 皆是種智라 二對는 約其所知니 皆是法界無量이니라

  셋째, 제3, 제4 대구는 '어떤 지혜로 교화하는가?'를 말한다.
  제3 대구는 수평으로 모든 법의 지혜를 다하고,
  제4 대구는 수직으로 삼세 지혜를 다함이다.
  이는 모두 一切種智이다. 위의 2대구는 그 알아야 할 대상으로 말하였다. 이는 모두 법계가 한량없음이다.

經

入無量衆生差別信解하고 入無量諸佛示現種種名色身하며
入無量衆生欲樂諸根差別하고 入無量諸佛語言音聲하야 令衆生歡喜하며

入無量衆生種種心行하고 **入無量諸佛了知廣大智**하며

한량없는 중생이 각기 다르게 믿고 이해하는 데 들어가고,

한량없는 부처님이 가지가지 이름을 나타내는 색신에 들어가며,

한량없는 중생의 욕망과 좋아함과 모든 근기가 각기 다른 데 들어가고,

한량없는 부처님의 말씀과 음성으로 중생을 즐겁게 하는 데 들어가며,

한량없는 중생의 가지가지 마음에 들어가고,

한량없는 부처님이 분명하게 아시는 광대한 지혜에 들어가며,

◉ 疏 ◉

四有三對는 明調伏界無量이라
初二對는 明以何等心이라
於中에 初對는 隨衆生信樂과 種種天身하야 菩薩이 以名色身化故니 謂心隨其樂하야 同修天行하야 得天身故며 口隨其信하야 以名句身으로 說彼行故오
第二對는 知昔根欲不同하야 以隨類音으로 稱根說故니라
次一對는 以何等行이니 謂知現在心行不同하야 以偏趣行으로 說對治故니라

넷째, 제5~7 대구는 중생을 조복하는 세계가 한량없음을 밝혔다.

앞의 제5, 제6 대구는 중생의 '어떤 마음인가?'를 밝혔다.

제5 대구는 중생의 믿고 좋아하는 마음과 가지가지 모습의 天身에 따라, 보살이 거기에 걸맞은 몸으로 교화하기 때문이다. 이는 보살이 마음으로 중생이 좋아하는 것을 따라 그들과 함께 '하늘 행[天行]'을 닦아서 '하늘의 몸[天身]'을 얻었기 때문이며, 입으로 그 믿음을 따라 '명자와 구절[名句身]'로 그 행을 설법하기 때문임을 말한다.

제6 대구는 예전의 근기와 욕구가 다름을 알고서 부류에 맞는 음성으로 그들의 근기에 맞춰 설법하기 때문이다.

다음 제7 대구는 '어떤 수행'을 말한다. 이는 현재의 마음이 같지 않음을 알고서 두루 향해 가는 행으로 다스림을 설법하기 때문이다.

經

入無量聲聞乘信解하고 **入無量諸佛**의 **說智道**하야 **令信解**하며
入無量辟支佛所成就하고 **入無量諸佛**의 **說甚深智慧門**하야 **令趣入**하며
入無量諸菩薩方便行하고 **入無量諸佛所說大乘集成事**하야 **令菩薩得入**이니라

한량없는 성문들의 믿고 이해하는 데 들어가고,
한량없는 부처님이 지혜의 도를 말하여 믿고 이해하게 하는 데 들어가며,

한량없는 벽지불이 성취한 데 들어가고,

한량없는 부처님이 매우 깊은 지혜 법문을 말하여 나아가게 하는 데 들어가며,

한량없는 보살의 방편행에 들어가고,

한량없는 부처님이 말씀하신 대승을 집대성하는 일에 들어가 보살로 하여금 들어가게 하는 것이다.

◉ 疏 ◉

五有三對는 明調伏方便界니 論云 '置何等乘'이니 謂置三乘故니라
初對는 爲聲聞說智道하야 令證滅故오
次對는 爲緣覺說深智하야 令知因緣故오
後對는 爲菩薩說地度集成事하야 稱彼方便涉有故니라

다섯째, 제8~10 대구는 조복하는 방편의 세계를 밝혔다. 논경에서 말한 '어떤 가르침에 두는가?'를 말한다. 이는 삼승에 두기 때문이다.

제8 대구는 성문승을 위하여 지혜와 방법을 설명하여, 그로 하여금 열반을 증득하게 하기 위함이다.

제9 대구는 연각승을 위하여 깊은 지혜를 설명하여, 그로 하여금 인연법을 알게 하기 위함이다.

제10 대구는 보살승을 위하여 여러 지위와 바라밀로 집대성한 일을 설명하여, 그의 방편이 '有'의 세계에 걸맞도록 하기 위함이다.

第二 修無功用行이라

(2) 공용이 없는 행을 닦다

經

此菩薩이 **作是念**호되 **如是無量如來境界**는 **乃至於百千億那由他劫**에도 **不能得知**일새 **我悉應以無功用無分別心**으로 **成就圓滿**이라하나니라
佛子여 **此菩薩**이 **以深智慧**로 **如是觀察**호되 **常勤修習方便慧**하고 **起殊勝道**하야 **安住不動**하야

이 보살이 이런 생각을 하였다.
'이처럼 한량없는 여래의 경계는 백천 억 나유타 겁에도 알 수 없을 것이다. 나는 모두 마땅히 하는 일이 없고 분별이 없는 마음으로 원만하게 성취하리라.'
불자여! 이 보살은 깊은 지혜로 이처럼 관찰하되 언제나 방편지혜를 부지런히 닦고 뛰어난 도를 일으켜 편안히 머물고 흔들리지 않으면서,

◉ 疏 ◉

文은 二니 先은 加行趣求요 後佛子此菩薩下는 正顯修行이라
今初에 先은 牒前無量하야 爲所趣求요
我悉下는 要期以無功無相으로 攝取彼境이라

'無分別'者는 謂不取性相하야 忘緣等照니 卽無相觀也라 加以無功하니 無相尤勝이라 然任放天性하야 不由勤策이라도 自然而行하야 亡功合道를 名無功用이니 八地에 方證이오 今要心住彼일새 故云 '應以'니라 由功用行이 此已滿故니 此則修行無功이오 非如八地의 任運無功也니라

二 正顯中에

初는 牒前觀智오

次 '常勤修' 下는 是修行相이오

'方便'已下는 是所修法이니 卽前의 空中方便慧와 有中殊勝行이라 旣以無功無相智修하야 能治功用有相之障이라

後 '安住不動'은 顯觀成相이니 此卽行成不動이오 非如八地의 相用不動이니라

이의 경문은 2단락이다.

앞은 가행 방편으로 나아가 구함이며,

뒤의 '佛子此菩薩' 이하는 바로 수행을 밝혔다.

'앞의 가행 방편' 부분에 앞 구절[如是無量如來境界… 不能得知]은 앞의 '無量'의 뜻을 이어서 나아가 구할 대상을 삼았고,

'我悉' 이하는 반드시 하는 일이 없고 모양이 없는 것으로 그 경계를 얻고자 기약함이다.

"분별심이 없다."는 것은 체성과 양상을 취하지 않고서 인연법을 잊고 평등하게 관조하는 것이다. 이는 '형상 없는 관조[無相觀]' 이다. 여기에 '하는 일이 없음'을 더하니, '형상 없는' 경지는 더욱

뛰어나다.

　그러나 타고난 성품에 맡겨둔 채, 부지런히 다그치지 않을지라도 자연스럽게 행하여, 하는 일 없이 도에 부합하는 것을 '하는 일 없음[無功用]'이라 말한다. 제8 부동지에서야 비로소 이 경지를 증득할 수 있다. 이의 제7 원행지에서는 '하는 일 없는' 데에 머무르고자 하는 마음이 있기에 '마땅히 …할 것이다[應以…].'라고 말하였다. '하는 일이 있는 행'이 여기에서 이미 원만하기 때문이다.

　이처럼 제7 원행지는 '하는 일이 없는 행'을 닦는 것이지, 제8 부동지처럼 마음대로 자재하게 하는 일이 없는 것이 아니다.

　'뒤의 바로 수행을 밝힌 부분'의 첫 구절[以深智慧如是觀察]은 앞의 경문을 이어서 지혜를 관찰함이며,

　다음 '常勤修' 이하는 수행하는 모양이며,

　'方便' 이하는 닦아야 할 법이다. 이는 앞의 空 가운데 방편지혜이며, 有 가운데 뛰어난 행이다. 이미 하는 일이 없고 모양이 없는 지혜로 닦아서, 하는 일이 있고 모양이 있는 장애를 다스리기 때문이다.

　뒤의 '安住不動' 구절은 觀의 성취된 모양을 밝힌 것이다. 이는 '행'이 흔들리지 않음을 성취한 것이지, 제8 부동지처럼 '相用'이 흔들리지 않는다는 것은 아니다.

第二 彼障對治差別 竟하다

　2. 그 장애를 다스리는 차별을 끝마치다.

第三 辨雙行勝이라

3. 止觀을 모두 행함이 뛰어난 차별

經

無有一念도 休息廢捨하야 行住坐臥로 乃至睡夢히 未曾暫與蓋障相應하고

한 생각의 찰나도 쉬거나 그만두지 않고서 걷고 서고 앉고 눕거나 꿈속에서까지 일찍이 잠깐이나마 번뇌와 업장으로 상응한 적이 없으며,

● 疏 ●

文分四別이니 一은 二行雙無間이오 二는 信勝이오 三은 能作大義오 四는 菩提分差別이라
四中에 前三은 別顯이오 後一은 總該라 三中에 前一은 自分이오 後二는 勝進이라
今初에 無有一念休息廢捨者는 正顯雙行無間之義니 謂不捨前不動之止와 觀察之觀이 爲止觀二行雙行이라 一念不休가 卽無間義라
次行住下는 顯無間時니 謂四儀睡寤라 擧睡夢者는 以昧況審이니라【鈔】全捨爲休오 暫廢爲息이라 以昧況審者는 睡眠은 皆以昧畧爲性이니 畧揀寤時오 昧는 揀定中이라 定中에 雖畧이나 而不昧故

니라 今爲對審하야 但擧昧耳니라 】

경문은 4가지의 별상이다.

⑴ 2가지를 동시에 끊임없이 행함이며,

⑵ '常不捨' 이하는 믿음이 뛰어남이며,

⑶ '此菩薩於念念' 이하는 큰 이치를 지음이며,

⑷ '佛子此十' 이하는 보리 부분법의 차별이다.

4가지 별상 중에 앞의 3가지는 개별로 밝혔고, 뒤의 하나는 총괄하였다.

앞의 3가지 가운데 첫째 하나는 自分이고, 뒤의 2가지는 뛰어나게 닦아나감이다.

⑴ 첫 구절의 "한 생각의 찰나도 쉬거나 그만두지 않는다."는 것은 바로 止觀을 모두 행하는 데 끊임없음을 밝혔다. 앞의 '흔들리지 않는 止'와 '관찰의 觀'을 버리지 않음이 止觀 2가지 행을 모두 행하기 위함임을 말한다. '한 생각의 찰나도 쉬지 않음'은 바로 끊임없다는 뜻이다.

다음 '行住' 이하는 끊임없는 시간을 밝혔다. '걷고 서고 앉고 눕는 4가지 위의'와 잠자고 깨는 것을 말한다. 잠의 꿈속을 들어 말한 것은 혼미함으로써 살펴봄에 비교하였다.【초_ 완전히 놓아버린 것을 '休'라 하고, 잠시 그만두는 것을 '息'이라 한다.

'以昧況審'이란 睡眠은 모두 마음이 흐리멍덩한[昧略] 것으로 자체를 삼는다. '略'은 깨어 있을 때와 다름을 구별한 말이며, '昧'는 선정 속에 있는 것과 다름을 구별한 말이다. 선정에서는 비록 모든 일이 없으나[略] 혼미[昧]하지는 않기 때문이다. 여기에서는 '살펴봄'을 상대로 혼미함을 들어 말했을 뿐이다.】

經
常不捨於如是想念이니라

언제나 이런 생각을 버리지 않는다.

⦿ 疏 ⦿
二 '常不捨於如是想念'者는 信勝이니 論云 '彼無量智中에 殊異義莊嚴相이 現前專念故'者는 專念忍可 卽是信義니 常信前十無量·二嚴佛境일새 故名爲勝이니라

(2) "언제나 이런 생각을 버리지 않는다."는 것은 믿음이 뛰어남이다.

논에서, "저 한량없는 지혜 가운데, 특별히 다른 뜻의 장엄한 모습이 앞에 나타나기를 오로지 생각한 까닭이다."고 말한 것은 오로지 忍可를 생각함이 곧 믿음의 뜻이다. 언제나 '앞의 10가지 한량없음'과 '2가지로 장엄한 부처님의 경계'를 믿는 까닭에 뛰어나다고 말하였다.

經
此菩薩이 **於念念中**에 **常能具足十波羅蜜**하나니
何以故오 **念念皆以大悲爲首**하야 **修行佛法**하야 **向佛智**

故니

所有善根으로 爲求佛智하야 施與衆生이 是名檀那波羅蜜이오

能滅一切諸煩惱熱이 是名尸羅波羅蜜이오

慈悲爲首하야 不損衆生이 是名羼提波羅蜜이오

求勝善法호되 無有厭足이 是名毘梨耶波羅蜜이오

一切智道 常現在前하야 未嘗散亂이 是名禪那波羅蜜이오

能忍諸法無生無滅이 是名般若波羅蜜이오

能出生無量智 是名方便波羅蜜이오

能求上上勝智 是名願波羅蜜이오

一切異論과 及諸魔衆이 無能沮壞 是名力波羅蜜이오

如實了知一切法이 是名智波羅蜜이니

이 보살은 한 생각 한 생각마다 언제나 열 가지 바라밀다를 두루 갖췄다.

무엇 때문일까?

생각마다 대비로 머리를 삼아 부처님 법을 수행하여 부처님 지혜로 향하기 때문이다.

자신이 지닌 선근을 부처님 지혜를 구하기 위하여 중생에게 줌을 보시바라밀이라 하고,

일체 번뇌의 열을 멸하는 것을 지계바라밀이라 하고,

자비로 머리를 삼아 중생을 해치지 않음을 인욕바라밀이라 하고,

뛰어나게 선한 법을 구하여 싫어함이 없음을 정진바라밀이라 하고,

일체 지혜의 길이 항상 앞에 나타나 잠깐도 산란하지 않음을 선정바라밀이라 하고,

모든 법이 생겨나지도 않고 사라지지도 않음을 인정하는 것을 반야바라밀이라 하고,

한량없는 지혜를 내는 것을 방편바라밀이라 하고,

상상품의 수승한 지혜를 구하는 것을 서원바라밀이라 하고,

모든 외도의 논지와 마군이 깨뜨릴 수 없는 것을 역바라밀이라 하고,

일체 법을 실상대로 아는 것을 지혜바라밀이라 한다.

● 疏 ●

三作大義者는 一念에 頓具十度之行하야 義利廣故며 念念修起일새 故名爲作이라
文中에 二니 先은 總明이오 後何以下는 徵釋이라
徵云 十度行異어늘 一念에 寧圓고 釋文을 分二니
先은 明能具所以니 由悲智雙運故오
後所有下는 顯所具之相이니 檀通悲智오 忍唯約悲오 餘皆約智라
然此中十相이 意令一念에 十相不同이니 故三檀等中에 隨取其一하야 可以意得이로되 理實無所不具라 故下菩提分中에 云一切皆滿이라하니라 前六은 可知라【鈔_ 故三檀下는 遠公云 施中에 但有

法施하고 戒中에 但有律儀라 律儀中에 有三離하니 一은 因離오 二는 對治離오 三은 果行離라하니 今唯因離하니 滅煩惱故니라
'尸羅'는 此云淸涼이니 忍은 唯辨他不饒益이오 精進은 唯明攝善이오 禪定은 唯明引生功德이오 般若는 唯明第一義慧라 然按經文에 義類를 易求일세 故云可知라 後之四度는 是論自釋이라】

'(3) 큰 이치를 짓는다.'는 것은 한 생각의 찰나에 십바라밀의 행을 한꺼번에 갖춰 의리가 광대하기 때문이며, 생각마다 수행할 것을 일으켰기에 짓는다[作: 作大義]고 하였다.

경문은 2단락이다.

앞은 총체로 밝혔고, 뒤의 '何以' 이하는 묻고 해석하였다.

어떤 이가 물었다.

"십바라밀의 행이 각기 다른데, 어떻게 한 생각의 찰나에 원만할 수 있겠는가?"

이에 관한 해석의 문장은 2부분이다.

① 한 생각의 찰나에 갖출 수 있는 주체의 이유를 밝혔다. 大悲와 大智가 함께 움직이기 때문이다.

② '所有' 이하는 갖춰야 할 대상의 양상을 밝혔다. 보시는 大悲와 大智에 모두 통하고, 인욕은 오직 大悲만을 들어 말하였고, 나머지는 모두 大智를 들어 말하였다.

그러나 이 가운데 10가지 양상이 의업으로 하여금 한 생각의 찰나에 10가지 양상이 같지 않도록 만든다. 그래서 3가지의 보시 가운데 그 하나만을 취함에 따라 뜻을 얻을 수 있지만, 이치로는

진실로 갖추지 않음이 없다.

　이 때문에 아래의 보리 부분법 가운데 '일체 모두가 원만하다.'고 하였다.

　앞의 6바라밀은 말하지 않아도 알 수 있다.【초_ '故三檀' 이하는 혜원 법사가 말하였다.

　"보시 중에는 법보시만 있고, 지계 중에는 율의만 있을 뿐이다.

　율의에는 3가지 여읨이 있다.

　① 인행으로 여읨이며,

　② 다스려서 여읨이며,

　③ 과덕의 행법으로 여읨이다."

여기에서는 오직 인행으로 여읨만 있다. 이는 번뇌를 없앴기 때문이다.

　尸羅는 중국에서는 '맑고 시원하다.'는 뜻이다.

　인욕은 오직 남에게 이익을 주지 못함만을 밝혔고,

　정진은 오직 선근을 받아들이는 것만을 밝혔으며,

　선정은 오직 중생을 끌어들이는 공덕만을 밝혔고,

　반야는 오직 으뜸가는 이치의 지혜만을 밝혔다.

　그러나 경문을 살펴보면 유사한 뜻을 쉽게 찾을 수 있으므로 "말하지 않아도 알 수 있다."고 하였다.

　뒤의 4가지 바라밀은 논에서 스스로 해석하고 있다.】

但釋後四호리라 方便涉事일새 云無量智오
以是智故로 又能出生施等行願하야 以攝衆生일새 故名方便이라

願中에 由此願智하야 能求八地已上의 上上大波羅密하야 攝取彼勝行故니라

次力中에 以是智故로 遠離布施等障일새 故不爲彼動이라

智中에 以是智故로 布施等一切種差別을 如實了知하야 爲化衆生故니라

此四相은 皆從用立名이라 通成前六이오 亦有別成前六等은 竝如初會中辨이니라

一念具十은 念念皆然이라 初心欲修하야 至此方得이라

 뒤의 바라밀만을 해석하고자 한다.

 방편으로 현상의 일을 관계하므로 '한량없는 지혜'라 말하고,

 이런 지혜로 인해 또한 보시 등의 행에 대한 서원을 내어 중생을 받아들이기에 '방편바라밀'이라 말한다.

 서원의 가운데 이런 원력의 지혜로 인하여 제8 부동지 이상의 '뛰어나고 뛰어난 큰 바라밀'을 구하여 그 뛰어난 행을 얻었기 때문이다.

 다음의 역바라밀 가운데 이런 지혜로 보시 등의 장애를 멀리 여의었으므로 그런 일에 의해 흔들리지 않는다.

 지바라밀 가운데 이런 지혜로 보시 등의 일체 종류의 차별을 실상대로 깨달아 중생을 교화하기 때문이다.

 이런 4가지 양상은 모두 작용으로 세운 명칭이다. 통틀어 앞의 6바라밀을 성취하고, 또한 개별로 앞의 6바라밀을 성취한다는 등은 모두 첫 법회에서 밝힌 바와 같다.

한 생각의 찰나에 십바라밀을 두루 갖춘다는 것은 한 생각 한 생각마다 모두 그와 같다. 처음 발심하여 수행하고자 하다가 여기에 이르러서 비로소 얻게 된다.

經

佛子여 此十波羅蜜을 菩薩이 於念念中에 皆得具足하며 如是四攝과 四持와 三十七品과 三解脫門과 略說乃至 一切菩提分法을 於念念中에 皆悉圓滿이니라

불자여! 이 열 가지 바라밀은 보살이 한 생각 한 생각 사이에 모두 두루 갖췄으며,

이와 같이 4섭법[四攝法], 4총지[四總持], 37품[2], 3가지 해탈문[空, 無相, 無願解脫門]과 중간 생략하고 일체 보리의 부분법까지 한 생각 한 생각 사이에 모두 다 원만하게 된다."

● 疏 ●

四'菩提分差別'中에 有四種相하니
前二는 攝善이오 後二는 離過라
一은 依大乘行이니 謂十度自利니 此卽大義結文이라 爲顯十度 通二義故니 論將屬後하야 巧用經文이라
二四攝者는 卽依敎化衆生이오

2　37품:①四念處, ②四正勤, ③四神足, ④五根, ⑤五力, ⑥七覺分, ⑦八正道分. 도합 37품.

三. 四持等은 卽依煩惱障增上淨故니 謂依四持하야 爲所住處하고 以三解脫로 爲所依門이라 修行三十七品이면 則得煩惱障淨하야 任持自分일새 故名爲持라 亦名四家니 所住處故니라

四者는 一은 般若家니 此是能照오 二者는 諦家니 卽是所照오 三은 捨煩惱家오 四는 苦淸淨家니라

由初二勝業하야 離此惑苦오 若約別說인댄 初一은 見道前이오 次三은 卽見修無學이니라

四'畧說'下는 依智障淸淨이니 以無所不具일새 故離塵沙無明이니라

'(4) 보리 부분법의 차별' 부분에 4가지 양상이 있다.

앞의 2가지는 선근을 받아들이고,

뒤의 2가지는 허물을 여읨이다.

첫 구절[於念念中皆得具足]은 대승법에 의하여 행함이다. 이는 십바라밀의 自利行을 말한다. 이는 앞의 '큰 이치[作大義]'를 끝맺은 문장이다. 십바라밀이 2가지 이치에 모두 통함을 밝히기 위한 때문이다. 논에서는 뒤에 배속하여 경문을 잘 인용하였다.

둘째, 4섭법이란 가르침을 따라 중생을 교화함이다.

셋째, 4총지 등은 번뇌장이 더욱 뛰어나게 말끔히 사라짐에 의한 때문이다. 4총지에 의하여 머물 곳을 삼고, 3가지 해탈문으로 의지할 법문을 삼는다. 37품을 수행하면 번뇌장이 말끔히 사라져 自分에 맡겨 지닐 수 있는 까닭에 '持'라고 한다. 또한 4가지 집[四家]이라고도 말한다. 머무는 곳이기 때문이다.

'4가지 집'이란 다음과 같다.

① 반야의 집, 이는 비춰주는 주체이다.

② 진리의 집, 이는 비출 대상이다.

③ 번뇌를 버린 집,

④ 고통이 말끔히 사라진 집이다.

앞의 2가지 뛰어난 업으로 인해 이런 의혹과 고통을 여의게 된다.

만약 개별로 말하면, '① 반야의 집'은 見道位 이전이고, 다음의 3가지 집은 견도위, 修道位, 無學位이다.

넷째, '略說' 이하는 지혜의 장애가 말끔히 사라짐에 의함이다. 갖추지 않은 바가 없기에 塵沙惑과 無明惑을 여의는 것이다.

第三 雙行勝差別 竟하다

3. 止觀을 모두 행함이 뛰어난 차별을 끝마치다.

第四 前上地勝差別

中에 二니

初는 明勝前六地오 二는 明勝後三地라

今은 初라

4. 앞의 6지나 뒤의 3지보다 뛰어난 차별

이의 경문은 2단락이다.

(1) 앞의 6지보다 뛰어남을 밝혔고,

(2) 뒤의 3지보다 뛰어남을 밝혔다.

이는 첫 부분이다.

經

爾時에 解脫月菩薩이 問金剛藏菩薩言하사대
佛子여 菩薩이 但於此第七地中에 滿足一切菩提分法가
爲諸地中에도 亦能滿足이니잇가
金剛藏菩薩이 言하사대 佛子여 菩薩이 於十地中에 皆能
滿足菩提分法이나 然第七地 最爲殊勝이니
何以故오 此第七地功用行滿하야사 得入智慧自在行故
니라
佛子여 菩薩이 於初地中에 緣一切佛法願求故로 滿足
菩提分法하며 第二地에 離心垢故며 第三地에 願轉增長
하야 得法光明故며 第四地에 入道故며 第五地에 順世所
作故며 第六地에 入甚深法門故며 第七地에 起一切佛
法故로 皆亦滿足菩提分法이니라

그때, 해탈월보살이 금강장보살에게 물었다.

"불자여! 보살이 제7 원행지에서만 일체 보리의 부분법이 원만합니까? 나머지 지에서도 모두 만족합니까?"

금강장보살이 말하였다.

"불자여! 보살이 십지 중에서 모두 보리의 부분법을 모두 만족하게 할 수 있지만, 제7 원행지에서 가장 뛰어난 것이다.

무엇 때문인가?

제7 원행지에서 공용의 행[功用行]이 원만해야 지혜가 자재한 행에 들어갈 수 있기 때문이다.
　　불자여! 보살이 초지에서는 일체 불법에 서원을 세워 구하고자 하는 반연으로 보리의 부분법이 원만하고,
　　제2 이구지에서는 마음의 때를 여의기 때문이며,
　　제3 발광지에서는 서원이 더욱 증장하여 법의 광명을 얻기 때문이며,
　　제4 염혜지에서는 도에 들어가기 때문이며,
　　제5 난승지에서는 세간의 하는 일을 따르기 때문이며,
　　제6 현전지에서는 매우 깊은 법문에 들어가기 때문이며,
　　제7 원행지에서는 일체 법문을 일으키기 때문에 모두 보리의 부분법이 원만한 것이다.

● 疏 ●

勝은 卽增上義라
前中에 二니 先은 問이니 問意云 若先已具인댄 此何獨言이며 若先未具인댄 何得成此아
後答中에 三이니 初는 標요 次는 徵이오 後는 釋이라
釋中二이니
先은 別顯此地勝相이라 功用行滿은 卽自分滿足이오 得入下는 勝進趣後니 由此二義일새 故能勝前이라 智慧는 卽八地證智오 自在는 卽五通大用十自在等이라

뛰어나다는 '勝'이란 '增上'이라는 뜻이다.

앞부분은 2단락이다.

첫째, 물음이다. 물음의 뜻은 다음과 같다.

"만약 앞에서 이미 두루 갖췄다면, 어찌하여 유독 제7 원행지에서만 말하는 것일까? 앞에서 두루 갖추지 못했다면 어찌하여 제7 원행지에서 이뤄지는 것일까?"

둘째, 대답이다. 여기에는 3가지가 있다.

① 표방, ② 물음, ③ 해석이다.

해석은 2가지이다.

앞은 제7 원행지의 뛰어난 양상을 개별로 밝혔다. '공용의 행이 원만함'은 곧 自分이 만족이다.

뒤의 '得入' 이하는 뛰어나게 정진하여 뒤의 지위로 달려감이다.

이런 2가지 의의로 인하여 앞의 지위보다 뛰어난 것이다. 지혜는 곧 제8 부동지에서 증득할 지혜이고, '자재함'은 5가지 신통의 큰 작용과 10가지 자재함 등이다.

二'佛子'下는 通示諸地滿相이니 卽遠釋十地皆滿足言이며 近釋七地功用滿語라 故論徵云 '云何此地中에 方便行滿足고'하니 方便은 卽功用也니 具十方便故니라 論에 自釋云호되 '彼餘世間出世間中에 更起殊勝行하니 是故로 此七地中에 起一切佛法故'者는 謂前三은 世間이오 次三은 出世이니와 此則更互各一殊勝行이 今一切中에 具起일새 所以名滿이라

初地는 願中具오 二地는 戒中具오 三地는 聞中具라 而云願增長

者는 欲依如來智慧하야 利衆生故니라 餘可知로다

'七地一切'者는 瑜伽論中에 說佛功德을 七地에 皆得하고 八地에 成就하고 九地에 具足하고 十地에 圓滿이라하니 有少餘障에 未名淸淨이오 離已에 卽是淸淨菩提니라【鈔_ '有少餘障'은 卽果累無常이 微細習氣故니라 】

뒷부분의 '佛子菩薩於初地中' 이하는 여러 지의 원만한 양상을 전체로 보여주었다. 멀리는 십지가 모두 만족스럽다는 말을 해석하였고, 가까이는 제7 원행지에서 공용이 만족스럽다는 말을 해석하였다.

이 때문에 논에서 물었다.

"어찌하여 제7 원행지 가운데 방편행이 만족스러운가?"

방편은 곧 공용이다. 10가지 방편을 갖췄기 때문이다.

논에서 스스로 해석하였다.

"저 나머지 세간과 출세간에서 다시 뛰어난 행을 일으키는 것이다. 이런 까닭에 제7 원행지에서 일체 불법을 일으키기 때문이다."

이는 앞의 3가지는 세간이고, 다음의 3가지는 출세간이다. 여기에서는 서로의 각기 뛰어난 하나의 행이 이의 일체 속에서 모두 일어나므로 이를 '만족'하다고 말하였다.

초지에서는 서원 가운데 구족함이며,

제2 이구지에서는 계법 가운데 구족함이며,

제3 발광지에서는 법문을 듣는 가운데 구족함이다.

그러므로 "서원이 더욱 증장한다."고 말한 것은 부처님의 지혜에 의지하여 중생에게 이익을 베풀고자 함이다. 나머지는 말하지 않아도 알 수 있다.

'제7 원행지에서의 일체'란 유가사지론에서 말하였다.

"부처님의 공덕을 제7 원행지에서 모두 얻고, 제8 부동지에서 성취하고, 제9 선혜지에서 구족하고, 제10 법운지에서 원만하게 된다."

따라서 남은 장애가 조금이라도 있으면 '청정'이라 말할 수 없고, 여의면 곧 '청정한 깨달음'이다.【초_ '有少餘障' 이하는 과행의 누가 되는, 無常한 미세 습기이기 때문이다.】

◉ 論 ◉

'解脫月이 問金剛藏菩薩言하사대 佛子여 菩薩이 但於此第七地中에 滿足一切菩提分法가 爲諸地中에도 亦能滿足'者는 若以同相門中인댄 總是一箇如來根本普光明大智의 寂用無礙自體菩提어니와 若望修行進勝인댄 卽異相門中에 總有五十種菩提에 隨行差別하니 大體總相은 但約此十地差別菩提하야 以爲升進之大體오 從此十種地中菩提는 總以五種菩提로 以爲大體니

五種菩提者는 一은 空無相菩提오 二는 普光明無依住智菩提오 三은 大願能起大智大悲하야 廣利衆生菩提오 四는 以其大悲로 能隨染淨호되 不染淨菩提오 五는 智悲萬行이 圓滿無作菩提라

夫菩提者는 此云覺也니 覺者는 普通衆法無過也며 云無上者는 但一乘이오 非三乘也라

"그때, 해탈월보살이 금강장보살에게 물었다. 불자여! 보살이 제7 원행지에서만 일체 보리의 부분법이 원만합니까? 나머지 지에서도 모두 만족합니까?"라는 것은 만약 同相門中으로써 말하면 모두가 하나의 여래근본보광명대지혜의 본체의 고요함과 현상의 묘용에 막힘이 없는 자체 보리이지만, 만약 수행으로 잘 닦아나가는 것과 대조하여 보면 異相門 가운데 총 50종 보리가 행을 따라 각기 다르다.

大體의 총상은 다만 이 십지의 차별 보리에 의하여 위로 올라가는 대체를 삼고, 이 10지에서의 보리는 모두 5가지 보리로 대체를 삼는다.

5가지 보리는 다음과 같다.

① 공하여 모양이 없는 보리,

② 널리 광명으로 머무르거나 의지함이 없는 지혜의 보리,

③ 대원으로 대지대비를 일으켜 널리 중생을 이롭게 하는 보리,

④ 대자비로 오염과 청정함을 따르되 오염과 청정에 집착하지 않는 보리,

⑤ 지혜와 자비의 만행이 원만하여 작위가 없는 보리이다.

대체로 '보리'라는 것은 중국에서는 '깨달음'이라는 뜻이다. 깨달음은 널리 많은 법을 통달하여 잘못이 없는 것이다.

'無上'이라 말하는 것은 一乘만을 말한 것이지, 三乘은 아니다. '一 空無相菩提'者는 三乘及一乘이 共得이로대 但以有大悲願行과 無大悲願行과 及廣狹寂用이 不同이니 大體는 同歸無相이라

'① 공하여 모양이 없는 보리'는 삼승과 일승이 다 함께 얻었지만, 다만 대비원행이 있는 것, 대비원행이 없는 것, 광대함과 협소함, 고요함과 작용의 다른 점이 있다. 그러나 대체는 모두가 모양이 없는 근본 자리로 돌아감은 똑같다.

'二 普光明無依住智菩提'는 唯一乘이오 非三乘也니 一乘菩薩이 十住之心에 初住此智가 名住佛所住하야 生如來智慧家故니 以此智地로 進修諸行하야 隨差別智하며 隨差別行하야 慣習淺深에 安立十波羅密하야 五十重升進階級이 不離初心所得普光明無依住之智地라 以智無體하야 時亦無遷이니 依本如是故며 非情橫有故니라 此는 明發心畢竟이 二不別이라 如是發心先心難者는 得此智地難故니 如此經云 '已踐如來普光明地'라하니 此經法門은 以此智로 爲發心修行之地體故로 一切種種智海와 及萬行海生在其中이라

'② 널리 광명으로 머무르거나 의지함이 없는 지혜의 보리'는 오직 일승만이 지닐 뿐, 삼승은 지닐 수 없다. 일승보살이 十住의 마음에 처음 머문 이 지혜의 이름을 "부처님이 머문 곳에 머물러 여래 지혜의 집안에 태어나기 때문이다."고 한다.

이러한 지혜의 지위로 모든 행동을 닦아나가면서 차별지를 따르며, 차별행을 따라 관습의 얕고 깊음에 따라 십바라밀을 세워, 50단계의 위로 올라가는 계급이 초심에서 얻은 바인 普光明의 의지하거나 머묾이 없는 지혜의 지위를 여의지 않는다.

지혜가 체성이 없어 때로 또한 옮겨감이 없다. 근본을 의지하

여 이와 같기 때문이며, 情識으로 잘못 있는 게 아니기 때문이다. 이는 발심과 마지막 단계, 이 2가지는 다르지 않음을 밝힌 것이다. 이처럼 발심하는 데에 먼저 마음을 지니기 어려움은 이 지혜의 지위를 얻기 어려운 때문이다.

　제1 세주묘엄품에서 이르기를, "이미 여래의 보광명지를 밟았다."고 하니, 화엄경의 법문은 이런 지혜로써 발심수행의 터전을 삼기 때문에 일체 가지가지 지혜의 바다와 萬行의 바다가 그 가운데 있다.

'三 大願能起大智 發生大悲 廣利衆生菩提'者는 明諸法이 不自生이니 即藉大願而起智成悲며 亦不從他生者는 明智之及願이 無自性故며 不共生者는 法無和合故며 不無因者는 要因願起智하야 行慈悲故니라 故云 '佛種從緣起라 是故說一乘'이라하니라 以是三乘이 或滯寂하고 或但生淨土는 爲無廣大願起智하야 成滿法界虛空界等衆生大悲故며

或云 '以願留惑하야 住於娑婆'者는 但得法空無相菩提오 非得普光明智故니

如三乘菩薩은 雖有願行이나 皆忻多劫成佛일새 不同此教의 刹那無時며

又此八地菩薩은 無功之智가 現前이나 猶恐滯寂일새 以第八願波羅密로 防之하며

又令憶念本願故며

又十方諸佛이 以三加七勸發로 令智不滯寂故며

又十廻向中에 有十種起智大願門故라

'③ 대원으로 대지대비를 일으켜 널리 중생을 이롭게 하는 보리'는 모든 법이 스스로 발생하지 않는다. 이는 큰 서원에 힘입어 지혜를 일으키고 자비를 성취하기 때문임을 밝힌 것이며,

또한 다른 것을 따라 발생하지 않는다는 것은 지혜와 서원이 자성이 없음을 밝힌 때문이며,

함께 발생하지 않는다는 것은 법에 화합이 없기 때문이며,

원인이 없지 않다는 것은 원을 인연하여 지혜를 일으켜 자비를 행해야 함을 요하기 때문이다.

이 때문에 법화경 방편품의 게송에 이르기를, "부처의 種姓은 인연으로 일어난다. 이 때문에 일승을 말한다."고 하였다. 이는 삼승이란 간혹 고요함에 막히거나 다만 정토에 태어나는 것은 광대한 서원으로 지혜를 일으켜, 법계·허공계 등에 가득한 중생에 대한 大悲의 마음을 성취함이 없기 때문이며,

혹 이르기를, "願으로써 미혹에 빠져 사바세계에 머문다."는 것은 다만 법이 공하여 모양이 없는 깨달음만을 얻은 것이지, 보광명지를 얻은 것이 아니기 때문이다.

저 삼승보살은 비록 원행이 있지만, 모두 많은 겁에 성불하는 것을 좋아하기에, 찰나의 시간이 없는 이 가르침과 같지 않으며,

또한 제8 부동지 보살은 '공용이 없는 지혜[無功智]'가 앞에 나타나지만, 오히려 고요함에 빠질까 두렵기에 제8 원바라밀로 이의 잘못을 막으며,

또 본원을 기억하고 생각하도록 하기 위함이며,

또한 시방제불이 3가지 가피[三加: 諸佛現身, 與智, 言讚]와 7가지의 발심 권면[七勸發]으로써 지혜가 고요함에 빠지지 않도록 하기 위함이며,

또한 십회향 가운데 10가지 지혜를 일으키는 大願門이 있기 때문이다.

四 以其大悲 能隨染淨 不染不淨菩提者는 明前六地는 行六波羅密하야 得出世間及世間竝出世間菩提어니와 至此第七地하야는 以出世間及世間竝出世間菩提로 用入世間하야 同一切凡夫事業하야 成大慈悲行하야 使普賢行으로 得圓滿故로 雖同俗染이나 以智無染性으로 處世無著故니

如蓮華處水에 恒生水中不濕故며

又以本願으로 處世利生일새 以於智體에 無自貪世樂故며 不樂愛慢憍世所榮奢故며

又明智體가 無依無性하야 能隨大願하야 處於俗流호되 不屬染淨하야 而自在故니라

此之第七地法門은 非二乘所及이며 亦非行六波羅密하야 忻厭煩惱菩薩所知니

如下文에 六通菩薩의 所不能知는 爲證漏盡通故로 不能隨於生死하야 具普賢行하야 滿大悲故며 爲於生死에 有忻厭하고 有疲勞하야 樂生淨土故니라

'④ 대자비로 오염과 청정함을 따르되 오염과 청정에 집착하지

않는 보리'란 앞의 제6 현전지는 6바라밀을 행하여 출세간과 세간에서 모두 나오는 세간의 깨달음을 얻었지만, 제7 원행지에 이르러서는 출세간 및 세간에서 모두 나오는 세간의 깨달음으로써 세간에 들어가, 일체 범부의 하는 일을 함께하면서 대자비행을 성취하여, 보현행을 원만하게 얻게 하고자 한다. 이 때문에 비록 속세의 오염과 함께하지만 지혜가 오염된 성품이 없음으로써 세간에 살면서도 집착이 없음을 밝혔다.

연꽃이 물에 있을 적에 늘 물속에서 커나가지만 물에 젖지 않는 것과 같기 때문이며,

또 본원으로써 세간에 처하면서 중생을 이롭게 할 적에 지혜의 본체에 스스로 세간의 즐거움을 탐함이 없기 때문이며, 거만함과 교만함과 세간에서 영화와 사치로 생각한 바를 좋아하지 않기 때문이며,

또한 지혜의 본체가 의지가 없고 체성이 없어서 큰 서원을 따라 속세의 흐름에 처하되 오염과 청정에 묶이지 않고서 자재함을 밝혔기 때문이다.

이 제7 원행지 법문은 이승의 미칠 바가 아니며, 또한 6바라밀을 행하여 번뇌를 좋아하거나 싫어하는 보살이 알 수 있는 바도 아니다.

저 아래 문장에 6가지 신통력을 지닌 보살로서 알 수 없는 바는 누진통을 증득한 까닭에 생사를 따라 보현행을 갖춰 대자비를 원만케 하지 못하기 때문이며,

생사에 대해 기뻐하거나 싫어함이 있고 피로함이 있어 정토에 태어나기를 원하기 때문이다.

'五. 智悲萬行 得圓滿無作菩提'者는 若以總相同相門中인댄 智體不異며 時亦不異라 即十住初心이 即總具이니와 若以別相門中인댄 十住十行十廻向엔 得一分如來同體大智며 得一分如來同體之行이며 得一切如來廻向大願의 和融悲智圓滿之門이오 從初地至第六地는 依前三賢位中之法하야 長養成就하야 令得出纏이니 雖有慈悲나 是願令一切衆生으로 出世之悲어니와 如第七地之悲는 恒處世間호대 如蓮華處水不濕이니

即明生死恒寂하야 即從初發心已來로 依教而生信順이로대 非自分法法爾行然故로 今至此第七地에 將前出世解脫之心하야 方始處纏不汗이니 爲以創居同俗에 隨悲願力受生하야 從三空無作之門으로 始入世間同纏方便之行이 猶有無作有作二種習氣일새 有行有開發이라

是故로 善財表法善知識이 號開敷樹華는 爲開敷智樹萬行之華하야 令如普賢行海故로 從茲入纏하야 行華開發이오 至第八地第十地에 悲智圓滿하야 任物利生하야 無作方終이오 至第十一地에 所利衆生이 等同法界하야 隨根隨時하야 對現色身하야 無生不利호되 不爲而用하며 不作而應하야 以普光明智로 不屬方所하고 同衆生心하야 任物現形에 無往來故니 爲普光明智와 與一切衆生虛妄心이 是一性體故니라 故能知一切衆生의 所作業行하야 隨而應現故니라

是故로 下經云 初地中에 一切佛法願求故者는 明初地는 是緣地
前三賢位中所安立佛果樣式하야 願成彼故오 非自行滿故니 是
願求菩提如因滿故니라 三乘佛果樣式은 在十地之後어니와 此經
佛果行樣은 在十地之前이니 乃至初會神天等衆이 總是오
第二地에 離心垢故者는 明以上上十善法身性戒로 以淨諸妄
故오
第三地에 願轉增長하야 得法光明者는 明修上二界四禪八定하야
得稱理智淨明故며 得過三界心障礙故며 入第九定故오
第四地에 入道故者는 明以修三十七品助菩提觀하야 令智眼明
淨故오
第五地에 順世所作故者는 明以法界自體無作定門으로 能順達
世間技藝하야 悉能了故오
第六地에 入甚深法門者는 明入智慧方便하야 世間出世間法 無
不明故오
第七地에 起一切佛法故者는 明第七地가 能入世間하야 學普賢
行故니 已前諸地는 雖以普光明智로 爲體나 皆有學有解有行有
忻上位法門이라
從第八地로 乃至第十地히 無功用行을 皆悉成就는 第八地는 初
得智慧無功用이오 第九地는 明無功用智로 說教自在오 第十地는
明無功用中에 智悲總圓滿故로 同佛位故니라
云第七地 最爲殊勝者는 下文에 云功用行滿故니 明從六地無
功用之智慧로 成有功之萬行故로 成普賢之行圓滿하야 至十地

가 是此位中之果故니 明因行難發이오 果行易成故니라 如水入流에 任運至海어든 何況此行은 不出海中가 此第七地行이 同十住中 第七住休捨優婆夷行이니 八萬四千那由他衆生之行을 我皆同 之며 亦如十行中第七行滿足王이 以自化身으로 示行殺害며 亦如 十廻向中第七廻向이 金剛山西에 見觀世音菩薩이니 此第七地 中行門이 一一倣地前之解行樣式이라

地前三位에 解行已周일세 十地之中에 蘊功成德이 一如地前之果 法也니 地前이 是果라 地上行因이 倣地前之果故로 不同三乘의 立 佛果가 在三祇之後也니 若修行者인댄 善知敎意하야 勿妄解佛心 이어다

如正修十住之因時에 卽十住十行十廻向十地十一地五位를 一 時總踐이니 爲於智境에 智不異며 時不移라 以一法界智印으로 印 之하야 古今이 絶矣니 還依六相之義하야 卽但了因圓하면 果無不備 어니와 若望起智達纏인댄 卽以始初發心住 功高며 若以大悲先首인 댄 卽第七住第七行第七廻向第七地爲勝이니 餘皆任運滿故니라

'⑤ 지혜와 자비의 만행이 원만하여 작위가 없는 보리'는 만약 總相과 同相 법문으로 말하면 지혜의 본체는 다르지 않으며, 시기 또한 다르지 않다. 이는 십주의 초심에 모두 갖춰져 있다.

하지만 別相 법문으로 말하면 십주, 십행, 십회향에서는,

여래와 똑같은 큰 지혜[同體大智]를 일부분 얻음이며,

여래와 똑같은 行을 일부분 얻음이며,

일체 여래의 회향 大願의 '大智大悲가 하나로 원융한 원만 법

문'을 얻음이며,

 초지부터 제6 현전지까지는 앞의 三賢位 가운데 법을 얻어 기르고 성취하여, 속박에서 벗어나도록 하는 것이다. 이는 비록 자비의 마음이 있을지라도, 그의 원력은 일체중생으로 하여금 세간을 벗어나게 하려는 자비이다. 그러나 제7 원행지의 자비는 항상 세간에 거처하지만, 연꽃이 물속에 있으면서도 물에 젖지 않는 것과 같다.

 이는 생사가 항상 고요하여 초발심 이후로부터 가르침을 따라 믿음과 순종의 마음을 내지만, 自分의 법이 법대로 행하기 때문에 지금 제7 원행지에 이르러서는 앞의 출세간 해탈의 마음을 가지고서 바야흐로 세속에 처하면서도 오염되지 않음을 밝힌 것이다.

 처음 세속과 함께 거처할 적에 자비의 원력을 따라 생을 받아, 작위 없는 3가지 공[三空無作]의 법문으로부터 처음 세간에 들어가 얽매임을 함께하는 방편의 행에 아직은 '작위가 없는, 작위가 있는 2종의 습기'가 그대로 남아 있어, 수행과 개발을 필요로 한다.

 이 때문에 선재동자의 법을 표현한 선지식의 명호를 '보리수에 꽃 피다[開敷樹華].'라고 말한 것은 지혜 나무에 萬行의 꽃을 피워 보현행 바다와 같도록 한 까닭에 세속에 들어가 수행의 꽃을 피우는 것이다.

 제8 부동지와 제10 법운지에 이르러서는 자비와 지혜가 원만하여 중생에게 맡겨 중생을 이롭게 하여 작위가 없는 것이 바야흐로 끝 단계이다.

 제11지에 이르러서는 중생에게 이익을 베푸는 바가 법계와 똑같아서 근기를 따르고 때에 따라서 색신을 나타내어 중생에게 이익을 주지 않음이 없지만 하는 일이 없이 작용하며, 짓는 일이 없이 응하여 보광명지로써 어느 곳에 속하지 않고 중생의 마음과 똑같이 대하여 중생에게 맡겨 몸을 나타내는 데에 오고 감이 없기 때문이다. 이는 보광명지와 일체중생의 허망심이 하나의 성품 본체이기 때문이다. 그러므로 일체중생의 짓는 업행을 알고서 중생의 마음을 따라 몸을 나타내기 때문이다.

그러므로 아래의 경전에서, "초지에서 일체 불법을 원하고 구하기 때문이다."는 것은 초지란 地前 삼현위 가운데 안립한 佛果의 양식을 따라서 그처럼 성취하고자 원한 것이지, 스스로 행한 바가 원만한 것은 아니기 때문이다. 이는 보리를 발원하여 구함이 원인과 같이 원만함을 밝힌 것이다.

'삼승의 불과 양식'은 십지의 뒤에 있지만, 화엄경에서 말한 '불과의 행동 양식'은 십지 이전에 있다. 나아가 아란야법보리장의 첫 법회에 神과 天人 등 대중이 모두 이에 해당한다.

제2 이구지에서 마음의 때를 여의었기 때문이라 한 것은 上上의 十善인 法身性戒로써 모든 허망한 것을 말끔히 없앤 것을 밝혔기 때문이다.

제3 발광지에서 더욱 增長하기를 원하여 법의 광명을 얻었다는 것은 위의 二界[雜染과 純淨의 세계]에서 四禪八定을 닦아 如理智가 청정하고 밝음을 얻었기 때문이며, 삼계의 마음 장애에서 벗어났기 때문이며, 제9 선정에 들어감을 밝혔기 때문이다.

제4 염혜지에서 도에 들어가기 때문이라는 것은 37품 助菩提觀을 닦아 지혜의 안목을 밝고 청정하게 하고자 함을 밝혔기 때문이다.

제5 난승지에서 세간의 하는 일을 따르기 때문이라는 것은 법계 자체인 작위가 없는 선정의 법문으로 세간의 기예를 따르고 통달하여 모두 잘 아는 것을 밝혔기 때문이다.

제6 현전지에서 깊고 깊은 법문에 들어간다는 것은 지혜방편에 들어가 세간과 출세간법을 밝게 알지 못함이 없음을 밝혔기 때문이다.

제7 원행지에서 일체 불법을 일으켰기 때문이라는 것은 제7 원행지는 세간에 들어가 보현행을 배움에 대해 밝혔기 때문이다.

이전의 모든 지위는, 비록 보광명지로 본체를 삼지만 모두 上位 법문을 배우고 알고 행하고 기뻐함이 있다.

제8 부동지로부터 제10 법운지까지 功用이 없는 行을 모두 성취했다는 것은 다음과 같다.

제8 부동지에서는 처음 공용이 없는 지혜를 얻고,

제9 선혜지에서는 노력을 필요로 하지 않는 지혜로 설교가 자재함을 밝혔고,

제10 법운지에서는 공용이 없는 가운데 지혜와 자비가 모두 원만한 까닭에 佛位와 같음을 밝혔기 때문이다.

"제7 원행지가 가장 수승하다."고 말한 것은 아래 문장에서 "공용의 행이 원만하기 때문"이라 하였다. 제6 현전지에서 공용이 없

는 지혜로 공용이 있는 만행을 성취한 까닭에 원만한 보현행을 성취하여 제10 법운지에 이르는 것이 제7 원행지의 결과임을 밝혔기 때문이다.

시냇물이 강줄기에 들어가 마음대로 바다에 이르는 것인데, 더욱이 제7 원행지의 行은 바닷속에서 벗어나지 않은 것이니 오죽하겠는가.

이는 제7 원행지의 행이란,

십주 가운데 제7 不退住의 休捨優婆夷行이 8만 4천 나유타 중생의 행을 내가 모두 같다는 것과 같으며,

또한 십행 가운데 제7 無着行의 滿足王이 自化身으로 살해의 자행을 보임과 같으며,

또한 십회향 가운데 제7 隨順一切衆生廻向이 금강산 서쪽의 관세음보살을 친견함과 같다.

이처럼 제7 원행지에서의 수행 법문이 하나하나 地前의 이해와 수행의 양식을 본받는다.

地前의 삼현위에서는 이해와 수행을 이미 두루 갖췄기에 십지 가운데 공을 쌓고 덕을 성취함이 하나같이 지전의 果法과 같다. 地前은 이 결과이다. 地上行因이 地前의 결과를 본받는 까닭에 삼승의 불과가 3아승기 뒤에 있어 성립되는 것과는 같지 않다. 만약 수행하는 자라면 가르침의 뜻을 잘 알아서 부처의 마음을 잘못 알아서는 안 된다.

예컨대 십주의 인행을 바르게 닦을 적에 십주, 십행, 십회향, 십

지, 십일지 5階位를 일시에 모두 실천하였다. 지혜 경계에 지혜가 다르지 않고 때가 변하지 않기 때문이다. 하나의 법계 지혜 도장으로 도장을 찍어서 고금이 단절되니, 또한 六相의 뜻을 따라서 원인이 원만함을 알면 결과가 갖추어지지 않음이 없다.

하지만, 만약 지혜를 일으켜 세속의 일을 잘 아는 것과 대조하면, 이는 처음 초발심주가 공이 높으나, 대비의 마음으로 으뜸을 삼으면 이는 제7 불퇴주, 제7 무착행, 제7 수순일체중생회향, 제7 원행지가 뛰어나다.

나머지는 모두 마음대로 원만하기 때문이다.

二. 明勝後三地

文中四니

一은 法이오 二는 喩오 三은 合이오 四는 因論生論이라

今初니 前三合科라

(2) 뒤의 3지보다 뛰어남을 밝히다

경문은 4부분이다.

① 법, ② 비유, ③ 종합, ④ 논으로 인해 논을 일으킴이다.

이는 첫 부분으로 앞의 3부분을 하나로 합하였다.

經
何以故오 菩薩이 從初地로 乃至第七地하야사 成就智功

用分이니 以此力故로 從第八地로 乃至第十地히 無功用
行을 皆悉成就니라

佛子여 譬如有二世界호되 一處는 雜染이며 一處는 純淨
이라 是二中間을 難可得過니 唯除菩薩의 有大方便神通
願力인달하야

佛子여 菩薩諸地도 亦復如是하야 有雜染行하며 有淸淨
行이라 是二中間을 難可得過니 唯除菩薩의 有大願力方
便智慧하야 乃能得過니라

　　무엇 때문일까?

　　보살이 초지로부터 제7 원행지에 이르러서 지혜의 공용 부분을 성취하였다. 이런 공용의 힘으로 제8 부동지로부터 제10 법운지에 이르기까지 공용이 없는 행을 모두 성취하는 것이다.

　　불자여! 비유하면 여기 2세계가 있는데, 한곳은 오염되고, 한곳은 청정하다. 2세계의 중간을 지나가기 어렵다. 오직 보살의 큰 방편과 신통과 서원과 힘이 있어야 하는 것처럼,

　　불자여! 보살의 여러 지위도 이와 같다. 오염된 행도 있고, 청정한 행도 있다. 2지의 중간을 지나가기 어렵다. 오직 보살의 큰 서원과 힘과 방편과 지혜가 있어야 지나갈 수 있다."

● 疏 ●

先은 徵이오 後는 釋이라
徵意云 何以前六은 各一이로대 至七하야 方具一切오

釋云 從初積集하야 至此成故니 此酬前徵이라 由此하야 便能令後三地勝行으로 成就하니 斯乃勝後라 勝前은 但約能入八地요 勝後는 令後地無功行成하야 乃至十地는 要由積功하사 以至無功之功故니라【鈔_ '要由積功'者는 結成勝後地義니 後地無功用이 因於此地功用成일세 故名之爲勝이언정 非行體勝이로다】

앞은 물음이며, 뒤는 해석이다.

물음의 뜻은 다음과 같다.

"어째서 앞의 6지는 각기 하나인데, 제7 원행지에 이르러서는 바야흐로 일체를 갖췄는가?"

이의 해석은 다음과 같다.

"초지로부터 쌓고 모아가다가 제7 원행지에 이르러서 이뤘기 때문이다."

이는 앞의 물음에 답함이다.

이로 인해서 곧 뒤의 제8, 제9, 제10지보다 뛰어난 행을 성취할 수 있다. 이런 점이 뒤의 지위보다 뛰어난 부분이다.

'앞의 지위보다 뛰어나다.'는 것은 제8 부동지에 들어갈 수 있다는 점으로 말한 것이며, '뒤의 3지위보다 뛰어나다.'는 것은 뒤의 지위에서 공용 없는 행을 성취하여, 제10 법운지에 이르러서는 공용을 쌓으려는 노력으로 인해서 공용 없는 공덕에 이르기 때문이다.【초_ "공용을 쌓으려고 한다."는 것은 뒤의 지위보다 뛰어나다는 뜻을 끝맺음이다. 뒤 지위의 공용 없는 행이 제7 원행지의 공용 성취에서 기인하기 때문에 뛰어나다고 말한 것이지, 행법의 체성

이 뛰어나다는 뜻은 아니다.】

合中에 '有雜染行'은 合雜染世界라 然有二義하니 一은 即前六이오 二는 通前七이라

'有淸淨行'은 合純淨界니 即後三地라

中間難過에 亦有二義하니 一은 若六地爲雜인댄 則七地 爲中間이오 若七地 皆雜인댄 則從七至八은 即曰中間이라

'難過'者는 猶娑婆之於極樂이 淨穢域絶이니 前六과 後三이 難過는 亦爾라 要得此地의 大願方便하야사 方能越之니 淨由此到오 染由此 過일새 故此一地가 最爲勝要니라【鈔_ 通論染淨이라 乃有四門하니

一云 外凡은 人位니 說爲純染이오 善趣已上과 乃至解行은 名爲染 淨이오 初地已上은 乃名純淨이라

二는 善趣亦染이오 種姓已上은 爲染淨이오 純淨은 同前하니라

三者는 地前皆染이오 初至로 七地는 乃名染淨이오 八地已上은 乃 名純淨이라

四는 染義는 如前이오 十地는 皆染淨이오 佛은 爲純淨이니 今是第三 門耳니라】

　　종합에서 "오염된 행이 있다."는 것은 '잡염세계'에 종합한 부분 이다.

　　그러나 여기에는 2가지 뜻이 있다.

　　㉠ 앞의 제6 현전지까지 6지이며,

　　㉡ 앞의 제7 원행지까지 7지에 모두 통한다.

　　"청정한 행이 있다."는 것은 '純淨세계'에 종합한 부분이다. 이

545

는 뒤의 제8~10지이다.

"중간을 지나가기 어려움"에도 2가지 뜻이 있다.

㉠ 제6 현전지까지 6지로 잡염을 삼으면 제7 원행지가 중간이 되고,

㉡ 제7 원행지까지 7지로 잡염을 삼으면 제7 원행지에서 제8 부동지까지를 중간이라 말한다.

지나가기 어렵다는 것은 마치 사바세계에 있어서의 극락세계는 정토와 예토의 영역으로 단절되어 있는 것과 같다. 앞의 6지와 뒤의 3지를 지나가기 어려움 또한 마찬가지이다.

제7 원행지에서 큰 서원의 방편을 얻으려고 노력해야만 비로소 건너갈 수 있다. 순정세계는 제7 원행지에 의해 다다를 수 있고, 잡염세계는 제7 원행지로 인해 벗어날 수 있다. 이 때문에 제7 원행지가 가장 뛰어나고 중요하다.【초_ 잡염세계와 청정세계를 모두 들어 논하였다. 여기에는 4개의 법문이 있다.

㉠ 외도와 범부는 사람의 지위이다. '순전한 잡염세계'이다. 착한 세계[善趣] 이상으로 解行地까지는 '잡염과 청정이 섞인 세계'라 말하고, 초지 이상은 '순전한 청정세계'라 말한다.

㉡ 착한 세계 역시 잡염세계이고, 種姓地 이상은 잡염과 청정이 섞인 세계이고, 순전한 청정세계는 앞의 논지와 같다.

㉢ 십지 이전은 모두 잡염세계이고, 초지에서 7지까지는 잡염과 청정이 섞인 세계이고, 8지 이상은 '순전한 청정세계'라 말한다.

㉣ 잡염세계의 뜻은 앞의 논지와 같다. 十地는 모두 잡염과 청

정이 섞인 세계이고, 佛地는 '순전한 청정세계'이다.

　　여기서는 제3 법문의 논지이다.】

四 因論生論

中에 先問이오

　　④ 논으로 인해 논을 일으키다

　　이 부분의 앞은 물음이다.

經

解脫月菩薩이 **言**하사대

佛子여 **此七地菩薩**이 **爲是染行**가 **爲是淨行**이니잇가

　　해탈월보살이 물었다.

　　"불자여! 제7 원행지 보살은 잡염의 행입니까? 청정한 행입니까?"

◉ **疏** ◉

問意云 前後可知어니와 但言中間은 爲何所屬고

　　물음의 뜻은, "앞뒤에 대한 논지는 알겠는데, 중간이라 말한 부분은 어디에 속하는가?"이다.

> 經

後 答意에 明非染非淨이라 亦得名爲亦染亦淨이니 故名中間이라
於中에 二니
先은 通將七地하야 對後彰劣이라 攝此第七通於染淨하야 則成前七地가 皆是染淨相雜이오 非純染行이라
二 '佛子此第七' 下는 別將此地하야 對前彰勝이니 顯此第七이 雙非染淨故로 成前第七이 是中間義라
今은 初라

뒤는 대답이다.

한 의미에 잡염도 아니고 청정도 아님을 밝혔다. 또한 잡염이기도 하고 청정이기도 하므로 중간이라고 칭하였다.

그중에 둘이니,

첫째, 통틀어 7지를 가져서 뒤의 지와 상대하여 열등하다고 밝힌 부분이다. 이 제7지를 섭수하여 잡염과 청정에 통하면 앞의 7지가 모두 잡염과 청정이 서로 섞임을 이룬 것이요, 순수한 잡염의 수행이 아닐 것이다.

둘째, '佛子此第七' 이하는 따로 이 7지를 가져서 앞과 상대하여 뛰어남을 밝힌 것이니, 이 제7지가 잡염과 청정도 모두 아님을 밝혔으므로 앞에서 제7지가 중간이란 뜻이 성립된다.

> 經

金剛藏菩薩이 言하시다

佛子여 從初地로 至七地히 所行諸行이 皆捨離煩惱業이니 以廻向無上菩提故며 分得平等道故니라 然未名爲超煩惱行이니

佛子여 譬如轉輪聖王이 乘天象寶하고 遊四天下에 知有貧窮困苦之人이로되 而不爲彼衆患所染이라 然未名爲超過人位어니와 若捨王身하고 生於梵世하야 乘天宮殿하야 見千世界하며 遊千世界하야 示現梵天의 光明威德하면 爾乃名爲超過人位인달하야

佛子여 菩薩도 亦復如是하야 始從初地로 至於七地히 乘波羅蜜乘하고 遊行世間에 知諸世間煩惱過患하야 以乘正道故로 不爲煩惱過失所染이나 然未名爲超煩惱行이어니와 若捨一切有功用行하고 從第七地로 入第八地하야 乘菩薩淸淨乘하고 遊行世間에 知煩惱過失하야 不爲所染하면 爾乃名爲超煩惱行이니 以得一切盡超過故니라

금강장보살이 말하였다.

"불자여! 초지로부터 제7 원행지에 이르기까지 수행하였던 모든 행이 모두 번뇌의 업을 여의는 것이다. 이는 위없는 보리로 회향하였기 때문이며, 부분적으로 평등한 도를 얻었기 때문이다. 그러나 번뇌를 초월한 행이라고는 말하지 못한다.

불자여! 마치 전륜성왕이 하늘 코끼리를 타고서 사방천하로 노닐 적에, 빈궁하고 고난을 겪는 사람들이 있는 줄 알지만, 그들의 수많은 걱정에 물들지 않는다. 그러나 인간의 지위를 초월했다

고는 말하지 못한다.

만약 전륜성왕의 몸을 버리고 범천에 태어나 하늘 궁전을 타고서 1천 세계를 보면서 1천 세계에 노닐 적에 범천의 광명과 위력을 나타내면, 그제야 인간의 지위를 초월했다고 말할 수 있는 것처럼, 불자여! 보살도 그와 같다.

처음 초지로부터 제7 원행지에 이르기까지 바라밀을 타고서 세간에 다닐 적에, 세간의 번뇌와 근심을 알지만, 바른 도를 탔기에 번뇌의 허물에 물들지 않는다. 그러나 번뇌를 초월한 행이라고는 말하지 못한다.

만약 일체 공용 있는 행을 버리고, 제7 원행지로부터 제8 부동지에 들어가 보살의 청정한 법을 타고서 세간에 다닐 적에, 번뇌의 허물을 알지만 거기에 물들지 않으면, 그제야 번뇌의 행을 초월했다고 말한다. 일체를 모두 초월했기 때문이다.

◉ 疏 ◉

初通中에 有法·喩·合하니

法中에 初標離惑業은 顯是淨故오

次'以廻向'下는 釋上淨義니 以二因故오

後'然未'下는 卽由上二하야 顯同前染이오 非報行故니라【鈔_ '以二因故'者는 二因은 卽經中의 一은 廻向菩提故오 二 分得平等道故니라

後'然未'下는 卽經'然未名爲超煩惱行'이라 疏今釋云호되 由上二

因하야 故非超也라 上用二因하야 得名淸淨하야 成於行淨이어니와 今以二因으로 却同染者는 旣因廻向과 及分平等하야 而得淨名은 明非淨位라 故同於染이오 不同八地의 報行淨也니라 】

첫째, 통합 부분에 법과 비유와 종합이 있다.

법의 부분에 첫째, 혹업의 여읨을 내세운 것은 청정을 밝히기 위함이다.

다음 '以廻向無上' 이하는 위의 청정한 뜻을 해석하였다. 2가지 원인 때문이다.

뒤의 '然未名' 이하는 위의 2가지를 따라 앞의 잡염을 밝힌 것이지, 報行이 아니기 때문이다. 【초_ "2가지 원인 때문"이라는 2가지 원인은 경문에서 말한 ㉠ 보리에 회향하였기 때문이며, ㉡ 부분적으로 평등한 도를 얻었기 때문이다.

'然未名' 이하는 경문에서 말한 "그러나 번뇌를 초월한 행이라고는 말하지 못한다."는 대목이다. 이의 청량소에서 해석하기를, "위의 2가지 원인에 따라 초월하지 못한 것이다."고 하였다.

위에서 2가지 원인으로 '청정'하다는 이름을 얻어 '수행이 청정함'을 성취했지만, 여기에서는 '2가지 원인으로 인하여 도리어 잡염과 같다.'고 말한 것은 이미 회향과 부분적인 평등함으로 인하여 '청정'하다는 이름을 얻었다는 것은 청정한 지위가 아님을 밝힌 것이다. 이 때문에 잡염과 같을 뿐, 제8 부동지의 '타고난 청정함[報行淨]'과는 같지 않다.】

次喩中에 輪王은 喩七地隨分이니 捨功用道故니라 梵王은 喩於八

地니 報得初禪하야 遊千界故니라 然法中對問은 但名前七이오 喻中에는 擧勝顯劣일새 故兼明上地니라【鈔_ '梵王遊千界'者는 卽千四天下라 準俱舍論인댄 '二禪은 量等小千하고 三禪은 等中千하고 四禪은 等大千이'라하며 婆沙有義에는 '初禪之量이 卽等小千이'라하니 故生梵世하야 得遊千界니라】

다음 비유 부분에서 전륜성왕은 제7 원행지의 분수에 따름을 비유하였다. 이는 공용의 도를 버렸기 때문이다.

범천왕은 제8 부동지에 비유하였다. 初禪天의 보답으로 태어나 1천 세계를 노닐기 때문이다. 그러나 법에서 물음에 상대한 부분은 앞의 7지만을 밝혔을 뿐인데, 비유에서는 뛰어난 부분을 들어서 열등함을 밝혔기에 위의 지위까지 모두 밝힌 것이다.【초_ 그러나 '범천왕이 1천 세계에 노닌다.'고 말한 것은 1천 곳의 사방천하이다.

구사론에 준하면, "二禪天의 분량은 小千세계와 같고, 三禪天은 中千세계와 같고, 四禪天은 大千세계와 같다."고 하였으며, 대비바사론의 어떤 논지에는 "初禪天의 분량은 소천세계와 같다."고 하였다. 이 때문에 범천세계에 태어나 1천 세계에 노닌 것이다.】

合文은 準此可知니라

종합 부분의 경문은 이에 준하면 말하지 않아도 알 수 있다.

◉ 論 ◉

解脫月菩薩言하사대 佛子여 此七地菩薩이 爲是染行가 爲是淨行

이니잇가 金剛藏菩薩言하사대 佛子여 從初地至第七地히 所行諸行이 皆捨離煩惱業하야 分得平等이나 未名超煩惱行이 如輪王喩하야 不離人位호되 非有貧窮因苦所患'은 擧喩가 如文具明이니

大意는 爲得第六地中三空妙慧와 及根本智하고 又加大願力故며 智自在故로 不離人位호되 不染世法코 能同世事하야 不垢不淨故로 以智無依하야 不受恒垢하며 以垢無依일새 不能染淨하고 但爲大悲緣起하야 方便利生이오 八地會融功終에 無功之行이 一分自在며 十地에 方終이니 若滅七地에 有行有功이면 無盡大悲와 普賢大智를 不可成辦이라

是故로 淨名經에 對三乘出纏之種하사 說塵勞之儔 是如來種故라하며 亦說 火中生蓮華 實可爲希有라하니 此意已得第六地已前出纏者說이니 若也具縛之徒인댄 未可全登此迹이니라 餘文은 如經自具라

"해탈월보살이 물었다.

'불자여! 제7 원행지 보살은 잡염의 행입니까? 청정한 행입니까?'

금강장보살이 말하였다.

'불자여! 초지로부터 제7 원행지에 이르기까지 수행하였던 모든 행이 모두 번뇌의 업을 여의어, 부분적으로 평등한 도를 얻었으나, 번뇌를 초월한 행이라고는 말하지 못한다. 이는 마치 전륜성왕의 비유처럼 인간의 지위를 초월하지는 못했지만 빈궁과 고난의 우환은 있지 않다.'"는 것은 비유를 들어 말한 바가 경문에서 보는

바와 같이 구체적으로 분명하다.

대의는 제6 현전지에서 三空妙慧와 근본지를 얻고, 또다시 원력을 더하기 때문이며, 지혜가 자재한 까닭에 사람의 지위를 여의지 않되 세간법에 물들지 않고, 세간의 일을 함께하면서 때 묻지도 않고 청정하지도 않다. 이 때문에 지혜는 의지가 없어 언제나 때를 받아들이지 않는다. 때가 묻을 수 없기에 물들거나 청정하지 않다. 다만 대비의 緣起에 따라 방편으로 중생을 이롭게 할 뿐이다.

제8 부동지에서 融會의 공용이 끝나면 공용이 없는 행이 일부분 자재하며, 제10 법운지에서 비로소 끝마친다. 만약 제7 원행지에서 행과 공용이 있는 것을 모두 없애지 못하면 그지없는 大悲와 보현의 大智를 성취할 수 없다.

이 때문에 유마경에서 얽매임에 벗어난 삼승의 種姓을 상대로, "세속의 일을 함께하는 이는 여래의 종성이기 때문이다."고 말하였다.

또한 "불꽃 속에서 연꽃이 피어남은 실로 보기 드물다."고 말하였다. 이 말의 뜻은 이미 제6 현전지 이전의 '얽매임에서 벗어난 자'를 위해 말한 것이다. 만약 얽매인 사람이라면 이런 자취에 전혀 오를 수 없다. 나머지 문장은 경문에서 말한 바와 같이 스스로 잘 갖춰져 있다.

第二 別明此地雙非染淨

對前彰勝이라

둘째, 이 제7지가 잡염과 청정도 모두 아님을 개별로 밝히다 앞과 상대하여 뛰어남을 밝힌 것이다.

經

佛子여 此第七地菩薩이 盡超過多貪等諸煩惱衆하고 住此地에 不名有煩惱者며 不名無煩惱者니
何以故오 一切煩惱 不現行故로 不名有者며 求如來智心이 未滿故로 不名無者니라

불자여! 이 제7 원행지 보살이 많은 탐욕 따위의 모든 번뇌를 모두 초월하여 이 지위에 머물면, 번뇌가 있는 이라 말하지도 않고 번뇌가 없는 이라 말하지도 않는다.

무엇 때문일까?

일체 번뇌가 현재 행하지 아니하므로 번뇌가 있는 이라 말하지도 않고, 여래의 지혜를 구하는 마음이 아직 원만하지 못하므로 번뇌가 없는 이라 말하지도 않는다.

● 疏 ●

初는 總明이라

·盡超過多貪等·者는 盡超故로 勝이오 前에 求佛之心이 爲貪이오 厭世 爲瞋이오 取空著有 爲癡이어니와 至此盡超니라
又初地에 超貪하니 檀度滿故오 二·三에 超瞋하니 尸·忍滿故오 三에

亦超癡하니 得聞持故오 四地에 超慢하니 道品이 離我相故오 五地에 超疑하니 了諸諦故오 六地에 超見하니 入般若故오 此地에 總超隨惑等하야 常在觀故로 故云盡超어늘 而云'多'者는 顯非報行故니 則細者를 未超니라
次'住此'下는 正明形前望後하야 以顯雙非오
後'何以'下는 釋雙非義니 常在觀故니라 惑不現行은 卽過前也오 有功用行이 名求未滿이니 卽劣後也라 功用이 卽是煩惱니 以有起動故니라

  첫 구절은 총체로 밝혔다.

  "많은 탐욕 따위의 모든 번뇌를 모두 초월했다."고 말한 것은 모두 초월하였기에 뛰어나다. 앞에서는 부처를 구하는 마음을 탐욕으로, 세간을 싫어함을 성냄으로, '空'을 취하거나 '有'에 집착함을 어리석음으로 삼았지만, 제7 원행지에 이르러서 이를 모두 초월한 것이다.

  또한 초지에서 탐심을 초월하니 보시바라밀이 원만하였기 때문이며,

  제2 이구지와 제3 발광지에서 성낸 마음을 초월하니 계율과 인욕이 원만하였기 때문이며,

  제3 발광지에서 어리석음을 초월하니 聞持다라니를 얻었기 때문이며,

  제4 염혜지에서 거만함을 초월하니 보리분법이 '나'라는 상을 여의었기 때문이며,

제5 난승지에서 의심을 초월하니 모든 진리를 알았기 때문이며,

제6 현전지에서 견해를 초월하니 반야의 空觀에 들었기 때문이며,

제7 원행지에서 隨煩惱 등을 총체로 초월하여 항상 관법에 있는 까닭에 모두 초월했다고 말한다. 그러나 '많은[多: 多貪等]'이라 말한 것은 報行이 아님을 밝힌 것이다. '미세번뇌'까지를 초월하지 못했다는 뜻이다.

다음 '住此' 이하는 앞을 나타내고 뒤를 바라보면서 2가지 모두 아님을 나타내어 바로 밝힌 것이며,

뒤의 '何以' 이하는 2가지 모두 아님을 해석하였다. 항상 관법에 있기 때문이다. 미혹이 현행하지 않음은 곧 이전보다 뛰어남이며, 공용이 있는 행은 구함이 원만하지 않음이라 말하니 곧 뒤보다는 못한 것이다. 공용은 곧 번뇌이다. 동요를 일으키기 때문이다.

第四 前上地勝差別 竟하다

4. 앞의 6지나 뒤의 3지보다 뛰어난 차별 부분을 끝마치다.

第五 彼果差別中에 論主 此中을 名雙行果라하니 此果 實通諸分이나 以雙行이 是正住行으로 親生此果故니라 又以雙行으로 該於諸分이니 皆雙行故로 名雙行果니라

文分四果니

一은 業淸淨이오 二는 得勝三昧오 三은 過地오 四는 得勝行이니라

遠公云 初는 即彼障對治果요 二는 即雙行果요 三은 即前上地勝
果니 勝行轉增故요 四는 即樂無作行對治果니 以彼方便과 乃起
勝行으로 滿足在此故라하니라

又初一은 即自他二行雙行하니 二는 即定慧雙行이라 三은 即悲智
等雙行이요 四는 即寂用雙行이니라

今은 初라

5. 그 無相果의 차별

이 부분에서 논주가 이를 '2가지 모두 행한 결과'라 말하였다. 이런 결과가 진실로 모든 부분에 통하지만, 2가지 모두 행함이 바로 머무는 행으로써 직접 이런 결과를 내기 때문이다.

또한 2가지 모두 행함으로 모든 부분을 포괄하니 2가지 모두 행한 까닭에 '2가지 모두 행한 결과'라 말한다.

경문은 4가지 결과로 나뉜다.

(1) 업의 청정,

(2) 뛰어난 삼매를 얻음,

(3) 앞뒤 지위를 초과함,

(4) 뛰어난 행을 얻음이다.

혜원 법사가 말하였다.

"'(1) 업의 청정'은 그 장애를 다스린 결과이며,

'(2) 뛰어난 삼매를 얻음'은 2가지 모두 행한 결과이며,

'(3) 앞뒤 지위를 초과함'은 앞과 뒤의 지위보다 뛰어난 결과이다. 뛰어난 행이 더욱 증가한 때문이며,

'(4) 뛰어난 행을 얻음'은 지음이 없음을 좋아하는 행으로 다스린 결과이다.

저 방편지혜와 뛰어난 행법을 일으킴으로써 제7 원행지의 만족이 여기에 있기 때문이다."

또한 '(1) 업의 청정'은 자리행과 이타행을 모두 함께 행함이며,

'(2) 뛰어난 삼매를 얻음'은 선정과 지혜를 모두 함께 행함이며,

'(3) 앞뒤 지위를 초과함'은 자비와 지혜 등을 모두 함께 행함이며,

'(4) 뛰어난 행을 얻음'은 적정과 묘용을 모두 함께 행함이다.

이는 첫 부분이다.

經
佛子여 菩薩이 住此第七地에 以深淨心으로 成就身業하며 成就語業하며 成就意業하야 所有一切不善業道의 如來所訶를 皆已捨離하고 一切善業의 如來所讚을 常善修行하며

世間所有經書技術을 如五地中說하야 皆自然而行이오 不假功用이니라

此菩薩이 於三千大千世界中에 爲大明師하나니 唯除如來와 及八地已上하고 其餘菩薩은 深心妙行이 無與等者며

諸禪三昧와 三摩鉢底와 神通解脫이 皆得現前이나 然是

修成이라 非如八地에 報得成就니 此地菩薩이 於念念中에 具足修集方便智力과 及一切菩提分法하야 轉勝圓滿이니라

　불자여! 보살이 제7 원행지에 머물 적에 심오하고 청정한 마음으로 몸의 업을 성취하고, 말의 업을 성취하고, 뜻의 업을 성취하여 일체 선하지 못한 업으로 여래가 꾸짖으신 바를 모두 여의었고, 일체 선한 업으로 여래가 칭찬하신 바를 언제나 닦아 행하였으며,

　세간에 있는 경전, 기술로 제5 난승지에서 말한 것들을 모두 자연스럽게 행하고, 일부러 노력함을 빌리지 않았다.

　이 보살이 삼천대천세계에서 크게 밝은 스승이 되었다. 여래와 제8 부동지 이상의 보살을 제외하고, 그 나머지 보살의 깊은 마음과 미묘한 행으로는 함께 짝할 이가 없으며, 모든 선정의 삼매, 삼마발저, 신통, 해탈이 모두 앞에 나타난다. 그러나 이는 닦아서 이뤄진 것이다. 따라서 제8 부동지처럼 과보로 얻어 성취한 것이 아니다.

　제7 원행지의 보살이 생각 생각마다 방편지혜와 일체 보리분법을 두루 갖춰 닦고 모아서 점점 더 원만해지는 것이다.

● 疏 ●

就初果中하야 復分四種이니
一者는 戒淸淨이라 於中에 初는 約性戒하야 明戒니 但三業淨이라 後 '所有'已下는 約制聽하야 明戒니 則惡止善行이라

二 世間所有下는 世間智淨이니 此辨行用이라

三 此菩薩下는 明得自身勝이니 此明行體라 論云 心行 二平等하야 無與等者는 謂深心及妙行이 爲二이니 深心은 卽證行이니 猶是十方便이오 妙行은 卽敎行이니 亦是前起勝行이라 此二 齊起일새 故云平等이니 不同前地의 有無間生이라

四 諸禪下는 明得勝力이니 謂得禪等現前인 勝功德力故니라

上三은 自分이오 此一은 勝進이라

(1) 업의 청정 결과 부분은 다시 4가지로 나뉜다.

첫째, 계율의 청정이다. 이는 다시 2부분으로 나뉜다.

① 그 자신이 본질적 죄악 행위[性戒]를 들어 계율을 밝혔다. 다만 삼업이 청정함이다.

② '所有一切' 이하는 制敎·聽敎[3]를 들어 계율을 밝혔다. 악행을 멈추고 선행을 행함이다.

둘째, '世間所有' 이하는 세간의 지혜가 청정함이다. 이는 행법의 작용을 논변하였다.

셋째, '此菩薩' 이하는 자신의 뛰어남을 얻음을 밝혔다. 여기서는 행법의 체성을 밝혔다.

논에서 "마음과 행법 2가지가 평등하여 그 누구와도 함께할 수 없다."고 말한 것은 깊은 마음과 미묘한 행법을 2가지라 말한다.

----

3   制敎·聽敎: 부처님이 제정하신 것으로 반드시 지켜야 할 가르침은 制敎, 이에 반하여 방편의 융통으로 마음에 따라 지녀야 할 법은 聽敎라 한다.(《불광사전》, p. 3088, 制聽二敎) "佛所制定而必當持守之敎法, 稱爲制敎; 反之, 方便融通, 聽其隨意持行之法, 則稱聽敎."

'깊은 마음'은 證道의 행이니 앞의 10가지 방편과 같다. '미묘한 행법'은 敎道의 행이니 이 또한 앞의 뛰어난 행법을 일으키는 것이다. 이 2가지가 동시에 일어나므로 '평등'이라 말한다. 앞의 6지처럼 '有'와 '無' 사이에서 생겨난 것과는 다르다.

넷째, '諸禪' 이하는 뛰어난 힘을 얻음에 대해 밝혔다. 선정 등이 앞에 나타나는 뛰어난 공덕의 힘을 얻었기 때문이다.

위의 戒淸淨, 世間智淨, 得自身勝 3가지는 자신의 경계이고, 이의 得勝力 하나는 뛰어나게 나아감이다.

文中에 二니

初는 明離定障이라 禪等은 已見品初하니라 論云 '寂滅樂行故'는 此釋三昧 是現法樂住禪이라 次云 '滅定三摩跋提'者는 以三摩鉢底 有其五種하니

一은 四無色이오 二는 八勝處오 三은 十徧處오 四는 滅盡定이오 五는 無想定이라

前四는 菩薩多入하니 爲化衆生이오 後一은 不入하니 非聖法故니라

今於五中에 正意는 在於滅定이니 故論에 別明下解脫月이 亦因此言하야 問何位中에 能入滅定也라하니라

後 '此地'下는 離智障이니 可知니라

경문은 2단락이다.

첫째, 선정을 여의는 장애를 밝혔다. 선정 등은 이미 제1 세주묘엄품에 보인다. 논에서 '적멸을 즐겨 행하기 때문'이라고 말한 것은 여기에서 삼매가 현재의 법에 즐겨 머무는 선정임을 해석하였다.

다음으로 말한 '멸진정의 삼마발제'를 말한 것은 삼마발저에 5가지가 있기 때문이다.

① 4가지 무색계의 선정,

② 8가지 뛰어난 곳[八勝處][4]에 드는 선정,

③ 10가지 두루 한 곳의 선정,

④ 번뇌를 모두 없애버린 선정,

⑤ 생각이 없는 선정이다.

앞의 4가지는 보살이 많이 들어가니, 이는 중생의 교화를 위함이며, 뒤의 無想定은 보살이 들어가지 않는다. 이는 성인의 법이 아니기 때문이다.

여기에서는 5가지 가운데 말하고자 하는 바른 의미는 滅盡定에 있다. 논에서 개별로 밝히기를, "아래 해탈월보살이 또한 이런 말로 인하여 어느 지위에서 멸진정에 들어갈 수 있는가를 물었다."고 하였다.

둘째, '此地菩薩' 이하는 지혜의 장애를 여읨이다. 이는 말하지 않아도 알 수 있다.

4　8가지 뛰어난 곳[八勝處]: aṣṭāvabhibhv-āyatanāni. 또는 八除入, 八除處라 말하기도 한다. 이는 욕계의 色과 相을 살펴보면서 이를 조복하여 탐심을 없애는 8단계이다. 勝處란 번뇌를 제재하고 극복하여 부처님의 가르침을 인식하는 의지처를 말한다. (1)內有色想, 觀外色少勝處. (2)內有色想, 觀外色多勝處. (3)內無色想, 觀外色少勝處. (4)內無色想, 觀外色多勝處. (5)內無色想, 觀外色靑勝處. (6)內無色想, 觀外色黃勝處. (7)內無色想, 觀外色赤勝處. (8)內無色想, 觀外色白勝處.

第二. 明三昧勝이라

(2) 삼매의 뛰어남을 밝히다

經

佛子여 菩薩이 住此地에 入菩薩의 善觀擇三昧와 善擇義三昧와 最勝慧三昧와 分別義藏三昧와 如實分別義三昧와 善住堅固根三昧와 智慧神通門三昧와 法界業三昧와 如來勝利三昧와 種種義藏生死涅槃門三昧하나니

入如是等具足大智神通門百千三昧하야 淨治此地니

불자여! 보살이 이 지위에 머물 적에

보살의 잘 관찰하여 선택하는 삼매,

이치를 잘 선택하는 삼매,

가장 뛰어난 지혜의 삼매,

이치 창고를 분별하는 삼매,

실상대로 이치를 분별하는 삼매,

견고한 선근에 잘 머무는 삼매,

지혜와 신통 법문의 삼매,

법계의 이치 삼매,

여래의 뛰어난 이익 삼매,

가지가지 이치 창고의 생사열반 법문의 삼매에 들어간다.

이와 같은 등의 큰 지혜와 신통 법문을 두루 갖춘 백천 삼매에 들어가, 이 지위를 말끔하게 다스리는 것이다.

● 疏 ●

分二니

初는 別擧十名이오 後 入如是下는 總結多類라

今初에 前五는 自利오 後五는 利他라

又前五는 起解오 後五는 成行이라

又前五는 現法樂住오 後五는 利益衆生이라

前中에 初二는 知理오 次二는 知敎義오 後一은 知事라

一云善觀擇者는 依未觀義하야 伏心令觀이라

二는 依已觀義하야 重更思審이니 故로 論經云 善思義三昧라하니라

三은 依一名句하야 說無量義일세 故云 最勝이라

四는 依一義하야 說無量名일세 故云 分別이오 義含於名일세 故稱爲藏이라

五는 依通一切五明處가 如事實故니라

後는 五中에 初一은 依煩惱障淨이니 眞如로 觀堅固根故니라 般若云 不動法界故로 眞如觀爲堅이라하며 起信云 眞如三昧 爲諸定之本이라하니 故此云根이라

此一은 顯行深이오 後四는 依智障淨하야 以顯行廣이니 爲治四障故니라 經은 卽能治오 障在文外라

四中에 初一은 助道오 次二는 證道오 後一은 不住道라

初 智通者는 治勝功德障이니 智通卽是勝德이라 下三倣此라 以智與通으로 化利鈍二類하야 令入一實이니 故名爲門이라
二는 治無礙智障이니 雙照事理二法界하야 爲業故니라
三은 治於深上佛法怯弱障이니 大悲勝利로 安住涅槃하야 能建大事 是佛深上故니라
四는 治不住行障이라 種種義藏者는 種種善根故니 此善이 能生不住일새 故名爲藏이라 修有爲善根故로 不住涅槃이오 修無爲善根故로 不住生死라 種種善根은 卽無住之門이라
後는 結이니 可知니라

이의 경문은 2단락으로 나뉜다.
앞부분은 개별로 10가지 삼매 명칭을 들어 말했고,
뒤의 '入如是' 이하는 많은 유의 삼매를 총괄하여 끝맺었다.
'개별로 밝힌 10가지 삼매' 가운데 앞의 5가지 삼매는 자리행이고, 뒤의 5가지는 이타행이다.
또한 앞의 5가지 삼매는 이해를 일으킴이며, 뒤의 5가지는 행을 성취함이다.
또한 앞의 5가지는 현재의 법에 기꺼이 머무는 삼매[現法樂住禪]이며, 뒤의 5가지는 중생에게 이익을 베푸는 삼매[利益衆生禪]이다.
'앞의 5가지 삼매' 가운데,
첫 2구[善觀擇三昧, 善擇義三昧]는 이치를 아는 것이며,
다음 2구[最勝慧三昧, 分別義藏三昧]는 가르침의 뜻을 아는 것이며,
뒤의 1구[如實分別義三昧]는 현상의 일을 아는 것이다.

제1구에서 "잘 관찰하여 선택한다."는 것은 관찰하지 못하는 이치에 의하여 마음을 조복하여 관찰하게 한다는 뜻이다.

제2구는 이미 관찰한 이치에 의하여 거듭 다시 생각하고 살피는 것이다. 그러므로 논경에서 '이치를 잘 생각하는 삼매'라고 하였다.

제3구는 하나의 언구에 의하여 한량없는 이치를 말하기에 가장 뛰어나다고 말하였다.

제4구는 하나의 이치에 의하여 한량없는 명제를 말하므로 '분별'이라고 말하였고, 이치가 명칭에 포함되어 있기에 '창고'라 칭하였다.

제5구는 일체 五明處에 의하여 통달함이 실제의 근본 자리와 같기 때문이다.

'뒤의 5가지 삼매' 가운데,

첫 구절 제6구[善住堅固根三昧]는 번뇌장이 청정함에 의함이다. 진여로 견고한 선근을 관찰하기 때문이다. 반야경에서는 "법계가 동요하지 않으므로 진여를 관찰함으로 견고함을 삼는다."고 하였으며, 기신론에서는 "진여 삼매가 여러 가지 선정의 근본이 된다."고 하였다. 이 때문에 이를 '근본'이라 하였다.

이 한 구절은 행법이 깊음을 밝힌 내용이며, 뒤의 4구는 지혜 장애가 말끔함에 의하여 행이 광대함을 밝힌 것이니 4가지 장애를 다스리기 위함이다. 경문은 다스림의 주체[三昧]만을 말하였고, 장애는 경문 밖에 그 뜻이 담겨 있다.

4구 가운데 첫 구절[智慧神通門三昧]은 助道法이며,

다음 2구[法界業三昧, 如來勝利三昧]는 證道法이며,

뒤의 1구[種種義藏生死涅槃門三昧]는 不住道法이다.

제7구, 智慧神通門三昧는 뛰어난 공덕의 장애를 다스리는 부분이다. 지혜 신통은 바로 뛰어난 공덕이다. 아래 3구도 이와 같다. 지혜와 신통으로 예리하고 노둔한 2부류의 근기를 변화시켜 하나의 실상에 들어가게 하므로 '문'이라 말하였다.

제8구, 法界業三昧는 걸림 없는 지혜의 장애를 다스림이다. 사법계와 이법계 2가지를 모두 비추는 것으로 업을 삼기 때문이다.

제9구, 如來勝利三昧는 깊고 높은 불법에 겁약한 장애를 다스리는 부분이다. 큰 자비의 뛰어난 이익으로 열반에 안주하여 능히 큰 사업을 건립하는 것이 불법의 깊고 높음이 되기 때문이다.

제10구, 種種義藏生死涅槃門三昧는 머물지 않는 행의 장애를 다스리는 부분이다. '가지가지 이치의 창고'란 가지가지 선근이기 때문이다. 이 선근이 머물지 않음을 낳아주기에 '창고'라 말한다. 有爲의 선근을 닦은 까닭에 열반에 머물지 않고, 無爲의 선근을 닦은 까닭에 생사에도 머물지 않는다. 가지가지 선근은 머물지 않는 문이다.

뒤는 끝맺음[總結多類]이니, 이는 말하지 않아도 알 수 있다.

第三 明過地

於中에 三이니 一은 修行善巧過오 二는 作業廣大過오 三은 修行勝

入過라

今은 初라

(3) 이승의 지위보다 뛰어남을 밝히다

이는 3부분이다.

(ㄱ) 수행 선교방편의 뛰어남이며,

(ㄴ) 작업 광대의 뛰어남이며,

(ㄷ) 수행으로 훌륭하게 들어감이 뛰어남이다.

이는 첫 부분이다.

經

是菩薩이 得此三昧하야 善治淨方便慧故며 大悲力故로 超過二乘地하야 得觀察智慧地니라

이 보살이 이런 삼매를 얻고서 청정한 방편지혜를 잘 다스렸기 때문이며, 큰 자비의 힘으로 이승의 지위를 뛰어넘어 지혜의 지위를 관찰하는 것이다.

● 疏 ●

過法有二하니 一은 巧智오 二는 深悲라 過相도 亦二하니 一은 下過二乘이오 二 上過智地라 智慧地는 卽八地無功用智니 由此地中에 雙觀止觀하야 便至彼處法流水中하야 任運雙流하야 趣佛智海니라

뛰어난 법에는 2가지가 있다.

① 선교방편의 지혜이며,

② 깊고 오묘한 자비이다.

뛰어난 모양에도 2가지가 있다.

① 아래로는 2승을 뛰어넘었고,

② 위로는 지혜의 지위[智地]를 뛰어넘었다.

'지혜의 지위'는 곧 제8 부동지의 '노력을 필요로 하지 않는 지혜'이다. 이 제7 원행지에서 止觀을 모두 관찰하여 곧 그곳의 法流 물줄기에 이르러 마음대로 止觀 모두 흐르고 흘러서 부처님의 지혜의 바다로 달려 나가는 것이다.

◉ 論 ◉

是菩薩得此三昧已下로 至智慧地히 有一行半經은 明得十大三昧하야 超過二乘地分이라 此應云超過三乘地어늘 爲此是學三乘人等이 共譯此經에 不善知敎意일새 但云超過二乘이오 不云超過三乘이니 若也但超二乘者인댄 如此經頌云 '一切世間羣生類鮮有欲求聲聞道라 求緣覺者轉復少하고 求大乘者甚希有하며 求大乘者猶爲易어니와 能信此法爲甚難이라'하니 若此地 但超過二乘者인댄 此四乘義를 若爲安置아 何得一部經義에 前後義意 不相貫通이리오 只爲三乘之種이 智迷하야 誤題聖旨니 後有善達君子는 無依此言하야 應云超過三乘이오 不可云二乘也니라

'是菩薩得此三昧' 이하로 '智慧地'에 이르기까지 한 줄 반의 경문은, 열 가지의 큰 삼매를 얻어서 이승의 지위를 뛰어넘음을 밝힌 부분이다. 이는 당연히 삼승의 지위를 뛰어넘었다고 말했어야

한다.

이는 삼승을 배운 사람들과 함께 화엄경을 번역할 적에 가르침의 뜻을 잘 알지 못하였기에, 다만 이승을 뛰어넘었다고 말했을 뿐, 삼승을 뛰어넘었다고 말하지 못한 것이다.

만약 '이승'만을 뛰어넘었다고 한다면 경문의 게송에서 "일체 세간 많은 중생 가운데 성문의 도를 구하고자 하는 이 적다. 연각을 구하는 이는 더욱 적고, 대승을 구하는 이는 매우 드물며, 대승을 구하는 이는 오히려 쉽지만 이 법을 믿기가 매우 어렵다."고 하였다.

만약 이 지위에서 이승만을 뛰어넘었다면 四乘의 의의를 어찌 세울 수 있겠는가. 어찌 똑같은 하나의 경전 뜻이 전후 문장이 서로 관통하지 않을 수 있겠는가. 다만 삼승의 種姓이 지혜가 혼미하여 부처의 가르침을 잘못 적었을 뿐이다. 훗날 이를 잘 아는 군자는 이런 말을 따르지 말고 당연히 '삼승'을 뛰어넘었다고 말해야 하는 것이지, '이승'을 뛰어넘었다고 말해서는 안 된다.

二 作業廣大過
(ㄴ) 작업 광대의 뛰어남

經
佛子여 **菩薩**이 **住此地**에 **善淨無量身業無相行**하며 **善淨**

無量語業無相行하며 善淨無量意業無相行일세 故得無
生法忍光明이니라

解脫月菩薩이 言하사대 佛子여 菩薩이 從初地來로 所有
無量身語意業이 豈不超過二乘耶잇가

金剛藏菩薩이 言하사대 佛子여 彼悉超過나 然但以願求
諸佛法故로 非是自智觀察之力이어니와 今第七地는 自
智力故로 一切二乘의 所不能及이니 譬如王子 生在王家
에 王后所生으로 具足王相하야 生已에 卽勝一切臣衆이로
대 但以王力이오 非是自力이어니와 若身長大하야 藝業悉
成하면 乃以自力으로 超過一切인달하야 菩薩摩訶薩도 亦
復如是하야 初發心時엔 以志求大法故로 超過一切聲聞
獨覺이어니와 今住此地하야는 以自所行智慧力故로 出過
一切二乘之上이니라

　　불자여! 보살이 제7 원행지에 머물 적에,
　　몸으로 짓는 한량없는 업의 모양 없는 행을 잘 청정히 하였으며,
　　말로 짓는 한량없는 업의 모양 없는 행을 잘 청정히 하였으며,
　　뜻으로 짓는 한량없는 업의 모양 없는 행을 잘 청정히 하였으
므로 무생법인의 광명을 얻었다."

　　해탈월보살이 말하였다.
　　"불자여! 보살이 초지로부터 닦아온 몸과 말과 뜻으로 지은 한
량없는 업은 어찌하여 이승을 뛰어넘지 못하는 것입니까?"

　　금강장보살이 대답하였다.

"불자여! 그것을 모두 뛰어넘었지만, 그러나 부처님 법을 원하고 구하였기에 자신의 지혜로 관찰하는 힘이 아니다. 하지만 제7 원행지에서는 자신의 지혜의 힘이기에 일체 이승이 미칠 수 없는 것이다.

마치 왕자가 왕실에 태어나면, 왕후가 낳은 자식으로 왕의 몸매를 두루 갖추고, 태어나면서부터 모든 신하와 백성들을 이기지만, 그것은 오직 왕이라는 지위의 힘일 뿐, 자신의 힘은 아니다.

그러나 몸이 자라면서 기예를 모두 이루면, 자신의 힘으로 모든 사람보다 뛰어나는 것처럼, 보살마하살 또한 그와 같다.

처음 발심할 적엔 대승법에 뜻을 두어 구하므로 일체 성문과 독각을 뛰어넘지만, 제7 원행지에 머물러서는 자신이 행하는 지혜의 힘으로 일체 이승의 위를 뛰어넘는 것이다.

● 疏 ●

於中二니
先은 正顯過오 後 解脫月 下는 彰過分齊라
今初中에 先은 對下하야 彰出過라 言'無相'者는 卽前樂無作對治오 '無量'者는 卽前無量對治라 入定離相은 二乘도 容有나 而非無量일세 故此無量이 顯異二乘이니라 '善淨'之言은 顯過下地니 謂修方便行滿足故니라 後에 '得無生法忍光明'은 對上하야 彰入過니 是彼八地無生法忍의 明相이 現前故로 下地未得故니라

이 부분은 2단락이다.

첫째, 바로 뛰어남을 밝혔고,

둘째, '解脫月' 이하는 뛰어난 범주를 밝혔다.

'첫째, 뛰어남을 밝힌' 부분에서 앞은 아래를 상대로 뛰어남을 밝혔다.

'모양이 없음'은 앞의 '하는 일이 없음을 좋아하는 장애'를 다스림이며,

'한량없음'은 앞의 '한량 있는 장애'를 다스림이다.

선정에 들어 모양을 여읨은 이승으로서도 간혹 있을 수 있지만, 한량없는 것은 아니다. 이 때문에 여기에서 말한 '한량없음'은 이승과 다른 점을 밝힌 것이다.

"잘 청정히 하였다."는 말은 아래 지위보다 뛰어남을 밝힌 것이다. '방편행을 닦아 만족'하기 때문이다.

뒤에 "무생법인의 광명을 얻었다."는 말은 위를 상대로 그 지위에 들어가 뛰어남을 밝혔다. 그 제8 부동지의 무생법인의 광명 양상이 앞에 나타나는 까닭에 아래 지위에서는 이를 얻을 수 없기 때문이다.

二彰過分齊中 二니

先은 難이니 卽執前同後難이오 後는 答이니 卽揀後異前答이라

有法·喻·合이라

法中에 非自力者는 障現行故오

喻中에 王家는 卽如來家오 王后는 卽得眞法喜오 修二利故로 名爲王相이라

合中에 大法은 卽法中佛果法이라 '自所行'者는 卽殊勝行이오 '智慧力'者는 卽方便智라 於此二中에 常不出觀故니 是自力能過니라 此約寄位니 廣如初地中辨이라 餘文은 可知니라

'둘째, 뛰어난 범주를 밝힌 부분'은 2단락이다.

① 논란이다. 이는 앞의 초지가 뒤의 7지와 같다고 고집하는 논란이다.

② 대답이다. 이는 뒤의 지위란 앞의 지위와 다름을 구분 지어 답하였다.

여기에는 법과 비유와 종합이 있다.

법의 부분에 "자신의 힘은 아니다."는 것은 장애가 현행하기 때문이다.

비유 부분에서 말한 '왕실'은 여래의 집안에, 왕후는 진여법의 기쁨에 비유하였다. 자리와 이타행을 모두 닦았기 때문에 '왕의 몸매[王相]'라 말하였다.

종합 부분에서 말한 '대승법'은 법의 가운데 佛果의 법이다.

'자신이 행하는 바'라는 것은 뛰어난 행이며, '지혜의 힘'이란 방편지혜이다.

이 2가지는 항상 관법에서 벗어나지 않기 때문이다. 자신의 힘으로 뛰어남이다.

이는 지위에 붙여 말한 것이다. 자세한 부분은 초지에서 밝힌 바와 같다.

나머지 문장은 말하지 않아도 알 수 있다.

三. 明修行勝入過

(ㄷ) 수행으로 훌륭하게 들어감이 뛰어남

經

佛子여 **菩薩**이 **住此第七地**에 **得甚深遠離無行**하야 **常行身語意業**하야 **勤求上道**하야 **而不捨離**하나니
是故로 **菩薩**이 **雖行實際**나 **而不作證**이니라

불자여! 보살이 제7 원행지에 머물 적에, '매우 깊은 경지에 들어가 이전의 장애를 멀리 여의고 모양이 없는 행을 행한 바 없음을 얻어[得甚深遠離無行]', 항상 몸과 말과 뜻으로 짓는 업을 행하면서 윗자리의 도를 부지런히 구하여 버리지 않는다. 그러므로 보살이 비록 실제의 근본 자리를 행하지만, 증득했다고 생각지 않는다."

● 疏 ●

謂非但如前廣多無量이라 而力用이 難測이며 深無分量하야 勝而過也라 論云 '神力亦無量'者는 神은 卽難測義也라
文中에 言'甚深'者는 卽遠入無底故오 '遠離'者는 彼前障滅故오 '無行'者는 無相之行은 無所行故니 彼前六地 不能行故니라
'常行'者는 此無間故로 得此三業이니 卽當體深入過라
'勤求'下는 卽趣後勝入過니 二乘도 亦有離彼相業이나 而得少爲足일새 不能上求菩提나 求故로 過也니라

`是故已下`는 `結雙行過`니라

앞에서 말한 바와 같이 광대하고 많아서 한량이 없을 뿐만 아니라, 힘과 작용을 헤아릴 수 없으며, 심오하여 그 분량을 가늠할 수 없기에 훌륭하고 뛰어남을 말한다.

논에서, "신통력 또한 한량없다."고 말한 신통력의 '神'이란 헤아릴 수 없다는 뜻이다.

경문에서 '甚深'이라 말한 것은 멀리 끝이 없는 밑바닥까지 들어갔기 때문이며,

'遠離'는 그 앞의 장애가 사라졌기 때문이며,

'無行'은 모양 없는 행을 행한 바 없기 때문이다.

이는 앞의 6지에서는 도저히 행할 수 없기 때문이다.

'常行'은 제7 원행지는 간단이 없기 때문에 이 삼업을 얻은 것이다. 이는 그 자체에 깊이 들어가 다른 것을 뛰어넘은 것이다.

'勤求' 이하는 뒤로 향하여 뛰어나게 들어가 뛰어넘은 것이다. 이승으로서도 또한 저 모양 있는 업을 여의기는 하지만 조금 얻은 것만으로 만족하기에, 더 이상 깨달음을 구하지 않는다. 그러나 제7 원행지 보살은 위로 깨달음을 구한 까닭에 그들을 뛰어넘는 것이다.

'是故菩薩' 이하는 2가지 모두 행하여 뛰어넘음을 끝맺었다.

第四 明得勝行

於中二니 先은 得寂滅勝行이니 在定不住故로 卽方便智也라 二는 得發起勝이니 卽起殊善行이라

(4) 뛰어난 행 얻음을 밝히다

이 부분은 2단락이다.

㈀ 적멸이 뛰어난 행을 얻음이다. 선정에 머물지 않기 때문에 방편지혜를 얻는다.

㈁ 뛰어난 행을 일으킴을 얻음이다. 남다른 선업의 행을 일으킴이다.

經

解脫月菩薩이 言하사대 佛子여 菩薩이 從何地來하야 能入滅定이니잇고
金剛藏菩薩이 言하사대 佛子여 菩薩이 從第六地來로 能入滅定이어니와 今住此地하야는 能念念入하며 亦念念起호되 而不作證일세 故此菩薩이 名爲成就不可思議身語意業하야 行於實際호되 而不作證이니 譬如有人이 乘船入海에 以善巧力으로 不遭水難인달하야 此地菩薩도 亦復如是하야 乘波羅蜜船하고 行實際海호되 以願力故로 而不證滅이니라

해탈월보살이 말하였다.

"불자여! 보살이 어떤 지위로부터 적멸의 선정에 들어갈 수 있습니까?"

578

금강장보살이 대답하였다.

"불자여! 보살이 제6 현전지로부터 적멸의 선정에 들어갈 수 있지만, 지금 제7 원행지에서는 한 생각의 찰나마다 들어가고 한 생각의 찰나마다 일어나면서도 그는 이를 증득하였다고 생각지 않는다.

그러므로 이 보살이 '몸과 말과 뜻으로 짓는 불가사의한 업을 성취하고서, 실제의 근본 자리를 행하지만 증득하였다고 생각지 않는다.'고 말하는 것이다.

이는 마치 어떤 사람이 배를 타고 바다에 들어갔으나 뛰어난 방편의 힘으로 해난(海難)을 당하지 않은 것처럼, 이 지위의 보살 또한 그와 같다.

바라밀다의 배를 타고 실제 근본 자리의 바다에 가면서도 서원의 힘 때문에 적멸을 증득하였다고 생각지 않는다.

● 疏 ●

前中에 先은 問이오 後는 答이라
答中에 先은 明得法分齊니 六地에 入深緣起之實際라 未念念入者는 有出觀故니라 後 '今住' 下는 辨勝過劣이라
於中에 有法·喻·合이라
法中에 先은 正明得而不證이오 後 '此菩薩' 下는 出不證所以니 以得方便하야 卽寂起用일새 故成不思議三業이라 故로 能不起滅定하고 現諸威儀니라【鈔_ '故能不起' 下는 卽淨名第一身子章이니 前

已引竟하니라 然十通品第十通云 菩薩摩訶薩이 以一切法滅盡三昧智通으로 於念念中에 入一切法滅盡三昧호대 亦不退菩薩道하며 不捨菩薩事하며 不捨大慈大悲心하고 修習波羅蜜하야 未嘗休息이라하나니 卽動寂無二也니라 】

'(ㄱ) 적멸이 뛰어난 행' 부분의 앞은 물음이고, 뒤는 대답이다.

대답 부분의 앞은 얻은 법의 범주를 밝혔다. 제6 현전지에서 깊은 연기법의 실제에 들어감을 말한다. '한 생각의 찰나마다 들어가지 못한다.'는 것은 관법에서 나왔기 때문이다.

뒤의 '今住此地' 이하는 앞의 열등한 부분보다 뛰어넘음을 밝혔다. 여기에는 법과 비유와 종합이 있다.

법의 부분 가운데 앞은 이미 얻었지만 증득하였다고 생각지 않음을 바로 밝혔고,

뒤의 '此菩薩' 이하는 증득하였다고 생각지 않는 이유를 내보였다. 방편지혜를 얻어서, 적멸과 하나가 된 작용을 일으키는 까닭에 불가사의한 삼업을 성취한 것이다. 그러므로 滅盡定에서 일어나지 않고도 모든 위의를 나타내는 것이다.【초_ '故能不起' 이하는 유마경 권1 신자장의 문장이다. 이는 앞에서 이미 인용한 바 있다.

그러나 제28 십통품의 제10 入一切法滅盡三昧智神通에서 말하였다.

"일체 법이 모두 사라져 다한 삼매의 지혜 신통으로, 한 생각 한 생각의 찰나에 일체 법이 모두 사라져 다한 삼매에 들어가지만, 또한 보살의 도에서 물러서지도 않고, 보살의 일을 버리지도 않으

며, 대자대비의 마음을 버리지 않고, 바라밀다를 잠깐도 쉬지 않고 닦는다."

이는 움직임과 고요함이 둘이 아니다.】

喻云善巧力者는 知行船法하며 知水相故니라 準大品經하면 未善巧前에 亦有其喻하니 方便未成에 入水便敗故라【鈔_ '準大品' 下는 經云 '譬如有人이 不曉船法하고 乘船入海하면 溺海而死인달하야 菩薩도 亦爾하야 未得方便波羅密多하고 入實際海하면 則證實際'하며 次云 '譬如有人이 善知船法하면 雖入大海나 而不沒溺인달하야 菩薩도 亦爾하야 得方便波羅密하면 雖入實際나 而不作證이라하니라 】

비유 부분에서 '뛰어난 방편의 힘'이라 말한 것은 배를 부리는 방법을 알고, 물길의 양상을 알기 때문이다. 대품반야경에 준하면, 뛰어난 방편을 얻기 이전에 대해서도 그런 비유가 있다. 방편이 성취되기 전에 바다에 들어가면 바로 실패하기 때문이다.【초_ '準大品' 이하는 대품반야경을 인용하여 말하였다.

"비유하면 어떤 사람이 배를 다루는 법을 알지 못한 채, 배를 타고 바다에 들어가면 바다에 빠져 죽는 것처럼, 보살 또한 그와 같다. 방편바라밀을 얻지 못하고서 실제 근본 자리의 바다에 들어가면 실제 자리를 얻었다고 생각하게 된다."

또 말하였다.

"비유하면 어떤 사람이 배를 다루는 법을 잘 알면 비록 바다에 들어갈지라도 바다에 빠지지 않는 것처럼, 보살 또한 그와 같다. 방편바라밀을 얻으면 비록 실제 근본 자리에 들어갔을지라도 증

득하였다고 생각지 않는다."】

合에 云波羅密船은 卽般若等也라 以願力者는 是方便不捨有因이니라

종합 부분에서 말한 '바라밀의 배'는 반야 등을 말한다. '서원의 힘 때문'이란 방편지혜로 有의 세계를 버리지 않는 원인이다.

◉ 論 ◉

第七段에 有九行半經은 明此地 遠離有無行하고 常行身語意業하야 常入滅定호되 而不作證分이라

自第六地已來로 及七地菩薩이 入滅定者는 非如上界四禪四空의 息想證滅이며

亦非如羅漢의 厭苦修空에 隨空性滅하야 悲智不生이 如太虛空하야 更無所作과 乃至經劫不覺하야 頭上擊鼓호되 不復聞聲하고 亦有化火自焚하야 入變易生死며

亦非如緣覺의 觀十二緣空하야 順空想滅하야 悲智不生이며

亦非如權教菩薩의 析法明空하고 隨空任理하야 性自無生하야 以本願力으로 幷修六度하야 麤識已無나 細識猶在하야 隨願力故로 生於淨土하고 或云報土 在於色界니

已上出過三界之身은 爲心有依止하야 淨業爲緣일새 所有生處에 還有依止어니와 如此一乘中에 十住第六住心에 如海幢比丘가 於經行道側에 結跏趺坐하야 離出入息하고 隨其身分하야 對現色身호되 起化如雲하야 徧周刹海하시니 此는 約根本普光明智自體寂用

無限法界之門이라

不同三乘의 皆有業果報生과 依止處所하고 設爲化事라도 皆有分限이니 如此十地第六地에 卽以守護一切城으로 增長威力은 明已能守護心城하야 非定亂所攝일새 所行世事가 是同事所須요 非自業有故며 七地는 是有用有開發이니 如前三空而起行故니라 是故로 善財此位中知識이 號開敷樹華는 明三空으로 恒開發行華也라 是故로 從第六地已來로 能入滅定이니 卽十住第六住에 以海幢比丘로 爲樣하야 自十行十廻向十地十一地로 每第六心이 總例然이니 設不入定者라도 卽但明十住海幢爲體요 餘後는 是海幢中大用이라 餘意는 如經自明이니 已上一段은 明不證涅槃門이니라

제7단락의 9줄 반의 경문은 이 지위에서 유위와 무위의 行을 멀리 여의고, 항상 신업과 어업과 의업을 행하여 항상 멸진정에 들어가면서도 증득하였다는 생각을 하지 않음을 밝힌 부분이다.

제6 현전지 이후로부터 제7 원행지 보살이 멸진정에 들어가는 것은 上界 四禪四空의 생각을 쉬고 멸진정을 증득하였다고 생각하는 것과 같지 않으며,

또한 나한이 고통을 싫어하여 空을 닦음에 공성을 따라 사라져 大悲와 大智를 내지 않음이 마치 허공과 같아서 다시는 하는 바가 없는 것, 내지 몇 겁을 지나도록 깨닫지 못하고, 머리 위에서 북을 칠지라도 또한 소리를 듣지 못하고, 또한 스스로 불을 만들어 자신을 태워 변역생사에 들어가는 것과 같지 않으며,

또한 연각이 12연기의 공함을 살펴보고서 空을 따라서 생각이

사라져 大悲와 大智를 내지 않은 것과 같지 않으며,

또한 권교보살이 법을 분석하여 공을 밝히고, 공을 따라 이치에 맡겨서 성품이 스스로 태어남이 없어 본원력으로써 모두 6바라밀을 닦아 거친 識은 이미 없지만, 미세한 識이 아직 남아 있어 원력을 따르기 때문에 정토에 태어나고, 혹은 報土가 色界에 있다는 것과 같지 않다.

위의 삼계에 벗어난 몸은 마음이 의지가 있어 청정한 업으로 인연을 삼기에 태어나는 곳 또한 의지가 있지만, 이와 같은 일승 가운데 십주 제6 具足方便住에 해당되는, 해동비구가 사람이 다니는 길가에서 가부좌한 채, 들숨날숨을 여의고, 중생의 몸을 따라서 색신을 나타내되 교화를 일으킴이 구름과 같아서 수많은 세계를 두루 덮어주었다. 이는 근본보광명지의 자체 寂用이 한량없는 법계의 문을 들어 말한 것이다.

삼승은 모두 업의 과보로 받는 생과 의지한 처소가 있고, 설령 교화의 일을 할지라도 모두 한계가 있는 것과는 같지 않다.

이처럼 십지의 제6 현전지에서 一切城을 수호하는 것으로 위력을 더욱 키워감은 이미 마음의 성[心城]을 수호하여 선정과 산란한 마음에 포섭되는 바가 아니기에, 행한 바의 세간의 일이 '중생과 함께하는 일[同事攝]'을 필요로 하는 것이지, 자신의 업으로 그러함이 아님을 밝혔기 때문이며,

제7 원행지는 작용도 있고 개발도 있다. 앞의 3가지 공[三空]과 같이 행을 일으키기 때문이다. 이런 이유로 선재동자의 법을 나타

내는 지위에서 知識의 명호를 開敷樹華로 부른 것은 三空으로 언제나 '萬行의 꽃[行華]'이 피어남을 밝힌 것이다.

이 때문에 제6 현전지 후로부터 멸진정에 들어가는 것이다. 이는 십주 제6 구족방편주에 해당되는 해동비구로 표본을 삼아서 십행, 십회향, 십지, 십일지는 언제나 제6 현전지의 마음을 모두 예로 삼은 것이다. 설령 선정에 들지 않은 자라도 다만 십주의 해동비구로 본체를 삼고, 나머지 뒤는 해동비구의 大用임을 밝힌 것이다.

나머지 뜻은 경문에서 밝힌 바와 같다.

이상의 단락은 열반을 증득하지 않는 법문을 밝혔다.

二. 明發起勝行

㈐ 뛰어난 행을 일으킴을 밝히다

經

佛子여 **此菩薩**이 **得如是三昧智力**하야 **以大方便**으로
雖示現生死나 **而恒住涅槃**하며
雖眷屬圍遶나 **而常樂遠離**하며
雖以願力으로 **三界受生**이나 **而不爲世法所染**하며
雖常寂滅이나 **以方便力**으로 **而還熾然**하고 **雖然不燒**하며
雖隨順佛智나 **而示入聲聞辟支佛地**하며
雖得佛境界藏이나 **而示住魔境界**하며

585

雖超魔道나 而現行魔法하며

雖示同外道行이나 而不捨佛法하며

雖示隨順一切世間이나 而常行一切出世間法하며 所有一切莊嚴之事 出過一切天龍夜叉乾闥婆阿修羅迦樓羅緊那羅摩睺羅伽人及非人帝釋梵王四天王等之所有者나 而不捨離樂法之心이니라

불자여! 이 보살이 이러한 삼매의 지혜를 얻고서 큰 방편으로써 생사를 나타내지만 항상 열반에 머물고,

권속들이 둘러앉았지만 항상 멀리 여의기를 좋아하며,

원력으로써 삼계에 태어나지만 세간법에 물들지 않고,

항상 적멸하지만 방편의 힘으로 도로 치성하고, 비록 불사르지만 불타지 않으며,

부처님의 지혜를 따르지만 성문이나 벽지불의 지위에 들어감을 보여주고,

부처님 경계의 창고를 얻었지만 일부러 마군의 경계에 머묾을 보여주며,

마군의 도를 초월했지만 현재 마군의 법을 행하고,

외도의 행을 같이하지만 부처님의 법을 버리지 않으며,

일체 세간을 따르는 행을 보여주지만 언제나 일체 출세간법을 행하고,

일체 장엄하는 일이 하늘·용·야차·건달바·아수라·가루라·긴나라·마후라가와 사람과 사람 아닌 이, 그리고 제석·범천왕·사천

왕이 소유한 것보다 뛰어나지만 법을 좋아하는 마음을 버리지 않는다.

● 疏 ●

於中에 亦是上來에 已攝無著行이오 此下에 攝平等隨順一切衆生廻向이라

且依發起勝行하야 文分爲二니

初는 牒前標後니 由得滅定三昧하야 不作證智일세 故로 成後大方便也라

後'雖示'下는 正顯勝行이라 經有十句를 論爲八種共對治攝하니 謂後三이 爲一故니라 能治所治인 二行이 共俱하야 互相攝故니 如示生死 爲所治오 以恒住涅槃이 爲能治라 能治攝於所治니 則不爲生死의 所染이오 亦得以涅槃으로 爲所治에 示現生死 爲能治라 能治로 攝於所治하야 而不證於涅槃이라 他皆倣此니라

八中에 初一은 爲總이니 故云生死涅槃이라 論云'一은 起功德行이라'하니 謂入生死하야 爲福業事라 故淨名云'生死畏中에 當依如來功德之力이라'하니라 不入生死海면 不得無價寶珠니 何有功德이리오

二는 上首攝餘行이니 謂旣示生死는 必爲上首하야 攝眷屬故니라

三은 願取有行이니 非業所拘니 故로 處而不染이라

四는 家不斷行이니 謂雖言不染이나 而示有妻子 名家不斷이라 '雖然不燒'者는 示有常修梵行故니라 唯此一句에 具空中方便慧와 有中殊勝行하니 上下에도 皆應倣此로대 從畧故로 無니라

五者는 入行이니 謂非獨化凡이라 亦轉二乘하야 入佛慧故니라
六은 資生行이니 謂雖知五欲이 卽道며 含攝佛法이나 而飮食으로 資身하고 睡夢으로 資神하야 皆順五欲十軍하니 是魔境界니라【鈔_ 皆順五欲者는 約五欲境인댄 卽是魔王所緣之境이로되 若將資神과 及益身等인댄 卽分齊境이니라 十軍은 已見初會하니라】

이 부분 또한 위는 이미 無著行에 속하고, 이 아래는 平等隨順一切衆生廻向에 속한다.

또한 뛰어난 행을 일으킴에 따라서 경문은 2단락으로 나뉜다.

첫째, 앞의 문장을 이어서 뒤의 문장을 내세웠다. 멸진정 삼매를 얻고서도 지혜를 증득하였다고 생각하지 않음에 따라서 뒤의 큰 방편을 성취하였다.

둘째, '雖示' 이하는 뛰어난 행을 바로 밝혔다.

경문의 10구를 논에서는 8가지의 함께 다스림으로 포괄하였다. 뒤의 3구는 하나이기 때문이다.

다스림의 주체와 대상 2가지 행이 함께하면서 서로서로 포괄하였기 때문이다. 이는 마치 '태어나고 죽음'을 다스릴 대상으로 삼고, '항상 열반에 머무는 것'을 다스림의 주체로 삼는 것과 같다. 다스림의 주체가 다스릴 대상을 포괄함이다. 이는 생사에 물들지도 않고, 또한 열반으로 다스릴 대상을 삼음에 생사가 다스림의 주체가 됨을 나타내 보였다. 다스림의 주체로 다스릴 대상을 포괄하여 열반을 증득이라 생각하지 않는다. 나머지는 모두 이와 같다.

8구 가운데 제1구[雖示現生死而恒住涅槃]는 총상이므로 '생사'와

'열반'을 말하였다.

논에서, "제1구는 공덕행을 일으킨다."고 하였다. 생사 속에 들어가 복업의 일을 짓는 것을 말한다. 이 때문에 유마경에서는, "생사의 두려움 속에서 여래 공덕의 힘에 의지해야 한다."고 하였다. 생사의 바다에 들어가지 않으면 '값으로 따질 수 없는 보배구슬'을 얻을 수 없다. 어떻게 공덕이 있을 수 있겠는가.

제2구[雖眷屬圍遶而常樂遠離]는 상수보살로 나머지 행을 포괄하였다. 이미 생사를 보여주었음은 반드시 상수보살이 되어 권속을 포섭하였기 때문이다.

제3구[雖以願力三界受生而不爲世法所染]는 원력으로 '有'를 취하는 행이다. 업에 구속된 바 아니므로 함께 세간에 살면서도 물들지 않는다.

제4구[雖常寂滅… 雖然不燒]는 가문이 단절되지 않는 행이다. 세간에 살면서도 물들지 않지만 처자가 있음을 보여준 것은 '가문이 단절되지 않음'이라 말한다.

"비록 불사르지만 불타지 않는다."고 말한 것은 항상 범행 닦음을 보여주기 때문이다. 오직 이 구절에서 '空' 속의 방편지혜와 '有' 중의 뛰어난 행을 갖추고 있다.

위아래의 경문이 모두 이와 같지만, 여기에서는 간략함에 따라 언급한 바 없다.

제5구[雖隨順佛智而示入聲聞辟支佛地]는 그들 속으로 들어가는 행이다. 유독 범부만 교화하는 것이다. 또한 이승도 전변시켜 부처님 지혜에 들어가도록 하기 때문이다.

제6구[雖得佛境界藏而示住魔境界]는 생활에 도움 되는 행이다. 비록 5가지 욕심이 곧 道이며 불법을 함유하고 있음을 알지만, 음식으로는 몸을 돕고, 수면으로는 정신을 도와서 모두 5가지 욕심과 10가지 마군을 따르니, 이것이 바로 마군의 경계이다.【초_ '모두 5가지 욕심을 따른다.'는 것은 5가지 욕심의 경계를 따르고자 하면 이는 마왕이 반연한 경계이다. 그러나 만약 이를 정신을 길러주고 육체에 도움이 되는 등으로 말하면, 이는 곧 경계의 범주이다. 10가지 마군은 이미 첫 법회에서 말한 바 있다.】

七은 退行이니 謂示老病死衰退 卽四魔等法이니 不行其因일새 名超魔道니라【鈔_ '卽四魔'者는 老病衰退는 總是蘊魔오 死는 卽死魔오 老病之時에 亦有惑俱하니 卽煩惱魔라 而言等者는 兼有十魔라 不求有生이 卽不行其因이니 生必老死故니라】

제7구[雖超魔道而現行魔法]는 쇠퇴하는 행이다. 늙고 병들고 죽고 쇠퇴함을 보이는 것이 곧 4가지 마군 등의 법이다. 그러한 원인을 행하지 않으므로 "마군의 도를 초월했다."고 말하였다.【초_ '곧 4가지 마군 경계'는 늙고 병들고 쇠퇴함은 총체로 五蘊의 마군이며, 죽음은 죽음의 마군이며, 늙고 병듦 또한 미혹과 함께하니 번뇌의 마군이다. 그러나 '등[等: 四魔等法]'이라 말한 것은 10가지 마군을 겸하여 말한다. '존재'와 '태어남'을 추구하지 않음이 곧 그 원인을 행하지 않음이다. 태어나면 반드시 늙고 죽기 마련이기 때문이다.】

八者는 轉行이니 謂初四는 化凡이오 次一은 化小오 次二는 化魔라 今由自行不染일세 故轉凡之惑하야 令絶其因이라
此有三種하니
一은 見貪轉이니 外道는 著諸見故니라 如佛示學二仙이라
二는 障礙轉이니 如佛示學書算等이라
三 '所有' 下는 貪轉이니 如佛處於王宮하사대 不生染著이라【鈔_ 此有三者는 無數煩惱 不出此三이니 謂見·愛·無明이라 又見·愛는 卽利鈍二使오 無明은 兼縛所知니 則二障이 皆縛이라 如佛示學者는 本行集云 '一은 阿羅漢仙人이오 二는 鬱頭藍弗仙人이라'하니라】

제8구는 전변시키는 행이다.

앞의 제1~4구[起功德行, 上首攝餘行, 願取有行, 家不斷行]는 범부를 교화함이며,

다음 제5구[入行]는 소승을 제도함이며,

다음 제6, 7구[資生行, 退行]는 마군을 제도함이다.

여기 제8구에서는 스스로 행하면서도 물들지 않음으로 인하여 범부의 번뇌를 전변시켜 그 원인을 끊어주는 것이다.

여기에 3가지가 있다.

① 견해의 탐욕을 바꿔줌이다. 외도는 많은 견해에 집착하기 때문이다. 이는 부처님이 두 선인에게 배우고서 그들의 모든 견해의 집착을 버리도록 보여주는 것과 같다.

② 장애를 바꿔줌이다. 부처님께서 책과 셈하기 배움을 보여준 것과 같다.

③ '所有' 이하는 탐욕을 바꿔줌이다. 부처님이 왕궁에 살면서도 탐욕에 물들거나 집착하지 않음과 같다.【초_ "여기에 3가지가 있다."는 것은 수없는 번뇌가 이 3가지에서 벗어나지 않는다. 견해와 애착과 무명을 말한다. 또한 견해와 애착은 날카로운 번뇌[利使]와 둔한 번뇌[鈍使]이며, 무명은 모두 아는 바에 속박되어 있다. 이는 2가지 장애가 모두 속박이다.

'如佛示學'이란 佛本行集經에 의하면, "하나는 알라라카라마 선인이며, 둘째는 우드라카라마푸트라 선인이다."고 한다.】

第二 位果
初는 調柔果라

[2] 제7 원행지의 지위와 결과
첫 부분은 조련과 부드러움의 결과이다.

經
佛子여 **菩薩**이 **成就如是智慧**하야 **住遠行地**에 **以願力故**로 **得見多佛**하나니 **所謂見多百佛**하며 **乃至見多百千億那由他佛**하야

불자여! 보살이 이런 지혜를 성취하여 원행지에 머물 적에 서원의 힘으로 많은 부처님을 친견한다.
이른바 여러 1백 부처님을, 내지 여러 백천 억 나유타 부처님

을 친견하면서,

◉ 疏 ◉

文亦有四하니 初는 調柔行體라 中에 亦有法·喻·合이라
法中에 亦三이니
初는 緣이라

이의 경문 또한 4부분이다.
(1) 조련과 부드러움의 행의 체성이다.
여기에는 또한 법과 비유와 종합이 있다.
법의 부분 또한 3가지이다.
① 반연이다.

經

於彼佛所에 以廣大心과 增勝心으로 供養恭敬하고 尊重
讚歎하야 衣服飮食과 臥具醫藥과 一切資生을 悉以奉施
하며 亦以供養一切衆僧하야 以此善根으로 廻向阿耨多
羅三藐三菩提하며
復於佛所에 恭敬聽法하고 聞已受持하야 獲如實三昧智
慧光明하야 隨順修行하며 於諸佛所에 護持正法하야 常
爲如來之所讚喜하며 一切二乘의 所有問難이 無能退屈
하며

그 부처님 계신 도량에서 광대한 마음과 더욱 뛰어난 마음으

593

로 공양하고 공경하며, 존중하고 찬탄하면서 의복과 음식과 좌보와 의약과 모든 생활 도구를 받들어 올리며, 또한 모든 스님에게도 공양하여, 이러한 선근으로 아뇩다라삼먁삼보리에 회향하며,

또한 부처님 계신 도량에서 공경하여 법을 듣고 받아 지니어, 진여실상의 삼매지혜의 광명을 얻고 따라 수행하며, 여러 부처님 계신 도량에 바른 법을 보호하여 지니므로 항상 여래의 찬탄을 받으며, 일체 이승의 물음과 논란에 물러섬이 없으며,

◉ 疏 ◉

次能練行淨이라 言護持正法者는 由方便行滿하야 守護於他일세 故得於三界에 爲大師니 所以能護니라

② 연마 주체의 행이 청정함이다.

"바른 법을 보호하여 지닌다."는 말은 방편행이 원만함으로 인하여 바른 법을 수호하기에 삼계에 큰 스승이 되는 것이다. 이 때문에 바른 법을 수호할 수 있다.

經

利益衆生에 法忍淸淨하야 如是經無量百千億那由他劫토록 所有善根이 轉更增勝하나니

중생에게 이익을 베풂에 법인이 청정하여, 한량없는 백천 억 나유타 겁을 지나도록 소유한 선근이 점점 더 훌륭하게 된다.

● 疏 ●

三은 明所鍊淨이라 論云 '此地釋名應知'者는 卽以經文으로 爲釋名이니 謂利益衆生은 是有中의 殊勝行이오 法忍淸淨은 卽空中의 方便智니 此二 是行이라 善根이 轉更增勝者는 明功用究竟이니 卽是遠義니라

③ 연마의 대상이 청정함을 밝혔다.

논에서, "제7 원행지에서의 명제 해석을 반드시 알아야 한다."고 말한 것은 경문으로 명칭의 해석을 삼았음을 말한다.

"중생에게 이익을 베풂"은 '有' 중의 뛰어난 행이며, "법인이 청정함"은 '空' 속의 방편지혜이다. 이 2가지가 바로 遠行의 '行'이라는 뜻이다.

"소유한 선근이 점점 더 훌륭하게 된다."는 것은 공용의 究竟處를 밝힘이니, 이는 遠行의 '遠'이라는 뜻이다.

經

譬如眞金을 以衆妙寶로 間錯莊嚴하면 轉更增勝하고 倍益光明하야 餘莊嚴具의 所不能及인달하야 菩薩이 住此第七地所有善根도 亦復如是하야 以方便慧力으로 轉更明淨하야 非是二乘之所能及이니라

마치 진금에다가 수많은 미묘한 보배를 사이사이 장엄하면 더욱더 훌륭하고 광명이 곱절이나 더하여, 다른 장엄거리로는 도저히 미치지 못하는 것처럼, 보살이 제7 원행지에 머물 적에 지닌 선

근도 이와 같다.

방편지혜의 힘으로 더욱더 밝고 청정하여, 이는 이승으로서는 도저히 따라갈 수 없는 바이다.

◉ 疏 ◉

喻中에 '金'喻證智信等善根이라 '衆寶間錯'者는 卽一切菩提分法이니 方便行功用이 滿足故로 令前善根으로 轉勝이니라

비유 부분 가운데 진금은 증득한 지혜와 믿음 등의 선근에 비유하였다.

"수많은 미묘한 보배를 사이사이 장엄한다."는 것은 일체 보리의 부분법이다. 방편지혜와 뛰어난 행의 공용이 만족한 까닭에 앞의 선근이 더욱 훌륭하게 변한 것이다.

◉ 論 ◉

如鍊眞金轉明淨喻는 第六地已前엔 但明鍊治磨瑩하야 轉令明淨者는 爲加戒定慧와 四念觀과 十二緣觀等하야 淨治智地하고 令此地로 善入世間하야 方便示現種種衆生行하야 皆能同事하야 敎化衆生故오
明以種種衆妙寶로 間錯莊嚴은 明以淨妙之智로 嚴種種衆行하고 以種種衆行而莊嚴智地하야 互相顯發하야 更增明淨이니 意明此地 以普光明智로 用嚴萬行하고 以世間利益衆生之行으로 起智用自在하야 彰智更明故니라

智不對萬行而明者는 智無大用이니 卽三乘이 是也요 萬行이 不得智而行者는 卽有限礙니 卽人天外道善行故니라 餘文은 如經自具니라

진금은 단련할수록 더욱 빛나고 깨끗하다는 비유는, 제6 현전지 이전에서 다만 단련하고 다스리고 갈아서 더욱 빛나고 깨끗이 함만을 밝힌 것은 계정혜, 4念觀, 12緣觀 등을 더하여, 지혜의 지위를 청정하게 다스렸다가, 제7 원행지로 하여금 세간에 잘 들어가 방편으로 온갖 중생의 행을 나타내 보이면서 모두 중생과 그 일을 함께하면서 중생을 교화하기 위함이다.

'가지가지 수많은 미묘한 보배를 사이사이 장엄함'을 밝힌 것은 청정하고 미묘한 지혜로써 가지가지 수많은 행을 장엄하고, 가지가지 수많은 행으로 지혜의 지위를 장엄하여 서로ㅋ서로 나타내고 밝혀 더욱더 빛나고 청정함을 밝힌 것이다. 이 뜻은 그 지위가 보광명지로 만행을 장엄하고 세간 중생의 이익 되는 행으로써 지혜 작용을 자재하게 일으켜, 지혜가 더욱 밝음을 밝혔기 때문이다.

지혜가 만행을 상대하지 않고도 밝은 것은 지혜에 큰 작용이 없음이니, 삼승이 바로 이것이며,

만행이 지혜를 얻지 않고서도 행하는 것은 곧 한계와 장애가 있음이니, 이는 人天外道의 선행이기 때문이다.

나머지 문장은 경문에서 말한 바와 같이 그 나름 잘 갖춰져 있다.

佛子여 譬如日光을 星月等光이 無能及者라 閻浮提地의 所有泥潦를 悉能乾竭인달하야 此遠行地菩薩도 亦復如是하야 一切二乘이 無有能及이라 悉能乾竭一切衆生의 諸惑泥潦니라

此菩薩이 十波羅蜜中에 方便波羅蜜이 偏多하니 餘非不修로대 但隨力隨分이니라

佛子여 是名略說菩薩摩訶薩의 第七遠行地니라

　불자여! 비유하면 햇빛을 달이나 별 따위의 빛으로는 도저히 따라갈 수 없다. 남섬부주에 있는 진흙 수렁을 모두 말리는 것처럼, 이 원행지 보살 또한 그와 같다. 일체 이승으로는 도저히 따라갈 수 없다. 일체중생의 번뇌 진창을 모두 말려준다.

　제7 원행지에 있는 보살이 십바라밀다 가운데 방편바라밀이 유독 많다. 나머지 바라밀을 닦지 않은 것은 아니지만 힘을 따르고 분수를 따를 뿐이다.

　불자여! 이를 보살마하살의 제7 원행지를 간략히 말함이라고 한다.

◉ 疏 ◉

第二는 明教智淨이니 先은 喻오 後는 合이라 喻中에 光義는 如前地로되 而此日光이 盛故로 勝彼月光이라 以月光清涼은 如般若故오 日光用廣은 如方便故니라

598

(2) 가르침의 지혜가 청정함을 밝혔다.

앞은 비유이고, 뒤는 종합이다.

비유 가운데 '光'의 뜻은 앞의 지위와 같지만, 제7 원행지의 햇빛은 더욱 빛난 까닭에 달빛보다 뛰어난 것이다. 달빛의 맑고 시원함은 반야와 같고, 햇빛의 작용이 광대함은 방편과 같기 때문이다.

經

菩薩이 住此地에 多作自在天王하야 善爲衆生하야 說證智法하야 令其證入하며 布施愛語利行同事하나니 如是一切諸所作業이 皆不離念佛하며 乃至不離念具足一切種과 一切智智니라

復作是念호되 我當於一切衆生中에 爲首며 爲勝이며 乃至爲一切智智依止者라하나니 此菩薩이 若發勤精進하면 於一念頃에 得百千億那由他三昧하며 乃至示現百千億那由他菩薩로 以爲眷屬이어니와

若以菩薩殊勝願力으로 自在示現인댄 過於此數하야 乃至百千億那由他劫에도 不能數知니라

보살이 이 지위에 머물 적에 흔히 자재천왕이 되어, 중생을 위하여 증득한 지혜의 법을 잘 말하여, 중생으로 하여금 증득하여 들어가게 하며, 보시하고 좋은 말을 하고 이익이 되는 행을 하고 일을 함께한다. 이처럼 일체 모든 짓는 업이 모두 부처님을 생각하는 데서 떠나지 않으며, 내지 일체 가지가지 지혜와 일체 지혜의 지혜

를 두루 갖추고자 하는 생각을 여의지 않는다.
또 이런 생각을 하였다.
'내가 중생들 가운데 우두머리가 되고, 나은 이가 되며, 내지 일체 지혜의 지혜 의지처가 되리라.'
이 보살이 만약 부지런히 정진하면 한 생각의 찰나에 백천 억 나유타 삼매를 얻으며, 내지 백천 억 나유타 보살로 권속을 삼거니와,
만약 보살의 뛰어난 원력으로 자재하게 몸을 나타내면 이런 수효보다 훨씬 더하여 백천 억 나유타 겁까지 세어도 알 수 없을 것이다."

◉ 疏 ◉

攝報願智二果니 可知라
인행의 보답으로 거둔 결과와, 서원과 지혜의 결과이다. 이는 말하지 않아도 알 수 있다.

第三 重頌
제3. 금강장보살의 게송

經
爾時에 金剛藏菩薩이 欲重宣其義하사 而說頌曰
그때, 금강장보살이 이 뜻을 다시 말하고자 게송으로 읊었다.

第一義智三昧道를　　　六地修行心滿足일세
卽時成就方便慧하야　　菩薩以此入七地로다

  으뜸가는 지혜, 삼매의 도를
  제6지에서 수행하여 마음 만족했기에
  곧바로 방편지혜 성취하여
  보살이 이로써 제7지에 들었노라

雖明三脫起慈悲하며　　雖等如來勤供佛하며
雖觀於空集福德하야　　菩薩以此昇七地로다

  3가지 해탈 밝혔으나 자비심 일으키고
  여래와 평등하지만 부처님 공양 올리며
  공함을 보고서도 복덕 모으니
  보살이 이로써 제7지에 올랐노라

遠離三界而莊嚴하며　　滅除惑火而起焰하며
知法無二勤作業하며　　了刹皆空樂嚴土하며

  삼계 멀리 여의고서도 삼계 장엄하고
  번뇌 불길 없앴지만 불꽃 일으키며
  둘 없는 법 알고서도 업을 짓고
  세계 공함 알면서도 국토 장엄 좋아하며

解身不動具諸相하며　　達聲性離善開演하며

入於一念事各別하야　　　**智者以此昇七地**로다

　　법신이 움직이지 않음 알지만 모든 몸매 갖추고
　　음성을 여읜 소식 알지만 잘도 연설하며
　　한 생각에 삼매 들어가지만 일은 각기 달라
　　지혜 있는 이, 이로써 제7지에 올랐노라

◉ 疏 ◉

二十一頌을 分三이니

初 十七頌半은 頌位行이오 次 二頌半은 頌位果오 後 一頌은 歎勝結說이라

前中에 分五니

初四는 頌樂無作行對治라

　　21수 게송은 3부분으로 나뉜다.
　　⑴ 17수 반의 게송은 제7 원행지의 행상을 읊었고,
　　⑵ 2수 반의 게송은 제7 원행지의 과덕을 읊었으며,
　　⑶ 1수 게송은 뛰어난 행을 찬탄하면서 끝맺었다.
　　'17수 반의 게송'은 다시 5부분으로 나뉜다.
　　 4수 게송은 '하는 일이 없음을 좋아하는 장애'를 다스림에 대해 읊었다.

經

觀察此法得明了하고　　　**廣爲群迷興利益**하야

入衆生界無有邊과　　　佛敎化業亦無量하며

　　이런 법 살펴보아 분명히 알고
　　널리 중생 위해 이익되는 일 일으켜
　　그지없는 중생계에 들어가
　　부처님의 교화 사업 한량이 없고

國土諸法與劫數와　　　解欲心行悉能入하며
說三乘法亦無限하야　　如是敎化諸群生이로다

　　국토와 모든 법과 한량없는 겁
　　이해, 욕망, 마음과 행으로 모두 들어가며
　　삼승법의 연설 또한 한량없어
　　이처럼 많은 중생 교화하여라

◉ 疏 ◉

次二는 頌彼障對治無量이오 畧不頌無功用行이라

　　② 2수 게송은 '하는 일이 없음을 좋아하는 장애'를 다스림이 한량없음에 대해 읊었을 뿐, 공용 없는 행에 관한 부분은 생략하여 읊지 않았다.

經

菩薩勤求最勝道호되　　動息不捨方便慧하야
一一廻向佛菩提하며　　念念成就波羅蜜하나니

보살이 가장 훌륭한 도, 부지런히 구하되
동정 어느 때나 방편지혜 버리지 않고서
하나하나 모두 부처님의 보리로 회향하고
생각마다 모두 바라밀다 성취하였어라

發心廻向是布施오　　　　**滅惑爲戒不害忍**이오
求善無厭斯進策이오　　　**於道不動卽修禪**이오

　발심의 회향은 보시바라밀이요
　번뇌 끊음은 지계, 침해하지 않음은 인욕바라밀
　선을 구하고자 싫어함 없음은 정진바라밀
　보리도에 흔들림 없음은 선정바라밀이라네

忍受無生名般若오　　　　**廻向方便希求願**이오
無能摧力善了智라　　　　**如是一切皆成滿**이로다

　무생법인 아는 것은 반야바라밀
　회향은 방편, 구함은 서원바라밀
　꺾지 못함은 역바라밀, 잘 아는 건 지혜바라밀
　이처럼 일체 모두 원만 성취하였어라

● 疏 ●

三有三頌은 **頌雙行無間**이라

　③ 3수 게송은 2가지를 간단없이 행함에 대해 읊었다.

初地攀緣功德滿이오　　**二地離垢三靜息**이오
四地入道五順行이오　　**第六無生智光照**오

　　초지에선 반연으로 공덕이 만족하고
　　제2지는 때 여의고, 제3지는 논쟁 사라지고
　　제4지는 도에 들고, 제5지는 따르고
　　제6지는 생겨남이 없는 지혜 빛나며

七住菩提功德滿하야　　**種種大願皆具足**일세
以是能令八地中에　　**一切所作咸淸淨**이로다

　　제7지에 머문 보살, 보리 공덕 원만하여
　　가지가지 큰 서원, 모두 두루 갖췄기에
　　이로써 제8지에 오르면
　　일체 모든 일이 청정하리라

此地難過智乃超　　**譬如世界二中間**이며
亦如聖王無染着이나　　**然未名爲總超度**어니와

　　지나기 어려운 제7지, 지혜로 뛰어넘어
　　비유하면 두 세계의 중간 같으며
　　또한 전륜왕이 세간에 물들지는 않았지만
　　모두 뛰어넘었다고 말하지 못하리라

若住第八智地中하면　　**爾乃踰於心境界**가
如梵觀世超人位하며　　**如蓮處水無染着**이로다

　　제8지의 지혜 지위에 머물면
　　마음의 경계를 뛰어넘는 것이
　　범천에서 인간 지위 뛰어넘듯 하며
　　연꽃이 물속에서 물 젖지 않는 듯하네

此地雖超諸惑衆이나　　**不名有惑非無惑**이니
以無煩惱於中行호되　　**而求佛智心未足**이로다

　　이 지위에서 모든 번뇌 초월했으나
　　번뇌가 있느니 없느니 말하지 않는다
　　번뇌 없이 그 속에서 행하지만
　　부처 지혜 구하는 마음 원만하지 못하여라

● 疏 ●

四有五頌은 頌前上地勝分이라 言三諍息者는 約忍度故며 又得法光明故로 無有諍이라

　　④ 5수 게송은 앞과 뒤의 지위보다 뛰어남에 대해 읊었다. "제3지는 논쟁 사라지고"라는 말은 인욕바라밀로 말한 때문이며, 또한 법의 광명을 얻었기 때문에 다툼이 없다.

世間所有衆技藝와　　　經書辭論普明了하며
禪定三昧及神通을　　　如是修行悉成就로다

　　세간에 존재하는 모든 기예와
　　경전이나 언론을 두루 다 알고
　　선정삼매와 모든 신통을
　　이처럼 수행하여 성취하였어라

菩薩修成七住道에　　　超過一切二乘行이라
初地願成此由智니　　　譬如王子力具足이로다

　　보살이 제7지의 도를 닦아
　　일체 이승행을 초월하나니
　　초지는 원력성취, 이는 지혜로 연유하니
　　왕자의 힘을 두루 갖춘 듯하여라

成就甚深仍進道하며　　　心心寂滅不取證이
譬如乘船入海中하야　　　在水不爲水所溺이로다

　　매우 깊은 법 성취하고 도에 나아가
　　마음이 적멸하나 증득했다 생각지 않음이
　　배를 타고 바다에 들어가
　　물속에 있으면서 빠지지 않음과 같아라

方便慧行功德具하니　　一切世間無能了라

　　방편지혜 행하여 공덕 두루 갖추니

　　일체 세간 중생 아는 이 없어라

● 疏 ●

五 有三頌半은 頌雙行果니라

　　⑤ 3수 반의 게송은 한꺼번에 행한 결과에 대해 읊었다.

經

供養多佛心益明이　　如以妙寶莊嚴金이로다
此地菩薩智最明이　　如日舒光竭愛水하며

　　많은 부처 공양하여 마음 더욱 밝으니

　　보배로 진금을 장엄한 듯하네

　　제7지 보살 지혜가 가장 밝아서

　　햇빛이 애욕의 진창 말리는 듯하며

又作自在天中主하야　　化導群生修正智로다
若以勇猛精勤力인댄　　獲多三昧見多佛

　　또한 자재천왕이 되어

　　중생을 교화하여 바른 지혜 닦게 하네

　　만약 용맹정진의 힘을 가지면

　　많은 삼매 얻고 많은 부처님 친견하여

百千億數那由他어니와　　**願力自在復過是**로다
此是菩薩遠行地에　　**方便智慧淸淨道**니

　　백천 억 나유타를 뵙겠지만
　　자재한 원력 또한 이보다 더하네
　　이는 보살이 제7 원행지에서
　　방편지혜 청정한 공덕이니

一切世間天及人과　　**聲聞獨覺無能知**로다

　　일체 세계의 천인이나 많은 사람
　　그리고 성문과 독각도 알지 못하리라

◉ 疏 ◉

第七地 竟하다

　　제7지를 마치다.

　　　　　　십지품 제26-10 十地品 第二十六之十
　　　　　　화엄경소론찬요 제69권 華嚴經疏論纂要 卷第六十九

화엄경소론찬요 ⑮
華嚴經疏論纂要

2023년 11월 13일 초판 1쇄 발행

편저자 혜거
발행인 박상근(至弘) • 편집인 류지호 • 편집이사 양동민
편집 김재호, 양민호, 김소영, 최호승, 하다해 • 디자인 쿠담디자인
제작 김명환 • 마케팅 김대현, 이선호 • 관리 윤정안
콘텐츠국 유권준, 정승채, 김희준
펴낸 곳 불광출판사 (03169) 서울시 종로구 사직로10길 17 인왕빌딩 301호
 대표전화 02) 420-3200 편집부 02) 420-3300 팩시밀리 02) 420-3400
 출판등록 제300-2009-130호(1979. 10. 10.)

ISBN 978-11-93454-04-6 04220
ISBN 978-89-7479-318-0 04220(세트)

값 30,000원

잘못된 책은 구입하신 서점에서 바꾸어 드립니다.
독자의 의견을 기다립니다. www.bulkwang.co.kr
불광출판사는 (주)불광미디어의 단행본 브랜드입니다.